Julia Parker: Die Familie im Spiegel der Astrologie

Julia Parker

Die Familie im Spiegel der Astrologie

Aquamarin Verlag

Titel der englischen Originalausgabe:
»The Zodiac Family«

Aus dem Englischen übersetzt von
Karl Friedrich Hörner

Titelbild: Stefanie Hüdepohl
Layout: Annette Wagner

1. Auflage 1990

Voglherd 1, D- 8018 Grafing

Druck und Bindung: Ebner Ulm
Herstellung: P & P Lichtsatz GmbH, Grafing

ISBN 3-922936-90-3

Für Douglas und Helen,
Gemma und Adam
und Noch Andere,
in Liebe.

Mein Dank gilt allen Eltern, die mir erlaubten, Abschnitte aus den astrologischen Gutachten wiederzugeben, die ich über – in einigen Fällen auch für – ihre Kinder geschrieben habe, insbesonders der Familie Bridgwater.
In drei Fällen ist es mir leider nicht möglich gewesen, die Familien ausfindig zu machen, die die Gutachten ursprünglich bestellt hatten.
Weiterhin danke ich meinem Mann, Derek, für seine konstruktive Hilfe; seine klugen und brillant-kritischen Kommentare waren ein wichtiger Beitrag zur Entstehung dieses Buches.

Inhalt

Einführung 9

Widder 19

Stier 47

Zwillinge 77

Krebs 105

Löwe 133

Jungfrau 161

Waage 189

Skorpion 217

Schütze 245

Steinbock 271

Wassermann 297

Fische 325

Einführung

Sind Sie gerade zum ersten Mal stolze Eltern geworden? Wächst Ihre Familie gerade wieder? In beiden Fällen, so hoffe ich, werden Sie viele der Aussagen in diesem Buch interessant und hilfreich finden.

Falls Sie ein kleines Baby haben, werden Sie schon bald die Charakteristika seines Sonnenzeichens zum Vorschein kommen sehen. Im Laufe der Wochen und Monate werden sich diese Züge deutlicher und stärker entwickeln, und weitere werden hervortreten. Diese Merkmale erkennen zu können, wird Ihnen helfen, Ihre täglich wachsende Erfahrung in der Elternrolle besser zu nutzen. Die Astrologie ist eine Disziplin, die selbst auf dieser, ihrer populärsten Ebene, unsere Menschenkenntnis zu erweitern und uns zu zeigen vermag, wie wir gerade Kindern helfen können, Bereiche ihrer Begabung zu entfalten, die andernfalls vielleicht nicht erkannt und gefördert worden wären. Sie hilft uns auch, jenes Mitgefühl, Einfühlungsvermögen und tiefes Verständnis für unsere Mitmenschen zu erlangen, das uns zu guten Partnern, Nachbarn und Freunden macht. Oder – und darum soll es in diesem Buche gehen – zu guten Eltern. In welcher anderen Beziehung können denn Verständnis und Sympathie wertvoller sein als in dieser überaus komplexen zwischen Eltern und ihrem Nachwuchs?

Dieses Buch wird Ihnen helfen, Ihren Kindern mindestens einen oder zwei Schritte voraus zu bleiben, es wird Ihnen helfen, informiert zu erfassen, worüber sie nachdenken, wie ihr Geist arbeitet und ihre Emotionen sich entwickeln, wie die beste Seite ihres Wesens anzusprechen ist und, am wichtigsten, wie sie so zu leiten sind, daß sie die Voraussetzungen erlangen, um ein erfülltes und glückliches Leben zu führen.

Dies ist nicht ein Buch, aus dem Sie lernen werden, wie man tyrannisiert und tobt; vielmehr wird es Ihnen vorschlagen, wie Sie hier und da einen subtilen Hinweis fallen lassen, der wie ein gut gedüngter Same keimen und eine gute Chance haben wird, zu einem lebenslangen Interesse oder Talent heranzuwachsen, oder, ganz anders, zu einer Form von Verständnis. All dies wird Ihre Kinder zu besseren Menschen heranreifen lassen.

Sie werden Spaß dabei haben zu beobachten, wie der Sinn für Humor beim jungen Schützen oder Steinbock hervortritt – oder der Sinn für Mode bei Fräulein Löwe oder Fräulein Waage – oder bei Herrn Zwilling das dauernde Geplapper und forschende Denken, die sich zu medien-geeigneten Fertigkeiten entfalten ... Es ist alles vorhanden: ein großartiges Potential, das darauf wartet, entdeckt und erschlossen zu werden. Es kann in die richtige Richtung gelenkt werden, so früh Sie es möchten!

Damit ist *Die Familie im Spiegel der Astrologie* ein praktisches Handbuch – ein Buch zum Gebrauch. Ich empfehle Ihnen, es neben Ihr bevorzugtes Buch über Kinderpflege und -erziehung zu stellen, und hoffe, daß es bald ebenfalls deutliche Gebrauchsspuren und Eselsohren zeigt – es wird noch viel länger von Nutzen sein als der herkömmliche Ratgeber zur Säuglingserziehung.

Das alte Sprichwort »Wie der Vater, so der Sohn« oder »Der Apfel fällt nicht weit vom Stamm« ist nur zum Teil wahr, denn sogar eine Populär-Astrologie kann die Unterschiede zwischen Eltern und ihren Kindern herausstellen. Sie können sich selbst mit Ihrem Kinde vergleichen, indem Sie die Abschnitte lesen, die sich auf die Elternschaft beziehen. Dort sehen Sie, wie Ihre Kinder Sie als Eltern sehen!

Die Geburtsastrologie (bei der Geburtstag, -zeit und -ort des Individuums festgehalten und eine genaue Karte des Himmels zu jener Zeit und an jenem Ort errechnet und aufgezeichnet werden, bevor eine Deutung begonnen wird), geht sehr ins Detail. Ein Sonnenzeichen-Führer für die Familie muß aus offensichtlichen Gründen weniger genau sein, aber dennoch hat die eingehende statistische Forschung im Bereich der Sonnenzeichen-Astrologie recht spektakuläre Resultate erbracht und offenbart eine eindrucksvolle Genauigkeit, wenn man die allgemeinen Charakteristika betrachtet, die psychologischen Grundzüge, aber auch die physischen Merkmale eines individuellen Widders oder Stiers usw. Damit sind die Sonnenzeichen tatsächlich ein sehr guter und aufschlußreicher Ausgangspunkt für die Entdeckung der Hilfen und Enthüllungen, die die Astrologie in bezug auf zwischenmenschliche Beziehungen und individuelle Züge vermitteln kann.

Möglicherweise weckt dieses Buch bei Ihnen ein Interesse für Astrologie, und Sie wollen mehr darüber lernen. Wenden Sie sich dann bitte an die Bibliographie auf Seite 300. Dort werden Sie einige Empfehlungen gut lesbarer Bücher finden, die Ihren Appetit weiter anregen können.

Manchmal sind Menschen (ob Erwachsene oder Kinder) sehr typische Vertreter ihres Sonnenzeichens – d.h. sie scheinen eine große, ja überdurchschnittlich große Zahl der Charakteristika in sich zu vereinen, die einem bestimmten Zeichen zugeordnet werden. Dafür kann es mehrere Gründen geben, die zu erklären etwas Zeit in Anspruch nähme. Den wichtigsten Grund finden wir in der Verbindung mit dem Aszendenten – dem ersten, was ein Astrologe ausrechnet, wenn er das Geburtshoroskop eines Menschen erstellt. Aufgrund der Drehung der Erde um ihre Achse scheint die Sonne jeden Tag um unseren Planeten zu wandern. Diesen Weg säumen die Sternbilder, die uns allen bekannt sind – Widder, Stier und so weiter – die Sonnenzeichen. Diese scheinen, wie die Sonne, alle vierundzwanzig Stunden auf- und unterzugehen. Stellen Sie sich eine Uhr vor, deren Zeiger auf Viertel-vor-Drei stehen. Hier aber drehen sich nicht die Zeiger, sondern das Zifferblatt. Die zwölf Figuren auf dem Zifferblatt ziehen einer nach dem anderen hinter den Zeigern vorbei. Wenn wir nun die Zahlen auf dem Zifferblatt durch die Sonnenzeichen ersetzen, können wir uns ein Bild von dieser Bewegung machen.

Nun stellen Sie sich die goldene Scheibe der Sonne vor, die in eines der Zeichen – sagen wir: Löwe – hineingemalt ist; die Linie, die von den beiden Zeigern gebildet wird, soll den Horizont darstellen. Wenn wir einmal Unterschiede von Jahreszeit und geographischer Breite außer acht lassen, können wir sehen, daß bei jemandem, der innerhalb von ein bis zwei Stunden um den Sonnenaufgang (die Sonnenscheibe überquert den Stundenzeiger) geboren wird, die Sonne und der überaus wichtige Aszendent (das Aufsteigende) in demselben Zeichen stehen werden – daß diese Person gewissermaßen eine »doppelte Dosis« der Charakteristika dieses Zeichens haben wird. Wenn Sie in einem solchen Augenblick geboren wurden, sind Sie in astrologischen Begriffen ein »doppelter Löwe«, »doppelter Krebs« etc.

Aufgrund einer der Bewegungen unserer Erde, die zum sogenannten Vorrücken der Tagundnachtgleiche führt, befinden sich übrigens die Konstellationen, deren Namen jedermann vertraut sind, nicht länger mehr an der Himmelsposition, die sie einnahmen, als die Entwicklung der Astrologie begann. Manche Wissenschaftler behaupten nun, daß dies die Astrologie als System entwerte – aber natürlich sind sich die Astrologen dieser Divergenz voll bewußt und berücksichtigen sie bei der Erstellung eines Geburtshoroskops. *Ursprünglich* jedoch markierten die Konstellationen einfach jene Himmelsabschnitte, die die Planeten zu einer bestimmten Zeit durchzogen – etwa so, als zeigten Sie jemand im Zimmer die Position eines Schmetterlings, der vorüberfliegt, und sagten: »Schau, er ist zwischen dir und dem Bücherschrank.« Natürlich hat der Bücherschrank mit dem Schmetterling nichts zu tun, sondern diente einfach als Bezugspunkt, um dessen Position zu beschreiben. Zu diesem Zweck beziehen sich die Astrologen auf die Sternbilder.

Der Aszendent ist natürlich in der Mehrzahl der Fälle vom Sonnenzeichen verschieden. Jemand, der beispielsweise im Sonnenzeichen Jungfrau einige Stunden nach dem Sonnenaufgang geboren wurde, wird Waage als Aszendenten haben; wer mit dem Sonnenzeichen Steinbock um Sonnenuntergang geboren wurde, bekommt den Aszendenten Krebs.

Eine weitere Ursache für besonders stark ausgeprägte Charakteristika eines Sonnenzeichens ist die Geburt zur Zeit des Neumondes, wenn sowohl Sonne als auch Mond im gleichen Zeichen stehen. In einem solchen Falle wird die Person auf alle Situationen nicht nur *reagieren* und *ansprechen* nach der Art des Sonnenzeichens, sondern auch in ihrem *emotionalen Ausdruck* ähnlich sein – also »sehr typisch« für ihr Zeichen.

Es gibt noch zwei weitere »verborgene Faktoren«, die dazu neigen, uns für ein Zeichen »typisch« zu machen. Es handelt sich hierbei um die Positionen der Planeten Merkur und Venus, deren Umlaufbahnen der Sonne näher sind als die Erdumlaufbahn. Dies bedeutet, daß sich die beiden Planeten – aus astrologischer und astronomischer Sicht von der Erde aus betrachtet – immer relativ nahe bei der Sonne aufhalten. Oft befindet sich der eine oder der andere, manchmal auch beide Planeten zugleich, im gleichen Zeichen wie die Sonne – hierin vergleichbar etwa dem Erdtrabanten zur Zeit des Neumondes. In einem solchen Falle wird der Mensch auch nach der Art seines Sonnenzeichens *denken* (aufgrund des Einflusses von Merkur) oder *lieben* (weil Venus im gleichen Zeichen steht wie die Sonne).

In diesem Buch werde ich nicht den umfangreichen Tabellen-Apparat wiedergeben, der es Ihnen ermöglichen würde herauszufinden, in welchem Zeichen Merkur und Venus zur Zeit der Geburt Ihrer Kinder standen. Aber ich berücksichtige solche Positionen dennoch und werde ab und zu darauf hinweisen. In dem Abschnitt *Allgemeine Charakteristika* zum Beispiel werden Sie zwei Unter-Titel finden: *Die drei Arten zu denken* und *Die fünf Arten zu lieben.* In diesen kurzen Abschnitten deute ich die Einflüsse von Merkur und Venus auf Ihre Kinder. (Es lohnt sich übrigens, sich zu erinnern, daß Merkur nur in das gleiche Zeichen wie die Sonne oder in ein unmittelbar benachbartes Zeichen fallen kann, während Venus im gleichen Zeichen wie die Sonne oder in eines der zwei Zeichen davor oder danach fallen kann.) Es sollte Ihnen nicht schwerfallen, die für Ihre Kinder geltenden Zeichen zu identifizieren; sie werden die Sonnenzeichen-Charakteristika um eine weitere, interessante Dimension ergänzen.

Sehr oft hört man, daß jemand »an der Spitze« eines Zeichens geboren sei. Ein weit verbreiteter Glaube sagt, daß jene, die innerhalb weniger Tage vor bzw. nach dem Termin geboren sind, an dem die Sonne in das nächste Zeichen weiterrückt, eine Kombination der Charakteristika beider Zeichen besäßen. Ich habe sehr viele Nachforschungen in diesem Zusammenhang angestellt und bin zu der festen Überzeugung gelangt, daß solche Behauptungen Unsinn sind. Ich habe eine große Zahl von Personen-Paaren untersucht, die am gleichen Tage geboren sind, an dem die Sonne von einem Zeichen in das nächste weitergegangen ist: ihre Sonnenzeichen-Charakteristika sind recht unterschiedlich. Es ist, als raste die Sonne gewissermaßen in ein neues Zeichen ein, sobald sie die imaginäre Trennungslinie zwischen den Zeichen überschreitet. Die fraglichen Charakteristika stammen, wie ich meine, nicht vom Einfluß der Sonne, sondern sind weit wahrscheinlicher im Zusammenhang mit den Einflüssen von Merkur und Venus zu sehen. In einem solchen Falle kann es wohl sein, daß einer dieser Planeten in einem vorangehenden oder folgenden Zeichen stand, so daß – wie oben erklärt – das Individuum denken oder lieben wird nach der Art des vorangehenden oder folgenden Zeichens. Wenn Sie die Charakteristika des »anderen« Zeichens lesen und das Gefühl haben, diese selbst zu tragen, dann werden Sie tatsächlich über die Charakteristika ihres Merkur- oder Venus-Zeichens lesen. Die »An-der-Spitze-geboren«-Theorie ist ein Märchen – pardon!

Menschen sind manchmal beunruhigt von der Tatsache, daß unterschiedliche Bücher oder Zeitschriften verschiedene Daten angeben, an denen die Sonne von einem Zeichen ins andere weitergeht. Sind sie gegen Ende eines Zeichens geboren, gehören sie laut dem einen Buch zum einen Zeichen, nach Angaben in einer anderen Quelle zum nächsten Zeichen. Die Verwirrung kommt durch die Existenz des Schaltjahres zustande, und die Folge, daß die Sonne nicht jedes Jahr an den gleichen Tagen ins nächste Zeichen überwechselt. In populären Sonnenzeichen-Büchern und Zeitschriften haben die Astrologen ein Durchschnitts-Datum angegeben.

Wenn Sie dieses Problem haben, ist es nur zu kurieren, indem Sie für das Jahr ihrer Geburt eine *Ephemeride* kaufen. Dies ist ein Handbuch, das die genauen Positionen von Sonne, Mond und Planeten für Mittag oder Mitternacht jedes Tages angibt. Sie können dann ohne zuviel Schwierigkeiten genau die Position der Sonne in dem Augenblick ausmachen, in dem Sie geboren wurden – und Sie werden definitiv zu dem einen oder dem anderen Sonnenzeichen gehören! Wenn Sie Schwierigkeiten haben, eine *Ephemeride* zu finden – obgleich solche Werke in allen großen Buchhandlungen erhältlich sind – werden Sie sie auszugsweise oft abgedruckt finden in besseren astrologischen Lehrbüchern wie zum Beispiel *The Compleat Astrologer.* Natürlich wird ein professioneller Astrologe – sogar ein Anfänger – Ihnen die Position Ihrer Sonne in wenigen Minuten ermitteln können. Falls Sie einen Computer besitzen, können Sie Software erhalten, mit deren Hilfe Sie nicht nur die Position von der Sonne und allen Planeten, sondern auch noch Aszendent und Himmelsmitte zu errechnen vermögen.

Genau wie Spezialisten eine Ahnentafel erstellen können, ist ein ähnliches astrologisches Muster über die Generationen hinweg zu erkennen – obwohl dazu natürlich zunächst die genauen Geburtsdaten von Großeltern, Eltern und Kindern bekannt sein müssen. Auf der einfachsten astrologischen Entsprechungsebene finden wir viele Familien mit zahlreichen Mitgliedern, die unter dem Einfluß eines bestimmten Sonnenzeichens stehen (Da kommt eine teure Zeit, wenn die Geburtstage fällig sind!). Wenn ein Astrologe die vollständigen Horoskope von mehreren Generationen einer Familie studiert, fällt ihm häufig ein Muster wiederholter Zeichen und Planetenpositionen auf. Dies erklärt oft, warum zum Beispiel sehr starke Bande zwischen einem Großelternteil und einem Enkel entstehen, oder warum in manchen Bereichen im Leben eines Kindes der Vater ein positiver Einfluß ist, auf anderen Gebieten dagegen die Mutter Hilfe bieten kann.

Die Auswirkungen traditioneller Sonnenzeichen-Gruppierungen treten oft auch auf interessante Art hervor. Mit am auffälligsten sind hier die »polaren« oder »gegenüberliegenden« Zeichen. Jedes Zeichen hat seinen »Partner«, der ihm auf der anderen Seite des Tierkreises gegenüber liegt (um zum Zifferblatt-Vergleich zurückzukehren: um drei und um neun Uhr, vier und zehn, fünf und elf usw.). *Polare* Zeichenpaare sind:

Widder	–	Waage
Stier	–	Skorpion
Zwillinge	–	Schütze
Krebs	–	Steinbock
Löwe	–	Wassermann
Jungfrau	–	Fische

Wenn Sie an die Charakteristika dieser Zeichen denken, ist der Begriff »Gegensätze« irreführend, denn in mancher Hinsicht sind sie Partner. Es wird nicht allezeit Übereinstimmung zwischen Angehörigen solcher gegenüberliegender Sonnenzeichen herrschen, aber es besteht fast immer eine gute Beziehung, ein starkes Band zwischen ihnen. Wir finden gegenüberliegende Zeichen häufig innerhalb derselben Familie. Vielleicht gehören Sie und Ihr Partner dazu oder Sie finden – falls Sie keine polaren Sonnenzeichen haben – vielleicht anhand Ihrer Horoskope heraus, daß eine gewisse *Polarität* – wie es die Astrologen nennen – in anderen Bereichen vorhanden ist. In diesem Falle besteht ein sehr starkes Band zwischen Ihnen – und das gleiche gilt auch für Sie und Ihre Kinder.

Eine weitere traditionelle Gruppierung stützt sich auf die *Elemente*. Hier werden die Zeichen auf vier Gruppen verteilt, die von je einem der vier Elemente regiert werden:

Feuer	–	Widder, Löwe, Schütze
Erde	–	Stier, Jungfrau, Steinbock
Luft	–	Zwillinge, Waage, Wassermann
Wasser	–	Krebs, Skorpion, Fische

Diese wohlbekannte Einteilung ist in vielen populär-astrologischen Büchern vielleicht überbetont worden; Sie sollten sich hüten vor jenen, die Ihnen erzählen wollen, daß zum Beispiel Feuerzeichen »gut füreinander« seien, oder »Luft und Wasser vertragen sich nicht«. Solche dummen Sprüche sind nichts wert und sogar gefährlich, wenn sie auf zwei Menschen angewendet werden, die dabei sind, eine emotionale Beziehung aufzubauen, auf Eltern und ihre Beziehungen zu den Kindern, oder auf Geschwister untereinander. Wie die Theorie des »An-der-Spitze-geboren-Seins« gehört sie zu der Kategorie des gefährlichen Halbwissens, und man kann und sollte sie ignorieren – außer vielleicht in dem Fall, wenn wir Freundschaften betrachten. Sehr allgemein gesprochen, können wir sagen, daß zwei Freunde, deren Sonnenzeichen demselben *Element* angehören, glänzend miteinander auskommen werden. Aber wenn Ihre Kinder aufwachsen und vielleicht zum ersten Mal mit Astrologie in Berührung kommen, wird es möglicherweise durch einen Artikel in einer Teenager-Zeitschrift sein, der ihnen weismachen wird, daß sie versuchen sollten, sich mit einem Jungen oder Mädchen desselben Elements zu verabreden – oder daß manche Zeichen nicht miteinander auskommen. Dies ist Unsinn, und es kann eine vielversprechende Freundschaft oder Beziehung verderben. Ich habe mich schon zahlreichen Fragen zu diesem Thema bei Radio- oder Fernsehsendungen mit telefonischer Publikumsbeteiligung gestellt und dabei immer hervorgehoben, daß man es nie ablehnen dürfe, jemanden kennenzulernen, weil dessen Sonnenzeichen sich mit dem eigenen nicht vertrage. Genau so verpaßt man viele lohnende Erlebnisse. Kein namhafter Berufsastrologe, der die genauen Geburtshoroskope von zwei Menschen ausgerechnet hat, die durch eine Beziehung miteinander verbunden sind, wird je sagen, ob sie zusammenkommen sollten oder nicht; man kann Bereiche harmonischer Übereinstimmung oder schwieriger Differenzen bestenfalls andeuten.

Diese wichtigen Hinweise sollten Erwähnung finden, wenn und falls Sie die Freuden und Schmerzen, die Sie und Ihre Kinder erleben, aus astrologischer Sicht betrachten möchten. Ich kann nicht stark genug betonen, daß Verallgemeinerungen wie die genannte Unfug sind, und noch dazu gefährlicher Unfug!

Eine dritte astrologische Gruppierung verbindet Zeichen nach ihren *Qualitäten*. Diese Einteilung ist im Zusammenhang unseres Themas weniger wichtig, aber dennoch von Interesse, denn manchmal mag die betreffende Qualität zum Nachteil Ihres Kindes hervortreten, und es könnte notwendig werden, daß Sie eine gewisse Korrektur durchführen. Diese drei Qualitäten sind:

kardinal	–	Widder, Krebs, Waage, Steinbock
fix	–	Stier, Löwe, Skorpion, Wassermann
beweglich	–	Zwillinge, Jungfrau, Schütze, Fische

Die Tradition belegt, daß *kardinale* Zeichen von Natur aus »nach außen gerichtet« sind. *Fixe* Zeichen neigen zu Sturheit und werden in ihren Meinungen »fixiert«. *Bewegliche* Zeichen sind anpassungsfähig. Wir kennen hier noch eine weitere Unterscheidung, die ebenfalls aufschlußreich und interessant sein kann: Es gibt drei *duale* Zeichen – Zwillinge, Schütze und Fische –; wer diese Zeichen in seinem Horoskop betont findet, scheint tatsächlich ein Element von Dualität in seiner Persönlichkeit zu haben. Denken Sie an die Zwillinge, an den bogenschießenden Kentauren des Zeichens Schütze, und an das Fische-Paar, das in entgegengesetzte Richtungen schwimmt! In der Regel hat es keinen Sinn, Angehörigen dieser Zeichen zu sagen, sie sollten »eins nach dem anderen, und nicht mehrere Dinge gleichzeitig« tun – es funktioniert nicht, und es ist nicht gut für sie!

Wir kommen nun zur letzten astrologischen Gruppe, die im weitesten Sinne die wichtigste sein kann. Sie entspringt der Tradition, den Tierkreis in *positive* und *negative* – oder *maskuline* und *feminine* – Zeichen einzuteilen. Moderne Untersuchungen haben die Begriffe *extravertiert* (positiv) und *introvertiert* (negativ) hinzugefügt. Auf der Sonnenzeichen-Ebene bin ich von dieser Theorie nicht restlos überzeugt, gleichwohl birgt sie einige Elemente von Wahrheit. Die Gruppierung ist folgende:

positiv, maskulin, extravertiert	–	Widder, Zwillinge, Löwe, Waage, Schütze, Wassermann
negativ, feminin, introvertiert	–	Stier, Krebs, Jungfrau, Skorpion, Steinbock, Fische

Am Ende jedes Abschnittes sind Beispiele aus meinen Akten: Auszüge aus Gutachten, die für Eltern vorbereitet wurden, zusammen mit meinen Anmerkungen. Ebenfalls hinzugefügt wurden kurze Listen der mit dem Einflußbereich des Sonnenzeichens assoziierten Objekte. Im Laufe von mehr als vierhundert Jahren der Überlieferung haben sich zahlreiche Gegenstände ergeben, die man mit den Sonnenzeichen verbunden sieht: Orte, Blumen, Heilpflanzen, Nahrungsmittel und Farben. Häufig fühlen Menschen, die mit der Sonne in einem bestimmten Zeichen geboren werden, eine besondere Affinität zu den Orten und Dingen, die von diesem Zeichen »regiert« werden. So mag es für Sie von Interesse sein – und manchmal auch hilfreich (wenn sie zum Beispiel ein Ferienziel oder ein Geschenk aussuchen) –, die folgende Liste zu studieren (die natürlich keinen Anspruch auf Vollständigkeit erheben kann). Beachten Sie, daß viele Gegenstände unter zwei Zeichen auftauchen (weil die Zeichen von dem gleichen Planeten regiert werden).

Schließlich geschieht es beim Schreiben eines Buches dieser Art nur allzu leicht, daß man in das praktisch universelle Pronomen »er« verfällt – und damit Frauen verletzt. Ich habe nicht den Wunsch, dies zu tun, und verwende deshalb, so oft wie möglich, die Pluralform »sie«. Darüber hinaus mache ich mir zur Regel, wo nötig, »sie« bei den Angehörigen femininer Zeichen und »er« bei den Angehörigen maskuliner Zeichen zu schreiben. Es ist übrigens nicht so, daß Angehörige der femininen Zeichen im Grunde auch feminin im Ausdruck wären, keinesfalls auch introvertiert – auch das Gegenteil läßt sich nicht zur Regel stilisieren. Aber es sind trotzdem Schlußfolgerungen zu ziehen, und Sie finden Sie vielleicht interessant. Beachten Sie aber, daß meine Bemerkungen sich auf beide Geschlechter beziehen, wenn ich es nicht ausdrücklich anders angebe.

Da die Grammatik der deutschen Sprache verschiedene Genera kennt und durch unterschiedliche Artikel kennzeichnet, ist dieser Weg in der deutschen Ausgabe des Buches nicht nachvollzogen worden. »*Der* Waage« und »*die* Stier/Krebs/Skorpion/Steinbock/Fisch« würden eher störend als verdeutlichend wirken. (Anm. d. Ü.)

Widder

(21. März bis 20. April)
ein maskulines Zeichen

Allgemeine Charakteristika

Widder-Kinder sind insgesamt recht unkompliziert. Sie werden vor allem getrieben von einem Bedürfnis zu gewinnen und »erster« zu sein. Sie sollten ermutigt werden, ihre Ziele und Vorhaben zu erreichen – aber es ist sehr wichtig, nicht zuzulassen, daß sie in der Verfolgung ihrer Ziele rücksichtslos werden. Seien Sie auf der Hut vor der Selbstsucht, dem herausragendsten Fehler des Widders, und ersticken Sie sie im Keim, sobald sie sich bemerkbar macht.

Junge Widder sind sehr leicht gelangweilt. Es ist überraschend, wie oft sie sagen »Damit kann ich mich nicht abgeben«, und dann lümmeln sie sich vor den Fernseher und sehen an, was gerade über die Mattscheibe flimmert. Dies gilt offenbar besonders für Jungen. Wenn sie kein Ziel oder brennendes Interesse zu haben scheinen, ist es wichtig, daß Sie versuchen, ihnen zuzureden, eines zu finden, denn Widder haben sehr viel Energie und einen grundsätzlich starken Willen. Es ist aus psychologischer Sicht von entscheidender Bedeutung, daß diese Kinder ständig in Bewegung sind und dabei vorankommen; andernfalls werden Ruhelosigkeit und Unzufriedenheit ihre Schritte lähmen. Wenn diese Qualitäten einmal ordentlich kanalisiert sind und Ihr Widder sich in ein spezifisches Interesse verbissen hat, dann gibt es vermutlich nichts, was ihn zurückhält.

Das Reservoir körperlicher Energie des Widders ist extrem hoch. Viele werden ihren Spaß an allen Arten von Sport haben; wenn Ihr kleiner Widder zufällig nichts für Sport übrig hat, sollten Sie versuchen, eine andere Möglichkeit zu finden, wie er all seine prächtige Energie austoben kann. Positive Begeisterung ist ein weiterer erfreulicher Zug, der immer unterstützt werden sollte. Es kommt darauf an, daß diese interessante, vitale Qualität gewissermaßen am

Sieden gehalten wird. Manchmal stellen wir nämlich fest, daß Widder von einer neuen Idee ungemein begeistert sind, doch ihr Enthusiasmus läßt schon wieder nach, wenn die Idee sich weiter entfaltet – sei es, weil sie einfach genug davon bekommen, oder weil sie oft etwas anderes Interessantes finden, das sie als aufregender empfinden, und das dann dem ersten Teil den Rang abläuft.

Widder sind leidenschaftlich und werden in Diskussionen sehr schnell auf Vorschläge ansprechen – manchmal derart, daß ihre Emotionen überkochen und ein stürmischer Ausbruch erfolgt. Aber wie bei allen plötzlichen Stürmen werden auch diese rasch vorüber sein, und der junge Widder ist bereit, seine Aufmerksamkeit auf andere Angelegenheiten zu richten.

Zu den liebenswertesten Tugenden eines Widders gehört seine unkomplizierte Einstellung zum Leben. Während Sie ihm zum Beispiel von einem komplizierten Problem erzählen oder eine sehr verwickelte Situation besprechen, wird der Widder sofort einen Ausweg sehen, die ganze Sache in wenigen Sätzen zusammenfassen und mit vielen praktischen, einfachen Vorschlägen für eine Lösung aufwarten können. Wenn junge Widder also das Alter von neun oder zehn Jahren erreichen, wird ihr Rat in der Regel bereits durchaus der Betrachtung würdig sein. Mit ihrem frischen Denken gehen sie die Thematik präzise und geradlinig an; das ist eine ihrer kostbarsten Qualitäten, ganz gleich, wie kompliziert ihr Leben sich später noch entwickeln mag.

Sie müssen die Tatsache akzeptieren, daß Widder ungeduldig sind. Wie sie gewinnen und »erste« sein wollen, wollen sie überhaupt alles *hier und jetzt*. Wenn es zum Beispiel noch einige Tage bis zu ihrem Geburtstag dauert, und ein Freund bringt ein Geschenk, wollen sie es sofort öffnen, sobald sie es sehen. Es wird an Ihnen sein zu entscheiden, ob sie bis zu ihrem großen Tag warten sollen oder ihre Neugierde und Ungeduld sofort befriedigen dürfen.

Die meisten Kinder lieben leuchtende Farben, und Widder sind hier keine Ausnahme. Rot, die Farbe dieses Zeichens, wird zweifellos zu den Favoriten zählen. Vielleicht mehr als die meisten Zeichen, brauchen Widder des Gefühl, frei und unabhängig zu sein. Sie wollen allein oder mit Freunden ihren Forschungsexpeditionen nachgehen, Bäume erklettern, und all das auf sich nehmen, was Sie vermutlich für recht abenteuerlich und riskant halten würden. Sie werden robuste Kleidung und gute Schuhe brauchen, die sie vor der für ihr Tierkreiszeichen typischen Neigung zu Unfällen schützen!

Weil sie ihre Mitmenschen so nehmen, wie diese sich geben, und dazu neigen, Vertrauen zu zeigen, müssen sie besonders behutsam davor gewarnt werden, mit Fremden zu sprechen. Es ist sehr wichtig, ihr Selbstvertrauen und ihre Offenheit gegenüber anderen nicht zu zerstören, aber man muß sie vor dummen Risiken warnen – nicht nur beim Bäume-Erklettern und »Forschen«, sondern auch in ihrer Haltung gegenüber Menschen.

Zum Charakter des Widders gehört eine gewisse Menge Aggression, und wenn diese sich negativ bemerkbar macht, sollten Sie versuchen, einen Weg zu finden, diesem Zug Ausdruck zu geben, ohne daß dem Kind oder anderen Schaden entsteht. Aggressive Sportarten sind hier oft eine Lösung. Der Kampfgeist des Widders kann auch eine herrlich positive Qualität sein, und es ist kein Zufall, daß die Angehörigen dieses Zeichens seit Jahrhunderten als die Pioniere im Tierkreis bezeichnet werden. In ihrem Lebensstil, Selbstausdruck oder Berufsweg finden wir fast immer ein Pionier-Element. Auch dieser Aspekt sollte erkannt und unterstützt werden; er geht Hand in Hand mit Führungsqualitäten und häufig mit körperlicher und moralischer Tapferkeit – zwei weitere feine Qualitäten, die positive Ausdrucksmöglichkeit verdienen.

Manchmal ist es nötig, den jungen Widder zu mahnen, langsamer zu treten, wenn er mit wichtigen Angelegenheiten des Lebens konfrontiert ist, die er eingehender durchdenken sollte. In seiner Eile, ein Problem zu lösen, um das nächste in Angriff zu nehmen, kann er gedankenlos werden, auch der leider typische egoistische Zug kann zum Vorschein kommen. Versuchen Sie, eine fürsorgliche Haltung etwa gegenüber älteren Angehörigen oder Nachbarn zu fördern; dies wird das Gespür des Widders für die Bedürfnisse und Begrenzungen anderer Menschen schärfen. Es ist besonders hilfreich, wenn sich der Widder eines Rentners annimmt, Besuche abstattet und Botengänge erledigt, vielleicht gelegentlich auch Hausarbeiten übernimmt. Auch die Teilnahme an Wohltätigkeits-Sportveranstaltungen ist ausgezeichnet geeignet und hilft dem Widder, seine überschüssige körperliche Energie zu verbrennen und zugleich offener gegenüber weniger glücklichen Menschen zu werden – und damit dem Egoismus entgegenzuwirken.

Geld scheint dem Widder in der Hand zu brennen, und es mag notwendig sein, daß Sie es ihm eher täglich als wöchentlich zuteilen! Aber der Geschäftssinn des Widders kann sich schon früh im Leben der Kinder zeigen, und es sollte nicht schwierig sein, ihn anzuregen, etwas mit dem Geld zu unternehmen, das ihm zur Verfügung steht. Wie auch immer die finanziellen Umstände der Familie sind, sollte der Widder angehalten werden, Geld zu verdienen, um die Dinge zu kaufen, die er will – zuerst durch Hilfeleistungen, etwa in Haushalt und Garten, später dann durch einen Wochenend-Job (zum Beispiel Zeitungen austragen). Das Kind bzw. der Jugendliche sollte das Geld auf einem eigenen Sparbuch anlegen und beobachten, wie es wächst, um es später abheben und kaufen zu können, was ihm ins Auge sticht. Eine bestandene Prüfung oder eine sehr gute Note in der Schule kann auch als Anlaß zu einer finanziellen Belohnung dienen. Widder ist eines der Zeichen, das auf das Klingen von großen Geldstücken in der Tasche sofort reagiert.

Die drei Arten zu denken

Aufgrund des Einflusses von Merkur arbeitet das Denken des Widders vor allem auf eine von drei Arten:

1) Die erste Gruppe ist sensitiv und fürsorglich, entzückend freundlich und überlegt, mit einem Gespür für das Leiden anderer. Diese Jungen und Mädchen haben oft ihre Freude an der Kunst, sei es im aktiven Ausüben oder als Mitglieder des Publikums. Sie werden dazu neigen, Kleinigkeiten zu vergessen, weil ihre Gedanken wandern.

2) Die zweite Gruppe wird sich an Dingen beteiligen, an die sich sonst niemand heranwagt. Wenn sie durch rasches und vielleicht unüberlegtes Handeln kein Desaster anrichten sollen, müssen sie angehalten werden, jeden Aspekt einer Situation zu bedenken, bevor sie ihre Entscheidungen treffen. Eine Tendenz zu sprechen, bevor sie denken, sollte ebenfalls gezügelt werden.

3) Die dritte Gruppe ist vielleicht recht langsam im Lernen und macht weniger rasch Fortschritte, als es einem lieb wäre. Aber sorgen Sie sich nicht: sie brauchen einfach Zeit zum Nachdenken und Aufnehmen. Bedenken Sie: was sie lernen werden, wird sie ein Leben lang begleiten. Diese Gruppe stellt die praktischsten unter den Widder-Beeinflußten.

Die fünf Arten zu lieben

Aufgrund des Einflusses von Venus werden Widder dazu neigen, ihre Zuneigung auf eine von fünf Arten auszudrücken:

1) Wegen ihres unabhängigen Geistes werden die Mitglieder der ersten Gruppe gute Anführer einer Freundesgruppe sein, sich im Kontakt mit einzelnen aber eher kühl zeigen. Dies kann bedeuten, daß sie später im Leben länger brauchen, um eine dauerhafte emotionale Beziehung aufzubauen.

2) Seien Sie nicht überrascht, wenn Ihr Widder-Kind Ihnen erzählt, daß je-

mand ihm vorgeworfen hat, »rührselig« zu sein: manche Widder sind liebevoll und recht sentimental, warmherzig zärtlich und besorgt und sehr wohl fähig, den Egoismus ihres Zeichens zu beherrschen. Geben Sie Ihrem Jungen zu verstehen, daß es auch für Männer in Ordnung ist zu weinen!

3) Die dritte Gruppe wird sich schon in jungen Jahren auf sexuellem Gebiet neugierig zeigen. Beantworten Sie Fragen offen und ohne Peinlichkeiten, sobald sie gestellt werden. Emotionen werden vor allem im Körperlichen Ausdruck finden – aber es kann auch plötzliche emotionale Kehrtwendungen geben (»Nein, er *war* mein bester Freund – *gestern!«).*

4) Liebevoll und zärtlich, andere wiederum tendieren vielleicht zu stark zum Besitzergreifen. Reden Sie ihm zu, Spielzeuge, Süßigkeiten, Zuneigung – und Freunde! – zu teilen. Achten Sie auf Eifersucht innerhalb des Familien- oder Freundeskreises, denn diese Gruppe zeigt leicht die Tendenz, Dinge und Menschen zu fest zu halten.

5) Angehörige der fünften Widder-Gruppe werden schon in jungen Jahren unwiderstehlich flirten und ihren Charme einsetzen, um zu bekommen, was sie wollen. Sie werden nie aufhören darüber zu reden, was ihre Freunde getan haben, und wie sehr sie sie liebten – aber dann gehen sie, kritisieren und beschweren sich über sie!

Gesundheit und Ernährung

Widder regiert traditionell den Kopf, und gewöhnlich finden wir, daß Menschen, bei denen dieses Tierkreiszeichen im Geburtshoroskop hervorgehoben ist, überdurchschnittlich oft Kopfschmerzen haben – oder überhaupt keine. Wenn der junge Widder ständig darüber klagt, wäre es wohl angezeigt, sich Gedanken darüber zu machen, was die Ursache sein könnte – lassen Sie also beispielsweise die Augen überprüfen; es könnte sich auch um eine leichte Störung der Nieren handeln. Es gibt noch eine weitere, sehr zeitgenössische Ursache von Kopfschmerzen: Wenn Sie am anderen Ende des Busses einen Walkman kreischen hören, dann hängt der Kopfhörer höchstwahrscheinlich an einem Widder. Achten Sie also auf geschädigte Ohren.

Weil Angehörige dieses Zeichens immer in Eile scheinen, neigen sie etwas zu Unfällen, schlagen sich des öfteren den Kopf an oder die Nase blutig. Leider verlieren viele von ihnen schon in frühen Jahren infolge etwa eines Sturzes Milchzähne. Wenn sie eine Gelegenheit dazu finden, schneiden oder verbrennen sie sich rasch; blaue Flecken und Schrammen werden etwas Alltägliches sein. Da bleibt Eltern nur eins: ihnen so oft wie möglich als Leitspruch zu wiederholen: »Mehr Eile, weniger Tempo!«, bis es wirklich hängenbleibt! Die dem Zeichen Widder zugeordneten Hormondrüsen sind die Nebennieren, die Adrenalin in den Blutstrom pumpen, wenn der Mensch gereizt wird; das kann die Widder noch impulsiver machen, als sie ohnehin bereits sind.

Im allgemeinen neigt dieses Zeichen nicht sehr zu Spannung oder Kummer, und Entspannung ist ebenso wenig ein Problem wie Schlaflosigkeit. Gewöhnlich werden junge Widder reichlich Bewegung haben, einfach weil sie einen großen Teil ihrer Zeit damit verbringen, von A nach B zu rennen, und dann zurück von B nach A. Wenn sie heranwachsen, werden sie weiterhin viel von Bewegung halten, brauchen aber aufgrund ihres erfüllten und schnellen Lebens nicht unbedingt bewußt eine Zeit dafür einzuplanen.

Ihr Körperbau ist gewöhnlich drahtig und muskulös, und sie sind vermutlich darauf bedacht, den Babyspeck zu vermeiden, der sich in der Kindheit ansammeln kann. Ein Turngerät wird ein willkommenes Geschenk sein. Theoretisch sollten sie bis zum Schlafengehen völlig erschöpft sein, bis zum Morgen tief durchschlafen und dann kaum zu wecken sein. Einige wenige Widder sind eindeutig überaktiv; in diesem Falle wird es ihnen helfen, Entspannungstechniken zu lernen. Wenn sie etwas älter sind, können Widder auch von Yoga profitieren. In jüngeren Jahren kann man sie auffordern, geeignete Musik zu hören und sich dabei zu entspannen.

All diese Widder-Energie ist prachtvoll und braucht nicht gefürchtet zu werden. Doch Sie sollten versuchen, Ihr Kind anzuhalten, sie auf kontrollierte – und nach Möglichkeit regelmäßige, beständige – Weise einzusetzen, statt sie in plötzlichen, überanstrengenden Ausbrüchen zu verarbeiten, denen Ermattung folgt.

Wenn Widder die landläufigen Kinderkrankheiten bekommen, stellen Sie eventuell fest, daß ihre Körpertemperatur höher steigt als die anderer Kinder ihres Alters. Machen Sie sich deswegen keine zu großen Sorgen, sondern treffen Sie einfach die normalen Vorbeugungsmaßnahmen. Widder sind Menschen, die sich recht leicht überhitzen. Achten Sie darauf, daß sie einen guten Nachschub von frischer Luft im Zimmer haben. Dies ist immer wichtig für Kinder; besonders aber Widder werden zu Katarrhen und Nebenhöhlen-Problemen neigen, wenn sie nicht genügend frische Luft bekommen.

Widder lieben oft sehr schmackhafte, gut gewürzte Speisen, sollten aber ein wenig vorsichtig sein, denn solches Essen neigt dazu, ihr Blut zu überhitzen. Sie brauchen gewiß reichlich Eiweiß. Vielleicht merken Sie, daß Ihr Widder-Kind früher von der Flaschen- auf feste Nahrung umsteigt, als Sie erwartet hätten. Wenn später eine Periode der Nahrungsverweigerung kommt, wird die Ursache wahrscheinlich sein, daß sie einfach gelangweilt sind von der ermüdenden Beschäftigung, den Löffel zum Mund zu führen – im Gegensatz zu dem, was Sie ihnen zur Fütterung anbieten. Oder sie sind in Gedanken beim Spielzeug am Fußboden unter ihnen, beim Fußball draußen im Garten oder bei sonst etwas, nur nicht bei der Nahrungsaufnahme.

Ein Teller Zwiebelsuppe wird vielleicht der beliebteste Snack für einen Widder sein; Tomaten und Lauch gehören ebenfalls zum Einflußbereich dieses Zeichens. Auch die würzigen indischen Snacks, die man oft in Naturkostläden findet, werden ihnen wohl schmecken. Statt ihnen Süßigkeiten aus Massenproduktion anzubieten, versuchen Sie es mit Dörrobst – Ananas oder Aprikosen. Zum Glück für die Zähne, ist dem Geschmack des Widders im allgemeinen eher nach pikanten als nach süßen Speisen; versuchen Sie, es so zu belassen.

Mit einem Widder-Kind im Hause sind Sie gut beraten, wenn Sie immer eine Erste-Hilfe-Ausrüstung in Reichweite haben; reichlich Mullbinden, Pflaster, Kamillen-Lotion und Hamamelis!

Die ersten fünf Jahre

Widder-Kinder machen sich bereits im Mutterleib oft schon deutlicher bemerkbar als andere, und sie scheinen es immer eilig zu haben, ans Tageslicht zu gelangen. Sie neigen zur vorzeitigen Geburt, kommen fast ohne Vorwarnung, und sie wachsen so schnell auf, daß die eigentliche Baby-Zeit schon bald wieder vorüber ist. Ja, sie machen schon einen »großen« Eindruck, sobald sie gehen können, und Kleidung, die eigentlich für ein höheres Alter gedacht ist, steht ihnen sehr gut – Mini-Trainingsanzüge zum Beispiel.

Es ist nie zu früh, um das Widder-Baby bei seiner Entwicklung zu unterstützen. Gehen Sie immer davon aus, daß er oder sie älter ist, als der Kalender sagt; helfen Sie Ihrem Kind zu gehen, zu denken, zu sprechen und zu handeln, bevor es äußerlich die Voraussetzungen dafür zu zeigen scheint. Sie werden immer wieder Überraschungen erleben.

Die Lieblings-Spielzeuge in den ersten Jahren werden eher tierisch als menschlich sein – Spielzeug-Hund oder Bär also anstelle einer Puppe. Ein großer roter Ball wird ebenfalls sehr geschätzt sein – oder ein großes, rotes Feuerwehrauto! Bilderbücher sollten voll Aktion und Abenteuer sein, und leuchtend bunt. Der Widder neigt dazu, sich beim Lesenlernen zu langweilen, und vielleicht werden Sie Mühe aufwenden müssen, ihn zu bewegen, sich für Bücher zu interessieren: durch Vorlesen und Anleitung, schrittweise zu lernen, und die Wörter und Sätze im Laufe der Zeit zu erkennen. Klein-Widder wird sich gerne an Handlung und Bewegungsspielen in Kindersendungen des Fernsehens beteiligen. Seine natürliche Abenteuerlust wird ihn reizen, im Kindergarten neue Freundschaften – mit Kindern und Erwachsenen – zu schließen. Sie können ihn guten Gewissens zum frühest möglichen Termin zur Spielgruppe anmelden.

Die Abenteuerlust des Widders wird sich bald zeigen, und es ist überaus ratsam, das Kind im Auge zu behalten, wenn Sie es mit in den Park oder an den Strand nehmen; während Sie nur zwei Minuten dösen, wird es wahrscheinlich schon über alle Berge – oder auf hoher See sein. Es ist immer ein wenig gefährlich, ein Widder-Kind in sehr jungen Jahren auf einem Abenteuer-Spielplatz alleinzulassen. Jedes Kind muß sehr früh im Leben lernen, Risiken auf sich zu nehmen und einzuschätzen, aber Klein-Widder wird mit Sicherheit auf das Klettergerüst oder die Schaukel zusteuern, und sein nimmermüder Enthusiasmus kann den jungen Widder nur zu bald zu Fall bringen.

Fürs Spiel mit anderen Kindern sollten Sie versuchen, dem jungen Widder nahezulegen, Teil der Mannschaft zu werden – an deren Spitze er oder sie sich unweigerlich stellen will. Anführer zu sein, ist eine feine Sache, aber er muß lernen, daß es oft auch notwendig ist, zu folgen. Natürlich ist es eine gute Sache, das Miteinander-Teilen so früh wie möglich zu unterstützen und den Wert von Mitgefühl und Sorge für andere zu vermitteln.

Statt das Widder-Kind Mami zu Hause helfen zu lassen, ist es besser, den Eindruck zu vermitteln, daß es etwas völlig selbständig tun darf, ohne zuviel Beaufsichtigung. Wenn es Ihnen also möglich ist, dann lassen Sie den kleinen Widder in der Küche mit »eigenen« Backzutaten seinen eigenen, grauen und mißgestalten Kuchen produzieren, statt ihn zu bitten, Ihnen Salz oder Pfeffer zu reichen. Lassen Sie ihn lieber selbständig ein robustes Möbelstück polieren, anstatt ihn anzustellen, Ihnen bei Tisch oder Stuhl zu helfen.

Kaufen Sie ihnen eine Spielzeugkiste, und ermutigen Sie sie, ihre Spielsachen wegzupacken, wenn sie damit fertig sind. Sie werden es hassen und in den meisten Fällen nicht tun; aber es ist ein guter Zug, und die Saat wird möglicherweise eines Tages aufgehen!

Schulzeit

Kindergarten und Vorschule können für Erzieher und Lehrer des kleinen Widders zur Hölle werden, für das Kind aber zum Himmel auf Erden: endlich hat es – mit einigem Glück – reichlich Platz zum Rennen und viele andere Menschen, mit und an denen es seine Energie austoben kann. Der Widder wird die schlammigsten Matschkuchen weit und breit machen und gemeinsam mit seinen Löwe-Freunden die leuchtendsten Farben mischen, um damit die größten, prächtigsten Bilder zu malen.

Halten Sie ihn dazu an, einige seiner Spielzeuge mit in den Kindergarten zu nehmen; dort wird er gezwungen sein, sie mit anderen Kindern zu teilen und sich so etwas von seinem natürlichen Egoismus abgewöhnen. Wenn zufällig ein besonders scheues oder nervöses Kind in seiner Gruppe ist, dann versuchen Sie, den jungen Widder aufzufordern, sich mit diesem Kind anzufreunden und zu lernen, hilfreich und freundlich zu sein. Das wird die leichte Tendenz zur Aggression dämpfen, die Teil seiner Widder-Natur sein kann. Er wird sie zügeln – und mit der Tatsache fertig werden müssen, daß er nicht unbedingt immer der Anführer oder der erste sein kann, sei es nun im Klassenzimmer oder auf dem Spielplatz. Diese Erkenntnis kann ein ernster Schlag für sein Selbstvertrauen sein, wenn er die Lektion mit Lehrgeld bezahlen muß. Nachdem er im Kindergarten der Bandenführer war, findet er in der Grundschule plötzlich noch andere stärkere und selbstsichere Kinder. Es ist ratsam, gleich von Anfang an Sorge dafür zu tragen, daß er erkennt, daß er sich mit anderen auch einmal arrangieren muß, statt immer seinen eigenen Kopf und Willen durchzusetzen.

Wenn es um die Entscheidung geht, welchen Schultyp er nach der Grundschule besuchen soll, dann denken Sie daran, daß der junge Widder Disziplin brauchen wird, aber nicht überwältigende oder zu sehr reglementierende Disziplin. Idealerweise sollte seine Schule geräumige, offene Gebäude in freiem Gelände haben, denn Klaustrophobie kann dem Widder zum Problem werden. Gute Sportplätze und Turnhallen sind sehr zu empfehlen, aber auch gute Werkräume. Widder sind selbständig genug, um in der richtigen Art von Internat – modern und offen, statt zuviel Traditionspflege – zurechtzukommen. Die Koedukation ist für Jungen wie für Mädchen gut; jedes Geschlecht kann das andere als gleichberechtigt akzeptieren lernen.

Ein so lebhaftes, willensstarkes Kind wird Disziplin nur akzeptieren, wenn es sicher sein kann, daß sie auf einer gesunden Grundlage beruht und nicht allein zu dem Zweck existiert, es in seine Schranken zu weisen. Routine wird es immer langweilen, aber da Schule ohne Routine nicht möglich ist, muß man das Kind überzeugen, daß sie ihren Sinn hat. Die strikte Ordnung hat immer auch einen Vorteil: wenn man den Mathematik-Unterricht nicht ausstehen kann – der nächste Sportunterricht kommt bestimmt!

Widder sind von Natur aus etwas »hopplahopp« und preschen halsüberkopf auf Probleme zu, statt einen logischen Kurs zu verfolgen. Da können Mathematik und Naturwissenschaften zu recht problematischen Fächern werden – obwohl die Liebe des Widders zum Experimentieren die naturwissenschaftlichen Fächer attraktiver erscheinen läßt. Der Widder interessiert sich für die dramatischeren Ereignisse in der Geschichte. Da er nicht sonderlich geduldig ist, will er Ergebnisse möglichst gleich sehen. Im Werk-Unterricht werden sie zum Beispiel gerne etwas Größeres bearbeiten, statt an kleinen, Feinarbeit erfordernden Aufgaben zu basteln. Der Umgang mit Metallen wird ihnen Freude bereiten, und die Wartung von Geräten und Maschinen finden Widder oft faszinierend.

Ein wohl ausgebildeter Sinn für Humor ist im Umgang mit Widdern wichtig; Sarkasmus jedoch (gegenüber Kindern ohnehin nie ein guter Zug) wird nicht ankommen. Der durchschnittliche Widder empfindet Freude an einem guten, vielleicht unkomplizierten Witz; ein recht gutmütiger, gutgelaunter, offener und vor allem begeisternder Lehrer wird am effektivsten und beliebtesten sein.

Der ungeduldige Widder wird das Büffeln bis zum Abend vor der Prüfung aufschieben. Dies mag bei ihm tatsächlich ganz gut funktionieren – vorausgesetzt, er hört dann nicht zu spät damit auf. Im Prüfungsraum sollte er versuchen, sich zu bremsen, anstatt sich so auf die Papiere zu stürzen, daß er eine halbe Stunde zu früh fertig wird, aber später feststellen muß, daß er wichtige Fakten ausgelassen hat. Er sollte sich angewöhnen, Fragen zwei- oder dreimal zu lesen, um sie in der Eile nicht falsch zu verstehen. Sein größter Mangel ist vermutlich Unachtsamkeit.

Widder sind von Natur aus Sportler. Sie werden ihre Freude an Mannschaftsspielen haben, sind aber in einer Mannschaft nicht immer die einfachsten und diszipliniertesten Mitglieder. Eltern und Lehrer sollten ihren Abenteuergeist unterstützen; viele Widder geben prächtige Pfadfinder ab und werden die umsichtig geplanten Gefahren eines Abenteuerurlaubs genießen. An Boxen, Judo und anderen Kampfsportarten sollten sie ihre Freude haben, oft brillieren sie auch als moderne Tänzer und Eisschnelläufer.

Wenn sich die Schwierigkeiten vermeiden lassen, die sich einstellen werden, wenn der Egoismus des Widders nicht gezügelt wird, ist seine offene Begeisterung und schiere Lebenslust ansteckend genug, um ihn beliebt zu machen. Er wird rasch Freunde finden (auch wenn er sie schnell wieder aufgibt, besonders wenn ein Freund auch nur im geringsten Maße nicht kooperativ ist!). Der Widder braucht einen Freund, der anspruchsvoll und willensstark genug ist, um anregend und nicht langweilig zu sein, und der nicht so oft nachgibt, daß der Widder den Eindruck gewinnt, daß er von Natur aus immer an erster Stelle stände. Eltern und Lehrer sollten auf der Hut sein vor jeder Tendenz, auf Kosten anderer an die Spitze zu gelangen.

Das Leben außerhalb der Schule

Je voller das Leben des Widders, desto besser; daraus folgt, daß er auch außerhalb der Schule reichlich zu tun haben muß. Man darf es nicht so weit kommen lassen, daß er in apathischer Erstarrung vor dem Fernseher niedersinkt. Doch so sehr er dies auch zu wünschen scheint, wird es seine Langeweile nur verstärken, und aus Langeweile wird Unzufriedenheit. Trotz seiner Energie und Begeisterung fürs Leben kann der Widder dazu neigen, den einfachsten Weg zu suchen, und es ist nicht immer leicht, eine Beschäftigung für ihn zu finden, besonders wenn er sich als etwas mehr als nur durchschnittlich erfinderisch erweist. Wenn ein junger Widder einen Schlag gegen sein Selbstbewußtsein einstecken muß, versinkt er manchmal in Trägheit, anstatt die notwendige Anstrengung auf sich zu nehmen, um sich von dem Rückschlag zu erholen. Eltern müssen dieses Problem erkennen und Lösungen ersinnen, die den Neigungen ihres Kindes entsprechen und die mit den Finanzen und sonstigen Umständen der Familie vereinbar sind.

Sie werden vermutlich feststellen, daß Ihr junger Widder sich am meisten von solchen außerschulischen Aktivitäten angezogen fühlt, die körperliche Anforderungen stellen, und Sie sollten sich nach den besten Sportmöglichkeiten am Ort umsehen. Wenn sich ein großes Sportzentrum in Ihrer Gegend befindet, wird dies die ideale Umgebung für Ihren Widder sein. Sorgen Sie sich nicht, wenn er sich nicht gleich für einen bestimmten Sport entscheiden kann; er wird vermutlich alles ausprobieren wollen, bevor er festlegt, worauf er sich konzentrieren will. Ein Abenteuer-Urlaub mit der Kombination mehrerer Aktivitäten wird ein glänzendes Jahresgeschenk sein, und wie ich bereits erwähnte, ist die Pfadfinderei besonders zu unterstützen. Sie wird Unternehmungslust und Selbstsicherheit des Widders entfalten, und dabei die Notwendigkeit von Disziplin und einem Sinn für die Bedürfnisse anderer verdeutlichen helfen. Manche Widder besuchen besonders gerne Erste-Hilfe-Kurse.

Bedenken Sie, daß Freiluft-Sport für Widder im allgemeinen besser ist als Aktivitäten, die in geschlossenen Räumen oder Hallen stattfinden. Kampfsportarten habe ich bereits erwähnt; sie werden vor allem für Knaben lohnend sein – obgleich gerade Widder-Mädchen wohl zu den enthusiastischsten Vertretern ihres Geschlechts gehören werden, wenn es darum geht, praktische Methoden der Selbstverteidigung zu lernen.

Sowohl Jungen als auch Mädchen werden mechanische Aufgaben wie das Reparieren ihrer Fahrräder oder das Basteln an jeder Art von Maschinen genießen – was an sich ein fesselndes Interesse werden kann; vielleicht besteht eine frühe Begeisterung und Hingabe zu Technik und Maschinenbau, die natürlich auch im Sinne eines Berufes genutzt werden können.

Was Hobbys betrifft, so müssen wir uns immer vor Augen halten, daß Geduld dem Widder nicht leicht fällt; er sollte zwar angehalten werden zu versuchen, sie zu entwickeln, aber wir sollten es nicht zu sehr übertreiben, denn es ist wichtiger, daß das Kind bei seinen Anstrengungen, langsam und sorgfältig zu arbeiten, nicht frustriert wird. Es braucht rasche Resultate, gleichgültig ob es ein Musikinstrument, Nähen oder Modellbauen lernt. Am besten wird etwas Einfaches statt komplizierter Arbeiten sein; vielleicht eher die Trommel statt der Violine, oder das Zusammennähen eines großen Filzkissens anstelle einer winzigen Stickerei.

Vergessen Sie nicht, daß die Ungeduld des Widders Ihr Kind drängen wird, sich mit großer Begeisterung auf neue Dinge zu stürzen – aber es neigt dazu, sie schnell wieder fallenzulassen. Kaufen sie keine kostspieligen Ausrüstungen oder Lehrmaterial, solange Sie nicht sicher sind, daß sie nicht nur der Erfüllung einer vorübergehenden Laune dienen.

Vorbereitung fürs Leben

Widder entwickeln sich rasch und werden vielleicht schon zur Erwachsenenwelt zählen wollen, bevor sie psychologisch entsprechend entwickelt sind.

Das Widder-Mädchen mag zum Beispiel dazu neigen anzunehmen, daß die erste Menstruation aus ihr automatisch »eine Frau« macht. Sie wird bald merken, daß zum Erwachsensein mehr gehört als nur die körperlichen Zeichen. Möglicherweise brauchen Widder-Mädchen spezielle Sympathie von seiten der Eltern; die Mutter sollte Sorge tragen, daß ihrer Tochter die schwierigen Tage so leicht wie möglich gemacht werden, und daß sie ihren sportlichen Aktivitäten und ihrer gewöhnlichen Lebensweise weiter nachgehen kann. Dies ist vermutlich leichter zu erreichen als bei anderen Mädchen, denn Widder sind zumeist nicht sehr schamhaft in bezug auf ihren Körper, deshalb sollte es keine besonderen Probleme mit Hemmungen geben.

Die Knaben werden schon früh etwas von der Widder-typischen Einstellung zur Sexualität zeigen, die sich leider oft so äußert, daß in kurzer Zeit so viele Eroberungen wie möglich gemacht werden! Die beste Lektion, die sie in diesem Bereich des Lebens lernen können, ist für Freundschaft und soziales Verhalten gleichermaßen wichtig: Rücksicht auf andere zu üben. Wie die Mädchen werden auch sie nur wenig Hemmungen in bezug auf ihren Körper zeigen, und so ist es nicht notwendig, bei der Aufklärung wie die Katze um den heißen Brei zu schleichen.

Widder-Jungen wie –Mädchen werden schon in recht jungem Alter soweit sein, daß sie auch ihre Sexualität kennenlernen und ausprobieren wollen. Die dabei entstehenden Probleme hängen weitgehend von den Umständen ab. Die Koedukation, die ich bereits empfahl, mag manchem in diesem Zusammenhang gefährlich erscheinen, doch sie ist für junge Widder, die ihr Verhältnis zum anderen Geschlecht herausfinden, sehr gut. Widder-Mädchen werden leicht zu Wildfängen; die alltägliche Gegenwart von Knaben werden sie an ihre Weiblichkeit erinnern, während die Jungen hoffentlich Rücksicht sowie Achtung vor den schulischen Leistungen der Mädchen lernen. Die Nähe wird das sexuelle Experimentieren erleichtern, aber die Probleme werden nicht mehr und nicht weniger sein als in jedem anderen Bereich.

Widder zeigen Interesse und Begeisterung für Sex, und wenn ihre Eltern schüchtern oder zu restriktiv eingestellt sind, wird die Jugend als Reaktion wahrscheinlich umso entschlossener über die Stränge schlagen wollen. Eine vollkommen offene Einstellung ist das beste, sowohl beim Erklären der Sexualität als auch im Gespräch über Probleme und Schwierigkeiten. Fast jeder junge Widder wird alles ausprobieren wollen. Es ist sehr wichtig, offen über die Konsequenzen im Psychischen wie im Körperlichen zu sprechen. Wenn es Ihnen schwerfällt, mit Ihrem Widder-Kind über diese ganzen Themen zu reden, dann geben Sie ihm bitte *nicht* in der Hoffnung auf das Beste ein Buch über Sex in die Hand. Stellen Sie absolut sicher, daß Ihr Kind in der Schule eine geeignete Sexualerziehung erhält. Wenn die Zeit dann gekommen ist, sollten Sie ihren jungen Widder anhalten, Kondome mit sich zu führen und auch zu benutzen; Widder sind Geschöpfe des Augenblicks, und in der spontanen Begeisterung müssen sie – auch im Interesse ihrer eigenen Gesundheit – vorbereitet sein.

Wahrscheinlich wird es sehr viel sexuellen »Unfug« geben. Welche moralische Haltung Sie auch einnehmen werden, ist es bei Widdern nicht ratsam – falls Sie sich zu diesem Kurs entschließen sollten –, etwas zu verbieten; dies würde das Gegenteil von dem bewirken, was Sie sich wünschen. Heutzutage ist es – vielleicht mehr als in früheren Zeiten, und ganz besonders im Falle des ungeduldigen Widders – am wichtigsten, dem jungen Menschen die alte Redensart einzuprägen: »Wenn du schon nicht artig sein kannst, dann sei um Gottes willen wenigstens vorsichtig.«

Wenn sie anfangen, echte, persönliche Zuneigungen zu entwickeln, werden Sie finden, daß ihre Verhaltensweise einer der Gruppen entspricht, die ich auf S. 22 beschrieb. Im allgemeinen brauchen Widder wirklich eine emotionale Beziehung und ein großes Maß an Harmonie in diesem Bereich ihres Lebens. Streitigkeiten und Meinungsverschiedenheiten werden vorkommen – möglicherweise ausgelöst durch den Egoismus des Widders –, aber sehr schnell wieder vergehen, denn der Widder neigt nicht zu vergangenheits-orientiertem, kleinlichen Groll. Der Enthusiasmus des Widders wird es mit sich bringen, daß sie/er seine Aktivitäten mit dem Freund oder Freundin teilen will.

Der bestmögliche Partner für einen Widder ist vielleicht jemand, der ein wenig schlauer als der Widder selbst ist, und ihn damit zu höheren Anstrengungen anspornt. Es wird in einer Widder-Beziehung fast immer ein gewisses Konkurrenz-Element geben, und das ist sehr gut für ihn.

Weitere Ausbildung

Eine höhere Ausbildung ist beim Widder nie verkehrt, und wenn er nicht an der Universität oder einer ähnlichen Einrichtung studiert, sollte er, anstatt seine Zeit unbeschäftigt zu verbringen, jedes vorstellbare staatliche oder private Lehrangebot prüfen, das ihm helfen kann, seine Zeit profitabel zu nutzen. Wie ich später zeigen werde, ist Zeitvergeudung das Schlimmste, was ein Widder sich antun kann.

Doch das Thema »Ausbildung« als solches steht vielleicht nicht unbedingt immer an erster Stelle im Denken eines Widders. Zur Studienzeit ist er viel auf dem Fußballplatz, am Fluß, in der Turnhalle anzutreffen. Natürlich ist er auch zum guten Studenten geeignet, aber es steht außer jeder Frage, daß er sich nur allzu leicht dazu verführen läßt, den Sport in größerem Maße als Hauptbeschäftigung zu betrachten, als dies für die akademische Karriere gut sein kann. Dies gilt umso mehr, wenn es sich so fügt, daß er zu den besten Athleten seines Jahrgangs gehört, denn dann wird er dazu neigen, sich darauf zu konzentrieren zu beweisen, daß er nicht nur einer unter den Besten, sondern *der* Beste überhaupt ist. Nur zu gerne wird er bereit sein, diesem Ziel nicht nur jeden Augenblick seiner Freizeit zu widmen, sondern auch von der Zeit, die eigentlich dem Studium vorbehalten sein sollte.

Inwieweit er überredet werden kann, die Vorlesungen zu besuchen, wird ganz und gar von den Dozenten abhängen. Auf einen Appell an seine Begeisterung wird der Widder – nicht nur während des Studiums – sofort und zuverlässig ansprechen. Umgekehrt wird jedoch das leichteste Anzeichen dafür, daß ein Lehrer selbst von seinem Fach gelangweilt ist, die gegenteilige Wirkung haben. Widder halten mit ihren Meinungen und Gedanken nie hinterm Berg, was sie bei intelligenten Lehrern beliebt machen sollte. Sie werden sich auch gerne an politischen Aktivitäten und allen erreichbaren Diskussionskreisen beteiligen.

Es entspricht nicht dem Charakter des Widders, sich wegen einer Prüfung Sorgen zu machen, die erst in neun Monaten stattfindet. Wenn das Examen sich nähert, sollten Sie an seine Vorliebe appellieren, seine Befähigung unter Beweis zu stellen; er wird seine gute Note oder eine gute Punktzahl erreichen wollen, und sich – wenn auch spät – zu ernster Arbeit hinsetzen, denn ein schlechtes Abschneiden würde seinen Stolz verletzen.

Ein Widder, der an der Hochschule studiert und bei den Eltern wohnt, wird sich zu Hause nur noch selten sehen lassen; begeistert beteiligt er sich an allen schulischen Angelegenheiten, formellen ebenso wie gesellschaftlichen. Wenn er zu Hause ist um zu lernen, wird man dies nicht unbedingt immer vermuten können: Es wird recht geräuschvoll zugehen – ein vernehmlicher Geräuschpegel ist in so mancher Hinsicht die natürliche Umgebung des Widders –, und vielleicht auch munter umhergesprungen. Ein Widder muß irgendwie seine reichlich vorhandene Energie loswerden, selbst wenn er ein Buch in der Hand hat. Sein Schreibtisch wird überfließen von Gegenständen und unerträglich unordentlich sein – aber der Widder weiß dabei ganz genau, wo er alles findet, was er benötigt. Die Werkbank wird unter einem Berg von scheinbar wahllos verstreuten Werkzeugen nur zu ahnen sein – aber alles liegt genau dort, wohin die Hand des Widders gerade greifen wird. Eltern können hier nur hilflos zurücktreten – aber sie sollten ihre Kinder ständig ermahnen, mit scharfen Werkzeugen vorsichtig zu sein; die Hast des Widders hat schon manche Fingerspitze gekostet. Unter den entsprechenden Umständen sollte Schutzkleidung getragen werden – zum Beispiel die Schutzbrille beim Schweißen oder ein Helm bei der Arbeit in gefährdeten Bereichen. Theoretisch bemüht sich der Widder sehr um Selbstschutz; in der Praxis aber können Vergeßlichkeit und Leichtsinn zu echten Problemen werden.

Da wir gerade von Leichtsinn sprechen: als Verkehrsteilnehmer wird der Widder schnell und geschickt fahren, er muß aber lernen, die Situationen zu erkennen, in denen es gefährlich werden kann – und wissen, wie sie zu meistern sind. Es gibt vielleicht kein anderes Tierkreiszeichen, das mehr von einem Autofahrer-Training profitieren kann. Der Widder wird seine Freude daran haben und die Sicherheit schätzen, die aus dem Wissen erwächst, wie in gefährlichen Lagen und Notfällen zu handeln ist. Dies allein wird ihn zum sichereren und besseren Fahrer machen.

Widder sind in ihrem Element, wenn sie zwei Einkommensquellen haben; dies scheint ein Bedürfnis nach zusätzlicher Sicherheit zu befriedigen. In den Ferien wird jeder Urlaubsjob, der ihnen Erfahrung auf einem bisher unbekannten Gebiet verschaffen wird, nicht nur interessant, sondern auch willkommen sein, da er ihnen möglicherweise einen Einblick in eine eventuelle künftige Freizeitaktivität bietet, die man zu einer zusätzlichen Einnahmequelle ausbauen könnte.

Arbeitslosigkeit: Spannung und Belastung

Die überschießende Energie und Begeisterung des Widders braucht unbedingt ein Ventil, und jeder Widder, der in der Arbeitslosigkeits-Falle sitzt, wird die schreckliche Frustration dieser Situation spüren, vielleicht noch brennender als die meisten. Wenn sich nicht irgendein Weg findet, das Problem zu lindern, wird es zu Wut, Groll und Verzweiflung kommen.

Es ist also absolut notwendig, daß der Widder jede Möglichkeit der Beschäftigung nutzt, anstatt herumzusitzen und nichts zu tun. Folgen Sie jeder Spur. Prüfen Sie staatliche Maßnahmen und akzeptieren Sie auch, was als nur vorübergehende Arbeit unpassend erscheint; es könnte den Weg zu etwas Besserem bilden. Selbst unbezahlte Arbeit für das Gemeinwohl ist für den Widder besser als gar nichts. Jemandes Garten umzugraben, Müll zu beseitigen oder die Straße zu kehren – und sei es auch gegen unangemessene oder ganz ohne Bezahlung –, ist besser, als den ganzen Tag darauf zu warten, daß das Telefon läutet. Es scheint unfair, und häufig *ist* es auch unfair; aber es ist besser, psychisch gut in Form zu bleiben und dazu eine Arbeit gegen geringes oder ohne Entgelt in Kauf zu nehmen, als inaktiv zu sein und nur zuzusehen; denn dann türmen sich alle möglichen Belastungen auf.

Als Eltern sollten Sie alles tun, was in Ihrer Macht, steht um zu verhindern, daß sich Verzagtheit einschleicht; ermutigen Sie Ihre Kinder, auf der Suche nach Arbeit geduldig und ausdauernd zu sein. Mit am besten wäre der Vorschlag, daß der Widder sein Problem systematisch in Angriff nimmt: indem er die richtigen Zeitungen durchsieht, täglich zur Arbeitsvermittlung geht, die Angebote studiert und keinen Tag vergehen läßt, ohne einen Bewerbungsbrief zu schreiben, seinen Lebenslauf auf den neuesten Stand zu bringen, und *irgend etwas* zu tun, um seine Aussichten und damit seine Verfassung zu steigern. Auf diese Weise wird sein Wille zum Sieg aufrechterhalten. Selbstachtung und Selbstvertrauen muß er um jeden Preis bewahren. Sein Motto sollte lauten: »Niemals aufgeben!«

Es wird natürlich lange Phasen geben, in denen selbst der lebhafteste und aktivste Widder den Mut sinken läßt. Die Lücken müssen gefüllt werden, und Sie können zum Beispiel empfehlen, daß er sich mit Leuten seines Alters zusammentut, die sich in der gleichen Lage befinden, und ein lokales Gemeinschaftsprojekt ausarbeitet, das anderen helfen und ihnen selbst Beschäftigung bringen wird. Wir sollten die enorme Menge körperlicher und emotionaler Energie des Widders nie vergessen; wenn sie stagniert, kommt es zu Schwierigkeiten. Es wird kaum vorsätzliche Gewaltakte geben, aber Ungeduld und Frustration können auch einmal überkochen und zu plötzlichen verbalen Ausbrüchen oder sogar körperlichen Aktionen führen. Wenn sich dagegen eine positive Ausdrucksmöglichkeit finden läßt, wird der Widder – auch bei düstersten Berufsaussichten – zumindest eine gewisse Erfüllung finden und am Abend körperlich müde sein.

Die Lösung des Problems Arbeitslosigkeit kann beim Widder sehr wohl in der Selbsthilfe liegen, und dies muß ihm eingeprägt werden. Wenn er erkennt, daß er auf sich selbst gestellt ist und nur selbst aus dem Loch springen kann, in dem er sich befindet, werden ihm seine Energie und Einfallsreichtum hinaushelfen. Ermutigen Sie ihn, sein eigenes Lob zu singen; kein anderer wird es besser können.

Drogen

Widder sind nicht besonders anfällig für eine negative Realitätsflucht. Sie möchten sich der Realität stellen, anstatt einen leichten Ausweg zu suchen, deshalb ist es nicht wahrscheinlich, daß sie sich Drogen zuwenden, um ihre Probleme zu verdrängen. Wenn sie aber der Versuchung erliegen, wird der Grund darin liegen, daß sie – wie die Angehörigen einiger anderer Tierkreiszeichen – ständig bereit sind, etwas Neues und anderes zu probieren, um den Schatz ihrer Erfahrungen zu erweitern. Wenn sie schon früh damit anfangen – mit dem Rauchen etwa bereits in der Schulzeit –, dann fällt es ihnen unter Umständen leicht, auch etwas Stärkeres zu konsumieren. Dann aber stecken sie wirklich in Problemen, weil sie zu den Hundertfünfzigprozentigen gehören und nicht auf halbem Wege haltmachen. Doch sie sollten die Willensstärke besitzen, die Gewohnheit aufzugeben; eine nicht unwichtige Rolle unter den Motiven, die junge Leute von harten Drogen abbringt, entspringt aus der Erkenntnis, daß ihre sexuelle Potenz durch den Drogenkonsum in Mitleidenschaft gezogen wird. Auch hier wieder ist es also das Selbstwertgefühl des Widders, das erschüttert wird!

Weil Widder insgesamt nicht sonderlich komplizierte Menschen sind und richtig von falsch zu unterscheiden wissen, werden sie auf logische Argumente wahrscheinlich gut ansprechen; sie greifen vielleicht zu Ausreden, aber schon wenige wohlgewählte Worte sollten genügen, um bei ihnen anzukommen und verstanden zu werden. Vergessen Sie nicht, daß die harten Drogen nicht das einzige Problem sind; aus der Maß Bier nach dem (z.B. Fußball-) Spiel können zwei oder drei werden, und dann bald zuviele. Auch hier sollte logisches Argumentieren – und eine Erinnerung an die Tatsache, daß zuviel Alkohol ihre Leistung drücken wird – den Zweck erfüllen.

Interessen und Freizeit-Aktivität

Wenn Ihr Widder einmal einen Freund oder Freundin gefunden hat, werden Sie ihn kaum noch im Hause herumhängen sehen. Wohl wird es aufregend, das Reich der Sexualität zu erkunden, aber das wird nicht das Ein und Alles ihrer Beziehung sein, denn Widder werden all die Dinge mit dem Partner teilen wollen, die sie am liebsten tun – und dies wird besonders für Aktivitäten im Freien und Sport aller Art gelten. Solche gemeinsamen Aktivitäten werden überwiegend extravertiert sein, denn Widder sind eher Tatmenschen als Denker; deshalb werden sie meist auf und davon sein, anstatt sich zu setzen und Musik zu hören oder fernzusehen.

Sie (d.h. Jungen und Mädchen) haben im allgemeinen Freude an physischen Aktivitäten. Wenn sie zum Beispiel etwas zu reparieren haben, sind sie in ihrem Element; die Wartung des Autos oder die Instandsetzung alter Fahr- oder Flugzeuge wird sie glücklich beschäftigt halten. Hier zählt – wie überall sonst auch – das Verausgaben von Energie. Sie würden sich nicht wohlfühlen, wenn sie etwa versuchten, eine Uhr zu reparieren, oder eine zarte Blüte aus Ton zu modellieren; viel lieber klopften oder hackten sie ein großes Stück Stein ab oder Holz entzwei. Die Eltern brauchen nicht vor Angst und Bestürzung zu zittern, wenn ihr junger Widder verkündet, daß er sein Zimmer neu tapezieren oder streichen wolle. Die Wahl der Farben mag wohl nicht haargenau dem entsprechen, was die Mutter bewundern würde, und die Qualität der Malerarbeiten wird wohl auch einiges zu wünschen übrig lassen, aber für die schiere Begeisterung und Energie (immer wieder diese Begriffe!), die in die Arbeit einfließen, gäbe es bestimmt gute Noten. Da der Widder gewöhnlich das Ergebnis einer solchen Arbeit bald sehen will, wird er wohl kaum auf halbem Wege aufgeben, selbst wenn er sich glücklich und großzügig die Arbeit durch »Abkürzungen« erleichtert. Wegen eines zweiten Anstrichs wird er sich nicht den Kopf zerbrechen, wenn ein einziger bereits genügt; der Gesamteindruck nach Abschluß der Arbeit wird interessant und nicht ohne Spaß sein. Es ist übrigens nichts Schlimmes, die Jungen aufzufordern, einen Vorhang zu säumen, und die Mädchen, Regale zusammenzubauen.

Widder wollen modisch sein und kennen den neuesten Trend immer genau. Das kann teuer werden, wenn die jungen Leute ständig zu ihrer Lieblings-Boutique trotten. Widder-Mädchen sollten angehalten werden, ihre eigenen, experimentellen Mode-Kreationen zu fertigen. Sie werden damit gewiß eine beträchtliche Wirkung erzielen, und wenn wir die Nähte nicht unter die Lupe nehmen, soll es so in Ordnung sein – solange das Werk stabil genug ist, um einem oder zwei energischen Abenden in der Disko standzuhalten.

Der abenteuerlustige Widder wird Kanufahren und noch gewagtere Wassersportarten oft attraktiv finden. Wasserski, Surfen, Tauchen und Tiefsee-Erkundungen sind alles exzellente Möglichkeiten, sich bestens zu unterhalten (wohlgemerkt keine Sportarten, die man leichtsinnig genießen könnte; mit einem Tauchergerät ist man nur einmal unvorsichtig!). Viele lieben das Segeln in kleinen Booten und einer steifen Brise; mit Schwimmweste und einem gut ausgestatteten Freßkorb werden sie den größten Teil des Tages mit Freunden auf dem Wasser verbringen können.

Widder, die sich zur Kreativität beim Kochen hingezogen fühlen (passen Sie in der Küche mit scharfen Messern und heißen Gerichten auf!), werden ihr Talent vermutlich in schnellen Mahlzeiten erweisen – dem Kochen im Wok, mit Omeletts und Fertignahrung, die kunstvoll mit Kräutern und Gewürzen aufgemotzt wird.

Widder sind als Vorstandsmitglieder nicht besonders gut; sie stürzen sich zwar anfänglich in die Arbeit bei Gesellschaften und Organisationen, die ihnen zusagen, sollten sich aber darüber im klaren sein, daß ihr Mangel an Geduld zum Stein des Anstoßes bei weniger unternehmungslustigen und etwas langsamer denkenden Kollegen werden könnte. Sie werden lernen müssen, ihre Sache ruhig und vernünftig vorzutragen und hin und wieder auch anderen nachzugeben, damit ihre Vorschläge akzeptiert werden und der Verein oder Club den gewünschten Fortschritt macht. Als Vorsitzende dürfen sie nicht zulassen, daß ihre Emotionen und ihre Tendenz, schneller zu reden als zu denken, die Oberhand gewinnen; denn genau damit bringen sie den Rest des Vorstandes gegen sich auf – möglicherweise mehr, als ihnen klar ist. Wenn sie diese Punkte beachten, werden sie gewiß einen großen Beitrag leisten und sehr viel

Befriedigung während der Zeit erfahren können, in der sie der Organisation helfen.

Das ideale Haustier für einen Widder ist vermutlich ein Widder-Hund – ein Hund mit ebensoviel Begeisterung und Freude am Leben, wie sie sein Herrchen/Frauchen besitzt. Widder sind eher Hunde- als Katzen-Freunde – vielleicht hauptsächlich, weil ein gesunder Hund ihre Freiluft-Aktivitäten teilen kann. Es ist gut für sie, die Disziplin aufzubringen, für das Tier zu sorgen, möglichst schon von jungen Jahren an. Diese Routine wird ihnen helfen, der Vergeßlichkeit und ihrem Egoismus etwas vorzubeugen. Später im Leben wird ihnen ein eigenes Tier viel Freude bereiten.

Ideale Berufswege

Allein in einem stickigen, schlecht beleuchteten Behördenzimmer zu arbeiten, ist absolut falsch für den lebhaften, enthusiastischen Widder, der fähig bleiben muß, die Kommunikation mit gleichgesinnten Kollegen zu pflegen und in einer gut beleuchteten und belüfteten Umgebung und erfrischender Atmosphäre zu arbeiten – und besonders, alle seine physische wie intellektuelle Energie zur kontinuierlichen und lohnenden Nutzanwendung kommen zu lassen. Wenn er in dieser Hinsicht eingeschränkt ist, wird er sich langweilen, und Langeweile ist ihm ein Greuel. Angehörige dieses Tierkreiszeichens können in geräuschvoller, sogar auch schmutziger Umgebung erstaunlich gut arbeiten, wenn dies notwendig ist, aber es ist gleichwohl vorteilhaft für sie, eine Stellung zu haben, die ihnen die Gelegenheit gibt, ein gewisses Maß an Individualität und Unternehmungsgeist auszudrücken.

Widder sind im allgemeinen ehrgeizig und werden darauf bedacht sein, ihr jeweiliges Team oder die Kollegen anzuführen, ja selbst an die Spitze der Abteilung oder gar der Firma aufzusteigen. Sie müssen sich vor einer ebenso starken Tendenz hüten, rücksichtslos zu sein (Denken Sie an das alte Wort: »Achte darauf, auf wen du bei deinem Aufstieg trittst; du könntest ihm beim Abstieg wieder begegnen!«). Ihre Fähigkeit zur schonungslosen Offenheit sollte bewußt gemildert werden durch den typischen, jovialen Sinn für Humor, der ihnen gut zustatten kommt, wenn sie Kollegen oder Untergebene einmal kritisieren oder rügen müssen.

Ein gewisses Maß von Spannung, wie sie angesichts von Risiken oder Problemen entsteht, ist ihnen nicht zuwider; in einer schwierigen Situation würden sie von keinem anderen erwarten, daß er ihnen etwas abnähme, sondern selbst in die stürmischsten Wogen springen und sich auf den Weg ans andere

Ufer machen in vollem Vertrauen, daß andere ihrem Vorbild folgen werden. Diese Führungsqualität zeigt sich noch auf andere Weise: es ist wichtig, daß Widder ihren Pioniergeist einsetzen können – in der Forschung, im Experimentieren, durch die Gelegenheit zur abwechslungsreicher, vielleicht auch etwas ausgefallener Gestaltung, die sich sowohl für sie selbst als auch für ihre Arbeitgeber als wertvoll erweisen wird. Widder mit Interesse an der Medizin tendieren oft zur Psychiatrie und zur Erforschung der Tätigkeit des menschlichen Geistes. Gemäß der traditionellen Assoziation des Zeichens Widder mit dem Kopf kann die Arbeit im Bereich Hals-Nase-Ohren – aber auch die Zahnheilkunde – jene interessieren, die eine medizinische Laufbahn einschlagen.

Auch der Maschinenbau oder die Motoren-Branche können eine befriedigende Karriere bieten – praktisch jede Arbeit, zu der der Umgang mit Metallen gehört. Viele Widder arbeiten für die Eisenbahn oder die Feuerwehr.

Wenn Ihr Widder sich stark von irgendeinem Bereich des Sports angezogen fühlt, gibt es keinen Grund, der dagegen spräche, sie zu ermutigen, diesem Interesse nachzugehen; eine überdurchschnittlich große Zahl von Menschen mit diesem Sonnenzeichen sind äußerst erfolgreiche Profi-Sportler(innen) geworden. Sie werden zum Teil beflügelt von dem herausfordernden Bedürfnis, die Grenzen der körperlichen Leistungs- und Durchhaltefähigkeit zu erweitern, und ihr Wille zum Sieg verbindet sich mit ihrem Pioniergeist – ein gutes Erfolgsrezept.

Daran knüpft sich die These, daß Widder physische Arbeit immer genießen. Ein arbeitsloser Widder wird sich in der Regel nicht scheuen, einen anstrengenden Job anzunehmen und findet darin vielleicht sogar Erfüllung. Eltern, deren Sohn oder Tochter ein Verlangen spürt, Land-, Berg- oder Bauarbeiter zu werden, können – bei aller Enttäuschung ob dieses vermeintlichen Mangels an Ehrgeiz – zumindest darauf vertrauen, daß ihr Sohn oder ihre Tochter den körperlichen Anforderungen eines solchen Berufes gut standhalten werden und sogar noch Geschmack daran finden. Sie können in solch einer Situation tatsächlich Befriedigung finden – vermutlich aber immer auch ihren Weg nach oben, in eine Führungsposition. Auch Frauen können anstrengende körperliche Arbeit leisten – und sind vielleicht sogar besonders glücklich als Bus- oder Taxifahrerin oder Chauffeuse.

Widder sind nicht die geduldigsten Menschen unter der Sonne, und dies kann manchmal ein Nachteil sein, denn sie werden nicht nur ungeduldig auf ihre Beförderung warten, sondern auch ungeduldig mit sich selbst werden und sich vorwerfen, nicht rasch genug weiterzukommen. Eltern sollten dann versuchen, ihr Widder-Kind aufzuheitern, indem sie seine Erfolge hervorheben und ihm zureden, durchzuhalten und weiter gute, harte Arbeit zu leisten.

Das Motto »Eine Veränderung ist so gut wie eine Ruhepause« ist gerade für einen Widder sehr sinnvoll; wenn er in einer langweiligen Arbeitsroutine gefangen ist, dann braucht er Hobbys und gesellschaftliches Leben, die ihm das Leben erträglich machen. Stagnation ist das große Gift; solange die natürliche Begeisterung und Lebhaftigkeit ganz zum Ausdruck gelangen kann, wird es bei der Arbeit keine Probleme geben – worin auch immer sie besteht.

Reisen

Widder lieben es zu reisen, und früher, als Ihnen lieb ist, wird ihr Sohn oder Tochter ankündigen, daß sie sich allein auf den Weg machen, um die Chinesische Mauer mit Schlafsack und kleiner Provianttasche abzugehen. Wenn sie sich einmal auf eine bestimmte Reise fixiert haben, werden sie nicht im geringsten scheuen, jede Menge Unannehmlichkeiten auf sich zu nehmen – sie neigen ohnehin zu Risiken, einfach aufgrund ihres Eifers, so rasch wie möglich ans Ziel zu gelangen.

Und Risiken gibt es natürlich, nicht nur die offensichtlichen. So sollten Sie Ihren jungen Widder zum Beispiel darauf hinweisen, daß man sich Reisepaß und Geld nicht stehlen lassen muß, sondern auch durch Leichtsinn verlieren kann. Vergeßlichkeit ist nämlich wirklich eine Gefahr: nachdem sie sich auf halbem Wege zur Paßhöhe kurz zu einer Rast niedergelassen haben, stapfen sie weiter, ohne zu überprüfen, ob sie alles bei sich haben, womit sie angekommen waren. Sie sind gewiß nicht die Art von Menschen, die mit Genuß auf Polizeirevieren oder an Grenzposten hängenbleibt, um auf fehlenden Reisepaß oder Brieftasche zu warten, bis sie gefunden oder ersetzt sind.

Wie ich schon an anderer Stelle gesagt habe, müssen Sie sich sehr früh daran gewöhnen, Ihren jugendlichen Widder im Auge zu behalten. Seine ersten Ferien werden eine herrliche Ausrede bieten, in alle Richtungen abzuwandern. Besonders die Mischung von Fremdartigem und Aufregendem wird er unbedingt erkunden wollen. Er wird um jeden Preis herausfinden wollen, wie die andere Seite lebt, aussieht, spricht und schmeckt. Versuchen Sie, in Sichtweite zu bleiben und ihn vor der Sonnenhitze zu schützen; der Widder liebt den Sonnenschein, erleidet aber nur zu leicht einen Sonnenstich. Feuchtigkeit ist weniger beunruhigend, wird aber seine Energie bremsen (aus Ihrer Sicht vermutlich eine nicht unwillkommene Vorstellung – aber es könnte die Jüngeren mürrisch und reizbar machen).

Bei der Wahl eines Ferienziels, das einem jungen Widder Freude bereiten würde, sollten Sie daran denken, daß er seine normale Interessenssphäre weitgehend erhalten will; wenn er also an einer bestimmten Sportart hängt, sollten Sie bemüht sein, ein Quartier zu finden, das entsprechende Chancen bietet. Ein Ort mit guten Sportmöglichkeiten wird wahrscheinlich sehr beliebt sein – Widder lieben das Windsurfen, den Gleitschirm und ähnliche Aufregungen – übrigens auch Wintersportarten mit ihrer Kombination von Sonne, frischer Luft und Spannung. Denken Sie daran, daß Widder zu Unfällen neigen. Dies sollte man zwar nie als Argument gebrauchen, um sie von etwas abzuhalten (was ohnehin erfolglos bliebe), aber kluge Eltern eines Widders werden immer etwas zur ersten Hilfe mitführen.

Die Erregung ist in der Tat ein exzellentes Ingrediens im Leben eines jeden Widders, und es hat seine Vorteile. Auf der Reise wird es wohl kein Problem geben; der junge Widder wird von Reisebeginn an so aufgeregt sein, daß ihm kaum noch Zeit oder Energie bleiben, um reisekrank zu werden! Ob Luftkissenboot, Flugzeug, Eisenbahn oder Auto – die Aufregung, neuen Orten, Menschen und Aktivitäten zuzusteuern, sollte ausreichen, um ihn beschäftigt zu halten.

Widder als Geschwister

Das Hauptproblem für den kleinen Widder wird sich einfinden, wenn seine Position überschattet wird durch die Ankunft von Geschwistern. Er wird dazu tendieren, sich vorwärts zu arbeiten, um den ersten Platz einzunehmen – den Widder immer anstreben, ohne Rücksicht auf die Gefühle anderer. Eltern werden beobachten können, daß ihr Widder, wenn ein jüngeres Geschwisterchen geboren wird, ein großes Geschrei anstellt, weil er meint, daß dem Baby zuviel Aufmerksamkeit geschenkt werde, um mit jedem Mittel die als Zuneigung verstandene Beachtung zurückzugewinnen, die sich nun auf »jemand anderes« richtet.

Die Eltern werden jedoch auch erkennen, daß es ein großer Vorteil ist, einen Widder-Bruder oder –Schwester zu haben. Der Widder wird sie unterstützen und eine Hilfe sein, auf die man jederzeit zurückgreifen kann, wenn sie benötigt wird – zum Beispiel wenn das Geschwisterchen gebadet werden soll –; er ist glücklich, wenn er helfen kann, weil es sein Gefühl bestärkt, in der Familie wichtig zu sein. Es entspricht nicht der Natur des Widders, gehässig oder rachsüchtig zu sein – dieses Problem wird es also nicht geben –, doch in einem Moment der Wut und Ungeduld kann es zu einer plötzlichen heftigen Temperamentsäußerung kommen; machen Sie sich also auf gelegentliche Zornausbrüche gefaßt. Es wird ein leichtes sein, an die gute Wesensart und das Gewissen des Widders zu appellieren. Probleme sollten diplomatisch und logisch besprochen und gelöst werden; in vieler Hinsicht ist Fairplay für Widder wichtig, und es ist nicht schwierig, sie dazu zu bringen, beide Seiten einer Auseinandersetzung nachzuvollziehen.

Wie bei den meisten Kindern unserer Zeit wird es gut sein, sie in die Schwangerschaft der Mutter einzuweihen: Seien sie nicht überrascht, wenn der kleine Widder – nachdem Sie ihm so ausführlich, wie Sie es für vertretbar halten, erklärt haben, »wo die Babys herkommen« – fragt, ob das Baby morgen schon komme: wie bei allem anderen verlangt und erwartet er auch hier sofortige Aktion! Wenn das Baby dann geboren wurde, ist es am besten, die Tatsache hervorzuheben, daß Klein-Widder der *»große* Bruder/Schwester« ist, denn das wird seinem Bedürfnis Rechnung tragen, an der Spitze zu stehen.

Wenn Ihr ältestes Kind recht sensitiv ist, sollte ein jüngerer Widder – egal ob Bruder oder Schwester – angehalten werden, dies zu verstehen: daß der andere älter ist, bedeutet nicht zugleich, daß er deshalb energischer und tapferer sein müßte – mit anderen Worten: Menschen sind verschieden, und ein Widder sollte dies bereits in jungen Jahren lernen. Ermutigen Sie ihn, für die vielleicht weniger durchsetzungsfähigen älteren Geschwister einzutreten; er wird damit nicht im geringsten zögern, wenn er erst erkannt hat, daß es eine gute Sache ist.

In der Schule kann ein gewisses Problem aufkommen, weil der extravertierte Widder angeben und zeigen will, daß er besser sei als jeder andere ringsum – und dazu gehören gewiß auch Bruder oder Schwester, ob jünger oder älter. Man muß den Widder nicht überreden, andere gewinnen zu lassen, aber er muß lernen, weder verärgert noch eifersüchtig zu reagieren, wenn ein anderer gewinnt! Wenn es Anzeichen dafür gibt, daß seine Geschwister im Schatten leben und überwältigt werden von dem starken Charakter des Widders, wäre es eventuell sehr gut, die Lage mit einem einfühlsamen Lehrer zu besprechen. Das andere Kind sollte man ebenfalls einbeziehen und ihm sagen, daß der junge Widder immer der erste sein will, auf und ab springt und lärmt. Dies bedeute aber nicht zwangsläufig, daß er in irgendeiner Hinsicht besser sei oder größere Erfolgsaussichten habe als ein stillerer Arbeiter. In einer solchen Situation wäre es gut zu arrangieren, daß die Interessenssphären der Kinder in der Schule so verschiedenartig sind wie möglich, dann kann der Konkurrenz-Aspekt nicht so offen zutagetreten.

Zu Hause ist es manchmal notwendig, daß Kinder – zumindest in den ersten Lebensjahren – ein Zimmer miteinander teilen. Der Widder wird davon nicht viel halten, und es mag erforderlich werden, ihm regelrecht ein eigenes Territorium zuzuweisen, das Bruder oder Schwester nur auf eigene Gefahr betreten dürfen. Geben Sie ihm also einen eigenen Spielzeugschrank und andersfarbige Bettbezüge; wenn Sie Stockbetten haben, sollte der Widder besser oben liegen dürfen! Auch wenn Sie ihm das nicht zu erzählen brauchen, ist es in der Tat ganz gut, wenn er das Zimmer eine Zeitlang teilen muß – er wird dabei nicht nur lernen, daß man unter manchen Umständen Dinge miteinander zu teilen hat, sondern auch, daß es nicht immer möglich – geschweige denn erstrebenswert – ist, daß alles nach seinem Kopf geht und sein Willen ohne Abstriche jedermann aufgezwungen wird!

Versuchen Sie soweit wie möglich zu betonen, was für ein *Spaß* es ist, Bruder oder Schwester zu haben, und unterstützen Sie die lebhafte, extravertierte Seite des Widders, die zur Freude für die ganze Umgebung werden kann.

Widder als Eltern

Da Widder sich auf alles immer gleich losstürzen wollen, besteht eine gewisse Gefahr, daß sie sich in die Elternschaft katapultieren, bevor sie dieses Unterfangen wirklich wohl durchdacht haben – und bevor sie die Voraussetzungen dazu erfüllen. Der männliche Widder fühlt sich vielleicht besonders unter dem Druck, seine Männlichkeit unter Beweis zu stellen – er würde jedenfalls deutlicher als die meisten anderen das Stirnrunzeln potentieller Großeltern wahrnehmen, die von der Entscheidung des jungen Paares erfahren, nicht bald nach der Eheschließung mit einem Enkelkind aufzuwarten.

Auch Frau Widder wird schon sehr bald ein Kind wünschen, selbst wenn sie ein ausgesprochener Karriere-Typ ist. Ein Kind würde gewiß nicht bedeuten, daß sie ihre Karriere aufgäbe; sie wird bereitwillig Wege ersinnen, beide Situationen zu bewältigen – und sehr wahrscheinlich am Ende eines Arbeitstages noch Zeit und Energie übrig haben, sich mit ihren Kindern zu befassen. In diesem Falle – so erfolgreich die Dinge sich auch zu ergeben scheinen – sollte sie sorgfältig überlegen, ob die Kinder wirklich genug von ihrer Zeit und Aufmerksamkeit erhalten. Andererseits könnten Frustration und Langeweile aus der Versorgung kleiner und anspruchsvoller Kinder eine sehr schlechte Auswirkung auf sie haben, so ist es insgesamt vermutlich besser für die Kinder, weniger von einer glücklichen Mutter zu haben als mehr von einer gereizten und gelangweilten.

Das wohlbekannte Bild des Vaters, der nach der Ankunft des Babys darunter leidet, daß er nun das Nachsehen hat, paßt zum Widder mehr als zu Vätern unter dem Einfluß eines anderen Zeichens. Also muß die Mutter intensiver als gewöhnlich versuchen zu zeigen, daß das Baby nicht wirklich ihr ganzes Leben ist, und daß Vater immer noch der »Bandenchef« ist! Widder-Väter sind bei ihren Kindern im allgemeinen sehr beliebt, weil sie darauf bedacht sind, für diese ebensoviel aus dem Leben herauszuholen wie für sich selbst. Die Zeit, die sie mit den Kindern verbringen können, wird ausgefüllt sein mit Unternehmungen und das Leben der Jungen bereichern; es wird viele Einladungen und Abenteuer geben, um diese überschüssige Energie zu verbrennen. Widder-Eltern beiderlei Geschlechts sollten sich davor hüten, ihren eigenen Geschmack den Kindern aufzudrängen – sie beispielsweise auf den Fußballplatz zu karren, wenn die Kleinen lieber zum Ballett gingen. Diese Warnung gilt vermutlich besonders für Widder-Väter, die sowieso große Sportskanonen sind. Sie müssen sich wirklich klarmachen, daß nicht jedermann so weit und froh im physischen Leben steht wie sie selbst. Natürlich schadet es keinem Kind, zu dem Wissen von der Wichtigkeit gesunder und regelmäßiger Bewegung erzogen zu werden; doch der Sport sollte keinen unverhältnismäßig großen Teil ihres Lebens einnehmen, wenn sie nicht aus dem gleichen Holz geschnitzt sind.

Als erfolgreiche Menschen sollten sich Widder-Eltern, wenn es ihre Zeit erlaubt, in den Schulen ihrer Kinder engagieren, zum Beispiel bei Lehrer/Eltern-Aktivitäten. Sie haben oft ein gutes Einfühlungsvermögen dafür, wie andere zu ermutigen sind.

Wie alt sie auch sein mögen, sollten Widder-Eltern keine Generationen-Probleme haben. Sie bleiben gerne auf der Höhe der Zeit und brauchen gewiß keine große Mühe, um zu entdecken, wie die Interessen ihrer Kinder jeweils gelagert sind – vermutlich wissen sie ebensoviel über das Thema. Wenn sie einmal den Eindruck bekommen, den Kontakt verloren zu haben, dann wird ihnen die Herausforderung gefallen, das Versäumte nachzuholen. Mit am aufregendsten für Widder-Eltern ist diese ständige Herausforderung: mit den Kindern Schritt zu halten und ihnen nach Möglichkeit einen Schritt voraus zu bleiben – gehe es um die Voraussagen für die Hitliste der nächsten Woche, um die Grundelemente der nächsten Mode oder um den Sieg im Fußballspiel Schüler gegen Väter.

Widder-Vater und -Mutter, die sich für etwas besonders stark interessieren, sollten darauf achten, sich nicht so darauf zu konzentrieren, daß die Kinder ausgeschlossen werden – nicht nur von dieser Aktivität, sondern auch aus dem Denken von Vater oder Mutter. Es könnte dem Erziehenden zwar ein interessantes und erfülltes Leben sichern, aber das Kind wird zuviel Zeit vor dem Bildschirm verbringen.

Es gibt einige Schwierigkeiten für Kinder mit Widder-Eltern(teil), wenn dieser aber die Dinge korrigiert, kann die Kind/Eltern-Beziehung herrlich und dankbar sein – voll Aufregung und Energie, Begeisterung und Auftrieb. Gelegentlich wird es wohl Gewitter geben, die sich jedoch rasch wieder verziehen. Groll oder nagende Wut sind unwahrscheinlich, auch Bestrafungen über Wochen hinweg; ein rasches Wort oder auch ein Klaps, und alles wird vergessen sein, das aufregend-erfreuliche Leben wird wieder in den Vordergrund treten.

Fallbeispiel

Debbie – Sonne, Merkur und Venus in Widder, Merkur-Gruppe 2, Venus Gruppe 3

Aus dem Gutachten: Ich nehme an, daß Debbie eine Privatschule besuchen soll. Versuchen Sie in diesem Falle eine Schule zu finden, die nicht zu restriktiv ist oder klaustrophobisch wirkt. Während Debbie in mancher Hinsicht von Zeit zu Zeit eine gewisse »Zügelung« braucht, wird sie unter lebhafter, positiver Anregung gedeihen und überstrenge Lehrer hassen, die viel nörgeln oder kritisieren. Wenn Sie merken, daß sie plötzlich in einem Schuljahr nicht so gut gewesen ist wie vorher, dann könnte dies darin begründet sein, daß sie nicht genügend Zuspruch oder Anregung von einem Lehrer erhielt, und braucht nicht mit der Schwierigkeit des Fachs zusammenzuhängen. Wenn sie einen Lehrer mag, bewundert und achtet, wird sie still sitzen, jedes Wort aufnehmen, das er spricht, und in großen Sprüngen Fortschritte machen; andernfalls wird sie sich bald langweilen, und Sie werden sich daran gewöhnen müssen, in ihren Zeugnissen oder Berichten zu lesen: »Könnte besser sein, wenn sie sich Mühe gäbe«.

Sie hat eventuell die Begabung für eine handwerkliche Arbeit und Freude am Anfertigen oder Entwerfen von Schmuck oder dem Umgang mit Metallen. Vermutlich ist sie musikalisch, aber – darf ich das schreiben? – seien Sie nicht überrascht, wenn sie die Trompete oder Schlagzeug lernen will. (Tut mir leid!)

Kommentar: Debbies Analyse wurde unmittelbar nach ihrer Geburt Ende der siebziger Jahre geschrieben. zu jener Zeit fanden die Eltern meine Bemerkung über das Trompetespiel äußerst erheiternd; aber in der Schule der Tochter formierte sich eine Blechbläser-Gruppe, für deren Aktivität Debbie nicht nur große Begeisterung, sondern auch beträchtliches Talent zeigte.

Das Sonnenzeichen regiert:

Staaten und Länder: Dänemark, Deutschland, England, Frankreich, Japan, Polen, Syrien

Städte: Braunschweig, Capua, Florenz, Krakau, Marseille, Neapel, Padua, Utrecht, Verona

Bäume: Stechpalme, manche Nadelbäume, dornentragende Bäume oder Sträucher

Blumen und Heilpflanzen: Arnika, Cayenne-Pfeffer, Geißblatt, Geranie, Ginster, Hamamelis, Hopfen, Kapern, Lauch, Lorbeer, Nesseln, Pfefferminze, Rhabarber, Senf, Stechginster, Tabak, Wacholder, Zaunrübe, Zwiebeln

Nahrungsmittel: alle Fischsorten; Getreide, besonders Weizen; Zwiebeln, Tomaten, Lauch; Bier

Biochemische Salze: Kalium phosphoricum, Natrium phosphoricum

Tiere: Schafe und Widder

Stein: Diamant

Metall: Eisen

Farbe: rot, scharlach

Stier

(21. April bis 21. Mai) ein feminines Zeichen

Allgemeine Charakteristika

Vor die Aufgabe gestellt, ein einziges Wort zu nennen, das das Wesen des Stiers charakterisierte, fiele einem vermutlich »Solidität« ein; der beste Vertreter des Zeichens Stier ist ein guter, solider Bürger – zuverlässig in einer Krise, gesunde Persönlichkeit und feste Basis. Um aber so zuverlässig und solide zu werden, braucht der Stier vor allem Sicherheit, sowohl im Materiellen als auch im Emotionalen. Wenn diese Sicherheit bedroht wird, sorgt sich der Stier und regt sich auf. Ein Stier-Kind, das mit der Zerrüttung der elterlichen Ehe konfrontiert wird – oder aber mit etwas Einfacherem, weniger Traumatischem wie einem Umzug – wird mit größerer Wahrscheinlichkeit als die meisten anderen Kinder durch untypisches, d.h. störendes und übellauniges Verhalten reagieren. Es ist immer ratsam, sie auf dem laufenden zu halten, und wann immer eine größere Veränderung wahrscheinlich ist, sollte man sie zum frühestmöglichen Zeitpunkt informieren. (Keine Angst: Wenn Sie einem Stier-Kind etwas im Vertrauen mitteilen, wird es das Geheimnis nicht zur Verlegenheit seiner Eltern der Großmutter oder sonst jemandem weitersagen.)

Junge Stiere sind mit die praktischsten Kinder, und sie können in schwierigen Situationen auf diese Begabung zurückkommen. Wenn man ihnen die Dinge richtig, d.h. langsam und sorgfältig erklärt, werden sie es immer verstehen. Sie sind im allgemeinen nicht besonders schnell im Begreifen von Dingen, reagieren auch nicht sehr rasch; ein entspanntes Vorgehen ist also am besten. Sie sind leicht ein klein wenig begriffsstutzig – ein weiterer guter Grund, ganz logisch zu erklären. Stiere können sehr gut ihren Eigensinn hinter Charme verstecken, und sie setzen ihren, oft beträchtlichen, Charme ein, um die Eltern für ihre Denkweise zu gewinnen. Sie stehen tatsächlich in dem Ruf, die charmantesten Menschen des Tierkreises zu sein; es herrscht also echte Gefahr, vor der Sie auf der Hut sein sollten! Sie sehen auch gut aus und haben oft eine reizende, warmherzige Stimme. Alle diese Aspekte sind natürlich große Vorteile, aber es ist gut, darauf hinzuweisen, daß es besser ist, sie ehrlich denn als Waffen zu gebrauchen!

Stiere sollte man auffordern, flexibel zu sein und sich, wenn es notwendig ist, den Meinungen anderer zu beugen und das Leben nicht dogmatisch zu sehen. So kann Halsstarrigkeit zu Bestimmtheit gemildert werden, eine etwas andere, aber sehr viel mehr zu empfehlende Qualität, die sich eher als eine Hilfe denn als Hindernis erweisen wird.

Stiere leiden selten unter Energiemangel, aber es dauert oft lange, sie in Gang zu bringen; sie bleiben endlos am Frühstückstisch oder nach dem Abendessen sitzen, statt aufzustehen und anzufangen, was immer gerade zu tun ist. Sie genießen ein faules Leben. Dies ist unter Ausnutzung ihrer Liebe zu gleichbleibender Routine zu umgehen. Wenn diese erst einmal entdeckt und akzeptiert ist, werden sie sie aufgrund ihres Sicherheitsbedürfnisses unter keinen Umständen durchbrechen. Eltern, die einen häuslichen Zeitplan festsetzen, der ebenso sicher ist wie der Stundenplan in der Schule, werden feststellen, daß ihr Stier sich daran hält. Wenn er mit Gewißheit davon ausgehen kann, daß bestimmte Stunden den Hausaufgaben vorbehalten sind, dem Aufräumen des Zimmers oder dem Sport, und daß nur ein echter Notfall die Routine ändern wird, werden sie sich gerne daran halten und aufblühen. Ein vorhersagbares, festes Muster für ihr Leben ist genau das, was sie benötigen.

Sie können und sollten Ihrem Stier-Kind regelmäßige Aufgaben anvertrauen. Auch hier wird es die Routine sein, die sie anspricht; sie sind extrem zuverlässig und verantwortungsbewußt. Wenn sie in einem Augenblick der Unachtsamkeit vergessen, was man von ihnen erwartet, wird ein Appell an ihr Gewissen sofort fruchten, und ihre Leistungen in der Zukunft werden noch besser sein.

Der Grundfehler des Stiers ist seine Besitzgier, die sich sowohl auf Gegenstände als auch auf Menschen erstreckt: Vater ist »*mein* Papa« (statt Mutters Mann); Spielzeuge sind nichts Gemeinsames, sondern *mein,* und so weiter. Diesen unattraktiven Zug müssen Eltern während der ganzen Kindheit im Auge behalten. Er kann im Extrem zu Eifersucht und stürmischen Ausbrüchen führen, die bewirken, daß das Kind bei seinen Altersgenossen äußerst unbeliebt wird und darüber hinaus emotionale Probleme im späteren Leben nach sich ziehen. Dieses Problem ist nicht einfach zu bekämpfen, aber man sollte den Stier dazu anhalten – wie vehement er sich auch dagegen wehrt –, einige seiner alten Spielzeuge für wohltätige Zwecke zu verschenken, eventuell auch etwas von seinem Taschengeld zu spenden. Er wird es hassen, aber denken Sie daran, daß er im Grunde seines Herzens liebevoll und freundlich ist, und appellieren Sie an diese Seite seines Wesens. Da Stiere sich sehr ausgiebig mit Geld beschäftigen können, wird jede Anstrengung, ihr Festklammern am Sparschwein schon in frühen Jahren zu lockern, es ihnen sehr erleichtern, als Erwachsene eine vernünftige Einstellung zu den Finanzen zu entwickeln. Nicht, daß sie geizig wären; aber sie sparen eben gerne – und investieren sogar! Ihr natürlicher Geschäftssinn jedoch sollte nicht erstickt werden; in frühem Alter können sie schon mit dem Sparen beginnen, und je eher sie ihr eigenes Sparkonto haben und lernen, damit umzugehen, desto besser. In bezug auf den Gemeinnutzen kann man sie auf den Gedanken bringen, ihren natürlichen Geschäftssinn einzusetzen, um bei Geldsammlungen zu helfen? Stiere sind aufgrund ihrer großen Vertrauenswürdigkeit und Zuverlässigkeit exzellente Schatzmeister für gemeinnützige oder Freizeit-Organisationen. Es wäre töricht, den Eindruck zu vermitteln, daß sich noch niemals ein Stier-Schatzmeister mit dem anvertrauten Geld aus dem Staube gemacht hätte, doch es ist sehr unwahrscheinlich!

Stiere sind insgesamt sehr konventionell, dies betrifft auch die Haltung gegenüber ihren Mitmenschen; ihr Verhalten scheint vielleicht etwas altmodisch. Sie gehören nicht unbedingt zu den Kindern, die ihre Eltern gerne beim Vornamen rufen. Während sie natürlich vor »Raubtieren« gewarnt werden sollten, sind sie wegen ihrer natürlichen Vorsicht des guten Gespürs im Vergleich zu Angehörigen anderer Tierkreiszeichen weniger anfällig für den Fremden, der ihnen Süßigkeiten anbietet. Stiere sind von Natur aus vorsichtig, sie gehen keine Risiken ein. Dies kann an sich hervorragend sein, aber auch hinderlich, denn eine liebgewonnene Routine kann leicht zu einem eingefahrenen Gleis werden, aus dem man nicht so leicht wieder hinaus gelangt. Oft ist es notwendig, darauf hinzuweisen, daß Veränderung etwas Gutes und nichts Schlechtes ist, und daß man optimistisch – statt voller Befürchtungen – vorausschauen sollte.

Weil sie recht konventionell sind, werden Stier-Kinder gegen die Schuluniform nichts einzuwenden haben, und wenn der Anzug oder das Kleid tatsächlich einigermaßen attraktiv aussieht, kann es sogar recht schwierig werden, sie dem Kind wieder auszuziehen. Aber auch in Freizeitkleidung werden sie gut aussehen. Stier-Mädchen werden es genießen, ihre Kleider selbst auszuwählen, und beide Geschlechter werden gerne Trainingsanzüge in attraktiven Tönen wie Blaßblau, Pink oder Grün tragen – die Farben des Stiers.

Der erwachsene Stier wird sein Zuhause als das Basislager betrachten, in das allein er sich zurückzieht und von dem aus er sich der Welt stellen und ihr gegebenenfalls trotzen kann. Das Stier-Kind braucht das gleiche Vertrauen, daß das Zuhause wie ein Fels in der Brandung ist, den nichts erschüttern oder verschieben kann. Wenn Probleme aufkommen – zum Beispiel emotionale Probleme zwischen den Eltern –, ist es weitaus besser, offen darüber zu sprechen und dabei zu erklären, daß das Zuhause nach wie vor das Zuhause ist, und die Sicherheit des Kindes absolute Priorität genießt.

Die drei Arten zu denken

Aufgrund des Einflusses von Merkur (siehe S. 22) arbeitet das Denken des Stiers vor allem auf eine von drei Arten:

1) Manche Stiere sind entschlossen und besitzen die Fähigkeit, sehr rasch zu denken. Die Kombination dieser Qualitäten mit ihrem gesunden Urteilsvermögen wird natürlich äußerst nützlich sein. Stiere fallen zwar zuweilen mit der Tür ins Haus, aber dabei wird ihre Energie ihnen wenigstens hindurch helfen, bis auch das massivste Hindernis beseitigt ist.

2) Eine zweite Gruppe wird Probleme wesentlich besonnener in Angriff nehmen, aber wenn eine Entscheidung einmal gefällt ist, wird es schwierig sein, von ihr abzuweichen; aus Hartnäckigkeit kann sogar Sturheit werden – gewiß ein Problem. Diesen Stieren muß man all die Zeit lassen, die sie benötigen, und sie nicht zu Entscheidungen drängen.

3) Eine dritte Gruppe hat ein lebhaftes, rasches Denkvermögen, ist aber überraschend wankelmütig. Die Konzentrationskraft dieser Kinder ist nicht sonderlich gut, aber sie sind weniger eigensinnig, dafür offener und vernünftiger als ihre Stier-Brüder und -Schwestern. Ihr lebhaftes Denken gibt ihrer Persönlichkeit einen gewissen Anflug von Leichtigkeit.

Die fünf Arten zu lieben

Aufgrund des Einflusses von Venus (siehe S. 22) werden Stiere dazu tendieren, ihre Zuneigung auf eine von fünf Arten auszudrücken. Da Venus der herrschende Planet im Zeichen Stier ist, hat ihre Plazierung einen bedeutenden psychologischen Einfluß.

1) Die erste Gruppe von Stieren ist zärtlich, romantisch und etwas sentimen-

tal. Ihre Emotionalität ist stark, und wenn sie sich zum ersten Mal verlieben, werden sie besonders blauäugig (»blind vor Liebe«) sein. Man kann von ihnen nicht erwarten, daß sie ihre Situation oder das Ziel ihrer Liebe praktisch betrachten.

2) Die zweite Gruppe ist leidenschaftlich, sehr sexuell und emotional betont und hat die Tendenz, sich sehr schnell zu ver- und zu ent-lieben. Sie werden viel Glück und großes Vergnügen an einer Affäre haben, auch wenn ihre Beziehung von einer Spur Egoismus beeinträchtigt sein kann.

3) Manche Stiere sind sehr romantisch und gewinnen mit ihrem Charme und guten Aussehen fast jeden, den sie ins Herz geschlossen haben. Doch sie sollten vorsichtig sein, auf daß Besitzgier oder Eifersucht ihre Affäre nicht rasch beendet, kaum daß sie begonnen hat. Sie müssen diese negativen Züge im Keim ersticken, wenn ihre positive Seite dominieren soll.

4) Andere zeigen einen entzückend unbeschwerten, flirtenden Aspekt, der bezaubernd sein kann. Vielleicht besteht eine Tendenz, sich in mehr als einer Beziehung zur gleichen Zeit zu engagieren – aber auf jeden Fall werden sie ihren Geliebten mit Besitzgier weniger Kummer bereiten als andere Stiere. Sie genießen Freundschaft als Teil einer Liebesaffäre.

5) Die letzte Gruppe von Stieren hat eine starke fürsorgende Qualität, die sie zuweilen über-beschützend und –besitzergreifend werden läßt. Ihre herrlich liebevolle Qualität kann so erstickend wirken. Aber sie neigen dazu, jeden Mann oder Frau als potentiellen Vater oder Mutter ihrer Kinder zu beurteilen, und das ist wohl nicht jedermanns Fall. Sie machen sich auch oft Sorgen.

Gesundheit und Ernährung

Eines der stärksten Charakteristika des Stiers, das bereits beim Kind deutlich zum Vorschein kommt, ist ein mächtiger Appetit und die Liebe zum Essen. Es sollte auf diesem Gebiet eigentlich wenig Probleme geben; Sie werden sehen, daß Ihr Stier-Baby glücklich alles verschlingt, das Sie ihm vorsetzen. Am wichtigsten aber ist – und dies kann nicht stark genug betont werden –, daß Sie sehr sorgfältig den Zucker-Konsum Ihres Kindes überwachen. Stierlein lieben sehr süße Speisen, und das ist, wie wir wissen, nicht sehr gut für sie; je mehr Sie also Ihr Leckermäulchen davon abbringen können, desto besser. Der Stier nimmt von allen zwölf Tierkreiszeichen am leichtesten an Gewicht zu, und so ist es ein Gebot des gesunden Menschenverstandes, wenn Sie die Aufnahme von Süßigkeiten, Kuchen und Schokolade auf ein Minimum beschränken. Das Taschengeld wird vermutlich vor allem für Süßigkeiten ausgegeben; das tun freilich alle Kinder. Unternehmen Sie, was in Ihren Kräften steht, um den kleinen Stier zu überreden, etwa einen Apfel oder eine Banane zu essen, statt wieder einen Riegel Schokolade zu verdrücken, es wird sich lohnen. Wenn er gesüßte Speisen haben muß, ist Honig dem Zucker vorzuziehen. Beachten Sie dies bitte auch bei den Zwischenmahlzeiten.

Sollte Ihr junger Stier zu pummelig oder inaktiv sein, ist es vielleicht ganz ratsam, den Arzt zu bitten, seine Schilddrüsen-Funktion zu prüfen. Diese Drüse wird mit dem Zeichen Stier assoziiert, und wenn sie fehlerhaft arbeitet, kann sich der Stoffwechsel verlangsamen und Trägheit, Inaktivität und damit eine Gewichtszunahme fördern.

Da der Stoffwechsel des Stiers ohnehin zu einer gewissen Langsamkeit neigt, ist es nötig, daß Sie etwas zu seiner Anregung unternehmen; körperliche Bewegung und Übungen werden hier helfen. Schon draußen in der frischen Luft zu sein, ist gut für Ihr Kind, anstrengender Sport ist geradezu hervorragend, es sollte seine Freude daran haben. Wenn Ihr junger Stier das nicht mag, könnte man ihn anregen, im Garten zu arbeiten, umzugraben und etwas anzubauen (wenn dies möglich ist); wenn Sie auf dem Lande leben, könnte die Arbeit auf dem Hof seinem körperlichen Wohlbefinden zuträglich sein, das Muskelwachstum fördern und zu verhindern helfen, daß sich Fettpölsterchen ansammeln, die das gute Aussehen verderben!

Der Stier wird seinen Schlaf genießen und sollte damit keine Probleme haben, vorausgesetzt, er führt ein ausgeglichenes Leben. Seien Sie nicht überrascht, wenn Sie ihn schnarchen hören – der hier geräuschvoll auffallende Teil des Körpers ist die Kehle. Stiere liegen ganz gerne auf dem Rücken, den Kopf auf dem Kissen zurückgeneigt – eine ideale Haltung zum Schnarchen. Denken Sie daran, daß ihre Kehlen anfällig sind, Erkältungen werden praktisch immer hier ihren Anfang nehmen, und Heiserkeit wird durch Sorgen ausgelöst. Ob »echt« oder psychosomatisch, wird es die klassische Ausrede sein, nicht in die Schule zu gehen. Gewiß mag Halsweh ein echtes Zeichen von Spannung oder Kummer sein; versuchen Sie herauszufinden, ob ihm ein Problem zugrunde liegen könnte.

Ein kranker Stier wird leicht im Bett zu halten sein, weil er seine kreatürliche Bequemlichkeit ohnehin genießt und nun die zusätzliche Aufmerksamkeit schätzt. Diese Umstände mögen sie anregen, eine aufsehenerregend langsame Genesung zu inszenieren: gerade eben so, daß sich das bequeme Leben fortsetzen läßt. In Wirklichkeit aber sind ihre Genesungskräfte recht stark.

Der Stier ist dem Eßbaren zugeneigt, aber nicht besonders experimentierfreudig. Sie werden ihn kaum überreden können, ein Curry oder eine chinesische Mahlzeit zu essen – seine Vorlieben sind Steak, Innereien, Braten usw. Der Versuch, einen Stier zum Vegetarismus zu bekehren, ist ein Akt vorsätzlicher Grausamkeit! Fettreiche Speisen sollte man jedoch nach Möglichkeit meiden. Ballaststoffreiche Speisen sind durchaus notwendig; wenn ein Zusatzstoff gebraucht wird, wäre Bierhefe eine exzellente Idee (nebenbei profitiert auch die Schilddrüse davon).

Wenn Sie regelmäßig Wein trinken, wird der junge Stier nichts dagegen haben, davon zu probieren; warum also nicht dem Vorbild der Franzosen folgen und ihm ein Wein-Wasser-Gemisch vorsetzen? Eines Tages wird er auch Bier genießen. Aber er wird unterscheiden; der Stier gehört zu den Zeichen, die aus Freude am Geschmack trinken, nicht um der Wirkung willen. Sie sind also nicht die geborenen Trunkenbolde im Tierkreis!

Einige Stiere sind extrem drahtig und aktiv. Dennoch ist die Tendenz, sich Übergewicht zuzulegen, hervorzuheben; es gilt also, die Faktoren Ernährung und Bewegung zu beachten. Die Mitgliedschaft in einem Fitneß-Zentrum oder Sportverein ist eines der besten Geschenke, die Sie dem jungen Stier machen können – er muß schon so früh wie möglich angehalten werden, auf seine Ernährung und Gewicht zu achten und aktiv zu bleiben.

Die ersten fünf Jahre

Der Ausdruck »ein strammes Baby« wurde vermutlich angesichts eines jungen Stiers geprägt, denn diese Babys kommen zwar zuweilen spät, aber mit Sicherheit groß auf die Welt!

Der Charme des Stiers wird sich schon im Kinderwagen bemerkbar machen; wenn fremde Passanten vor Entzücken über Ihr schönes Baby gurren, können Sie sicher sein, daß sie die Wahrheit sagen. Das erste Lächeln – für Eltern immer ein ganz besonderer Augenblick – wird besonders entzückend sein, und der zufriedene Ausdruck zwischen der Mahlzeit und dem mittäglichen Entschlummern des Stierleins wird engelsgleich sein.

Bauklötze werden zu den willkommensten Geschenken in den ersten Lebensjahren gehören. Bilderbücher von Tieren auf dem Bauernhof, von Blumen (Erinnern Sie sich noch an Ferdinand, den Stier, und seine Vorliebe für Blumen?) und Pflanzen werden sein Interesse am Lesen wecken helfen.

Man wird wohl kaum ein Stier-Kind finden, das ausgelassen zur Haustür springt, wenn es zum erstenmal zum Kindergarten gehen soll. Am besten gewöhnen Sie es schon zu Hause an die Gesellschaft anderer Kinder, indem Sie Kinder aus der Nachbarschaft zu Spielen und Feiern einladen, bei denen Sie die geläufigen Kindergarten-Lieder und Spiele einführen. Dann kommt die Umstellung auf den Besuch des Kindergartens nicht so sehr als Schock. Es ist wichtig, Stiere mit anderen Menschen zusammenzubringen, und der Kindergarten ist hier eine glänzende Gelegenheit – aber es muß eine behutsame Einführung vorausgehen, und die Erzieherinnen in der Gruppe sollten versuchen, den jungen Stier zu bewegen, aktiv mitzuhelfen, indem er Dinge aufräumt oder Material für das nächste Spiel oder Vorhaben austeilt.

Auf dem Spielplatz im Freien sollten Erzieher das Stier-Temperament und seine möglichen stürmischen Ausbrüche im Auge haben; sie werden zwar (wie bei Erwachsenen) nicht oft vorkommen, aber recht eindrucksvoll sein und andere, weniger stabile Kinder beunruhigen. Wenn Sie sehen, daß ein junger Stier im Gesicht oder sogar um den Hals herum rot anläuft, dann seien Sie auf Schwierigkeiten gefaßt. Wie gesagt: Verlangen Sie von dem kleinen Stier, daß er Spielzeug, Spiele und Bücher mit anderen Kindern teilt – wenn seine angeborene Besitzgier ihn nicht unbeliebt machen soll.

Erzieher und Gruppenleiter müssen sich darauf einstellen, daß Stiere langsam reagieren; wenn sie aber eine Aufgabe erhalten haben, die regelmäßig auszuführen ist, wird ihnen dies helfen, ein Gespür für Verantwortung zu entwikkeln, das zu ihren besten Tugenden zählen kann. In bezug auf ihren eigenen Willen und Weg sind sie vielleicht sehr entschlossen – besonders wenn es darum geht, an Süßigkeiten oder Schokolade zu gelangen –, und es wird Erwachsenen recht schwerfallen, ihrem Charme zu widerstehen und hart zu bleiben, wenn sie beruhigt werden müssen. Wenn Sie wissen, daß Sie mit einem Schokoladeriegel fünf Minuten Frieden erkaufen können, scheint Ihnen das ein kleiner Preis, zumal der junge Stier Ihnen glücklich alles zu versprechen bereit ist, um die begehrte Süßigkeit zu bekommen. Aber es ist wirklich am besten, nicht nachzugeben, denn Stiere werden nur zu leicht verwöhnt, und wenn sich dieses Muster erst einmal verfestigt, werden sie bei jeder Gelegenheit nach dem leichteren Ausweg suchen.

Es ist nie zu früh, eine körperlich anstrengende und regelmäßig auszuführende Aufgabe im Haus zu finden, die man dem Stier anvertrauen kann. Er liebt die Routine und akzeptiert ein vernünftiges Maß an Disziplin, und Sie müssen ohnehin dauernd Mittel und Wege finden, seine beträchtliche physische Energie zu verbrauchen, um Trägheit zu vermeiden und Zeitvergeudung vorzubeugen.

Schulzeit

Freundschaft ist etwas Wichtiges für Stiere, die ihre ersten festen Freundschaften zum Teil bereits im Vorschulalter schließen – und sie für den Rest des Lebens aufrechterhalten.

Weil Stiere gute Gesellschafter sind, fällt es anderen nicht schwer, gut auf ihre Annäherungen einzugehen, und wenn sie erst einmal die Hürde überwunden haben, Spielzeuge und Bücher zu teilen, sollte es kaum Schwierigkeiten geben, Freundschaften zu genießen, von denen die Freunde gleichermaßen profitieren. Sie werden feststellen, daß der Freundeskreis Ihres jungen Stiers nicht sehr groß ist, aber das ist völlig in Ordnung so, denn aufgrund seines Bedürfnisses nach emotionaler Sicherheit fühlt er sich mit wenigen guten Freunden wohler als mit einer großen Zahl unverbindlicherer Freundschaften. Es ist wichtig für ihn zu wissen, wie seine Freunde sich geben und in der einen oder anderen Situation verhalten.

Manchmal beugen sich junge Stiere einer Disziplin nur zu bereitwillig. Dies bedeutet nicht automatisch, daß sie zu den Lieblingen ihrer Lehrer werden, vielmehr kann eine angeborene Angst vorhanden sein, aus dem Gleichschritt zu fallen, wirklich originell und erfinderisch zu sein und irgend etwas zu tun, das den Status quo durcheinanderbringt. Einen Hang zur Linientreue haben sie von Natur aus; sie sind nicht allzu bereit, Originalität zu zeigen. Ausnahmen werden Sie erleben, wenn sie wirklich aufgeregt sind und das Bedürfnis zu rebellieren die Oberhand gewinnt. Innerhalb einer disziplinierten Umgebung wissen sie, was sie erwarten können, und was man von ihnen erwarten kann, und genau so mögen und brauchen sie es, wenn sie Fortschritte machen sollen, sei es in der Schule oder zu Hause.

Ihr kleiner Stier wird eine besondere Einstellung zum Lernen haben (siehe *Die drei Arten zu denken,* S. 22). Erwarten Sie nicht von ihm, daß er plötzlich vom Ende der Rangliste in der Klasse zum Primus aufsteigt. Viel wahrscheinlicher wird er allmähliche Fortschritte machen: von einer unteren Position zu einer etwas besseren, und so weiter. Mag sein, daß erst der Himmel seine Grenze ist, aber es wird einige Zeit brauchen, um dorthin zu gelangen; Sie sollten auf keinen Fall versuchen, den Stier zu drängen. Sanftes, bestimmtes Zureden ist das Beste. Denken Sie daran: wenn die Fakten erst einmal gelernt und absorbiert sind, werden sie ein für allemal im Gedächtnis verankert sein; es lohnt sich also zu warten, bis der Prozeß vollendet ist. Sich auf das Konkurrenzstreben eines Stiers zu verlassen, ist keine sonderlich gute Idee, denn es ist nicht stark entwickelt. Helfen Sie ihm, auf das Erreichte stolz zu sein, auf den

Platz, den er sich erarbeitet hat, anstatt zu denken, es sei lebenswichtig, den vor ihm Stehenden zu überholen.

Dieses Tierkreiszeichen ist in seiner Einstellung insgesamt nicht ungeheuer originell; wirklich brillante neue Ideen oder neue Vorschläge für schulische Projekte kommen mit größerer Wahrscheinlichkeit von anderen Menschen – obwohl auch den Stier hin und wieder ein Blitz von Originalität treffen kann. Stiere werden in der Schule nicht gut auf Lehrer ansprechen, die zu pädagogischen Mätzchen oder Abkürzungen greifen. Der Stier lernt langsam, aber stetig, und Sie können sich auf seine Gründlichkeit verlassen. Wenn Prüfungen anstehen, dann halten Sie ihn dazu an, schon sehr rechtzeitig darauf zu lernen; ein Endspurt ist keine gute Idee.

Unter dem Einfluß des Zeichens Stier werden Menschen mit stark ausgeprägtem Sinn für Schönheit geboren, dem sie gerne irgendwie Ausdruck geben. Häufig lieben sie auch den Gesang (der vom Zeichen Stier regierte Körperbereich ist bekanntlich die Kehle) und sollten ermutigt werden, sich dem Schulchor anzuschließen. Körperliche Aktivitäten sind ebenfalls ungeheuer wichtig für sie. Tanzen (ob Ballett, modern oder einfach Pop) wäre ein glänzendes Hobby. Viele Stiere sind sehr gute Mannschafts-Kameraden und könnten in eine Tanzgruppe aufgenommen werden – oder bei Mannschaftssportarten fast jeder Art (besonders aber »schwerem« Sport) mitwirken. Es ist wichtig, daß sie immer in Bewegung bleiben und ihre Fähigkeit steigern, sich rasch und geschickt zu bewegen. Sportarten, bei denen Behendigkeit der Bewegung und Kraft gebraucht werden, sollte man also unterstützen.

Da Disziplin für junge Stiere kein allzu großes Problem ist, bestehen gute Chancen, daß sie in einer Schule, in der auf konventionelle Arbeitsweise Wert gelegt wird, Fortschritte machen. Vielleicht hatten Sie sich gewünscht, daß Ihr Kind die Gelegenheit bekommen hätte, eine unkonventionelle Schule zu besuchen, in der die Disziplin nicht so streng gehandhabt wurde, in der nicht so viele Regeln zu beachten waren. Aber bedenken Sie, daß der Stier in einer solchen Schule eher gelitten hätte – der Mangel an Disziplin hätte ihn verunsichert, es wäre nichts da, gegen das er »anpreschen« und sich behaupten müßte, und sein Charakter würde sich nicht so geradlinig entwickeln wie in einer Schule, in der eine recht strenge (aber nicht restriktive) Haltung herrschte.

Einem Stier gefällt vielleicht nicht die Vorstellung, das Zuhause zu verlassen, um ein Internat zu besuchen; wenn es aber notwendig ist, sie fortzuschikken, sollten sie es eigentlich ganz gut bewältigen, sobald die Veränderung überwunden ist. Es geht im Grunde darum, die Sicherheit einer Umgebung gegen die Sicherheit einer anderen zu tauschen und in einer neuen Routine Fuß zu fassen; die Reisen zwischen Zuhause und Schulort sind als Teil eines neuen, aber fest geplanten Musters zu verstehen.

Die Wahl der Schule ist in vieler Hinsicht eingeschränkt, aber bedenken Sie, daß der Stier eine Umgebung, die nicht einigermaßen hübsch, sauber und ansehnlich ist, vermutlich von Herzen ablehnen wird; er wird sich kaum zu Hause fühlen, wo Papierfetzen und anderer Unrat zwischen Graffiti-verschmierten Wänden herumliegen.

Das Leben außerhalb der Schule

Stiere haben eine enorme Energie, sowohl körperlich als auch emotional, und es ist ein Jammer, wenn diese Energie nicht eingesetzt wird. Aber der Stier muß angeleitet und zum Handeln, zur Nutzung seiner Energie gebracht werden, andernfalls siegt seine Tendenz zur Trägheit; wenn aber dieses Muster erst festgelegt ist, wird es für den Rest des Lebens einen bequemen Weg vorgeben. Die beste Methode, ihm zu helfen, seine Energie zu nutzen, ist eine Routine außerschulischer Aktivitäten. Versuchen Sie, ihm innerhalb dieser Routine soviel Abwechslung wie möglich zu bieten, um Vielseitigkeit zu entwickeln.

Ich sagte bereits, daß Stiere oft an Musik – besonders Gesang – interessiert sind. Falls es keinen Schulchor gibt, wird es gewiß eine gute Idee sein, einen anderen Chor zu finden, dem sie sich anschließen können. Wenn sie sich für ein bestimmtes Musikinstrument besonders interessieren, sollten sie – wenn es die Finanzen erlauben – gewiß unterstützt werden, es zu erlernen. Leider haben finanzielle Kürzungen die Anzahl von Schulen beträchtlich reduziert, die eigene Orchester unterhalten, aber manche Institutionen können in dieser Hinsicht immer noch helfen. Viele Stiere haben auch ein Talent für die Arbeit mit natürlichen Materialien; das Modellieren mit Ton oder das Holzschnitzen sind exzellente Freizeit-Beschäftigungen. Ihr Kind hat im allgemeinen reichlich Geduld, und Stiere sind oft sehr geschickt und behutsam im Nähen, Stikken, Weben und Modellbau.

Stier gehört zu den Erde-Zeichen im Tierkreis, und aus psychologischen wie aus ästhetischen Gründen ist die Verbindung mit der Erde sehr wichtig. Wenn Sie also einen Garten besitzen, vertrauen Sie Ihrem jungen Stier so früh wie möglich ein eigenes kleines Beet an. Wenn in der Schule nicht genügend sportliche Aktivität geboten wird, überlegen Sie, ob Sie Ihren Stier nicht in einen Sportverein geben, in dem z.B. Querfeldein-Läufe und Kraftsportarten eine Spezialisierung genießen. In ruhigeren Momenten erweisen sich manche Stiere als gute Schachspieler, und viele lieben das Spiel Monopoly.

In Anbetracht ihrer Liebe zum Essen wäre es vielleicht ein ganz guter Gedanke, ihnen zu erlauben, Einladungen ins Haus zu arrangieren; dies wird ihnen helfen, ihren Freundeskreis zu erweitern und ein Interesse am Kochen zu entwickeln – was für Jungen und Mädchen gleichermaßen nützlich ist.

Stiere reagieren gut in einer Krise; sie bleiben kühl und sind zur Tapferkeit fähig. Aber im Alltag fehlt ihnen ein gewisser Abenteuergeist. Jede Anstrengung, die Sie unternehmen können, um eine gewisse Abenteuerlust in Ihrem Kinde zu wecken, wird nicht vergebens sein. Wie bereits die Vorstellung, in die Schule fortzugehen, begrüßen sie den Gedanken eines Abenteuerurlaubs vielleicht nicht spontan mit großer Begeisterung, aber wenn sich etwas finden läßt, was zu ihren Interessen paßt, wird es ihnen vermutlich sehr gut tun und ausbilden, was sie an individuellen Qualitäten wie Unternehmungsgeist, Führungskraft und Teamgeist besitzen.

Was wir über die körperliche Aktivität sagten, gilt auch für die intellektuelle Betätigung. Solange sie nicht angeregt wird, liegt sie leicht brach, und Ihr Stier-Kind zeigt sich mehr als nur ein klein wenig konservativ: es redet einfach Ihre Ansichten nach, ohne sich die Mühe zu geben, etwas Eigenes auszudenken. Es ist also sehr zu begrüßen, wenn man den kleinen Stier bewegen kann, sich einer Diskussionsgruppe in der Schule oder sogar einer politischen Jugendorganisation anzuschließen (die er später immer noch verlassen kann!) – einfach um sicherzustellen, daß sein Denken in Bewegung gebracht wird.

Vorbereitung fürs Leben

Eine gesunde Sexualerziehung ist für Kinder aller Tierkreiszeichen wichtig; bei jungen Stieren kommt es jedoch besonders darauf an, die Beziehung zwischen Sex und Emotionen zu unterstreichen und jeglicher Andeutung entgegenzutreten, daß Sex ein Selbstzweck sein könnte oder sollte. Stiere sind zutiefst emotionale Menschen, und die erste Liebe kann ein traumatischeres Erlebnis für die jungen Stiere sein als für viele andere Zeichen. Wenn sie sich verlieben, dann verlieben sie sich gründlich. Die Gelegenheit mag nicht lange auf sich warten lassen, denn sie stehen nicht nur in dem Rufe, das bestaussehende Zeichen im Tierkreis zu sein, sondern sind sich dessen vermutlich wohl bewußt und machen das Beste daraus. Eine Folge davon mag sein, daß andere Knaben und Mädchen sich stark zu ihnen hingezogen fühlen und mit dem Flirten beginnen – bevor der junge Stier überhaupt angefangen hat, über Sex als etwas anderes als einen plötzlichen, unerklärlichen Drang nachzudenken. Dann besteht die Gefahr, daß (für beide Geschlechter, aber vielleicht vor allem für Stier-Knaben) der sexuelle Reiz sie zu frühem Experimentieren reizt. Wenn Sie die Tatsache unterstreichen, daß Sex seine Funktion als ein notwendiges Element des alltäglichen Familienlebens hat, wird dies dazu beitragen, daß Ihr Stier sich nicht kopfüber hineinstürzt. Weil er dazu neigt, eher konventionell und der Routine ergeben zu sein, sollte er Ihre Erklärung bereitwillig annehmen, daß Sex in einer gesunden Beziehung zwar einen gewissen Stellenwert hat, aber nicht das einzige Element ist.

Es ist kaum wahrscheinlich, daß Stiere verrückt nach sexuellen Experimenten sind, ungeachtet ihrer Sinnlichkeit und Leidenschaftlichkeit, die sie mit den Skorpionen, ihren Partnern im Tierkreis, gemein haben. Sie sind emotional reif und sollten sich auch bereits in jungen Jahren verantwortungsbewußt und wohl verhalten. Die Jungen werden gerne erfahrener scheinen wollen, als sie tatsächlich sind, und das wird ihnen leicht gelingen; vermutlich werden sie schwierige Situationen ganz gut mit einer bemerkenswerten Demonstration von Selbstvertrauen bestehen. Mädchen neigen vielleicht eher dazu, geradewegs zur Schokolade zu greifen, wenn sie in der Liebe enttäuscht wurden.

Der besitzergreifende Zug – der bei den meisten Stier-Persönlichkeiten nie weit unter der Oberfläche lauert – kann zu einer echten Gefahr in einer Beziehung werden, denn der Stier neigt dazu, Freund oder Freundin als seinen Besitz zu betrachten; sollte der Partner zu einer anderen Person auch nur Hallo sagen, wird der Stier sehr – echt! – gereizt sein. Das ist dann nicht nur gespielt, und so sollte der Stier so bald wie möglich lernen, daß man einen anderen Menschen nicht auf die gleiche Weise besitzen kann wie einen Gegenstand.

Es ist vermutlich überflüssig, einen jungen Stier wegen seiner persönlichen Erscheinung zu rügen – denn er wird das Beste aus sich machen wollen. Diesen Zug können Sie als eine praktische Waffe gegen seine Liebe zu Süßem einsetzen, indem Sie auf den Zusammenhang zwischen Zuckerkonsum und den Nachteilen von Babyspeck oder Pickeln hinweisen! Ihr junger Stier wird wohl einen natürlichen Sinn für Stil haben – der aber einen recht teuren Geschmack in bezug auf die Kleidung bedeuten kann. Seine Garderobe wird im Vergleich mit den textilen Gepflogenheiten seiner Generation eher bieder und konventionell sein. Mangels eigener Originalität wird er dazu neigen, den Stil von Menschen (und sogar ihr Verhalten) zu kopieren, die er bewundert. Man kann nur hoffen, daß es die richtigen Leute sind, die er bewundert!

Man kann nie den Partner für einen anderen Menschen auswählen, aber der Stier würde von einem etwas unkonventionellen Partner oder Freund gewiß profitieren, der ihn hoffentlich anregt, seinen Horizont zu erweitern, von der Konvention loszubrechen und zu erkennen, daß es nicht notwendig ist, in Denken und Verhalten immer mit anderen konform zu sein. Zu diesen anderen gehören auch Sie; es ist ungewöhnlich, daß ein Kind nicht gegen seine Eltern rebelliert. Aber Ihr Stier weiß vermutlich, wann und unter welchen Umständen er gut fährt, und ist insgeheim vielleicht ganz anderer Meinung als Sie – warum also sollte er den Status quo ins Wanken bringen und riskieren, seine Sachen künftig selbst waschen oder seine Miete selbst bezahlen zu müssen? Es wird nicht schaden, ihn aufzumuntern, seine eigene Meinung zu äußern – es ist so wichtig, wie das eigene Zimmer selbst sauber zu halten –, aber der junge Stier mag das eine wie das andere vermutlich nicht besonders gern!

Alles, was Sie zur gegebenen Zeit unternehmen können, um ihn zu bewegen, das Elternhaus zu verlassen und anzufangen, sich selbst ein Nest zu bauen, wird sich lohnen. Manchmal neigt der junge Stier dazu, sich zu sehr an seine Eltern zu hängen (und Faulheit spielt hier gewiß eine Rolle). Wenn Sie sehen, daß es ihm finanziell möglich ist, sich eine Wohnung zu mieten, dann unterbreiten Sie ihm dies als einen geschäftsmäßigen Vorschlag und weisen Sie darauf hin, daß ihm ein eigenes Heim – über alle anderen Vorzüge hinaus – beträchtliche Sicherheit und Geborgenheit bieten wird. Seine konventionelle Einstellung zum Leben sollte auf diese Argumentation wohl ansprechen.

Weitere Ausbildung

Nachdem der junge Stier langsam, aber stetig, in der Schule vorangekommen ist, werden Sie erkannt haben, daß er die Denkfähigkeit und die Entschlossenheit besitzt, mit den Anforderungen des Lernens fertig zu werden. Wenn er also erkennen läßt, daß er den Wunsch hat, eine weitere Ausbildung in Angriff zu nehmen, können Sie sicher sein, daß sich jede Investition, die damit verbunden ist, lohnen wird und ihm – auch wenn die Abschlußnoten nicht spektakulär sein werden – in der Zukunft wohl zustatten kommen wird. Der Stier wird bestimmt gewissenhaft an die Arbeit gehen, und selbst wenn seine Haltung Ihnen ein wenig zu lässig erscheint, können Sie doch sicher sein, daß er sich dessen, was von ihm verlangt wird, ganz und gar bewußt ist.

Stiere werden kaum eine Vorlesung schwänzen und beeindrucken ihre Dozenten oft mit ihrer methodischen Arbeit und der Sauberkeit ihrer Ausführungen. Bei Diskussionen hingegen hinterlassen sie wohl seltener einen bleibenden Eindruck als einige ihrer Zeitgenossen, und ihren Meinungen fehlt vielleicht zuweilen der Funke und die Originalität fortschrittlicher Studenten.

Dies gilt im Grunde für jegliche Ausbildungs-Situation. Wenn der Stier zu Hause wohnt und sich sehr in sein Studium vertieft, werden Sie vielleicht den Eindruck gewinnen, daß er sein gesellschaftliches Leben vernachlässigt und sich viel zurückzieht. Vielleicht ist es notwendig, ihn anzuregen, einige Freunde einzuladen und von Zeit zu Zeit auch in die frische Luft hinaus zu gehen.

Als Gewohnheitswesen zeigen Stiere die Tendenz, Freundschaften fürs Leben zu schließen. Wenn sie aber von der Schule zum Studium überwechseln – und nicht sehr viel Glück haben –, werden sie aus dem Kreis ihrer bisherigen Freunde gerissen und müssen neue Bekanntschaften anknüpfen; vielen fällt dies schwer. Zur Lösung dieses Problems trägt bei, sich so bald wie möglich am gesellschaftlichen Leben zu beteiligen – bei Sport oder Musik, aber auch im Rahmen jeder anderen Organisation, die sich anbietet. Stiere erfreuen sich im allgemeinen eines guten gesellschaftlichen Lebens an der Hochschule und beteiligen sich in der Regel an den verschiedenen Arbeits- und Freizeit-Gemeinschaften, auch wenn eine leichte Schüchternheit zu Verzögerungen führt, und sie während der ersten Wochen an der Universität ein wenig zusätzliche Aufmunterung brauchen. Wenn möglich, sollten sie versuchen, einige neue Ideen einzubringen, durch die sie auf sich aufmerksam machen, denn der durchschnittliche Stier vermittelt – wenn er sich nicht anstrengt – manchmal den Eindruck einer gewissen Schwerfälligkeit. Aufgrund seiner Liebe zum Essen wird er sich die besten Cafés aussuchen, die natürlich ein hervorragender Ort für einen guten Schokoladenkuchen und zum Anknüpfen neuer Bekanntschaften sind. Sein guter Geschmack und die Liebe zur Qualität könnte ihn etwa einem Kreis von Weinkennern zuführen, zu dessen Stützen er schon bald zählen würde (die Erfahrung mag im späteren Leben von Vorteil sein!).

Es ist absolut wesentlich für Stiere, Respekt und Vertrauen in und von Tutoren und Dozenten aufzubauen. Manche Studenten brauchen einen Tutor, mit dem sie leicht Ideen austauschen und diskutieren können, und dem es nichts ausmacht, wenn man seiner Meinung mit Skepsis begegnet. Das gilt jedoch nicht für Stiere. Sie müssen die Worte ihrer Lehrer als absolute Wahrheit nehmen können, der sie gänzlich vertrauen. Stier-Studenten werden aus der Erfahrung ihrer Schulzeit wissen, daß der beste Weg für sie bedeutet, reichlich Zeit für die Durchsicht ihrer Aufzeichnungen einzuplanen, statt sich in der Zeit vor der Prüfung Informationen anzubüffeln, die schon Monate früher hätten gesammelt werden sollen. Im allgemeinen gehören Stiere nicht zu den Menschen, die sich viel Sorgen machen; sie geraten nicht schnell in Panik. Wenn sie vernünftig und beherrscht bleiben, können sie ihr Examen spielend schaffen. Wie in allen Bereichen ihres Lebens ist auch hier das korrekte Zeitmaß absolut wesentlich.

Gegen Ende ihrer schulischen Karriere können Hobbys aus der Kindheit wieder an Bedeutung gewinnen, denn häufig bilden die Interessen der Kinderzeit die Grundlage für eine spätere Karriere. Ein junger Stier zum Beispiel, der eine Reihe von Auszeichnungen für sein instrumentales Spiel errungen hat – und vielleicht auch in einem Jugendorchester spielt –, könnte die Entscheidung fällen, an der Musikhochschule zu studieren; wer das Gärtnern und die Arbeit im Freien genossen hat, entwickelt vielleicht ein Interesse für die Landwirtschaft, das ihn an eine landwirtschaftliche Ausbildungsstätte führt. Die Geschicklichkeit des Stiers im Umgang mit seinem Taschengeld wird sich vermutlich schon früh gezeigt haben; die Eltern sollten jedes Kind mit speziell mathematischen Interessen unterstützen, wenn es einen Kurs an der Wirtschaftsoberschule belegen möchte.

Arbeitslosigkeit: Spannung und Belastung

Der praktische Stier ist mit seinem gesunden Menschenverstand weniger anfällig für den Schaden, den eine lange Zeit der Arbeitslosigkeit anrichten kann. Aber er wird unter solchen Umständen natürlich leiden wie jedermann.

So fleißig sich ein junger Stier auch nach Arbeit umsehen wird, sollten seine Eltern doch auf Gefahrensignale achtgeben und ihr Bestes tun, um die natürliche Entschlossenheit und Ausdauer des Stiers zu wecken. Obwohl dieser im allgemeinen sehr darauf bedacht ist, Geld zu verdienen, um seinen geliebten bequemen Lebensstil aufrechtzuerhalten, neigt er als Arbeitsloser manchmal dazu, in Lethargie zu versinken. Eine gewisse Trägheit in seinem Charakter – zusammen mit der Apathie – macht es ihm leicht, bis in den Vormittag hinein einfach im Bett liegenzubleiben und den Rest des Tages zu vertrödeln. (Der Stier hat keine Schwierigkeiten zu entspannen, nicht einmal unter den am wenigsten entspannenden Umständen!)

Die andere Gefahr ist – welche Ironie! – seine natürliche Begabung für Finanzen. Wie gering oder groß sein Einkommen auch ist, die Wahrscheinlichkeit ist geringer als bei vielen anderen Tierkreiszeichen, darunter zu leiden, mit dem Arbeitslosengeld auskommen zu müssen, besonders wenn er bei seinen Eltern zu Hause wohnen kann. Das ist soweit schön und gut, trägt aber nicht dazu bei, ihm die Dringlichkeit seiner Arbeitssuche klarzumachen. Es ist wichtig für die Eltern, daran zu denken und hart zu bleiben; wenn Sie nicht das Herz haben, Ihren Stier auf seine Eigenverantwortlichkeit hinzuweisen, muß er auf jeden Fall dazu gebracht werden, seinen Verbindlichkeiten nachzukommen. Gleichgültig wie die Familie finanziell gestellt ist, sollte er seinen Beitrag zum Familienbudget leisten, für eigene Telefongespräche und Porti aufkommen. Dann wird er erkennen, wie wenig ihm zu Leben bleibt; vielleicht gerade genug, um Kaffee trinken und ab und zu ins Kino gehen zu können, aber für die neue Designer-Mode, an die er sein Herz gehängt hat, wird es gewiß nicht reichen.

Ein Stier auf der Suche nach einem Job sollte sich eine gute Strategie-Routine ausarbeiten: regelmäßige Besuche beim Arbeitsamt, regelmäßige Zeit zum Schreiben von Bewerbungen und so weiter. Für ihn wird es schwieriger sein als für andere, nicht jedes Scheitern als persönliche Ablehnung zu betrachten, aber er muß erkennen, daß dies nicht so ist. Die Aussicht, die Schule zu verlassen ohne Aussicht auf eine Anstellung, wird für Stiere ebenso schlimm sein wie für alle anderen Teenager. Wesentlich schmerzlicher wird es sein, die Arbeit bei einem Betrieb anzufangen, der dann schließt, denn darunter hat der Stier mit seinem ausgeprägten Sicherheitsbedürfnis schwer zu leiden. Er wird alle Unterstützung brauchen, die man ihm bieten kann. Denken Sie aber daran, Unterstützung geschäftsmäßig zu leisten – d.h. Darlehen statt Schenkungen –, denn der Stier kann dazu neigen, zuviel als selbstverständlich zu nehmen.

Stiere haben meist zahlreiche Interessen, die nun noch zunehmen, um die verfügbare Zeit auszufüllen; es sollte also keine Schwierigkeit geben, das Leben sinnvoll zu gestalten. Mädchen werden besonders am Schneidern Freude haben, und Stiere beiderlei Geschlechts können sich im Dienst an der Gemeinschaft extrem nützlich machen. Hier wird es immer Aufgaben geben, die für sie wie geschaffen sind – besonders schwere Arbeiten, die ältere Menschen allein nicht mehr bewältigen können: Hilfe im Garten oder mit Heimwerker-Arbeiten, Kohlentragen, schwere Hausarbeit und so weiter. Stiere sind im allgemeinen nicht ungeheuer begierig, umsonst zu arbeiten; man sollte betonen, daß ihr Lohn in der Befriedigung liegt, anderen geholfen zu haben.

Der gesunde Menschenverstand sollte den Stier davon abhalten, sich der Tyrannei von Drogen zu unterwerfen. Tatsächlich ist bei ihnen die Wahrscheinlichkeit geringer als bei vielen anderen, sich irgendeiner Art negativer Realitätsflucht hinzugeben; solange ihr Leben einigermaßen ausgefüllt und stabil ist, sollte dieses Problem nicht aufkommen. Freilich werden sie mehr unter Druck stehen, wenn sie arbeitslos sind oder wenn eine emotionale Beziehung unglücklich zu Ende ging, aber selbst in solchen Zeiten werden sie nicht zwangsläufig ihre Zuflucht bei harten Drogen suchen. Es entspricht ihnen mehr, zuviel zu trinken oder sich in ein Freßgelage zu stürzen. Das übermäßige Essen, das ganz unschuldig mit dem gelegentlichen zusätzlichen Schokoladeriegel begonnen hatte, kann ihnen wirklich zum Problem werden. Sie sind Gewohnheitstiere und können sich von ihren Gewohnheiten nur schwer befreien; wenn sie also zuviel rauchen oder anfangen, noch schädlichere Drogen zu nehmen, wird es ihnen gewiß kein Leichtes sein, damit aufzuhören. Unter solchen Umständen sind Routine, Geborgenheit und das Wissen, daß sie geliebt werden, vermutlich die einzigen Dinge, die ihnen helfen können.

Interessen und Freizeit-Aktivität

Stiere haben sehr viel Geduld, und sie lieben das Leben im Freien. Die Kombination beider Qualitäten bietet zahlreiche Möglichkeiten der Freizeitgestaltung. Viele sind gezwungen, in geschlossenen Räumen zu arbeiten oder ihre Tage in den Finanzzentren der Citys zu verbringen und spüren eine Notwendigkeit, wann immer sie können, aufs Land zu fliehen – oder sie versuchen zumindest, einen Garten zu erwerben, in dem sie ihre Freizeit mit dem Anbau von Blumen und Gemüse zum eigenen Bedarf verbringen können. Wenn der Garten groß genug ist, wird es auch Obstbäume geben – sie sind sowohl dekorativ als auch ertragreich. Stier-Kinder, die in Etagenwohnungen oder gar Wohnblocks aufwachsen müssen, sollten angeregt werden, Blumenkästen zu pflegen oder Zimmerpflanzen zu hegen; in der Regel haben sie eine recht glückliche Hand im Umgang mit Pflanzen.

Stiere, die das große Glück haben, im Freien arbeiten zu können, sollten vielleicht versuchen, ihre Freizeit besinnlicheren Beschäftigungen zu widmen. Viele werden erstklassige Bridge-Spieler und genießen überhaupt alle Arten von Kartenspiel oder auch Schach. Zahlreiche Stiere, die ein wenig Kapital gespart haben und sich den gewissen Glücksspiel-Aspekt daran leisten können, machen sich ein Hobby daraus, die Wirtschaftsseiten der Zeitung zu studieren und im kleinen, aber nicht minder befriedigenden Rahmen an der Börse zu spekulieren.

Sowohl männliche als auch weibliche Stiere haben das Talent, schöne handwerkliche Arbeiten herzustellen und sollten ermutigt werden, mit Ton, Holz und anderen natürlichen Produkten der Erde zu arbeiten (mit der dieses Zeichen eng verbunden ist); dabei werden sie ihrer natürlichen Affinität mit der Erde Ausdruck geben – aber auch in der Pflege ihrer Gärten, in denen sie sich häufig auf eine bestimmte Blumenart spezialisieren.

Junge Stiere sollten ruhig ihre Freunde nach Hause einladen; dabei lernen sie, wie man einen Tisch deckt, daß das Auge seine Freude daran hat. Das wird ihnen nicht schwerfallen, denn sie haben von Natur aus einen guten Geschmack. Es wird eine wichtige Erfahrung für sie werden, denn später im Leben werden sie oft das Bedürfnis spüren, Menschen einzuladen, die sie beeindrucken wollen. In der Küche werden sie vermutlich ihre größten Erfolge mit konventionellen Gerichten erlangen – besonders gute, üppige Braten, womöglich begleitet von einem guten Wein. Bei den Nachspeisen aber werden sie wirklich in ihrem Element sein und kreieren z.B. Kompositionen aus dunkler Schokolade und Sahne oder alle Arten von Torten. Sie gehören nicht zu den Menschen, die es sich beim Kochen einfach machen, und Eltern, die ihre Küche einem Stier-Jungen oder –Mädchen anvertrauen, müssen damit rechnen, diese für die nächsten Stunden nicht mehr zu Gesicht zu bekommen!

Wenn Sie das Gefühl haben, daß Ihr Stier nicht genügend unter Menschen kommt, dann bringen Sie ihn auf den Gedanken, sich an die Freunde seiner Freunde zu wenden; denken Sie daran, daß er sich immer sicherer fühlen wird, wenn er neue Leute zu Hause kennenlernt statt irgendwo sonst. Stiere sind bei Freundschaften, wie in allen Dingen, eher konservativ. Sie hängen lange an ihren Freunden. Sie sind immer zuverlässig – eine bewundernswerte Tugend, die aber auch ein klein wenig langweilig werden kann. Sie sollten das Unerwartete pflegen. Bleiben Sie sich der Gefahr bewußt, daß sie bei allem, das sie einmal errungen haben, zu lange verweilen. Freunde beiderlei Geschlechts, die sie zur Originalität anregen können, wären das Richtige für sie; dies gilt auch für intime Freunde – Stiere brauchen Partner, die sie inspirieren können. (Da kommt einem der Fische-Typ in den Sinn, denn die beiden Zeichen haben eine starke Emotionalität gemeinsam; die Sensitivität des Fisches kann zudem die Festigkeit des Stiers etwas lockern, während der praktische, gesunde Menschenverstand des Stiers den Fisch auf den Boden der Tatsachen herunter holt. Dies bedeutet natürlich nicht, daß nur ein Fisch ein befriedigender Stier-Freund sein könne, doch sollte ein Stier einen solchen gewiß besonders begeistert willkommen heißen!)

Der Begriff »Salz der Erde« muß geprägt worden sein, um einen Stier zu charakterisieren! Es bezeichnet besonders treffend einen Stier, der sich einem Klub oder Verein anschließt, denn er wird im Vorstand enorm hart arbeiten und eine kontinuierliche Quelle guter und praktischer Vorschläge und Anregungen sein. Er muß jedoch lernen, offen und konzentriert zu sprechen, denn seine Tendenz, immer weiter zu reden, kann all seine guten Absichten und Intentionen zunichte machen. Er sollte sich sorgfältig Notizen machen und darauf achten zu sagen, was er meint, knapp und präzise.

Auch wenn er noch so genau die jeweiligen Modetrends wahrnimmt, wird er doch nicht den Wunsch haben, sich daran zu beteiligen; er geht lieber auf »Nummer Sicher«. In den Bereichen, in denen er sich wahrscheinlich beruflich profilieren wird, ist dies vermutlich gar nicht schlecht. Es könnte ihn belasten, wenn er sich gezwungen fühlte, einen neuen Trend mitzumachen, weil seine Altersgenossen ihm nachlaufen. Er liebt es, sich konform zu verhalten und hätte am Ende Schubladen voller Kleidungsstücke, die ihm im Grunde nicht gefallen. Die Eltern sollten ihn anregen, seinen eigenen, persönlichen Stil zu kultivieren, statt den anderer Menschen zu imitieren. Der Stier hat einen eigenen, guten Geschmack; andere ahmen ja nur nach.

Wenn man sich den Stier vorstellt, fällt es nicht schwer, ihn von einer langsam trottenden Bulldogge gefolgt zu sehen. Doch es wäre viel besser für ihn, sich ein Haustier zu halten, das ein rascheres Schrittempo bestimmt, das seinen von Natur aus ohnehin trägen Stoffwechsel anregt – also einen lebhaften Hund, der regelmäßig viel Bewegung braucht und vielleicht glücklich die täglichen Jogging-Runden begleitet. Relativ wenige Menschen können es sich heutzutage noch leisten, ein Pferd zu halten, aber wenn der Stier auf dem Lande lebt, sollte er das Reiten als Hobby ernstlich in Erwägung ziehen; wenn er in der Nähe eines Hofes lebt, werden ihn ohnehin alle Tiere dort interessieren.

Ideale Berufswege

Ich habe bereits des öfteren erwähnt, daß jeder Berufsweg, der mit Finanzen zu tun hat, für den Stier gut geeignet ist. Aufgrund seines Bedürfnisses nach Sicherheit ist ein regelmäßiges Gehalt wichtig; für Arbeit, die unregelmäßig entlohnt wird, vermag er sich kaum zu begeistern. Der Stier fühlt sich in seinem Element in einer Laufbahn, auf der er sich, langsam aber sicher, die Karriereleiter nach oben emporarbeiten kann, ohne Phasen der Ungewißheit oder fehlende Sprossen gewärtigen zu müssen. Das Bank- und Versicherungswesen, Kundenkreditbanken, Aktienbörse – City-Jobs allgemein – werden ihn immer reizen. Der kommunikationsfreudige Stier-Typ wird sich über eine Anstellung freuen, die ihm die Chance bietet, nationale und internationale Märkte zu studieren. Der Gedanke an die große Herausforderung mag ihn wohl etwas beunruhigen – denn es gibt schließlich immer auch die Möglichkeit zu versagen, und das würde ihn in jeder Hinsicht stören –, aber er wird sie annehmen, weil sein Einkommen wachsen wird, wenn er die Aufgabe mit Erfolg löst!

Der Einfluß des Elements Erde wird sich auch auf beruflichem Gebiet wieder bemerkbar machen, viele Stiere bewähren sich als äußerst erfolgreiche Architekten, Landerschließer, Immobilienverwalter und -Makler. Wenn Ihr Stier eine künstlerische Ader hat, kann er auch Bildhauer werden oder Kunst- oder Handwerks-Lehrer (Stickerei oder Töpferei). Ein junger Stier, der sich zur Mode hingezogen fühlt, könnte als Textil-Designer erfolgreich werden (wenn er auch nicht gerade zur Avantgarde zählte). Mit Examenserfolgen in Biologie oder Chemie würde sich eventuell auch eine Karriere als Kosmetik-Künstler lohnend erweisen. Stiere sehen häufig gut aus und haben einen attraktiven Körper. Obwohl man nur schwer in das Mannequin/Dressman-Geschäft hineingelangt, wird das Stier-Modell, ob männlich oder weiblich, immer gefragt sein – denn es besitzt über sein glänzendes Aussehen hinaus unendlich viel Geduld, und so werden ihm die Stunden des Leerlaufs im Studio nicht unerträglich anstrengend sein.

Sein Interesse am Essen in Verbindung mit dem guten Geschäftssinn könnte der Stier in der Leitung (nicht direkt am Herd) eines Restaurants einsetzen. Zunge und Nase für gute Weine wären hier auch nützlich, und die Arbeit im Weinhandel käme ebenfalls in Frage. Wenn der Stier ein Geschäft irgendeiner Art aufziehen will, sollte man ihn mit Rat und Tat unterstützen; seine Schlauheit und Unternehmungslust bringen ihm überdurchschnittliche Erfolgschancen.

Stiere haben oft eine exzellente Singstimme und eine angenehme, manchmal ungewöhnliche Sprechstimme. Oft sind sie theaterbegeistert und hinterlassen viel Eindruck in ihrer Laientheater-Gruppe, ja selbst im professionellen Theater. Sehr oft ist es ihre ungewöhnliche Sprechstimme, die hinter einer erfolgreichen Theaterkarriere steht. Den Gesang habe ich bereits erwähnt, ein Stier als Opernsänger hat durchaus gute Erfolgsaussichten. Die Unsicherheits-Faktoren der Bühnenkarriere brauche ich nicht zu betonen, doch die angeborene Entschlossenheit und Ausdauer des Stiers werden ihm hier gut zustatten kommen. Er wird sie brauchen, weil ihm in diesem Beruf kein regelmäßiger Gehaltsscheck garantiert ist – was Angehörige dieses Tierkreiszeichens als echten Nachteil empfinden werden. Wenn sie aber eine besonders gut bezahlte Anstellung finden, werden sie kaum dazu neigen, ihr Geld zu verschwenden, sondern einiges davon für magere Jahre investieren.

Die Landwirtschaft ist heutzutage fast ebenso unsicher wie die Bretter, die die Welt bedeuten, aber auch zu diesem Berufsbereich fühlt der Stier sich hingezogen. Er wird die Arbeit in der Landwirtschaft als sehr dankbar und befriedigend schätzen, muß sich aber vor Augen halten, daß es angesichts des Wandels der Zeit und der Technik keinen Wert mehr hat, allzu konservativ zu sein und zu meinen, traditionelle Methoden könnten ihm eine sichere Zukunft bieten. Zum Glück gehen immer mehr Landwirte zu biologischen Anbaumethoden über, was auch beim Verbraucher mehr und mehr Anklang findet.

In jeder Karriere kann das Sicherheitsbedürfnis des Stiers ein Hemmnis sein, denn manchmal läßt er sich gute Gelegenheiten entgehen, weil er ihre weitere Entwicklung fürchtet. Nicht daß er von Hause aus pessimistisch wäre, aber er liebt einfach keine Veränderungen irgendwelcher Art – nicht einmal Veränderungen zum Besseren! Er sollte versuchen, nicht zu verzweifelt an dem vertrauten Schreibtisch hängen zu bleiben, an der Arbeit, die er mittlerweile gewiß auch im Schlaf erledigen könnte. Dies soll nicht heißen, daß er unnötige Risiken zum Selbstzweck auf sich nehmen sollte, aber er könnte versuchen, genügend Selbstvertrauen zu entwickeln, um sich mit interessanten Möglichkeiten zu befassen.

Reisen

Die Entscheidung, dieses Jahr an einem anderen Ort die Ferien zu verbringen, wird eine Woge des Entsetzens über den jungen Stier hereinbrechen lassen. »Warum können wir nicht wieder nach X gehen?«, wird er rufen. Sich von Gewohnheiten zu lösen, fällt ihm schwer, in jedem Bereich seines Lebens. Schon das Reisen selbst mag der Stier nicht gerne. Die Ferien mögen schön sein, wenn man erst am Ziel angelangt ist, aber die Reise an sich wird mehr ertragen als genossen – besonders, wenn es sich um eine Flugreise handelt, denn der Stier hat lieber den festen Erdboden unter allen vier Füßen! Wenn er erst über eigenes Geld verfügt, finden Sie ihn in den 1. Klasse-Räumen, denn er wird sich die Reise so bequem wie möglich machen wollen – ganz abgesehen von dem Hintergedanken an bessere Speisen und Weine!

Wenn der junge Stier beschließt, allein zu verreisen, sollten die Eltern ihn zu sorgfältiger Planung anhalten – nicht nur weil es der gesunde Menschenverstand gebietet, sondern weil der Stier wesentlich glücklicher sein wird in dem Wissen, daß es im Flugzeug oder auf dem Schiff einen freien Platz und am anderen Ende der Reise ein Dach überm Kopf geben wird. Im allgemeinen gehört er nicht zu jenen, die mit leichtem Gepäck in die Kalahari-Wüste aufbrechen; er ist recht wenig abenteuerlustig und liebt seinen Komfort zu sehr, um sich auf riskante Unwägbarkeiten einzulassen. Er wird schöne, fremde Landschaften genießen – aber lieber durch die Fenster eines klimatisierten Reisebusses als vom Sattel eines Motorrades aus! Stier-Mädchen werden sich nicht mit der Vorstellung anfreunden, vierzehn Tage mit einem Rock oder einem Paar Jeans auszukommen.

Auch wenn es nicht gerade außerordentlich wahrscheinlich ist, daß sie auf Abenteuersuche gehen, werden auch Stiere eine Abwechslung von ihrer alltäglichen Routine wünschen – und wenn es nur bedeutet, sie gegen eine andere Art von Routine einzutauschen, na wenn schon? Es sollte ihnen doch hin und wieder gestattet sein, rundherum zu faulenzen, und das (wenn sie es sich leisten können) mit Stil. Sie haben nichts dagegen, Geld dafür auszugeben, aber sie erwarten einen Gegenwert für ihr Bares – und wehe dem Reiseleiter, der nicht hält, was versprochen ist! Ein Arbeitsurlaub ist keine ganz üble Idee, weil der Stier sich freuen wird bei dem Gedanken, übers Entspannen hinaus auch noch ein wenig Geld zu verdienen – und zumindest neue Kontakte zu knüpfen, die für später klingende Münze verheißen!

Mit seinem allgemein recht langsamen Stoffwechsel wird er ein heißes, feuchtes Klima nicht schätzen, weil es ihn leicht überhitzt und es erschwert, seine Energien in Gang zu bringen. Ein Urlaub an Fluß oder Kanal, auch Segeln sollte ihn reizen – oder auch ein langsamer, gemütlicher Urlaub mit Spaziergängen in relativ kühlem, aber nicht kaltem Klima.

Mit Genuß wird der Stier die Speisen vor Ort ausprobieren – besonders Eis-Spezialitäten mit neuen Geschmacksrichtungen, neue Konditorei-Erzeugnisse und Kuchen; das Hotelrestaurant sollte möglichst gut sein! Bei seiner Liebe zu Eisenbahnen wäre ein Urlaub mit dem Orient-Express vermutlich das höchste der Ferien-Gefühle für einen Stier. Aber selbst wenn ein livrierter Gepäckträger zur Verfügung steht, sollte er auf die Menge an Gepäck achten, die er mitnimmt; er liebt es, sich mit dem vertrautem Besitz zu umgeben und neigt dazu, all seinen Krempel in viel zu viele Koffer zu verstauen.

Stiere als Geschwister

Es ist nicht einfach, einem Stier mitzuteilen, daß er in Kürze nicht mehr der einzige Mittelpunkt seiner Generation in der Familie sein wird. Wenn er nicht rechtzeitig und gut vorbereitet ist, kann er die Geburt von Bruder oder Schwester als sehr traumatisch erleben. Während der ersten Monate des Babys kommt es dann zu Wutausbrüchen und Trotzphasen, wenn der Stier merkt, daß er die Zuneigung von Mami und Papi nun mit jemand teilen muß. Als Protest könnte er zornig aufstampfen und empörte »Nein, nein!«-Schreie durchs Haus gellen lassen. Heben Sie die Tatsache hervor, daß das kommende Baby »ein Bruder oder Schwester *für dich*« sein werde, und daß der junge Stier *natürlich* mithelfen sollte, das Kleine zu versorgen. Vergessen Sie nicht, daß Stiere extrem listig und schlau sein können; wenn es darum geht, ihren Willen zu bekommen, setzen sie ihren beträchtlichen Charme ein. Lassen Sie sich nicht bestechen oder emotional erpressen, und erkaufen Sie den lieben Frieden nicht, indem die dem Stierlein zu einer Steigerung seines Konsums an Schokolade, Süßigkeiten oder Spielzeug verhelfen. Fordern Sie ihn auf, etwas für Bruder oder Schwester zu tun; je mehr er schon in jungen Jahren lernt, mit anderen zu teilen, desto besser. Den sensiblen, praktischen Stier kann man schon erstaunlich früh mit Babysitten beauftragen; er wird das Vertrauen genießen, denn er will »erwachsen« sein und als nützliches Mitglied der Familie gelten. Sagen Sie dem Stier, daß das Baby *sein(e)* Bruder/Schwester ist, und der besitzergreifende Zug wird garantieren, daß das Kleine einen absolut zuverlässigen Beschützer erhält. Wenn er sein kleines Geschwisterchen ausfährt, ist kaum zu befürchten, daß er es sich selbst überläßt oder wegen eigener Geschäfte vernachlässigt.

Es ist eine glänzende Idee, dem Stier vorzuschlagen, einige Groschen vom regelmäßigen Taschengeld abzuzweigen und damit Geburtstags- oder Weihnachtsgeschenke für den jüngeren Bruder oder die Schwester zu finanzieren. Seine Besitzliebe macht es ihm schwer, Spielzeug zu teilen oder weiterzugeben, und anstatt emotionale Pein darüber zu riskieren, wäre eine Hervorhebung seiner Begabung im Umgang mit Geld eine Lösung.

Ein jüngerer Stier kann für ältere Geschwister ein Bollwerk der Kraft sein. Ein Fünf- oder Sechsjähriger kann für ein leichtsinniges achtjähriges Mädchen fast eine Vaterfigur sein, der mit reizend wohlgemeinten und praktischen Vorschlägen ankommt, die sehr viel Wahres enthalten und wohl eine große Wirkung hinterlassen werden, besonders wenn das ältere Kind sich recht töricht verhalten hat. Stiere, die eine Zeitlang ihr Zimmer teilen müssen, werden diese Situation nicht so leicht ertragen; sie werden ihre territorialen Ansprüche schützen und ihren eigenen Stauraum haben wollen. Das andere Kind könnte jedoch wichtig sein, wenn es darum geht, den jungen Stier morgens aus dem Bett zu bekommen, und das Miteinander-Teilen wird ihm helfen, ein Gespür für die Notwendigkeit von Kompromissen zu entwickeln und die Gefühle anderer Menschen zu beachten.

Sein Sicherheitsbedürfnis bewirkt, daß der Stier sehr froh sein wird, Geschwister in der gleichen Schule zu haben – selbst wenn Bruder oder Schwester jünger sind –, und er wird ihm/ihr mit Schutz und Trost vorbildlich helfen. Es wird aber nicht soweit gehen, daß man alles gemeinsam tut, denn der Stier ist nicht der Typ, der sich große Mühe gibt, gemeinsame Interessen zu finden, die für ihn nicht von Natur aus attraktiv sind. Wenn sich etwas Gemeinsames finden und unterstützen läßt, ist das für die Beziehungen innerhalb der Familie eine hervorragende Sache – wenn die Kinder etwa gemeinsam Instrumente oder Tennis spielen können. Andernfalls besteht die Gefahr, daß die Kinder auseinanderwachsen; das fällt in jungen Jahren noch nicht besonders tragisch auf, kann aber im späteren Leben recht traurig sein. Der gemeinsame Urlaub ist nicht immer die beste Idee – die Gesellschaft des Stiers könnte von Geschwistern anderer, lebhafterer und extravertierter Tierkreiszeichen als nervtötend empfunden werden; gemeinsame geschäftliche Interessen dagegen sollten extrem gut funktionieren: der Stier ist stabile Verankerung und zuverlässige Hilfe, Bruder oder Schwester bringen ein aufregenderes Flair dazu.

Ein Kind, dem es an Beständigkeit mangelt oder das vielleicht mit dem Taschengeld nicht gut umgehen kann, wird bald erfahren, daß seine Stier-Geschwister in solchen Angelegenheiten absolut vertrauenswürdig sind und sie um Rat und Hilfe bitten. Das kann bis ins Erwachsenenalter fortdauern; ein Stier ist der richtige Ansprechpartner, den man um Rat fragt, bei Investitionen und Planungen, wenn man ein Haus oder eine Wohnung bauen oder mieten möchte.

Stiere als Eltern

Stier-Eltern werden vor allem anderen darauf bedacht sein, ihren Kindern ein gutes Leben zu ermöglichen; sie werden soviel Zeit und Geld in die Ausbildung ihrer Kinder und die Entfaltung ihrer Persönlichkeit und Interessen investieren, wie sie sich leisten können. Ein sicheres Zuhause und behagliche Lebensumstände zu schaffen, wird ihre vorrangige Aufgabe sein.

Manchmal hat der Stier die Tendenz, sein Kind als persönlichen Besitz zu betrachten. Dies kann zu Schwierigkeiten und Zwietracht führen, wenn das Kind anfängt, eine eigene Meinung zu äußern oder Dinge auf seine Weise tun will. Manche Stier-Eltern sind strenge Zuchtmeister und sind fast überstreng mit ihren Kindern, wenn diese anfangen, ihren eigenen Charakter zu zeigen, eine eigene Meinung zu äußern. Im übrigen kann das Verlangen, Geld für die Kinder auszugeben, oft an die Stelle echter Liebe und familiärer Gemeinsamkeit treten. Stiere gehen arbeiten, um Geld zu verdienen, damit das Kind ein besseres Leben haben kann, als sie selbst es hatten. Dies gilt zwar für Vertreter anderer Tierkreiszeichen noch mehr als bei Stieren, schwingt aber dennoch als Tendenz mit, auf die man achtgeben sollte – besonders wenn die Kinder um ein teures Geschenk bitten und der Stier sich daran erinnert, daß er selbst als Kind etwas nicht bekam, das er sich so sehnlich gewünscht hatte. Stiere sind freundliche und liebevolle Eltern, die manchmal ihre Kinder mit teuren Spielzeugen oder Geschenken zu sehr verwöhnen. Es wird zu jedermanns Vorteil sein, einen Kompromiß zu schließen und das Kind aufzufordern zu sparen und zum Kaufpreis des Fahrrades oder des Computers etc. einen Beitrag zu leisten. Hüten Sie sich auch davor, allen Launen der Kinder nachzugeben und ihnen beispielsweise zuviele Süßigkeiten zu erlauben. Die Tatsache, daß Sie selbst gerne naschen, verleitet Sie vielleicht zu der Annahme, daß Süßigkeiten für die

Kinder nicht so schlecht sei, wie die Ärzte sagen. Aber seien Sie gewarnt: Sie sind es.

Was Taschengeld angeht, so werden gesunder Menschenverstand und finanzielle Schlauheit des Stiers ihn vor übertriebener Großzügigkeit bewahren; er wird vermutlich ein gutes Mittelmaß zwischen Geiz und allzugroßer Nachsicht finden.

Die Familienplanung des Stiers wird so vernünftig sein wie der Plan für einen Hauskauf. Die Kinder werden in logischen Abständen kommen, und – vorausgesetzt, es gibt keine Komplikationen – auch pünktlich ankommen. Dinge dem Zufall zu überlassen, das hat der Stier nicht im Sinne!

Wegen ihres recht konventionellen, nicht gerade unternehmungslustigen Charakters ist es sehr wichtig, daß Stier-Eltern versuchen, sich über das Denken und die Meinungen ihrer Zeit auf dem Laufenden zu halten, während die Kinder aufwachsen. Das fällt ihnen vielleicht etwas schwer, möglicherweise finden sie es sogar langweilig. Aber wenn sie eine gute Beziehung zu ihren Kindern haben und diese wirklich verstehen wollen, dann sollten sie wissen, was in ihrem Leben vorgeht, und welche Einflüsse sie umgeben. Wenn der Stier versucht, die Verhaltensmuster und Meinungen der eigenen Generation seinen Kindern aufzuzwingen, könnte der Abstand zwischen den Generationen zur gähnenden Schlucht werden, die nur sehr schwer zu überbrücken ist. Anteilnahme an den Interessen der Kinder ist sehr wichtig, und es wird besonders gut sein, wenn Stier-Vater/Mutter aktiv zu Eltern/Lehrer-Verbindungen beiträgt. Er wird viel Erfolg haben, wenn es daran geht, Geld zu sammeln oder den Kuchen- oder Getränkeverkauf beim jährlichen Schulfest zu übernehmen. Er sollte sorgfältig auf das achten, was der Lehrer über seine Kinder zu sagen hat, da er unter Umständen so mit deren Rolle zu Hause beschäftigt ist, daß es ihm schwerfällt, sie mit den Augen des Lehrers zu sehen. Schlechtes Benehmen zu Hause zeigt sich nicht immer auch in der Schule – und umgekehrt. Stier-Mütter sollten versuchen, sich von den plötzlichen Anforderungen, die die Schulkinder an sie stellen, nicht aus der Ruhe bringen zu lassen: (»Wo sind meine Turnsachen?« wenn sie einmal nicht daran gedacht hatte, daß heute Sportunterricht auf dem Stundenplan steht.) Versuchen Sie, sich solche Dinge nicht unter die Haut gehen zu lassen.

Stier-Eltern werden in ihrem Element sein, wenn sie ihre Kinder zu Konzerten aller Arten mitnehmen, zu Besuchen in prächtigen Gebäuden, Zoos oder Safari-Parks und auf Streifzüge in die Natur. Selbst ein einfacher Spaziergang im Park kann zur interessanten Botanik-Stunde für die Kinder werden, denn das Wissen der Stiere über Pflanzen und Vögel ist oft eine Quelle der Inspiration. Der Ausflug wird vermutlich gekrönt durch eine Portion Eis oder einen Fruchtsaft im Café.

Stier-Mütter werden immer darauf achten, daß ihre Kinder gut gekleidet und ordentlich sind, dies kann natürlich zu einer Quelle von Schwierigkeiten mit einem unverbesserlich unordentlichen und schmuddeligen Kind werden. Aber versuchen Sie, das richtige Mittelmaß zu finden.

Die Aufgaben der Elternschaft werden auf Stier-Schultern vielleicht etwas weniger schwer wiegen, als sie andere Eltern belasten. Stiere sind im allgemeinen gut organisiert und vernünftig, und das Vergnügen, das sie in dem ganzen Geschäft, eine Familie zu unterhalten, noch empfinden, wird sie für die Schwierigkeiten, Sorgen und schiere Schwerarbeit, die damit verbunden ist, mehr als entschädigen.

Fallbeispiel

Barry – Sonne und Venus in Stier, Merkur in Widder; Merkur-Gruppe 1, Venus-Gruppe 3

Aus dem Gutachten: Sie wissen vermutlich, daß die meisten Stiere eine Tendenz zum Besitzergreifen zeigen. Versuchen Sie, um ihr entgegenzuwirken, Barry aufzufordern, sein Spielzeug und meistgeliebten Besitz mit seinen Freunden zu teilen. Wenn Sie dies nicht bereits in der Kindheit durchsetzen, mag er als Erwachsener meinen, Menschen ließen sich genauso besitzen wie Gegenstände – und dies vor allem auf seine Partner beziehen. Ich weiß nicht, ob Sie weitere Kinder haben möchten; wenn möglich, sollten Sie Barry dann so früh wie möglich auf seine Rolle als älterer Bruder vorbereiten. Die meisten Eltern tun das heutzutage automatisch, aber in Barrys Fall wird es von entscheidender Bedeutung sein, wenn die Situation aufkommt. Geben Sie ihm soviel Information über das Wachstum seines Baby-Geschwisters im Bauch seiner Mami, wie er verstehen kann, und ermutigen Sie ihn von Anfang an, eine aktive Rolle zu übernehmen und Ihnen zu helfen, für das Kleinkind zu sorgen. Ich sage dies nicht nur in Gedanken an seine möglicherweise besitzergreifenden Instinkte, sondern weil er auf manche Weise recht eifersüchtig reagieren könnte, wenn und falls ein weiteres Kind die Szene betritt. Sie werden verstehen, daß Eifersucht eine emotionale Beziehung ernstlich beeinträchtigen kann; je früher sie also behandelt wird, desto besser.

Barry braucht ein gewisses Maß an Disziplin, aber es ist auch wieder nötig, daß man ihm seinen Willen läßt; dies wird während der Schuljahre enorm wichtig für ihn sein. Sie sollten nie vergessen, daß er wesentlich abenteuerlustiger und eher weniger konventionell sein wird, als es den Anschein hat.

Ich denke, Sie werden merken, daß er ein recht rasches Denkvermögen hat (was bei Stieren nicht immer der Fall ist). Er wird fest und entschlossen sein, doch sind seine Denkmuster von Zeit zu Zeit impulsiv und sprunghaft. An Phantasie wird es ihm nicht mangeln, und später wird er immer zahlreiche Möglichkeiten finden, sie zu seinem besten Vorteil zu nutzen.

Ein negativer Zug ist seine Eigensinnigkeit. Er wird sich vermutlich manchmal sehr halsstarrig geben. Es gibt immer Wege, dies zu überwinden, und möglicherweise vermögen Sie mit Sorgfalt seine schiere Sturheit und starke Entschlossenheit zu einem positiven Ausdruck von Willenskraft zu wandeln. Der Eigensinn wird nach einer behutsamen Korrektur durch Sie verlangen. Zum Glück wird Barry ein gutes Gespür für Logik entwickeln, an das Sie gewiß appellieren können. Seine Verstandeskräfte werden zwar zuweilen etwas verschüttet scheinen, aber sie sind trotzdem real.

Kommentar: Das Gutachten für Barry wurde gleich nach seiner Geburt geschrieben. Obwohl er zur Zeit der Niederschrift noch sehr jung war, kamen schon viele der genannten Züge deutlich zum Vorschein. Sein Stier-Charme (an einer anderen Stelle der Analyse erwähnt) ist bezaubernd, und die Besitzgier zeigt sich in einer Neigung, sich an seine Mutter zu klammern. Er ist nicht immer folgsam, sondern oft recht eigensinnig. Ein Geschwisterchen ist mittlerweile unterwegs, und die Eltern haben mir versichert, daß Barry über alles auf dem Laufenden gehalten wird und viel Interesse an dem Werden und Wachsen zeigt. Ich deutete in dem Gutachten an – wie es bei vielen Stier-Geborenen der Fall ist –, daß er eine feste Disziplin braucht. Seine Eltern sind sich dessen bewußt und handeln entsprechend. »Er macht einem schon ganz schön zu schaffen«, bemerkte seine Mutter über ihn.

Das Sonnenzeichen regiert:

Staaten und Länder: Capri, Griechische Inseln, Iran, Irland, Ischia, Polen, Schweiz, Tasmanien, Zypern

Städte: Dublin, Eastbourne, Hastings, Leipzig, Luzern, Mantua, Palermo, Parma, Rhodos, St. Louis (USA)

Bäume: Apfel, Birne, Esche, Feige, Mandel, Weinrebe, Zypresse

Blumen und Heilpflanzen: Akelei, Althee, Artischocke, Bohnen, Brombeere, Erle, Fingerhut, Gänseblümchen, Holunder, Klee, Minze, Mohn, Primel, Rose, Sauerampfer, Spargel, Veilchen

Nahrungsmittel: Äpfel; alle Getreide, besonders Weizen; alle Beeren, Trauben, Birnen; Gewürze

Biochemische Salze: Natrium sulfuricum, Calcium sulfuricum

Tiere: Rinder

Stein: Moosachat, Smaragd

Metall: Kupfer

Farbe: blaßblau, pink, grün

Zwillinge

(22. Mai bis 21. Juni)
ein maskulines Zeichen

Allgemeine Charakteristika

Früher oder später werden Sie zu Ihrem Zwillinge-Kind sagen: »Eines nach dem anderen!« Wenn Sie noch zum Nachdenken kommen, bevor Sie diese Worte rufen, dann tun Sie es – weil man so etwas einem Zwilling ganz gewiß *nicht* sagt! Wenn ihn jemand »mein kleiner Affe« nennt, wird das vermutlich ein zutreffender Ausdruck sein, denn Zwillinge sind überall gleichzeitig; »Affenpossen« und Blödsinn sind die passenden Begriffe für das, was sie anstellen, wenn sie bereits als Kleinkinder ihre persönliche Wesensart herausfinden – und lernen, wieviel Sie sich davon gefallen lassen!

Zwillinge ist das erste der drei »dualen« Zeichen des Tierkreises, und bei allen, die unter dem Einfluß dieses Zeichens geboren sind, tritt schon in sehr jungem Alter ein stark dualistisches Element zutage. Gewöhnen Sie sich also daran, daß Ihr kleiner Zwilling meist viele Arbeiten gleichzeitig in Angriff nimmt. Es hat keinen großen Wert, ihn aufzufordern, eines nach dem anderen zu tun. Stattdessen sollte er darauf achten, daß er nach Möglichkeit alles vollendet, was er anfängt. Die Hauptschwäche des Zwillings ist seine Oberflächlichkeit; er wird wohl viel mit frischem Enthusiasmus beginnen, der aber schon bald wieder verflogen sein wird.

Es gehört zum Wesen des Zwillings, daß er über sehr viele Dinge ein wenig wissen will; von Zeit zu Zeit wäre es aber gut für ihn, sich mit einer Sache eingehend zu beschäftigen, andernfalls würde er immer nur an der Oberfläche herumplätschern und nie in die Tiefe vordringen.

Ebenso wichtig zu wissen ist ferner die Tatsache, daß Zwillinge sich sehr leicht langweilen. Sie werden bald merken, wann ihr Kind sich langweilt oder von etwas genug hat, weil es dann sehr unruhig wird. Um ihm bei der Entfaltung seiner Talente zu helfen, sollten Sie ihm reichlich Freiheit lassen. Sie können ihm ohne weiteres vorschlagen, von einer Beschäftigung zur anderen zu wechseln, wenn er das Gefühl hat, dies zu brauchen. Achten Sie jedoch darauf, daß er zur gegebenen Zeit alle seine Aufgaben vollendet hat und so in den Genuß dessen gelangen kann, was er selbst erreicht hat.

Ein Zwilling hört nie auf, Fragen zu stellen, und oftmals wird er sogar *Sie* auffordern, etwas zu fragen, damit er mit seinem eigenen Wissen glänzen kann! Mit schnellen Antworten läßt er sich nicht abspeisen – obwohl er manchmal selbst dazu neigt, solche zu geben, um einen Mangel wirklich tiefen Wissens zu verbergen. Sie könnten ihn stimulieren, indem Sie seine Fragen durch Gegenfragen erwidern, oder solche Antworten geben, die ihn veranlassen, tiefer und weiter zu denken.

Ein junger Mensch unter dem Einfluß dieses Sonnenzeichens ist im allgemeinen sehr nervös und wird leicht zum Zappelphilipp. Achten Sie darauf; es ist ein weiterer Hinweis darauf, daß er sich langweilt und seine innere Unruhe die Oberhand gewinnt. Er muß einen Überschuß an Nervenenergie verarbeiten. Versuchen Sie, ihn für seine verschiedenen Interessen zu begeistern, so daß er intellektuell stets gefordert ist – denken Sie aber zugleich daran, daß es ebenso wichtig für den jungen Zwilling ist, ausgehen, gegen den Fußball treten oder um den Block rennen zu können, um Geist *und* Körper zu üben.

Sich aus schwierigen Situationen herauszureden, fällt einem Zwilling sehr leicht, besonders wenn er einen Fehler gemacht hat. In manchen Fällen wendet er dabei außerordentliche Phantasie auf. Natürlich weiß er nur zu gut, wann er jemanden verletzt hat, aber er besitzt, vielleicht ausgeprägter als jedes andere Tierkreiszeichen, ein sehr großes Talent, sein Handeln mit allen möglichen, brillant ausgedachten Ausreden und Rechtfertigungen zu verteidigen. Seien Sie also auf der Hut vor dieser Eigenart, und bleiben Sie fest und entschlossen. Um die besten Qualitäten dieses Tierkreiszeichens zu entfalten, müssen Sie äußerst logisch sein und dürfen nie um den heißen Brei herumreden. Sagen Sie, was Sie meinen, und bleiben Sie dabei!

Die körperliche Energie des Zwillings ist manchmal nicht sonderlich stark; sie wird von einer mächtigen Nervenenergiekraft leicht überflügelt, und so wird der junge Zwilling rascher erschöpft, als Sie oder er es merken. Abends werden Sie beobachten können, wie die Augenlider anfangen zuzufallen – aber der Wasserfall von Fragen und Argumenten, daß es eigentlich noch nicht wirklich Zeit zum Schlafengehen sei, und was er unbedingt vorher noch tun *müsse,* und die Zahl von Büchern, die gelesen werden müßten, wird seiner offensichtlichen Müdigkeit hohnsprechen (er wird ohnehin zu den unverbesserlichen Unter-der-Bettdecke-Lesern gehören!).

Die Welt wurde für Zwillinge erschaffen, das ist klar – oder so sehen sie es jedenfalls. Sie lieben die Erregung, Veränderung, Überraschungen, und sie hassen langweilige Routine; jeder Tag muß vom vorausgegangenen und folgenden so verschieden wie möglich sein. Ihre lebhafte, klare Ausdrucksweise und ihr ständiges Reden spiegeln das nimmermüde Interesse an allem wider, das sie umgibt – und sie haben eine Begabung, Ihnen davon höchst lebhaft und überzeugend zu erzählen. Diese Züge werden schon sehr früh in ihrem Leben zutage treten und ihre Umgebung in Entzücken und Staunen versetzen. Mit Leichtigkeit vermögen sie ihre Altersgenossen ebenso wie die Eltern aufzuheitern.

Der Zwilling hat eine Tendenz, zu allen und jedem zu reden – das gehört zu der überwältigenden Kommunikationsfreudigkeit dieses Zeichens. Es liegt auf der Hand, daß es die Kinder in Gefahr bringen kann, und Sie müssen ihnen klarmachen, daß nicht jeder Fremde vertrauenswürdig ist. Die Eltern eines Zwillings müssen einen Weg finden, dieses Problem zu lösen, ohne die köstliche Offenheit ihres Kindes zu ersticken. Der beste Weg ist vermutlich ein Appell an seinen logischen Verstand – ein höchst wertvolles Charakteristikum des Zwillings.

Die traditionelle Farbe für dieses Zeichen ist ein helles Gelb, aber wenn Sie den jungen Zwilling nach seiner Lieblingsfarbe fragen, wird er vermutlich antworten, er liebe alle Farben – und das wird höchstwahrscheinlich auch stimmen. Denken Sie an sein Bedürfnis nach Vielfalt und Veränderung. (Falls Sie nicht selbst daran denken: der Zwilling würde es nicht soweit kommen lassen, daß Sie es in der Eile vergessen!) Wenn es darum geht, Freizeitkleidung auszusuchen, empfehle ich Ihnen, sich nach T-Shirts umzusehen, nach Shorts oder Röcken in einer großen Vielfalt von Farben, damit der Zwilling wechseln kann, wann es ihm gefällt.

Das Taschengeld wird dem Zwilling zweifellos rasch und freizügig zwischen den Fingern zerrinnen – obwohl doch viele Angehörige dieses Zeichens alle Voraussetzungen für einen guten Verkäufer besitzen, einschließlich einer gewissen schlauen Geschäftstüchtigkeit. Sie stoßen beim Einkaufen immer auf ein gutes Schnäppchen, das sie in der Fülle der Angebote sofort erkennen. Gleichwohl ist es angebracht, sie für Ausgaben wie Geschenke, Ferien usw. zum systematischen Sparen anzuhalten.

Die drei Arten zu denken

Aufgrund des Einflusses von Merkur (siehe S. 22) arbeitet das Denken des Zwillings charakteristisch auf eine von drei Arten. Aber Merkur ist auch der Regent dieses Zeichens und beeinflußt die gesamte Zwillings-Persönlichkeit ebenso wie den Denkprozeß.

1) Eine Gruppe von Zwillingen denkt sehr praktisch; ihr Sinn für Logik ist stark und gibt ihrer Persönlichkeit zusätzliche Stabilität. Achten Sie auf Sturheit, die überraschend offen zutage treten kann – und vehement geleugnet wird, wenn man sie zum Vorwurf macht!

2) Mitglieder der zweiten Gruppe denken extrem schnell und erwecken damit oft den Eindruck, sie seien überaus intelligent – ob dies den Tatsachen entspricht oder nicht! Sie werden sich fast alles erlauben können, aber gerade ihre Oberflächlichkeit und ein Mangel an Tiefe können Probleme verursachen, besonders wenn die Konzentration nur schwach ist. Das Bedürfnis nach Kommunikation ist extrem stark.

3) Die dritte Gruppe bilden Zwillinge, deren Imagination und Sensitivität gesteigert sind. Hier haben wir den emotionalsten Zwillings-Typ vor uns. Sein Erinnerungsvermögen ist sehr gut, aber er besitzt die Tendenz, etwas forsch zu werden – besonders bei einer Auseinandersetzung. Diese Neigung muß unter Kontrolle gebracht werden, da rauhe Worte zum Nachteil gereichen können: sie regen andere Menschen auf oder schaffen sogar Feinde.

Die fünf Arten zu lieben

Aufgrund des Einflusses von Venus (siehe S. 22) werden Zwillinge dazu tendieren, ihre Zuneigung auf eine von fünf Arten auszudrücken:

1) Während alle Zwillinge sich sehr rasch ver- und entlieben, sind die Mitglieder der ersten Gruppe extrem leidenschaftlich und heißblütig, sie zeigen ihre Gefühle auf höchst feurige und emotionelle Weise. Die Neigung, sich selbst an die erste Stelle zu setzen, kann den Spaß verderben, aber Liebes- und Geschlechtsleben sind ein Quell des Genusses, und der Zwilling wird es gewiß auf eine überdurchschnittlich große Zahl von Erlebnissen und Beziehungen bringen.

2) Freundlich, warm und herzlich sind die Mitglieder dieser Gruppe, sie können aber auch überraschend besitzergreifend sein – sowohl gegenüber den Angehörigen ihrer Familie als auch in bezug auf ihre Liebhaber. Sie sind großzügig, genießen das schöne Leben und geben viel Geld für ihre Partner aus. Emotionale und finanzielle Sicherheit sind überaus wichtig für sie.

3) Es ist kein Zufall, daß Zwillinge die Flirter des Tierkreises genannt werden; Gruppe drei versammelt die lebendigsten und kokettesten von allen. Der Neigung, sich mehr als einer Beziehung gleichzeitig zu erfreuen, wird hier vermutlich reichlich nachgegeben. Erinnern Sie den Zwilling daran, daß aus dem Spaß von heute die Komplikationen und Verletzungen von morgen werden können.

4) Viele Zwillinge zeigen eine entzückend sensitive, etwas sentimentale und altmodische Art, ihrer Liebe Ausdruck zu geben. Es fällt ihnen nicht schwer, ihre Gefühle zu zeigen, und sie werden es gewiß genießen, Liebesbriefe zu schreiben und kleine Geschenke zu verschicken. Sie sind sehr begabt, liebevoll zu umsorgen – was ihre Partner besonders schätzen und lieben werden.

5) Eine Tendenz, vor dem Geliebten anzugeben und vielleicht zu großzügig Geld auszugeben, um Eindruck zu schinden, muß unter Kontrolle gebracht werden. Diese Zwillinge werden in der Partnerschaft die Führung übernehmen wollen und müssen lernen, daß die Gleichberechtigung besser ist. Ihr großer Sinn für Spaß wird ihnen helfen, das Beste in ihrem Partner zum Vorschein zu bringen.

Gesundheit und Ernährung

Die Tendenz des Zwillings zur Ruhelosigkeit habe ich bereits erwähnt, und man kann nicht deutlich genug betonen, daß sie auch von der Gesundheit einen Preis verlangt. Das Nervensystem, das traditionell mit dem Zeichen Zwillinge assoziiert wird, ist etwas anfällig. Wenn der Zwilling unruhig wird, kann dies sein ganzes körperliche Wohlbefinden beeinträchtigen; oft leidet er unter nervösen Ängsten und Befürchtungen. Nicht, daß er ein ausgesprochen ängstlicher Typ wäre, aber Spannung und ein Mangel innerer Ruhe können ernste Probleme verursachen. Diese wiederum führen möglicherweise zu Hautausschlägen oder Verdauungsstörungen.

Arme, Schultern und Hände sind traditionell die Körperregionen des

Zeichens Zwillinge, und wir neigen zu der Feststellung, daß der Zwilling, wenn er in einen Unfall verwickelt wird, häufig das Handgelenk bricht, Schnitt- oder Schürfwunden an den Händen oder vielleicht einen Schlüsselbeinbruch erleidet.

Wenn Ihr Zwilling mit einer der üblichen Krankheiten im Bett liegt, wird es in der Tat sehr schwierig sein, ihn im Bett zu halten! Wenn der Arzt auf Bettruhe besteht, werden Sie einen guten Nachschub an Puzzlespielen, Kreuzworträtseln und zusätzlichen Büchern zur Hand haben müssen. Andernfalls brauchen Sie nicht überrascht zu sein, wenn Sie Ihren Zwilling nicht im Bett, sondern im Garten finden, wo er nach seinem Lieblings-Kaninchen sieht oder mit dem Hund spazierengehen will.

Während alle Menschen arbeiten sollten wie gute Maschinen, sollte man im Sinn behalten, daß beim Zwilling Körper und Denken eins sind, das heißt sie interagieren in einem größeren Maße als bei Mitgliedern anderer Tierkreiszeichen. Wenn das Denken stagniert, wird der Körper krank; wenn der Körper träge und nicht in Form ist, wird sich das Denken blockieren. Achten Sie darauf, daß der Zwilling in einer belastungsreichen Phase reichlich Bewegung und frische Luft bekommt. Zuweilen entwickelt sich ein Teufelskreis aus Spannung, die den Körper überdreht, und Inaktivität und mangelnder Stimulation, die körperliche Ruhelosigkeit verursachen.

Alle Arten von Bewegungsübungen sollten eingesetzt werden, um solche möglichen negativen Tendenzen auszuschalten. Kraftsportarten, die keine intellektuellen Anforderungen stellen, sind tunlichst zu meiden: sie sind wirklich nicht sehr geeignet. Auch rein intellektuelle Übungen sind keine Hilfe. Für Zwillinge sind Aktivitäten am besten, die flinke Bewegung in Verbindung mit raschem Denken verlangen, sie werden sich lohnen. Wenn Ihr Zwilling so nervös ist, daß es ihm schwerfällt zu entspannen, wird es gut für ihn sein (wie auch für Angehörige mancher anderer Tierkreiszeichen), sich mit Entspannungs-Techniken zu befassen. Es wird ihm nicht leichtfallen, einfach still zu sitzen und einer Musik zu lauschen, so sehr er es auch genießen mag. Sie sollten dennoch versuchen, ihn dazu zu ermutigen. Wenn es nicht funktioniert – wie steht es dann mit dem Erlernen einer jener kontrollierten chinesischen Übungs-Techniken, die Körper und Denken zugleich beschäftigen? Später im Leben könnte auch Yoga noch von großem Vorteil sein.

Möglicherweise ist Ihr Zwillinge-Kind etwas wählerisch in bezug auf sein Essen. Der Grund könnte darin liegen, daß ihn schon die Vorstellung vom Essen einfach langweilt, wahrscheinlicher aber bekommt er nicht genügend geschmackliche Vielfalt geboten. Er braucht leichte, nahrhafe Speisen, vor allem solche, die sein Nervensystem aufbauen und anregen; eine Kost aus Gemüsen (im Winter Gemüsesuppen) und Salaten einschließlich Nüssen und einer Vielfalt von Obst und frischem Gemüse wäre ideal. Fisch ist ebenfalls besonders wohltuend. Wie viele junge Leute, mag sich auch Ihr Zwilling dem Vegetarismus zuwenden; dies sollte auch seinem Organismus bekommen, solange er genügend Eiweiß erhält.

Zu den Lieblings-Snacks werden gewiß Erdnüsse und Rosinen gehören, auch getrocknete oder kandierte Früchte. Der Zwilling steht in dem Ruf, das jugendlichste der zwölf Tierkreiszeichen zu sein. Weil er gewöhnlich extrem aktiv ist und einen raschen Stoffwechsel besitzt, wird er mit geringerer Wahrscheinlichkeit als die meisten seiner Tierkreis-Geschwister an Gewicht zunehmen. Wenn Ihr Kind ein echter Zwilling ist, kann man ihm Schokolade gelegentlich gestatten – vielleicht auch einmal eine köstliche Meringue oder ein Stück Sahnetorte –, ohne befürchten zu müssen, daß er davon zunimmt. Aber dies sollte eher die Ausnahme bleiben als zur Regel werden – und sei es auch nur im Interesse der Zähne.

Denken Sie daran, daß die Lungen des Zwillings meist empfindlich sind; bereits die geringste Erkältung wird dazu neigen, sich festzusetzen und als unangenehmer Husten noch bis in den Sommer hinein zu plagen. Dies sollte nicht zu leicht genommen werden, damit es sich nicht zu einer Schwäche im späteren Leben auswächst. In einem Haushalt, in dem ein Zwilling lebt, sollte keine einzige Zigarette geduldet werden – und versuchen Sie, zuverlässig dafür zu sorgen, daß Ihr Kind selbst nicht das Rauchen anfängt.

Die ersten fünf Jahre

Es besteht die Chance, daß Ihr junger Zwilling bereits logisch Konversation führen wird, bevor er überhaupt gehen kann. Seien Sie nicht überrascht, wenn er Fremden vom Buggy aus erklärt, daß er noch nicht gehen kann!

Der Drang zur Kommunikation macht sich in der Tat schon sehr früh bemerkbar, und kaum wird Ihr kleiner Zwilling Ihnen sein erstes süßes Lächeln geschenkt haben, werden Sie beobachten können, wie sein Baby-Gebrabbel sich in »Ma-ma, Da-da« oder den Namen des Haustiers in der Familie verwandelt! Reden Sie ihn nie von oben herab in Babysprache an, sondern behandeln Sie ihn als einen kleinen Erwachsenen. Führen Sie vernünftige Konversationen, die ihn anregen, sein Vokabular zu erweitern und den Klang der Worte und auch seiner eigenen Stimme bewußt aufzunehmen und zu genießen – auch wenn Sie letzteres später für ein zweifelhaftes Vergnügen halten werden!

Je früher Sie ihn für Bücher interessieren können, desto besser; beginnen Sie vielleicht mit ausgedienten, fürs Altpapier bestimmten Büchern, damit er schon einmal das Umblättern lernt, ohne die Seiten zu beschädigen, und sich mit dem Aussehen von Buchstaben und Illustrationen vertraut macht. Kinderreime und Singspiele sind ein Muß, und wenn Sie Ihrem Kind das Lesen schon beibringen möchten, bevor es zur Schule kommt, werden Sie feststellen, daß Ihr Zwilling ein aufgeweckter Schüler ist.

Die unter dem Einfluß des Zeichens Zwillinge geborenen kleinen Leutchen haben ein mächtiges Verlangen nach Mobilität. Ob sie früh Laufen lernen oder nicht, hängt natürlich von ihrer körperlichen Entwicklung ab, gleichwohl ist das Bedürfnis herumzukommen sehr stark. Wenn Sie den Eindruck haben, daß er nun mit dem Krabbeln anfangen wird, ist es absolut wichtig, ein vor Unfällen sicherndes Gitter vor der Treppe oder anderen Stellen zu installieren, an der Gefahr droht. Wenn Sie ihn unbeaufsichtigt im Kinderwagen lassen, sollte er so angeschnallt werden, daß er noch genügend Bewegungsfreiheit hat, aber nicht aussteigen kann. Selbstverständlich ist seine natürliche Tendenz zur Mobilität zu unterstützen, aber ich rate Ihnen dringend, ihn konsequent (wenn auch nicht offensichtlich) zu überwachen.

Beim Zwilling haben wir es mit einem weiteren Tierkreis-Typ zu tun, dem man den Kindergartenbesuch erlauben sollte, sobald er dazu bereit scheint. Sie werden sehen, daß er mit seinem Kommunikationsbedürfnis gegenüber seinen Altersgenossen extrem freundlich sein wird. Er wird nicht zurückscheuen, wenn es gilt, ein neues Spielzeug auszuprobieren und mit Dingen wie Sand, Wasser und Farbe interessante Entdeckungen zu machen. Er wird zweifellos sehr bemüht sein, den Erziehern oder Gruppenleitern über Mama und Papa zu erzählen, über sein Spielzeug und die Geschwister, so er solche hat ... und sein Leben allgemein. Wenn er nach Hause kommt, fordern Sie ihn auf, Ihnen zu erzählen, was er getan und erlebt hat; wenn er dabei zögert, dann stimmt vermutlich irgend etwas nicht, oder er war unartig und will damit nicht herausrücken.

Er wird sehr leicht Freundschaften schließen und aus scheueren, weniger extravertierten Kindern das Beste herauslocken. Bald werden Sie reichlich zusätzliche Gäste zum Kindertee haben, und dann sollten Sie es aufgeben, Frieden und Ruhe für sich zu erwarten! Was Disziplin betrifft, sollten Sie ihn zur Aufrichtigkeit anhalten, lassen Sie ihm keine Ausreden für schlechtes Benehmen durchgehen. Zu Hause wird er gerne helfen, vorausgesetzt er findet das, was er tun soll, nicht zu langweilig. Verschaffen Sie ihm also reichlich Abwechslung!

Schulzeit

Ein Lehrer, der nicht mindestens so lebhaft ist wie das Zwillinge-Kind, ist zu bedauern, denn bei seinem Aufundab-Tanz wird der Zwilling führen.

Es wird nicht schwierig sein, die Begeisterung eines Zwillings für die Schule aufzubauen, und wenn der große Tag kommt, wird er vermutlich schon sehr aufgeregt sein. Wenn er aber nach dem ersten Schultag fragt: »Ich muß doch nicht morgen wieder dorthin?«, sieht es traurig aus, denn er hat sich gelangweilt. Was kann man in einer solchen Situation tun? Am besten ist es zu erkunden, was die Schule zu bieten hat: gibt es Anzeichen für interessante, naturwissenschaftliche Themen oder einen guten Schulchor? Sind die Bilder an den Wänden fröhlich, positiv? Vor allem aber: gibt es eine gute Schulbücherei?

Auch die Lehrer spielen eine Rolle; im Alter werden sie natürlich variieren, aber wie geben sie sich? Fällt ihnen das Lächeln leicht oder wirkt es gequält? Tragen sie einigermaßen lebhafte, farbige Kleidung? Sie müssen wirklich ebenso viele Fragen stellen wie Ihr Zwillinge-Kind. Alle Eltern sind wohl etwas neugierig in bezug auf die Zustände in der Schule, aber bei einem Zwillinge-Kind ist es vielleicht besonders wichtig, denn wenn dieses vielseitige junge Geschöpf sich an die Arbeit macht, muß es wirklich beflügelt bleiben von seinem Aufwind von Fragen und anregenden Antworten. Andernfalls wird es absinken, und seine lebenssprühende Individualität läßt traurigerweise die Flügel hängen, wird schwerfällig und erstickt. Wenn der Zwilling Fortschritte machen soll, ist Anregung lebenswichtig.

An diesem Punkt wären vielleicht einige Gedanken zur Lebenseinstellung des Zwillings angebracht (siehe auch unter *Allgemeine Charakteristika).* Sie ist überaus zeitgemäß und oft der Haltung seiner Altersgenossen voraus. Zwillinge sprechen nicht gut auf irgend etwas auch nur entfernt Veraltetes oder Antiquiertes an, seien es eine fremde Meinung, die physische Umgebung oder – am wichtigsten – die anderen Menschen, denen er täglich begegnet.

Ein Zwillinge-Kind zu disziplinieren, ist nicht immer einfach. Er kann äußerst verschlagen und nur mit großer Mühe ruhigzuhalten sein. Vermutlich wird der Zwilling Lehrgeld bezahlen müssen, bis er begreift, daß die Lehrer ihr »Hör auf zu reden!« wörtlich meinen! Ich glaube nicht, daß Sie daran sehr viel ändern können, außer ihm einzuprägen, daß es unüberlegt und unhöflich ist, weiter mit seinen Freunden zu tratschen, wenn jemand versucht, etwas Wichtiges zu vermitteln, das Aufmerksamkeit verdient.

Eltern sollten ihre Kinder dazu anhalten, sich auf Prüfungen ruhig, sorgfältig und über einen langen Zeitraum hinweg vorzubereiten. Aber wenn Ihr Zwilling nicht ein wirklich gutes Gedächtnis hat, wird sich diese Technik nicht auszahlen. Möglicherweise erzielt er glänzende Erfolge, wenn er in wenigen Tagen vor der Prüfung viele Stunden lang den Lernstoff paukt, denn das Memorieren von Fakten (für Zwillinge ohnedies recht langweilig!) über mehr als eine Woche hinweg fällt den Angehörigen dieses Zeichens nicht leicht. Der Haken bei letzterem Verfahren ist allerdings, daß man eine gewisse Portion Glück braucht: die Prüfer müssen sich für die Fragen entscheiden, auf die der Zwilling die Antworten weiß. Das läßt sich natürlich nicht beeinflussen! Versuchen Sie Ihren Zwilling anzuregen, sich ein eigenes, individuelles System von Gedächtnishilfen aufzubauen – vielleicht ein Reim, bildhafte oder rhythmische Assoziationen, die ihm helfen, die Fakten, Formeln und Daten im Kopf zu behalten.

Machen Sie sich darauf gefaßt, daß Ihr Zwilling einen sehr weiten Bekanntenkreis hat. Seine engeren Freunde wird er so auswählen, daß jeder etwas Spezielles zu bieten hat, das ihn von den anderen unterscheidet; damit garantiert er sich die überaus wichtige Abwechslung. Er wird einen Bücher-Freund haben, einen Abenteuer-Freund, einen Sport-Freund, und darüber hinaus einen Freund, der sich als guter Zuhörer bewährt hat. Von Zeit zu Zeit kann es passieren, daß er genug davon hat und Ihnen erklärt, daß »der alte Soundso wirklich furchtbar langweilig« sei, er zähle deshalb nicht mehr zu seinen Freunden.

Wenn er eines Donnerstagabends plötzlich anfängt, über »Schulitis« zu klagen, liegt das vermutlich daran, daß er am Freitag einen besonders langweiligen Lehrer ertragen muß. Natürlich wird er sich damit arrangieren müssen – zumindest bis zum Ende des Schuljahres, an dem er vielleicht in die nächste Klassenstufe versetzt wird. Irgendwie müssen Sie ihn zu der Erkenntnis bringen, daß ihn im Laufe des Lebens eine schreckliche Anzahl von Leuten langweilen werden – und daß dies vielleicht ebenso sein eigener Fehler ist wie ihrer! Ob ein Zwillinge-Schüler sich für ein Fach oder Thema begeistern wird, hängt weitgehend von dem Maß an Anregung ab, die ihm der jeweilige Lehrer vermittelt. Wenn gegen Ende des Schuljahres die Noten in manchen Fächern schlechter sind, als Sie erwartet hätten, wird es höchstwahrscheinlich daran liegen, daß Ihr Zwilling und der betreffende Fachlehrer einander nicht gerade beflügeln; in einem solchen Falle wird sich der Zwilling in dem Unterrichtsfach einfach nicht konzentrieren. Versuchen Sie, wenn es Ihnen möglich ist, sein Interesse aufrecht zu erhalten, indem Sie ihm zusätzliche Bücher kaufen, Kassetten oder anderes Lehrmaterial, damit er sich unter persönlicher Anleitung selbständig mehr mit dem Gebiet befassen kann.

Wie immer sollten neben der intellektuellen Ausbildung körperliche Aktivität und sportliche Interessen nicht zu kurz kommen.

Das Leben außerhalb der Schule

Eines der Schlüsselwörter für Zwillinge ist »Kommunikation«. Jeder wird wohl sein eigenes Lieblings-Hobby haben, doch man kann wetten, daß zu den bevorzugten Beschäftigungen die Kommunikation von Ideen in der einen oder anderen Form gehört. Der Zwilling zählt zu den prominenten Mitgliedern eines Debattier-Clubs, er leitet die Redaktion der Schülerzeitung oder arbeitet schon in jungen Jahren für den örtlichen Krankenhausrundfunk, will vielleicht später Amateurfunker werden. Außerordentlich viele Zwillinge werden nicht nur Deutsch und Literatur als Lieblingsfächer in der Schule haben, sondern dieses Interesse auch in ihr außerschulisches Leben einbringen und zum eigenen Vergnügen schriftstellern. Wie wir noch sehen werden, können aus solchen Interessen auch noch Karrieren werden.

Auch wenn sie in ihrer Beweglichkeit recht geschickt sind, erweisen sich Zwillinge im manuellen, praktischen Sinne vielleicht nicht als besonders talentiert. Wenn sie zum Beispiel den Bau eines Flugzeugmodells in Angriff nehmen, gewährt zwar eine Kombination von Hast und mangelnder Sorgfalt, daß das Ergebnis anfangs noch ganz hübsch aussieht (erste Eindrücke geraten dem Zwiling überhaupt gut!), wenn sie das Modell aber vom Tisch heben, fallen die Flügel ab (das wird dann natürlich *Ihre* Schuld sein!).

Wenn sie sich der Musik zuwenden, werden sie oft ganz clever improvisieren, aber dann fehlen ihnen die Zielstrebigkeit und Ausdauer, stundenlang zu üben – und nur so vermag man sich zu einem wirklich erstklassigen Interpreten auszubilden. Sie lieben eben die schnellen Resultate, und alles, was über längere Zeit hinweg mit Studium oder Arbeit verbunden ist, wird ihnen kaum gefallen. Es ist sehr wichtig, daß Eltern ihre Zwillinge-Kinder von dieser Oberflächlichkeit abbringen. Es wird zwar nicht leicht sein, ein Gleichgewicht zu finden zwischen innerer Erfüllung durch die Vollendung von Plänen und der Vermeidung von Zwillings-Langeweile, aber es ist wichtig – andernfalls werden sich unvollendete Modelle und immer mehr Sportgeräte im Haus sammeln, die nur ein halbdutzendmal verwendet wurden.

Am besten könnte es also wohl sein, beim Schreiben zu bleiben. Sie sollten Ihren Zwilling ermutigen, sich bei der örtlichen Zeitung zu engagieren, indem er vielleicht zuerst kleine Nachrichten aus Ihrem Wohngebiet sammelt und später dann eigene Artikel beisteuert. Daß Sie ihn zur Benutzung der örtlichen Bibliothek anregen, ist nicht notwendig – das Problem wird eher darin bestehen, ihn von dort fortzulocken.

Der Planet Merkur, der das Zeichen Zwillinge regiert, war in der Mythologie der Bote der Götter – und Zwillinge bewähren sich als gute Boten (auch wenn sie vielleicht dazu neigen, Ihre ursprüngliche Botschaft auszuschmükken, wenn Sie nicht selbst Sorge tragen, sie schriftlich zu fixieren!). Unter freiem Himmel betätigen sie sich gerne als Athleten und Sportler; Tennis und Squash werden ihnen ein Vergnügen sein – dagegen liegen ihnen Mannschaftssportarten weniger.

Versuchen Sie, um den Enthusiasmus des Zwillings wachzuhalten, sich auf Hobbys zu konzentrieren, die reichlich Zerstreuung bieten – ein weites Gebiet, in dem es viele Möglichkeiten gibt, denen man nachgehen kann. Wenn der junge Zwilling sich für Pfadfinderei interessiert, wird es ihn zutiefst befriedigen, möglichst viele Abzeichen für eine große Zahl von Errungenschaften und Leistungen zu sammeln. Das ist ideal, da es darum geht, durch Lernen gezielter Informationen über eine große Anzahl von Themen innerhalb der Gruppe einen höheren Rang zu erreichen.

Vorbereitung fürs Leben

Zwillinge werden von allen Tierkreiszeichen vielleicht am meisten von der Koedukation profitieren; die meisten von ihnen werden einfach nicht verstehen können, warum sie von der Hälfte ihrer Mitmenschen getrennt sein sollten. Auch später im Leben werden sie kaum irgendeiner Art von Snobismus verfallen, da sie ihre Mitmenschen so nehmen, wie diese sich geben.

Die Zwillinge sind, wie wir uns erinnern, die großen Flirter im Tierkreis, und sie sehen von allen Tierkreiszeichen am jugendlichsten aus. In jungen Jahren werden sie dies als Nachteil empfinden, denn jünger auszusehen als ihre Altersgenossen bedeutet, weniger Chancen als die Rivalen zu haben, wenn es darauf ankommt, die Aufmerksamkeit des anderen Geschlechts auf sich zu ziehen. Doch sie haben eine Persönlichkeitsstruktur, die solche Rückschläge bewältigen kann. Ihre Empfindungen können sie gut mitteilen und sollten schließlich auch imstande sein, das Ziel ihrer Zuneigung ohne allzu große Schwierigkeiten für sich zu gewinnen – auch wenn sie mit Worten möglicherweise rascher zur Hand sein werden als mit Taten (zweifellos wird viel Angeberei mit im Spiele sein). Natürlich wird man auch im sexuellen Bereich experimentieren – vielleicht auch mit Angehörigen des eigenen Geschlechts; aber dies tun alle Kinder, es ist eine Phase der normalen Entwicklung. Die Neugierde ist beim Zwilling sehr stark ausgeprägt. »Wie fühlt sich das an?« fragen sie sich und versuchen, es herauszufinden, ohne viel über die Konsequenzen nachzudenken. Dies kann natürlich gefährlich werden, deshalb profitieren Zwillinge von früher, offener und wohlinformierter Aufklärung.

Wenn Zwillinge einen Partner »einfangen«, sollten sie nicht vergessen, sich ein wenig Gedanken über ihn zu machen; es wäre zum Beispiel eine ganz gute Idee, gelegentlich anzuhören, was *er* zu sagen hat, und zu tun, was *er* tun will, anstatt es für selbstverständlich zu halten, daß er nichts anderes wünscht, als dem nie endenden Redestrom des Zwillings zu lauschen oder immer dessen Begeisterung für die eigenen Pläne zu teilen. Wenn möglich, sollte man den Partner auffordern, die Dinge in emotioneller Hinsicht leicht zu nehmen. Der Zwilling kann heute dem einen Freund/Freundin hingegeben sein, morgen einem anderen – doch der erste ist dann immer noch interessant. Seine Eltern sollten sich überlegen, ob sie über dieses Thema nicht einmal mit ihm sprechen möchten.

Man sollte zwar nie behaupten, daß irgendein Zeichen zu einem anderen mehr oder weniger gut passe, doch bei der Vorstellung von zwei Zwillingen könnte einem schwindlig werden; das mag darauf hinauslaufen, daß endlos viel geredet und nichts getan wird! Doch Zwillinge brauchen einen Partner; jemanden, der ihre Ideen abschmettert, der auf sie reagiert, sie ermutigt, ihnen zuhört. Ein überaus romantischer, besitzergreifender Mensch wäre dazu wohl nicht geeignet; der Zwilling braucht seine Freiheit – und er wird wohl nie damit aufhören, gerne ein Auge zu riskieren, daran wird sich sein Partner gewöhnen müssen! Verständnisvolle Eltern sollten dies im Auge behalten, wenn ihr Zwilling mit Verabredungen anfängt. Man sollte ihn darauf hinweisen, daß zuviel Flirten – was ihm viel Spaß bereiten wird (denn er nimmt das Leben ohnehin oft nicht übermäßig ernst) – alle jene schmerzlich verletzen kann, die romantischer veranlagt sind. Erklären Sie ihm, daß für den Zwilling die Freundin von gestern der Vergangenheit angehört, Sie selbst aber möglicherweise daran denkt, auch zur Gegenwart zu gehören – das gleiche gilt natürlich auch bei flatterhaften Zwillings-Mädchen!

Der Partner sollte idealerweise einen Schritt voraus sein – zuerst in der Schule, später dann im Berufsleben –, so daß der Zwilling sich sputen muß, um mitzuhalten. Das wird ihn motivieren, ein wenig eifriger zu lernen, sich ein Ziel zu setzen und den Blick mehr und beständiger darauf zu richten.

Lassen Sie sich nicht täuschen durch die Tatsache, daß ein Zwilling viele Dinge nur beiläufig zu tun oder behandeln scheint; im großen und ganzen wird er schon bemüht sein, »das Richtige« zu tun – zum Beispiel sich ordentlich zu kleiden. Er könnte darunter leiden, wenn Sie nicht wahrnehmen, wie gut er aussieht – haben Sie also einige Komplimente zur Hand, selbst wenn sie hin und wieder nicht ganz aufrichtig sind!

Obwohl alle jungen Leute stundenlang mit ihren Freunden telefonieren, besteht durchaus die Chance, daß Ihr Zwilling in dieser Hinsicht das Feld weit hinter sich läßt. Falls Sie ihn bei Ferngesprächen mit jemand ertappen, den er in den Ferien kennengelernt hat, kann ich Sie nicht eindringlich genug drängen, ihn ins Gebet zu nehmen und dafür bezahlen zu lassen! Regen Sie ihn an, stattdessen zu schreiben; er müßte von Natur aus dafür begabt sein – und wohlgehütete Liebesbriefe von Zwillingen tauchen zuweilen anläßlich einer Silberhochzeit wieder auf – immer noch verschnürt mit dem zartblauen Band von damals!

Weitere Ausbildung

Wenn der junge Zwilling die Schule verläßt und sich um Ausbildungsstellen bewirbt, muß man ihm eindringlich erklären, daß er sich seine Chance verderben kann, wenn er zu gesprächig ist und überschlau sein will. Wenn er nervös ist, schwillt sein Redefluß zu einem Wildbach an; das ist einer der Tricks, mit denen er seine Nervosität zu verbergen versucht. Es ist also besonders wichtig, daß Eltern ihm helfen, einen kleinen Vorrat inneren Friedens und Ruhe aufzubauen. Besser, er äußert nur einige wohlgewählte Sätze, als zu viele flotte Meinungen, die bei einem Vorstellungsgespräch rasch über die Lippen purzeln, vermutlich schlecht fundiert sind und sofort durchschaut werden.

Ohne Zweifel wird der junge Zwilling – vielleicht mehr als die Angehörigen der meisten anderen Tierkreiszeichen – von weiterer Ausbildung profitieren, sei es an einer Fachhochschule oder Universität. Aber sein verzweifeltes Bedürfnis nach Abwechslung und das Verlangen, seine natürliche Dualität auszudrücken, wird so manchen Zwilling veranlassen, auf halbem Wege den Kurs zu ändern, und ihn daran hindern, gute Abschlüsse oder ein Diplom zu erlangen. Dies ist zu vermeiden, indem man entweder ein Gebiet wählt, das auf einer sehr breiten Basis aufbaut, oder eventuell zwei Fächer belegt, die voneinander so verschieden wie möglich sind.

Die Haltung des Zwillings zu seinem Studienfach und den Tutoren wird von extremer Skepsis geprägt sein; er wird Bücher verschlingen und sein Vergnügen daran haben, Abschnitte zu finden, die mit der in den Vorlesungen vermittelten Meinung nicht übereinstimmen; Autoren, die andere Ansichten als alle anderen (selbst die des Zwillings) vertreten, wird er gierig studieren und zitieren. Im Hörsaal wird er alle möglichen Fragen stellen und Meinungen äußern (und natürlich als die eigenen ausgeben!), um Diskussionen vom Zaune zu brechen. Es erübrigt sich zu sagen, daß ein erfahrener Dozent all dies schon mit anderen Zwillingen erlebt hat. Sie aber anzuregen bedeutet, sie zu provozieren und – so bleibt zu hoffen – zu echter Forschung zu motivieren, die ihnen später im Leben gut zustatten kommen wird.

Während der Zwilling exzellente Forschungsarbeit leisten kann, wird die Aufgabe an sich sie leider langweilen, und ihre Neigung zu Abkürzungen – denn das lieben Zwillinge immer – wird von Zeit zu Zeit das Endergebnis verderben. Wenn er sich auf seine Doktor- oder Diplomarbeit vorbereitet, wird es gut für den Zwilling sein, weit mehr Zeit dafür anzusetzen, als er dann tatsächlich braucht, um sich für ein Thema entscheiden zu können, das ihn mit allerhöchster Wahrscheinlichkeit nicht langweilen wird!

Es wäre töricht anzunehmen, daß sein notorisches Desinteresse für Fakten dem Zwilling von Nutzen sein wird, wenn die Prüfungszeit näherrückt. Er wird dazu neigen, Fragen zu beantworten, indem er seine Meinung äußert. Hier ist Vorsicht geboten: er läßt sich leicht hinreißen und liefert dann nicht, was verlangt wird – und die Ergebnisse werden unbefriedigend sein. Er sollte sich wirklich hinsetzen, um sich zumindest eine Auswahl von Fakten anzupauken in der Hoffnung, daß die Fragen ihm eine Gelegenheit geben, seine Antworten an den Mann zu bringen.

Zwillinge, die nicht an der Universität studieren, denken vielleicht an Ausbildungen, die zu Positionen in Verkaufsteams führen könnten; mit ihrem fleißigen Mundwerk und oft auch reichlich Charme sind sie von Natur aus gute Verkäufer. Auch wenn die größeren Blätter mehr und mehr auf Universitäts-Absolventen zurückgreifen, gibt es immer noch einige Ausbildungsmöglichkeiten im Zeitungswesen. Verlagswelt, Funk und Fernsehen bieten ebenfalls Karrieremöglichkeiten, in die man oft von der Universität aus einsteigt. Dies alles unterstreicht die Tatsache, daß die Routine exzellent für den Zwilling ist – so ermüdend er sie auch finden mag. Falls dieses Betätigungsfeld ihn anspricht, kann er auf der Bühne der Politik erfolgreich sein, sein Kommunikationsbedürfnis erfüllen und anderen Menschen seine Ideen nahebringen. Er besitzt die Fähigkeit, alle Seiten einer Frage zu sehen und tatsächlich etwas in Bewegung zu bringen (und sei es auch nur aus schierer Langeweile mit der Konvention). Das allerdings bedeutet, daß sie nicht besonders parteilinientreu sind oder die Vorstellungen ihrer Mitstreiter unterstützen.

Zwillinge, die mit der Kunsthochschule liebäugeln, sollten an eine Spezialisierung in Grafik- und Buch-Design denken, die bei ihrem natürlichen Interesse am gedruckten Wort gewiß auf Resonanz stoßen würde. Der Bereich Mode-Design kann sie ebenfalls reizen.

Noch ein letztes Wort zum Thema »Weitere Ausbildung«: Auch wenn Zwillinge nicht von Natur aus risikofreudig sind, weilen ihre Gedanken oft bei etwas anderem als bei der vor ihnen liegenden Arbeit, und dies kann gefährlich sein, wenn sie zum Beispiel Auto fahren – im harmlosesten Falle fahren sie schneller, als sie meinen (obwohl sie die Geschwindigkeit lieben, und sie nur zu gerne bewußt genießen!). Ein Fahrtrainings-Kurs für Fortgeschrittene wird für sie besonders wertvoll sein – und wäre ein erstklassiges Geschenk.

Arbeitslosigkeit: Spannung und Belastung

Wie wir nun klar erkannt haben, ist Langeweile für den Zwilling fatal; wenn er nichts zu tun findet, wird das eine schwere Belastung für ihn sein. Er sollte zu der Erkenntnis gelangen, daß *irgendeine* Arbeit immer noch besser ist als gar keine; es ist für ihn wirklich lohnender, für sehr wenig oder überhaupt keinen Lohn zu arbeiten, als zu Hause zu sitzen, von der Sozialhilfe zu leben und vor Untätigkeit fast verrückt zu werden.

Zum Glück haben Zwillinge Begabungen, die sie nutzen können, um aus ihrer mißlichen Lage herauszukommen; die örtliche Bibliothek wird sie lokken, und zumeist wissen sie auch, wie man dort die einschlägigen Nachschlagewerke benutzt, die möglicherweise auf dem Weg zu einer Beschäftigung helfen können. Selbstverständlich werden sie auch die Stellenanzeigen in den Zeitungen sorgfältig studieren und sich um Bewerbungsgespräche bemühen. Wirkungsvolle Briefe zu schreiben, geht ihnen leicht von der Hand, und sie sollten in Frage kommende Arbeitgeber so lange piesacken, bis diese ihnen ein Vorstellungsgespräch einräumen – um die Flut der Briefe zu stoppen oder, viel wahrscheinlicher, weil sie von der Zähigkeit und Originalität des Zwillings beeindruckt sind, denn diese sind sehr geschickt, wenn es Wege zu ersinnen gilt, auf sich aufmerksam zu machen.

Wenn Eltern eines Zwillings beobachten, daß das Briefeschreiben nachgelassen hat, sollten sie versuchen, den früheren Enthusiasmus etwas anzufachen. Ermutigen Sie ihr arbeitsuchendes Kind, es vielleicht in einer neuen Richtung zu versuchen. Wenn es zum Beispiel auch nur im geringsten Interesse daran hat, ein Buch oder einen Beitrag für Rundfunk oder Fernsehen zu schreiben, dann unterstützen Sie das. Wenn Ihr Zwilling bereits sehr viel Zeit an der Schreibmaschine verbringt, dann regen Sie ihn an, in die frische Luft hinaus zu gehen; das Fahrradfahren wird ihm bestimmt Spaß machen. Zwillinge sind sehr unbeständige Menschen, die am einen Tag voll Begeisterung sind und am nächsten in tiefster Verzweiflung hängen. Es fällt ihnen schwer zu glauben, daß niemand für ihre große Begeisterung Gebrauch haben sollte; sie müssen immer wieder daran erinnert werden, daß dies ja auch nicht stimmt, und daß es irgendwo jemanden gibt, der auf sie wartet. Schlagen Sie ihnen vor, ihre Zeit mit irgendeiner gemeinnützigen Arbeit auszufüllen – sie sind offene Menschen, die gerne anderen helfen, die in einer noch unglücklicheren Lage sind als sie selbst; solche Arbeit bringt sie auf positivere Gedanken und schenkt ihnen eine sinnvolle Beschäftigung.

Wenn ein Zwilling zu Drogen greift, dann geschieht dies nicht, weil er vor der Realität flüchten will, sondern weil er immer auf neue Erfahrungen aus ist, allzeit bereit zum Experimentieren. Wenn er einmal von den Suchtmitteln gefangen ist, wird es sehr schwer, die Gewohnheit aufzugeben – selbst vom Rauchen und Trinken kann sich ein Zwilling kaum lösen. Als »Herdentier« hat er mit dem Rauchen vermutlich schon recht früh angefangen – sei es, weil »alle anderen« rauchten, weil er etwas Neues ausprobieren wollte, oder sogar, um seine Hände irgendwie zu beschäftigen! Auch bei Partys wird er trinken, weil er von einer Art nervösem Zwang zur Konformität getrieben wird. Es ist dieser Aspekt seiner Persönlichkeit, der es ihm nur zu leicht macht, Drogen anzunehmen, wenn sie angeboten werden. Eine der Möglichkeiten, ihm zu helfen, davon loszukommen, ist ihm zu zeigen, wie sehr sie ihn bremsen und einschränken, wie sehr sie zum Hindernis bei der Kommunikation mit anderen Menschen werden. Der Zwilling könnte versuchen, das Problem zu sublimieren, indem er detailliert darüber schreibt.

Interessen und Freizeit-Aktivität

Nun denken Sie vielleicht, es sei wohl sehr schwierig, einen scheuen und zurückhaltenden Zwilling zu finden; sie scheinen immer so lebhaft und gesprächig und »dabei« zu sein. Aber unter dieser Fassade können Zwillinge tatsächlich ängstlich und unsicher, ja sogar melancholisch sein. Manchmal sind sie eine Zeitlang zuversichtlich und machen gute Fortschritte, bei anderen Gelegenheiten jedoch treten Hemmungen und mangelndes Selbstvertrauen zutage. Dies werden allerdings nur jene bemerken, die ihnen wirklich nahe stehen – oder die hinter die strahlende, intelligente Fassade blicken können.

Dieser Wesenszug talentiert den Zwilling zur Arbeit am Laientheater oder jedem anderen Hobby oder Freizeitinteresse, das ihnen gestattet, den extravertierten Teil ihrer Persönlichkeit zu zeigen, der sie sehr vorteilhaft präsentiert. Das innere Bedürfnis nach Kommunikation ist ein Schlüsselaspekt, und Betätigungsfelder wie eine Diskussionsrunde oder die Kommunalregierung geben ihnen die Chance, ihre Meinungen überschäumend mitzuteilen.

Fahrten im Umkreis der Heimatstadt zur Verfolgung sportlicher Interessen sind an sich eine gute Sache, hier spielt Kommunikation wieder eine Rolle und gelangt auch im Physischen zum Ausdruck. Gute Kontakte innerhalb der Nachbarschaft sind zu unterstützen und werden vermutlich auch gerne gepflegt; Zwillinge werden zum Beispiel sehr geschickt Gemeinschafts-Projekte wie einen Betreuungsdienst in der Nachbarschaft organisieren. Sie schreiben mit großem Vergnügen an Zeitungen oder melden sich zu Wort bei Lokalsendungen mit Zuhörerbeteiligung über kontroverse Themen, die zu ihrer Interessensphäre gehören. Alles, was sie hinaus, unter die Menschen und »ins Rampenlicht« bringt, sollte man unterstützen; oft wird es auch für die Gemeinschaft von Vorteil sein. Bei Sammelaktionen zu wohltätigen Zwecken wird der Zwilling am meisten einbringen.

Zwillinge sind nicht unbedingt fasziniert von Sportarten wie Fußball; sie genießen eher Kricket, Baseball oder Basketball. Die Herausforderung an ihre Behendigkeit und rasche Bewegung ist attraktiv, außerdem sind sie in diesen Sportarten gut. Sie sollten angeregt werden, Tennis zu spielen, Squash oder Badminton, vielleicht auch Volleyball; wenn sie bereits in der Schulzeit eine Eignung für diesen Sport gezeigt haben, sollten sie ihn als Erwachsene wieder ausüben. Sie neigen weniger zum Übergewicht als andere Tierkreiszeichen, aber mit zunehmendem Alter ist es auch für sie gut, weiter in Bewegung zu bleiben (oder damit anzufangen, wenn sie vorher keine Übungen gemacht haben), um ihr jugendliches Aussehen zu bewahren. Die Mitgliedschaft in einem Fitneß-Club oder Sportverein ist praktisch unverzichtbar.

Zu den häuslichen Hobbys eines Zwillinge-Mädchens gehört bestimmt das Schneidern, denn sie ist sehr talentiert, mit einem Minimum an (manchmal unkonventionellen) Mitteln die erwünschte Wirkung zu erzielen. Doch, wie der Widder, hat sie keine Geduld und sollte deshalb heikle Designer-Muster meiden. »Tags gemacht, abends getragen«, ist ihr Motto – und es paßt zu ihr, in der Tat! Wenn sie Interesse am Nähen hat, kann sie viel unternehmen, um ihr trendgetreues Mode-Image auf dem laufenden halten. Zwillinge – Jungen wie Mädchen – sind überhaupt sehr modebewußt; am liebsten haben sie eine größere Zahl von Einzelteilen, um sie mit möglichst viel Abwechslung zu kombinieren. Doch sie brauchen einige Hilfe, da es ihrer Garderobe meist an Koordination mangelt. Nur zu oft sind die Kleiderschränke voll Textilien, aber nichts paßt zusammen; und der Zwilling klagt ständig, er habe »nichts anzuziehen«. Es wird für die Eltern nicht einfach sein, ihnen Anleitung zu geben; die Kinder müssen ihre Fehler machen, und sie werden auch Lehrgeld zu bezahlen haben. Aber wenn ein Zwilling einmal zur Ruhe kommt und sich auf sein oder ihr Image festlegt, wird sich ein flotter Chic herausentwickeln, sie können äußerst smart und sehr modisch aussehen.

»Freundschaft« könnte das Leitmotiv eines Zwillings in der Liebe lauten, denn es ist wesentlich, daß er/sie und seine/ihr Partner/in Freunde *und* Liebhaber sind; wenn sie ersteres nicht sind, werden sie vermutlich sehr bald aufhören, letzteres zu sein. Das heißt nicht, daß es kein erfolgreiches und genußvolles Sexualleben gäbe – aber es wird eher leicht genommen, da das Gespräch für den Zwilling ebenso wichtig sein könnte!

Wenn der Zwilling einen Freund oder Freundin findet, werden seine Eltern feststellen, daß sie nur noch sehr wenig von ihm zu sehen bekommen; seine neue Begeisterung wird nur zu offenkundig sein, und er wird mit seiner Liebe jede Stunde des Tages verbringen wollen, ob dies durchführbar ist oder nicht! Telefongespräche werden zahlreich sein, und er wird wahrscheinlich auch per Anhalter fahren, wenn der neue Liebhaber etwas weiter entfernt wohnt (dies ist jedoch gerade für Mädchen keine besonders gute Idee). Der Partner sollte daran denken, daß man dem Zwilling nicht ohne Grund nachsagt, er sei besonders wankelmütig; er hat tatsächlich die Neigung, überdurchschnittlich oft den Partner zu wechseln, bis er schließlich seinen Seelengefährten findet – und selbst dann ist es für den Seelengefährten absolut nicht ratsam, eifersüchtig zu sein. Wenn ein Zwilling sich abkehrt und weiterzieht, wird es vermutlich daran liegen, daß das Paar intellektuell nicht genug harmonierte, und der Zwilling anfing, sich zu langweilen. Man sollte nicht vergessen, daß der Zwilling nicht unbedingt stärker zur Promiskuität neigt als andere, aber manchmal kann es zu Problemen kommen, weil er seinen Emotionen nicht so recht traut und Liebe und Romantik eher skeptisch betrachtet.

Ideale Berufswege

Zwillinge scheinen eine Atmosphäre der Geschäftigkeit um sich zu brauchen und werden kaum ganz glücklich sein, allein oder im Rahmen einer Routine zu arbeiten, die sie in irgendeiner Hinsicht einengt. Sie brauchen die Möglichkeit, ihrer lebendigen Persönlichkeit Ausdruck zu geben, sich ständig neuen Umständen anzupassen, den Telefonhörer in der einen, den Schreibstift in der anderen Hand. Man denkt an eine Szene in einer betriebsamen Zeitungsredaktion – und tatsächlich ist die Arbeit im Bereich der Medien wie geschaffen für den Zwilling, denn sie wollen wirklich Kommunikatoren sein, auf die eine oder andere Weise.

Der Zwilling ist die ideale Person für den Publikumsverkehr, er blüht geradezu auf an einer Rezeption, am Schaltpult einer Telefonzentrale oder einem anderen Bereich der Telekommunikation. Die Atmosphäre eines großen, modernen Kaufhauses ist vielleicht ebenso ideal; er wird es genießen, seine Stammkunden und ihre Interessen kennenzulernen, sie zu informieren, wenn ein bestellter Artikel eingetroffen ist, und neuen Kunden zu helfen, sich in der Abteilung zurechtzufinden. Aber man muß dem Zwilling auch hier seinen Willen lassen; sein Stilempfinden darf nicht von älteren, penibleren Angestellten an der Entfaltung gehindert werden. Er wird sehr viel Wert darauf legen, die Abteilung aufzuwerten, und wenn er eine vorgesetzte Position erreicht hat, wird er sich als vernünftiger Chef bewähren, immer offen für ein Gespräch sein und die Fähigkeiten seiner Untergebenen kaum unterschätzen. Es muß ein Zwilling gewesen sein, dem es als erstem gelungen ist, einen Kühlschrank an Eskimos zu verkaufen. Zwillinge haben wirklich ein begabtes Mundwerk, das für einen Verkäufer überaus wichtig ist – und im Grunde überall im Geschäftsleben. Auch in der Werbebranche stehen ihnen glänzende Karrieren offen; hier geht es wieder um die ideale Kombination: die Idee der Kommunikation, das Überredungstalent und die Verbindung zum Publikum. Wenn es gilt, ein eigenes Geschäft aufzumachen, sollte der Zwilling am besten einen zuverlässigen Partner im Hintergrund haben, der die Buchhaltung und Kontoführung übernimmt (was den Zwilling langweilen würde) und den Zwillings-Enthusiasmus und die leichte Tendenz zur Verwegenheit bremst. Ich kann nicht deutlich genug darauf hinweisen, daß Zwillinge Narren nicht leicht ertragen können und im Kontakt mit ihnen spitze und sarkastische Äußerungen von sich geben, die sie zuverlässig in ihre Schranken weisen.

Viele Zwillinge haben jetzt glänzende Erfolge im internationalen Bankwesen und an der Börse; sie können mit dem ungeheuer schnellen Tempo dieser Arbeit schritthalten, die gewiß eine Menge von ihrer Nervenenergie verbrennt. Ihre Partner aber sollten die große Anspannung des Zwillings im Auge behalten, da dieser in den meisten Fällen nicht zugeben wird, daß er in bezug auf seine Arbeit tatsächlich gespannt und besorgt ist. Wenn er ruhelos ist oder unter Schlafstörungen leidet, kann dies ein Gefahrensignal sein: die Gesundheit wird in Mitleidenschaft gezogen.

Wie ich bereits erwähnte, ist der Zwilling für die Arbeit im Medienbereich wie geschaffen; starten Sie eine Umfrage in irgendeiner Sendeanstalt, und Sie werden dort etliche Angehörige des Tierkreiszeichens Zwillinge und seines Schwester-Zeichens Jungfrau (ebenfalls von Merkur regiert) finden. Hier haben wir eine Verbindung des ausgeprägten Kommunikationsbedürfnisses mit der Fähigkeit zum Kontakt und Umgang mit der Öffentlichkeit. Eine Karriere im Medienbereich kann ideal sein, besonders wenn der Zwilling in Programmen zu öffentlichen Angelegenheiten mitwirken kann oder auf andere Weise in direktem Kontakt mit dem Publikum steht. In diesem Beruf wird er in seinem Element sein, wenn er sein Talent einsetzen kann, um beispielsweise die Nachrichten seines Lieblings-Interessengebietes zu verbreiten und zugleich seine Freude daran mit einfließen zu lassen.

Als Angehörige eines Luftzeichens finden wir auch Zwillinge stärker im Bereich der Luftfahrt; dort kann sich das Bedürfnis nach Kommunikation auf eine ganz andere, aber gleichermaßen Zwillings-geeignete Weise ausdrücken. Er wird, zumindest einige Zeit, das Leben eines Piloten oder Flugbegleiters genießen.

Zwillinge sind in vieler Hinsicht gute Lehrer, bei der Arbeit mit Kindern im Alter von ungefähr zehn, elf Jahren aber sind sie in ihrem Element. Die natürlichen Grenzen lassen sie das Unterrichten sehr junger Kinder als langweilig empfinden; Klassen mit etwas älteren Kindern haben einen Vorteil, mit ihrer einzigartigen Fähigkeit, den Trends und Meinungen der Zeit einen Schritt voraus zu sein.

Zwillinge mit künstlerischer Ader sollten einen Platz im Grafik-Design, in Publicity- oder Werbeabteilungen aller Branchen (vielleicht besonders im Verlags-, Theater- oder Medienbereich) finden.

Wenn sie in ein Berufsfeld gelangen, das ihnen auf den ersten Blick nicht paßt, sollten sie nicht verzweifeln; man kann davon ausgehen, daß sie clever und einfallsreich genug sind, um sich selbst in der ödesten Routine interessante Nischen zu schaffen – und sie werden ihre Freude an dem Ränkespiel haben, das man dazu vielleicht einsetzen muß! Wenn dies nicht möglich ist, werden die Freizeit-Interessen umso faszinierender und fesselnder sein und die Last eines öden Alltagsjobs aus dem Denken vertreiben.

Reisen

Jede Bemerkung, daß das Reisen interessanter sei als das Ankommen, wird beim Ihrem Zwillinge-Kind wahrscheinlich auf taube Ohren stoßen, das voller Ungeduld endlich dort eintreffen will – wo auch immer »dort« sei. Den eigentlichen Prozeß des Reisens betrachtet es in der Regel als recht langweilig, denn es sitzt nicht glücklich im Zug und schaut aus dem Fenster – wie interessant die vorüberziehende Landschaft auch sei. Eltern eines Zwillinge-Kindes, die diesem nicht eine Beschäftigung für die Fahrt mitgeben, beschwören Ungemach herbei. Denken Sie sich reichlich Wort-Spiele aus; Bücher wären in dieser Situation vermutlich keine gute Idee – sie verstärken eher eine bestehende Tendenz zur Reisekrankheit.

Kaum am Ziel, wollen Zwillinge auf und davon, um die Gegend zu erkunden. Die Vorstellung, daß es doch nett wäre, sich einfach einen Morgen lang an den Strand zu setzen, wird bei ihnen ohne Resonanz bleiben. Es wird Ihnen nichts anderes übrigbleiben, als den kleinen Zwilling mit Habichtsaugen zu beobachten, um zu gewährleisten, daß er noch in Sichtweite ist, wenn Sie ihn rufen.

Während Sie Ihr Kind natürlich beaufsichtigen, sollten Sie es offen unterstützen, wenn es herausfinden will, wie es in der neuen Umgebung aussieht; lassen Sie es Postkarten sammeln, Muscheln, wilde Blumen und natürlich Freunde – Ihr Zwilling wird auf jeden einplappern, der daran interessiert ist zu hören, wie es dort ist, wo *er* herkommt!

Sie selbst kämen vielleicht nicht auf die Idee, aber Ihr Zwillinge-Kind fängt leicht an, sich zu sorgen, während es in den Ferien von Zuhause fort ist – nicht wegen all des Neuen in der Umgebung, sondern darüber, wie die Dinge zu Hause sein mögen: um das Haustier, das man zurücklassen mußte, oder vielleicht um die Ferienwohnung, die Sie gemietet haben, oder das Hotel, in dem Sie wohnen. Solche tüfteligen Ungewißheiten können sein Nervensystem durcheinanderbringen; versuchen Sie ihn zu beruhigen, und achten Sie auf seine Ernährung, weil sich infolge dieser Belastung leicht ein verdorbener Magen einstellen kann. Die Ernährung könnte tatsächlich ein kleines Problem werden – nicht daß der Zwilling nicht fasziniert wäre von der Vorstellung, neue und ungewohnte Gerichte zu essen, aber seine Verdauung ist nicht unbedingt sehr robust, und eine plötzliche Veränderung der Kost kann ihn stören.

Wenn man Zwillinge zum ersten Mal ins Ausland mitnimmt, bietet sich eine glänzende Gelegenheit, sie zum Erlernen einer Fremdsprache zu motivieren; wenn sie in der Schule Französisch oder Englisch lernen, ist es eine ganz gute Idee zu versuchen, in dem betreffenden Land Urlaub zu machen. Schon das Hören der fremden Sprache, die die anderen Kinder als Muttersprache beherrschen, wird das Interesse Ihres Zwillings hundertfach steigern, und wenn Sie ihm vor der Abreise erklären, daß er nur mehr Wörter und Sätze zu lernen braucht, um mit den Kindern vor Ort leichter sprechen zu können, werden Sie über die Resultate staunen!

Wenn der Zwilling alt genug ist, ohne seine Eltern in die Ferien zu fahren, dann werden die zahlreichen themenorientierten Arrangements, die heutzutage für Jugendliche angeboten werden, eine gute Auswahl bieten; wählen Sie etwas Geeignetes aus, und Ihr Zwilling wird einen Vorschlag begrüßen, der seiner lebhaften, intensiven Wesensart entspricht und ihm ermöglicht, seine Zeit (aber nicht *zu* viel!) in einer neuen Umgebung und bei nicht bereits vertrauten Aktivitäten zu verbringen.

Zwillinge als Geschwister

Wenn ein Geschwisterchen ankommt, wird dies zumindest sicherstellen, daß der Zwilling jemanden hat, zu dem er sprechen kann. Sie werden ihn vielleicht beobachten können, wie er über der Wiege hängt und dem Baby einen endlosen Vortrag über das Leben hält, lange bevor auch nur die geringste Wahrscheinlichkeit besteht, daß er eine Antwort darauf erhält.

Das jüngere Geschwisterchen eines Zwillings wird reichlich Hilfestellung bekommen, wenn es sprechen lernt und anfängt, auf eigenen Füßen seine Umgebung kennenzulernen; vermutlich wird es wesentlich früher gehen können, als wenn es nicht den lebhaften Zwilling um sich hätte, der überall herumsaust und ihnen ein Beispiel gibt! Trotzdem werden Sie als Eltern wohl wachsam bleiben müssen – um beispielsweise zu bemerken, daß der Zwilling den Kinderwagen gefährlich schnell schiebt oder sogar versucht, das Baby-Schwesterchen aufs Fahrrad zu heben.

Der Zwilling wird ein nur wenig jüngeres Brüderchen/Schwesterchen als Anreiz zur eigenen Entfaltung erkennen, weil er ihm in vieler Hinsicht den Weg zeigen will. Besonders gerne wird er dem Jüngeren Geschichten vorlesen, und seine Lesefähigkeit wird sprunghaft zunehmen. Andererseits wird ein jüngeres Geschwisterchen nützlich sein, da es dem Zwilling zeigt, daß nicht jeder so schnell ist wie er. Solange sich seine natürliche Ungeduld bremsen läßt, besteht eine gute Chance, daß er solche Situationen zu bewältigen lernen wird.

Wenn er einmal weiß, daß Sie schwanger sind, wird der Zwilling (vielleicht mehr als Mitglieder jedes anderen Tierkreiszeichens) eine Fülle wichtiger Fragen stellen, die Sie so offen wie möglich beantworten sollten. Lassen Sie ihn den Herzschlag seines Geschwisterchens hören. Die Geschichte vom Klapperstorch hat keinen Wert, denn der Zwilling wird sich aufmachen und nach Störchen suchen – und dann fragen, wer das Baby bringen soll, da keine Störche mehr zu finden sind! Die Schwangerschaft ist übrigens eine Situation, die ihm helfen wird, Geduld zu lernen, denn Babys brauchen eben immer lange, bis sie endlich ankommen!

Wenn das Baby dann da ist und der Zwilling nicht länger mehr im Mittelpunkt der Aufmerksamkeit steht, wird er seine Eifersucht auf listige Art zum Ausdruck bringen. Es wird wohl keine Ausbrüche und Wutanfälle geben, aber er lenkt die Konversation raffiniert in eine Richtung, die die Aufmerksamkeit auf *ihn* zieht statt auf das Kleine und gewährleistet, daß jedermann erfährt, was der Zwilling von der Familie erwartet.

Als jüngeres Kind wird der Zwilling eine rechte Herausforderung an ältere Brüder und Schwestern sein und könnte unter Druck eine extreme Streitlust entwickeln – was sehr irritierend wird, wenn die älteren Kinder nicht so wortgewandt sind. Wieder kommt es darauf an, dem Zwilling einzuprägen, daß alle Menschen Individuen sind, und es ebenso wichtig ist, ihren Meinungen und Gefühlen zu *lauschen*, wie seine eigenen anzubringen. So wird der Zwilling viel Lebendiges und Glück zur Familieneinheit beitragen können.

Zu bedauern ist das Kind, das sein Zimmer mit einem Zwilling teilen muß; es ist, als hätte man einen kleinen Wirbelwind um sich. Der friedliebende junge Stier, der eine stille Stunde für seine Hausaufgaben wünscht, fühlt sich auf die Palme getrieben. Andererseits wird es keinen Mangel an Stimulation geben, was an sich sehr gut sein könnte – obwohl der Zwilling ältere Geschwister mit seinem Geplapper wach halten wird, mit seinen Zukunftsplänen, den nimmermüden Schilderungen der Ränke im dem neuen Buch, das er gerade liest, oder was auch immer. Jeder Gedanke, der einem Zwilling kommt, ist der beste. Regen Sie Ihre Kinder zu gemeinsamen Hobbys an, damit sie Interessen gegenseitig unterstützen und befruchten; es bleibt zu hoffen, daß der Zwilling dabei etwas konsequenter wird und bei einer Sache bleibt – wenn nicht, wird es sie für Bruder oder Schwester verderben.

Obgleich er körperlich nicht besonders robust scheint, wird der Zwilling in der Schule alle Schnelligkeit in den Einsatz für Bruder oder Schwester investieren, ob sie jünger oder älter sind. Achten Sie darauf, daß er mit Tempo und Schlagfertigkeit (hinter denen nicht immer echtes, tiefes Wissen steht) nicht seine langsameren, aber vielleicht grundsätzlich klügeren Geschwister in den Schatten drängt. Vielleicht bringen Sie letztere dazu, das wirkliche Wissen des Zwillings auf die Probe zu stellen und ihn durch Beschämung zu größerer Gründlichkeit anzuspornen.

Wenn es unter den Kindern Schwierigkeiten gibt, sind Sie wohl beraten, den Zwilling als treibende Kraft zu verdächtigen – die Untat wird in den meisten Fällen von ihm ersonnen sein. Dann sollten Sie streng und zugleich logisch sein; es hat keinen Sinn, einen Zwilling zu bestrafen, ohne ihm genau zu erklären, *warum* er gemaßregelt wird. Sie sollten auch seine Version der Geschichte anhören – die er mit aller Begabung und Überredungskraft eines Strafverteidigers präsentieren wird! Der springende Punkt ist jedoch: solange Sie ihm nicht genau zeigen können, warum sein Handeln töricht/böse/verletzend war, wird er die Strafe höchstwahrscheinlich als ungerecht abtun und geradewegs zur Planung der nächsten Freveltat weitergehen!

Zwillinge als Eltern

Es ist äußerst wichtig, daß der Zwilling jeden Aspekt seiner Situation durchdenkt, bevor er sich bewußt zur Gründung einer Familie entscheidet. Er sollte die Familien seiner Freunde betrachten. Potentielle Zwillinge-Mütter sollten etwas Erfahrung als Babysitter sammeln und sich so gründlich wie möglich vorbereiten, um genau zu wissen, worauf sie sich einlassen. Der Zwilling wird zwar die Herausforderung, Kinder aufzuziehen, als aufregend betrachten (besonders in Gedanken an die Chance, deren junges Gemüt und Denken zu entfalten und ihre Ausbildung zu begleiten), muß sich aber über die Tatsache im klaren sein, daß es auch Phasen geben wird, in denen er sich tödlich langweilen wird, ganz gleich, wie lebhaft das Kind ist und wie sehr es Sie liebt.

Dies gilt natürlich in größerem Maße für eine Zwillinge-Mutter, die vermutlich die meiste Zeit mit den Kindern verbringen wird; es ist besonders wichtig, daß der Vater einen Teil der Aufgaben übernimmt. Ich empfehle dringend, daß die künftige Zwillinge-Mutter (aber auch Mütter unter dem Einfluß anderer Tierkreiszeichen) dafür sorgt, daß sie, nachdem sie sich von der Entbindung erholt hat, zumindest ein paar Stunden in der Woche für sich haben wird, in denen sie ihren eigenen Interessen nachgehen kann – vorzugsweise außer Hauses und ohne das Baby. Auf diese Weise wird sie eine vitale, intelligente, anregende Mutter bleiben und wohl kaum in der zu erwartenden Routine der Baby-Versorgung versacken. Wenn sich dies als schwierig erweist, könnte sie sich überlegen, eine Spielgruppe oder vielleicht einen Babysitterkreis in ihrer Umgebung zu gründen, bei dem alle jungen Mütter zu ein wenig zusätzlicher freier Zeit gelangen.

Wenn der Zwillinge-Vater von der Arbeit nach Hause kommt, kann und sollte er seine Talente nutzen, indem er Gutenacht-Geschichten erzählt oder vorliest; dabei wird er in seinem Element sein und seine Vaterrolle besonders genießen. Versteckspiele, Schatzsuchen oder Schnitzeljagden zu organisieren, wird ihm und den Kindern ebenfalls viel Spaß bereiten.

Negativ anzumerken ist jedoch, daß der Zwillinge-Typ extrem kritisch ist, leider ist es nur zu häufig der Fall, daß er seine kritischen Töne von sich gibt, wann immer das Kind ihm irgend etwas bringt, das es selbst gemacht oder getan hat; und dies kann seelenzerstörend wirken. Angesichts Ihres Interesses am Fortschritt des Kindes sollten Sie, wenn es Ihnen ein Bild präsentiert, das ihm gefällt und das es selbst gezeichnet oder gemalt hat, zwei- oder dreimal nachdenken und versuchen, nicht zu destruktiv-kritisch zu sein. Halten Sie sich vor Augen, daß Ihr Urteil wichtig ist, und ein Kind meist nicht die Fähigkeit besitzt, ein kritisches Urteil mit Gleichmut entgegenzunehmen. Versuchen Sie immer, Ihren natürlichen Enthusiasmus und Sinn für Humor über Ihre krittelnden, kritischen Züge siegen zu lassen – loben Sie lieber zu oft als zu wenig, und Sie werden die Herzen Ihrer Kinder gewinnen.

Zwillinge-Eltern sind hervorragende Mitglieder von Eltern-Lehrer-Vereinigungen. Ihre Beteiligung an jeglichen Schulaktivitäten ist sehr zu empfehlen, denn Originalität im Zugriff und klare Vorstellungen für Geldsammlungs-Aktivitäten werden sehr willkommen sein; die Begeisterung des Zwillings wird sicherstellen, daß es alles geschieht!

Von allen Sonnenzeichen wird Zwillinge wohl am wenigsten Generationen-Konflikte erleben – ja, sehr oft ist es im Gegenteil sogar so, daß die Kinder sich recht anstrengen müssen, um mit ihrem vitalen Eltern Schritt zu halten! Aber der Zwilling sei daran erinnert: es ist wichtig, der Interessen ihrer Kinder gewahr zu sein, man sollte aber versuchen, sich daran nicht selbst in dem Umfange zu beteiligen, daß man alles in die Hand nimmt. Zwischen echtem Interesse und der Freiheit Ihrer Kinder, ihre Dinge selbst zu tun, sollte ein Gleichgewicht aufrechterhalten werden. Wenn Sie das nicht erreichen, werden die Kinder Sie als störende Wichtigtuer ansehen.

Dem Zwilling fällt es vielleicht besonders schwer zu verstehen, daß seine Jungen nicht unbedingt so sind wie er; ein Zwilling, dessen Kinder einfach kein Interesse am Lesen haben, kann fast nicht begreifen, wie so etwas möglich sein sollte. Aber durch Zwang oder den Versuch, seinem Nachwuchs Bücher in den Hals zu stopfen, ist in einer solchen Situation absolut nichts zu erreichen. Wenn Ihr Kind aber fast ausschließlich auf körperliche Aktivität fixiert ist und all seine Zeit auf dem Fußballplatz verbringt, ist es wohl angebracht, sich einige Bücher zum Thema zu beschaffen und sie unübersehbar umherliegen zu lassen. Es ist für den wortgewandten Zwilling wirklich ein Problem zu verstehen, daß Wörter nicht in jedermanns Leben das Wichtigste sind. Es ist im Grunde die alte Geschichte: lernen Sie, Ihre Kinder als kleine Erwachsene zu sehen, die ein Recht auf ihre eigenen Zerstreuungen und ihre eigene Einstellung zum Leben haben.

Fallbeispiel

Katie – Sonne und Venus in Zwillinge, Merkur in Krebs; Merkur-Gruppe 3, Venus-Gruppe 3

Aus dem Gutachten: Da Katie gleich nach Sonnenaufgang geboren wurde (die Sonne geht Ende Mai extrem früh auf), sind sowohl Sonnenzeichen als auch

Aszendent ihres Horoskops im Zeichen Zwillinge. Ich denke, Sie werden feststellen, daß Katie extrem lebhaft ist und vermutlich sehr früh mit dem Sprechen beginnen wird – auch mit dem Lesen. Wenn sie erst einmal angefangen hat zu reden, wird sie so rasch nicht mehr aufhören! Sie wird immer in Bewegung sein wollen, und gehört wahrscheinlich nicht zu den geduldigsten Menschen unter der Sonne. Sie hat reichlich Charme und wird wohl auch Gebrauch davon machen. Das fällt ihr leicht, es wird einfach aus ihr heraussprudeln und andere entzücken und einnehmen. Ich bin sicher, daß sie diesen Zug bereits entdeckt haben, er wird in späteren Jahren nicht verschwinden, sondern ist von Natur aus ein fester Bestandteil von Katies Persönlichkeit.

Ich denke, Sie werden feststellen, daß Katie enorm begeistert von allem ist, das sie fasziniert; sie wird ihre Ideen sofort in die Tat umsetzen wollen, und wenn sie sich einmal in den Kopf gesetzt hat, etwas zu tun oder zu wollen, wird man sie nicht davon abbringen können. Sie wird einfach alles selbst versuchen müssen, auf ihre eigene, individuelle Weise. Während sie über einen Mangel an Logik nicht klagen kann, werden Sie vermutlich bemerken, daß sie lernt, Sie zu beschwatzen, die Dinge mit ihren Augen zu sehen – und ihre Argumente werden sehr überzeugend sein!

Sie werden darauf achten müssen, Katie beschäftigt zu halten. Denken Sie daran, daß sie ein sehr starkes dualistisches Element entwickeln wird, das sich auf der alltäglichen Ebene darin zeigen wird, daß sie nicht in geordneter Reihenfolge handeln will. Es ist wohl richtig, Kinder zu ermahnen, nicht von einer Aufgabe zur nächsten zu flitzen, aber bei Katie müssen Sie damit rechnen, daß sie etwa im einen Augenblick anfangen möchte, eine Geschichte zu schreiben, im nächsten will sie nähen, Modellbauen oder Briefmarken ins Album stecken. Rechnen Sie damit, daß sie innerhalb einer Woche von der Beteuerung, Schwimmen sei ihre Lieblingsbeschäftigung, zum Tanzen überwechselt (genau das Richtige für sie!). Dieses plötzliche Umschalten und Wechseln ist Teil ihrer Natur und sollte nicht gerügt werden.

Kommentar: Katie wurde kurz nach Sonnenaufgang geboren, deshalb ist ihr überaus wichtiger Aszendent ebenfalls im Zeichen Zwillinge. Ihre Eltern berichten, daß sie *sehr* dem Zwillinge-Typ entspreche und extrem vielseitig sei. Heute ist sie sechs Jahre alt (das Gutachten wurde kurz nach ihrer Geburt verfaßt) und wechselt ständig von einer Beschäftigung zu einer ganz anderen – aber sie vollendet all ihre Aufgaben ordentlich und zur rechten Zeit. Aufgrund ihrer Merkur-Plazierung hat sie ein glänzendes Gedächtnis, ist aber äußerst ungeduldig.

Das Sonnenzeichen regiert:

Staaten und Länder: Armenien, Belgien, Sardinien, Unterägypten, U.S.A., Wales

Städte: Brügge, Cardiff, Cordoba, London, Melbourne, New York, Nürnberg, Plymouth, San Francisco, Versailles

Bäume: alle Nußbaum-Arten

Blumen und Heilpflanzen: Ackerklee, Alant, Anis, Azalee, Bittersüß, Farn, Frauenhaar, Kümmel, Lavendel, Maiglöckchen, Melisse, Myrte, Zaunrübe

Nahrungsmittel: Nüsse (besonders Hasel- und Walnuß), die meisten Gemüse (außer Kohl)

Biochemische Salze: Kalium chloratum, Silicea

Tiere: kleine Vögel, Papageien, Schmetterlinge, Affen

Stein: Achat, manchmal Smaragd

Metall: Quecksilber (für Schmuck empfehle ich Platin)

Farbe: hellgelb; die meisten Farben

Krebs

(22. Juni bis 22. Juli)
ein feminines Zeichen

Allgemeine Charakteristika

Jedes Baby, das auf die Erde kommt, während die Sonne durch das Zeichen Krebs wandert, wird freundlich, empfindsam, phantasiebegabt und liebevoll sein; das können Sie als Eltern schon bald feststellen. Es wird aber auch Probleme geben, denn das Kind ist extrem empfänglich für Einflüsse von außen und wird mit häufigen Stimmungsschwankungen darauf reagieren.

Ob Junge oder Mädchen, der junge Krebs wird eine starke Liebe zu Heim und Familienleben entwickeln und sowohl sich als auch seine Angehörigen mit auffallender Zähigkeit und Willenskraft verteidigen. Jeder Krebs-Geborene besitzt ein einzigartiges inneres Abwehrsystem, das sofort einspringt, wenn er herausgefordert wird. Sie werden dies an einer plötzlichen Veränderung des Ausdrucks erkennen: erst lächelt der Krebs noch glücklich, aber schon im nächsten Augenblick hat er irgendeine Gefahr gewittert, vielleicht aus einer beiläufigen Bemerkung, die jemand in seiner Gegenwart fallen ließ. Das freundliche Lächeln wird sofort zu einem Stirnrunzeln, das mit einer deutlichen Linie zwischen den Augenbrauen beginnt, und dann folgt ein Schwall von Worten, die den »Angreifer« unmißverständlich in seine Schranken weisen.

Diese Eigenart kann im besten Falle Respekt einbringen, aber es könnte notwendig werden, daß Sie diese Tendenz korrigieren. Andernfalls entwickelt der heranwachsende Krebs nur zu leicht ein forsches Temperament, das zu manchen recht harten Bemerkungen führen kann, die wesentlich verletzender wirken, als dem Krebs selbst klar ist. Würde er solche Worte zu sich selbst sprechen, bevor er sie gegen andere äußert, hinderte sein feines Gespür ihn daran, sie laut auszusprechen, und ließe ihn verletzt schweigen.

Positiv zu verbuchen ist seine große Zähigkeit. Der Krebs wird sehr hart und lange arbeiten, um seine Ziele zu erreichen. Seine intuitive Kraft wird unerreicht sein. Wenn der Krebs in noch sehr jungen Jahren mit manch erstaunlicher Äußerung aufwartet, die mit nichts und niemandem in Zusammenhang zu stehen scheint, dann werden Sie wohl daran tun, sie dennoch einer sorgfältigen Betrachtung zu unterziehen, da die Chance besteht, daß mehr als nur ein Körnchen Wahrheit in diesen orakelhaften Worten steckt!

Während die körperliche Energie des Krebs-Geborenen nicht die stärkste ist, besitzt er aber Gefühlsenergie für zwei Personen; diese beiden Aspekte müssen ins Gleichgewicht gebracht werden. Wenn Sie Ihren jungen Krebs motivieren können, sich an Aktivitäten zu beteiligen, die allmählich zunehmende Anforderungen an seine Körperenergie stellen, werden sie seine Kraft und Widerstandsfähigkeit gegen die normalen Belastungen und Spannungen des Lebens steigern. Mehr Entschlossenheit wird in Situationen, in denen körperliche Stärke erforderlich ist, gewiß helfen.

Der Einfluß des Mondes – des herrschenden Planeten in diesem Zeichen – ist sehr stark betont. Der Krebs wird vermutlich zur Zeit des Neumondes am meisten Energie zur Verfügung haben, bei Vollmond dafür umso angespannter, reizbarer und launischer sein. Stimmungsschwankungen gehören fast unumgänglich zur Krebs-Persönlichkeit, und zwar so sehr, daß der typische Krebs fast unberechenbar ist. Dies gilt natürlich in gewissem Maße für alle Babys und Kleinkinder, aber seien Sie gerade bei Ihrem Krebs auf diese plötzlichen Änderungen des emotionalen Befindens gefaßt. Diese Kinder werden im besten Falle dafür sorgen, daß Ihr Leben äußerst interessant wird, aber manchmal kann sich eine Spannung aufbauen, der man entgegenwirken muß, damit nicht das Kind – und Sie selbst – unter ihr zu leiden haben. Im Kindesalter steht die Grundursache solcher Stimmungsschwankungen manchmal im Zusammenhang mit einer überaktiven Vorstellungskraft – um von der mächtigen Intuition ganz zu schweigen. Dann finden unter Umständen weder Intuition noch Imagination soviel positiven Ausdruck, wie sie bräuchten; in diesem Fall sollten Sie sich um praktische Wege und erfüllendere, positive Ausdrucksmöglichkeiten bemühen. Wie Sie später noch sehen werden, wird es sich dabei vermutlich um schöpferische, künstlerische Betätigung handeln.

Der Beschützer-Instinkt des Krebses ist auffallend stark ausgeprägt. Schon sehr früh können Sie beobachten, wie er sein Spielzeug hütet und aufmerksam versorgt – von etwa vorhandenen Geschwistern gar nicht zu reden. Dies kann eine herrliche Eigenschaft sein, manchmal aber auch überhandnehmen und eine Tendenz fördern, sich an das Bekannte und Geliebte zu klammern. Obwohl Krebse in vieler Hinsicht sehr tapfer sind, können wir oft beobachten, wie die Kleinen sich ängstlich und furchtsam hinter Schürze oder Rock der Mutter verstecken.

Ermutigen Sie den jungen Krebs immer wieder, das Leben positiv zu sehen; bauen Sie sein Selbstvertrauen auf – es ist vielleicht nicht besonders stark angelegt – und regen Sie ihn an, seiner Imagination und praktischen Begabung Ausdruck zu geben.

Beim Krebs ist die Wahrscheinlichkeit wohl am geringsten, daß er Fremde als das nimmt, als das sie sich geben. Krebs-Kinder sind von Natur aus sehr vorsichtig, und sie werden alle Ihre Warnsignale ernst nehmen. Bleiben Sie aber auf der Hut, denn das Pendel könnte in die andere Richtung schwingen; eine freundliche Bemerkung, ein Lächeln des Fremden könnten der Vorstellungskraft Ihres jungen Krebses Nahrung geben und zu falschen Anschuldigungen führen, besonders wenn Sie erst kürzlich eine Warnung ausgesprochen haben. Krebse besitzen jedoch eine phantastische Begabung, die es ihnen in der Regel ermöglicht, Situationen sehr klar zu durchschauen; später im Leben erweisen sie sich oft als glänzende Geschäftsleute. Mit ihrem Taschengeld werden sie sorgfältig umgehen, möglicherweise müssen Sie sogar einem gewissen Geiz entgegenwirken. Sie können jedoch immer an das tief verwurzelte Mitgefühl und die Freundlichkeit appellieren, besonders wenn Sie für einen wohltätigen Zweck sammeln. Sie werden feststellen, daß der Krebs besonders gut anspricht auf Organisationen, die Geld für bedürftige Kinder sammeln – solche Ziele treffen Empfindsamkeit und Einfühlungsvermögen des Krebses zutiefst.

Ihr Kind wird in blassen Pastelltönen vermutlich besonders attraktiv aussehen, und sein Kleidungsstil in der Freizeit sollte sorgfältig geführt und entwikkelt werden, denn später im Leben, wenn viele Krebse sich äußerst chic zeigen, werden eine leichte Nachlässigkeit und mangelnde Aufmerksamkeit nur zu oft den ganzen Effekt beeinträchtigen. Sie sollten also Ihren Krebs, ob Junge oder Mädchen, von jungen Jahren an dahingehend erziehen, daß er auf seine äußere Erscheinung achtet: sind beide Socken sauber hochgezogen? Ist das Hemd rundherum hinter den Bund von Rock oder Hose gestopft? Vielleicht klingt es banal, aber ich versichere Ihnen: darauf kommt es an!

Wie glücklich sie in der Schule auch sind, und wie glücklich ihre Ferien mit Freunden sind; Sie werden immer die Freude haben, hinterher ein lächelndes Gesicht durch die Tür schauen zu sehen; das Zuhause bedeutet dem Krebs sehr viel, und er ist immer froh, dort zu sein.

Die drei Arten zu denken

Aufgrund des Einflusses von Merkur (siehe S. 22) arbeitet das Denken des Krebses vor allem auf eine von drei Arten:

1) Die erste Gruppe bilden Krebse, die sehr aufgeweckt sind und eine natürliche Begabung haben, ihre Intuition und Imagination bestimmt, sich dynamisch und originell zu äußern. Sie sind die geborenen Geschichtenerzähler, sollten aber zur Ehrlichkeit angehalten werden.

2) Krebse der zweiten Gruppe haben lebhafte, farbige Imaginationen, ein erstaunliches Erinnerungsvermögen und werden von den Geschehnissen ihrer ersten Lebensjahre stark beeinflußt sein. Ihre Überempfindlichkeit kann zum Problem werden, da sie die Launenhaftigkeit steigert. Freundliche Überlegung überwiegt.

3) Mitglieder der dritten Gruppe haben eine Tendenz zum Angeben und dramatisieren fast jede Situation; hier finden wir schillernde Charaktere, bestimmtes und extravertiertes Denken – sie sind seltener launisch und eher bereit als andere Krebse, das Leben zu nehmen, wie es kommt.

Die fünf Arten zu lieben

Aufgrund des Einflusses von Venus (siehe S. 22) werden Krebse dazu tendieren, ihre Zuneigung auf eine von fünf Arten auszudrücken:

1) Angehörige der ersten Gruppe haben ein besonders starkes Bedürfnis nach emotionaler Geborgenheit, möglicherweise werden Sie auch eine Tendenz zu Besitzgier und Eifersucht bemerken. Ihre Äußerungen von Liebe und Zuneigung werden besonders bezaubernd und eine liebreizende Bereicherung ihrer Persönlichkeit sein.

2) Eine unbekümmerte, kokette Wesensart ist charakteristisch für die zweite Gruppe, könnte aber den Ausdruck echter Emotion behindern. Der Charme wird in Verbindung mit einer köstlich heiteren Freundlichkeit angenehm sein, aber letztlich dem Krebs zum Nachteil gereichen, weil dieser nicht gelernt hat, seinen Emotionen ganz zu trauen.

3) In der dritten Gruppe sind einige der romantischsten und sentimentalsten Menschen des ganzen Tierkreises vertreten. Doch es gibt auch eine Tendenz, in der Vergangenheit zu leben. Regen Sie sie also zu positivem Den-

ken und einer vorwärtsblickenden Lebenseinstellung an, besonders wenn es darum geht, neue Beziehungen aufzubauen.

4) Der Geiz des Krebses wird bei Mitgliedern dieser Gruppe nicht zum Vorschein kommen, die ihre Lieben großzügig beschenken und gegenüber ihren Freunden freigebig sind; der Ausdruck von Liebe wird voll und ungehindert sein. Achten Sie jedoch auf Tendenzen zu Bevormundung und Dominieren.

5) Eine gewisse Schüchternheit und Neigung zur Kritik könnten der fünften Gruppe den Spaß verderben; regen Sie sie an, die Menschen so zu akzeptieren, wie sie sind, und weisen Sie darauf hin, daß wir alle verschieden sind. Die Haltung zur Äußerung von Liebe und Zuneigung könnte etwas kühl sein.

Gesundheit und Ernährung

Krebse haben grundsätzlich eine kräftige Konstitution, was sie und ihre engsten Angehörigen und Freunde jedoch leugnen würden, denn das Verdauungssystem ist recht empfindlich und kann leicht durcheinandergebracht werden. Deshalb widmet man dem, was sie essen sollten oder nicht, manchmal sehr viel Aufmerksamkeit – zuweilen soviel, daß es zur kleinlichen Marotte ausartet. Wenn wir die Gründe dafür betrachten, stellen wir häufig fest, daß das Problem in einer emotionalen Schwierigkeit liegt; irgend etwas hat sie aufgeregt, oder sie machen sich Kummer wegen einer Angelegenheit. Unter solchen Umständen können sie auf störende Art wählerisch sein oder die Nahrungsaufnahme sogar ganz verweigern.

Wir dürfen nicht vergessen, daß es die Drüsen des Verdauungstraktes sind, die diesem Zeichen zugeordnet werden; sie kontrollieren die Ernährung. Eine wohl ausgeglichene Diät ist also besonders notwendig, vor allem da sie nicht nur das körperliche Wohlbefinden des Krebses beeinflußt, sondern auch seine Gemütsstimmung. Die beste Art von Zwischenmahlzeiten für dieses Zeichen sind Speisen auf Joghurt-Basis; Johannisbrot-Erzeugnisse sind eine gute Alternative zur Schokolade.

Je überzeugender es Ihnen gelingt, den Krebs in jungen Jahren dazu zu bringen, das Essen als etwas zu betrachten, das ihm kaum schaden wird, desto besser ist es natürlich! In den meisten Fällen stimmt es ja auch. Molkereiprodukte und Nahrungsmittel mit hohem Kalzium-Gehalt sind besonders gut für den Krebs. Wenn es Ihnen möglich ist, dann tappen Sie nicht in die Falle Ihres Krebs-Kleinkindes, seinen Launen und Gelüsten nachzugeben, nur weil es einfacher ist nachzugeben, als ihm zu helfen, seine wählerischen Launen zu überwinden! Versuchen Sie, solche Probleme im Keim zu ersticken, denn sehr oft können sie die körperliche Entwicklung behindern – besonders, wenn sie zu einer unausgeglichenen Ernährung führen.

Eine stete, vorhersagbare Routine, die gleichwohl etwas langweilig erscheinen wird, ist in der Tat bei Krebsen besonders willkommen, denn sie trägt dazu bei, Spannung und plötzliche Stimmungsschwankungen zu reduzieren, und entwickelt einen gleichmäßigen Rhythmus fürs Leben, der beruhigend und entspannend wirkt. Dies wird ihnen nicht nur das Vertrauen ermöglichen, sich entspannt dem gewohnten Eßmuster zu widmen, sondern Sie werden – wenn der Rhythmus sich einmal etabliert hat – feststellen, daß Ihr Kind auch anfangen wird, gut und tief zu schlafen. Wenn Sie also das Problem haben, daß Ihr junger Krebs mitten in der Nacht wach wird, gereizt ist und weint, kann dies sehr wohl an Übererregung bzw. Übermüdung oder Spannung liegen. Wenn er übrigens einmal gut schläft, wird er Ihnen vermutlich manch herrlichen Traum erzählen, das sollten Sie unterstützen.

Ich fürchte, bestätigen zu müssen, daß der Krebs Spitzenreiter ist, wenn es darum geht, sich Sorgen zu machen (obgleich ich einräumen muß, daß sein Geschwister-Zeichen, Jungfrau, ihm darin auf den Fersen folgt!), und wenn er sich Sorgen macht, verschließt er sich unter Umständen wie eine Auster und will Ihnen partout nicht erzählen, was ihm fehlt. Tun Sie alles, was in Ihrer Macht steht, um ihm zu helfen sich zu öffnen; wenn Sie es nicht tun, wird seine Verdauung darunter leiden, und möglicherweise werden auch seine Verhaltensmuster sich zum Schlechteren verändern. Wenn er sagt, daß er nicht in Stimmung sei für eine Liebhaberei oder ein Hobby, das ihm gewöhnlich viel bedeutet, ist dies ein Anzeichen dafür, daß ihn irgend etwas bekümmert – vielleicht macht er sich Sorgen aufgrund einer Bemerkung über ihn und seine Fähigkeiten. Versuchen sie, das wirkliche Problem herauszubekommen, denn nur wenn er offen darüber spricht, werden Dinge wieder zu ihrem natürlichen täglichen Rhythmus zurückfinden.

Wenn der Krebs von einer der üblichen Kinderkrankheiten geplagt wird, sollte er sich als angenehmer Patient erweisen; er wird sich in seinem Zimmer behütet und warm fühlen. Bei solchen Gelegenheiten können sein natürlicher Bemutterungs-Instinkt, Fürsorglichkeit und Beschützer-Qualitäten zum Vorschein kommen; der Krebs wird unweigerlich vorgeben, daß sein Lieblingsspielzeug ebenfalls krank sei, und er wird die Pflege, die er von Ihnen erfährt, in seinem Umgang mit dem Spielzeugtier nachahmen.

Körperliche Bewegung, die durch einen steten Rhythmus und ein wiederholtes Muster gekennzeichnet ist, eignet sich besonders gut für Krebse. Ihrem Element entsprechend sind junge Krebse gewöhnlich Wasser-Babys; man kann sie schon im frühestmöglichen Alter zum Mutter-und-Kind-Schwimmen mitnehmen. Je früher ein Krebs schwimmen lernt, desto besser. Es ist nicht nur eine gute körperliche Übung, sondern hat auch eine emotionale Bedeutung für sie.

Bitte beachten Sie: Es besteht keinerlei Zusammenhang zwischen dem Tierkreiszeichen Krebs und der Krankheit Krebs. Die im Zeichen Krebs Geborenen sind nicht mehr und nicht weniger anfällig für die Krankheit als jeder andere.

Die ersten fünf Jahre

Der junge Krebs ist eines der interessantesten Zeichen im Tierkreis. Sie werden bald merken, daß er wesentlich genauer als andere Kinder jedes ihrer Worte und jede Handbewegung imitiert, und Sie werden alles von Ihrem Verhalten und Ihrer Einstellung in ihm wie in einem Spiegel wiedererkennen – ob es gut ist oder weniger gut. Wenn Sie einen kleinen Krebs versorgen, werden Sie also sehr viel über sich selbst herausfinden!

Loben Sie ihn großzügig für alles Positive, und Sie werden fast auf der Stelle hören, wie er das Lob an seine Lieblingsspielzeuge weitergibt; schelten Sie ihn, und seine Puppen sollten sich in Acht nehmen! Aber überlegen Sie sehr sorgfältig, ob ein rascher Klaps in kritischen Situationen gut wäre oder nicht; wenn Sie sich für die Züchtigung entscheiden, besteht die Chance, daß Sie beispielsweise im Supermarkt, wenn Ihr Kind aufmüpfig wird, einen Geschmack von Ihrer eigenen Medizin bekommen und peinlich erleben werden, wie es in einem plötzlichen Temperamentsausbruch gegen Sie grob wird.

Die herrliche Vorstellungsgabe des Krebses sollte schon recht früh unterstützt und entfaltet werden. Sie beim Erblühen zu beobachten, wird eine große Freude sein. Von jung an wird er auf Kinderreime und Märchen sehr verständig ansprechen; ja, vielleicht erleben Sie sogar, daß das Kind seine eigenen Märchengeschichten ersinnt – und in diesem Falle können Sie gewiß sein, daß Sie es auf die richtige Weise anregen. Kaufen Sie ihm so früh Sie mögen Bilderbücher mit guten Illustrationen: »Die Wurzelkinder« oder »Thomas, der Tankwagen« zum Beispiel. Der Künstler sollte nicht alles ausmalen, sondern manches nur andeuten und so die Vorstellungskraft des Krebses anregen.

Nur zu leicht werden Krebs-Mädchen über-feminin – zum Teil aufgrund ihres starken Mutterinstinktes. In unserer heutigen Zeit ist es gut, wenn sie einiges Spielzeug bekommen, an dem Jungen und Mädchen gleichermaßen Gefallen finden. Analog sollten Krebs-Jungen erklärt bekommen, daß sie nicht so völlig anders sind als ihre Schwestern; auch sie sollten nicht nur die einschlägigen »Jungen-Spielsachen« erhalten, sondern mit allem spielen lernen.

Es wird zwar bei der Ernährung vermutlich Probleme mit Vorlieben und Abneigungen geben, trotzdem sollten Sie Ihrem Krebs das für ihn vielleicht faszinierende Reich des Kochens erschließen – es kann später im Leben für weibliche wie männliche Krebse noch eine wichtige Rolle spielen.

Wenn die Zeit für Kindergarten oder Spielgruppe kommt, wird Ihr junger Krebs vielleicht durch Schüchternheit blockiert; versuchen Sie, zunächst eine Freundschaft mit einem anderen Kind zu pflegen, das bereits in den Kindergarten geht – dies wird den Schock lindern und sein Selbstvertrauen aufbauen.

Hinsichtlich der Hilfe im Haushalt empfehle ich Ihnen, Ihr Kind zur Ordnung zu erziehen, denn Krebse sind notorisch unordentlich – nicht, weil die Vorstellung der Unordnung ihnen gefällt (Unachtsamkeit ist für den Krebs nicht typisch), sondern weil sie eben die geborenen Hamsterer sind. Hier werden Sie kämpfen müssen, es wird sehr schwierig sein, Fräulein Krebs dazu zu bewegen, etwas fortzuwerfen. Wenn ihre Spielzeugkiste von allen möglichen alten Sachen so überquillt, daß sich nichts mehr dazustopfen läßt, dann müssen Sie sie aufforden, ihren Besitz zu sortieren und die Dinge, die sie nicht mehr mag, fortzuwerfen oder wegzugeben. Es wird ihr schwerfallen und sie wird behaupten, alles behalten zu wollen.

Schulzeit

Wenn Ihr junger Krebs den Kindergarten besucht hat – was ich übrigens sehr empfehle –, dürfte er sich in der Vorschulzeit sicherer fühlen, da Selbstvertrauen und Mut sich inzwischen entfaltet haben. Er sollte sich auch im Umgang mit anderen Kindern behaupten können, und einige seiner feinen, fürsorglichen und imaginativen Eigenschaften sollten ihm in der eher rauhen und ungestümen Kinderwelt von Nutzen sein.

Eine bestimmte Routine wird er schätzen, ein vernünftiges Maß an Disziplin akzeptieren; seine Intuition wird er einsetzen in seinen Beziehungen zu anderen Kindern und besonders zu den Lehrern. Er wird viel mehr über sie wissen, als er in angemessene Worte fassen kann, und solche natürlichen Begabungen werden ohne Zweifel seine Einstellung zum Schulleben beeinflussen und sich auch auf sein allgemeines Wohlergehen auswirken. Wie geschickt ein Lehrer sich auch anstellen mag, seine wahren Gefühle zu verbergen – Sie können um Ihren Kopf wetten, daß der junge Krebs instinktiv genau wissen wird, wie der Lehrer zu ihm steht! Wenn er negative Schwingungen aufnimmt, werden alle Selbstverteidigungsmechanismen des Krebses in Aktion treten, und die Beziehung zwischen Schüler und Lehrer wird sich entweder völlig auflösen oder negativ entwickeln. Ihr Kind sagt zu Hause vielleicht, daß es »den alten Soundso nicht besonders möge«. Wenn Sie es dazu bringen können, zu analysieren und herauszufinden warum, wird das sehr günstig – aber auch nicht einfach sein, denn der Krebs lebt und äußert sich auf einer rein intuitiven Ebene. Die Folge könnte sein, daß die Fortschritte in den Fächern des unsympathischen Lehrers beträchtlich hinter den Stunden zurückliegen, in denen ein herrlich instinkthaftes, sympathisches Gefühl Schüler und Lehrer verbindet. Dies klingt vielleicht nach einer Verallgemeinerung (und gilt tatsächlich für eine große Zahl von Schülern), aber im Falle des Krebses müssen die Eltern darauf achten. Das Letzte, das einem jungen Krebs passieren sollte, ist, daß er in seine Schale zurückgetrieben wird; wenn er versucht, sich zurückzuziehen, werden sehr viel Mühe und Überredungskunst notwendig sein, um ihn wieder herauszulocken.

Das glänzende Gedächtnis der meisten Krebse ist ihnen eine hervorragende Hilfe, wenn es um Hausaufgaben und Prüfungen geht. Ob der Krebs schnell oder langsam beim Lernen von Fakten ist, hängt vom einzelnen Kind ab, aber die Chance, daß ein Krebs sich auf sein Erinnerungsvermögen verlassen kann, ist exzellent; wenn es also gilt, sich für lange Arbeitsphasen hinzusetzen, wird er es im Vorübergehen erledigen können.

Wie überall, ist ein Gespür von Rhythmus wichtig, wenn Ihr junger Krebs in der Schule stetig vorankommen soll. Es wird Stürme und Stimmungsschwankungen auf dem Wege geben, und zweifellos werden Sie Ihre eigene Methode finden, sie zu beruhigen. Krebse werden von einer Ablenkung profitieren, und dazu genügt schon eine Veränderung der Beschäftigung. Wenn sie beunruhigt sind, könnten Sie ihnen vorschlagen, schwimmen zu gehen; bei einem anhaltenden Problem könnte natürlich auch Tanzunterricht als Gegenmittel dienlich sein. Häufig beweisen Krebse in anspruchsvollen Kraftsportarten ausgezeichnetes Talent; ihre Fähigkeit zur emotionalen Verteidigung kann auf rauhe, körperbetonte Weise Ausdruck finden in Mannschaftsspielen, vielleicht entwickeln sie Fertigkeiten im Boxen, Ringen oder in Kampfsportarten. Judo ist besonders für die Mädchen zu empfehlen und bietet sich als gute Methode der Selbstverteidigung an.

Aller Wahrscheinlichkeit nach werden sich im Laufe der Schulzeit Freundschaften bilden, die durchs ganze Leben hin bestehen werden; Krebse haben ein sehr starkes Talent, mit ihren Freunden selbst über große Entfernungen in Raum und Zeit hinweg in Verbindung zu bleiben. Geburtstage oder Weihnachten vergessen sie niemals, und solche Gelegenheiten sind ein guter Vorwand für Briefe, Telefonanrufe und Reminiszenzen an alte Zeiten. Als Eltern werden Sie überrascht sein zu hören, daß Ihr junger Krebs sich auf »alte Zeiten« bezieht, wenn er kaum selbst alt genug ist, um überhaupt eine Vergangenheit zu haben!

Aus verschiedenen Gründen wird es manchmal notwendig, daß Eltern ihre Kinder in ein Internat schicken. Unter Umständen erweisen Krebse sich als fähig, das Leben fern von zu Hause zu bewältigen, doch werden Krebs-Kinder vermutlich mehr als alle anderen darunter leiden, aus der Familie gerissen zu sein. Die Liebe des Krebses für sein Zuhause und den Familienkreis ist so sehr Teil ihrer psychischen Grundstruktur, daß sie fast unweigerlich darunter leiden werden, fern von Zuhause zu sein, und die Folge mag ihnen beträchtlichen Schaden zufügen. Es ist für Jungen und Mädchen viel besser, wenn sie am Ende eines Schultages nach Hause zurückkehren können. Wenn man sich jedoch für ein Internat entscheidet, wäre es hilfreich, wenn sich ein Kompromiß erreichen ließe und sie jedes Wochenende statt nur in den Schulferien nach Hause fahren können.

Obwohl der Krebs in der Schule sehr viel lernt, wird er vielleicht für Disziplin nicht besonders zu begeistern sein, zum Teil auch, weil er sie befremdlich und verwirrend empfindet. Darauf müssen Sie achten, da Ihr Kind sehr viel Energie vergeuden könnte, indem es »im Kreise herumgeht«, während eine sorgfältigere Planung sehr viel erreichen und viel Anstrengung ersparen könnte.

Das Leben außerhalb der Schule

Es wird kein Problem sein, den Krebs von der Schule loszubekommen; nicht so leicht wird es wohl, ihn aus dem Hause zu bekommen. Krebs-Jungen wie -Mädchen haben eine Tendenz, überaus häuslich zu sein, und selbst bei besten Witterungsbedingungen wird man sie kaum aus dem Hause locken können.

Alle Arten sportlicher Aktivität, vor allem das Schwimmen, sollten unterstützt werden. Krebs-Kinder, die das Glück haben, daß ihre Eltern die Zeit gerne auf dem Boot verbringen, werden sicher in ihre Fußstapfen treten und sich am Wassersport beteiligen. Das Angeln kann zum beliebten Zeitvertreib werden – auch wenn der Krebs dabei vielleicht etwas zuviel sitzt und brütet.

Ob zu Hause oder anderswo, sollten Sie immer bestrebt sein, die Imagination Ihres Krebses anzuregen. Märchen und märchenhafte, phantastische Literatur wird er lieben und vielleicht als Ausgangspunkt zur Erschaffung einer eigenen Phantasiewelt hernehmen. Es wird gut sein, ihn daran zu erinnern, daß die Welt mit Eltern und anderen Familienmitgliedern geteilt werden sollte, andernfalls wird sich eine Tendenz zur Innenschau entwickeln. Krebse sollten leichten Zugang zu Schreibpapier haben, zu Buntstiften, Bleistiften und allen Arten von Zeichenmaterial, denn damit können sie Ihrer Vorstellungswelt zum Ausdruck verhelfen.

Es erweist sich für Krebse als besonders gut, mit der Versorgung eines Haustiers betraut zu sein; es wird ihnen helfen, ihre fürsorglichen, beschützenden Instinkte auszuleben, die einen sehr natürlichen und schönen Aspekt ihrer Persönlichkeit bilden. Sollten sie einmal vergessen, ihren Hund zu füttern oder auszuführen, werden Sie leicht an ihre einfühlsame Wesensart appellieren und ihnen vermitteln können, wie das Geschöpf sich fühlt, wenn es vernachlässigt wird. Sie werden erleben, daß sich solche Pannen kaum wiederholen.

Fern der Familie sollten Krebse angehalten werden, sich mit Erster Hilfe zu beschäftigen. Viele werden eines Tages zum ärztlichen Berufsstand gehören oder in der Krankenpflege arbeiten, und dieses frühe Training könnte eine echte Quelle der Inspiration werden. Die Arbeit mit Tieren wirkt sich auch gut aus, wie überhaupt jede Arbeit oder Freizeitbeschäftigung, die erfordert, daß man Hilfe leistet und Freundlichkeit und Überlegung zeigt.

Der junge Krebs wird sich oft mit einem viel älteren Menschen anfreunden; wenn Sie einen älteren Nachbarn haben, wäre es ein guter Gedanke, Ihrem jungen Krebs vorzuschlagen, ihn oder sie zu besuchen und herauszufinden, ob er Botengänge oder Besorgungen für den alten Menschen übernehmen könnte.

Die meisten Krebse sind etwas schüchtern, und so sind alle Aktivitäten zu empfehlen, die die Persönlichkeitsentfaltung unterstützen und das Selbstvertrauen stärken. Ein naturgegebener lyrischer Charakter kann Ausdruck finden in Tanz und Musik, und wenn er lernt, ein Musikinstrument zu spielen oder regelmäßig die Tanzstunde zu besuchen, wird es ihm helfen, diese erfreulichen Qualitäten zu entfalten.

Manche Krebse zeigen einen Mangel an Abenteuerlust; außerschulische Aktivitäten, die ihnen helfen, diese zu entwickeln, sind also besonders nützlich.

Vorbereitung fürs Leben

Ohne eine vernünftige Sexualerziehung wird die Phantasie des jungen Krebses Amok laufen, und alle Arten von seltsamen und phantastischen Vorstellungen werden Wurzel fassen und später vermutlich nur schwer wieder auszumerzen sein. Bedenken Sie, daß dieses Zeichen in besonderem Maße zu den Romantikern im Tierkreis gehört. Mit den Teenager-typischen Anzeichen wird der Krebs also wahrscheinlich kommen, wenn er noch gar nicht das Alter erreicht hat, in dem Sie damit gerechnet hätten. Dieser Zustand kann auch länger anhalten als gewöhnlich – möglicherweise ein Leben lang! Helfen Sie also Ihrem Krebs, in bezug auf seine sexuelle Entwicklung praktisch und realistisch zu sein, um überromantischen Vorstellungen entgegenzuwirken.

Die meisten jungen Leute sind recht scheu, wenn sie ihre erste Verabredung noch vor sich haben, aber Krebse brauchen besonders viel Selbstvertrauen, bis sie zu dem glänzenden, fürsorglichen Partner erblühen, der in ihnen steckt. Helfen Sie Ihrem Krebs, und reden Sie ihm zu, möglichst gut und ordentlich auszusehen, so ruhig wie möglich auf die Verabredung zuzugehen und nicht zu meinen, sich das Leben nehmen zu müssen, wenn die Dinge sich nicht genauso entfalten, wie er sie sich vorgestellt hatte. Warnen Sie ihn auch davor, inkonsequent zu sein und sich wetterwendisch zu zeigen, d.h. gedankenlos gegenüber Freund oder Freundin. Bitten Sie ihn, keinen Groll zu hegen; er hat vielleicht die Neigung, sich auf eine – oft nur vorgestellte – Verletzung zu fixieren, bis sie zu einem größeren Problem in einer Beziehung wird. Leben und leben lassen ist kein schlechtes Motto, das Sie ihm mitgeben können.

Krebse, die eine gemischte Schule besuchen, werden die Probleme des Heranwachsens leichter bewältigen als Schüler einer ausschließlich Jungen oder Mädchen vorbehaltenen Bildungsstätte, auch wenn sie stärker als andere dazu tendieren werden, daß die Mädchen sich in den ersten Wochen mit Mädchen zusammenschließen und Jungen mit Jungen. Je mehr Sie oder die Lehrer tun können, um Ihre Krebse zu ermuntern, Angehörigen des anderen Geschlechts zu begegnen, desto besser wird es für sie sein, und desto leichter wird es ihnen auch fallen, gesellschaftliche und später emotionale Bande zu knüpfen.

Auch wenn nur wenige Krebse mit einem Partner glücklich sein werden, der sich aus dem häuslichen Leben nichts macht oder keine Kinder will, sollten sie sich doch davor hüten, in jedem neuen Freund/in den potentiellen Vater oder Mutter ihrer Kinder zu sehen; dies kann mehr als nur ein wenig abschrekkend wirken. Aber sie sollten sich auch nicht verschließen vor Menschen, die nicht so ausschließlich an Heim und Familie interessiert sind wie sie – sie können viel davon profitieren, aus ihrer Häuslichkeit gerissen und in das rauhe Getriebe der Außenwelt geworfen zu werden. Freunde beider Geschlechter sollten Krebse ermutigen, etwas zu wagen und gelegentlich auch einmal aus der Reihe zu tanzen; wenn der Krebs erst mutig genug ist, wird er die Fähigkeit entwickeln, kalkulierte Risiken auf sich zu nehmen, seine natürliche Vorsicht mit Tapferkeit zu verbinden und so das Beste aus beiden Bereichen zu erhalten.

Dies kann auch für das Sexualleben des Krebses gelten; so mancher neigt dazu, in eine so strenge häusliche, mütterliche oder väterliche Routine zu kommen, daß er den Blick für die Tatsache verliert, daß in diesem wie in jedem Bereich des Lebens alles dafür spricht, eine unveränderliche Routine zu vermeiden, die nicht nur für den Partner, sondern letzten Endes auch für den Krebs selbst langweilig zu werden droht. Dieser Routine-Aspekt der Ehe kann großen Schaden anrichten und am Ende zur Zerstörung genau der häuslichen Umgebung beitragen, die der Krebs am meisten braucht und verlangt.

Die Krebs-Psyche kann in Bedrängnis geraten, wenn sie sich tatsächlich entschlossen hat, das Leben mit einem Partner zu teilen, denn dann wird es ernst: es gilt, sich von den Eltern und der Geborgenheit der Herkunftsfamilie loszureißen, um eine eigene Familieneinheit aufzubauen. Das ist keine einfache Situation für den Krebs. Um sie zu erleichtern, sollten seine Eltern ihr Möglichstes versuchen und auch nicht die leichteste Tendenz zeigen, sich an Krebs-Sohn oder -Tochter zu klammern. Die Tatsache, daß ihre Kinder beschlossen haben, das Elternhaus zu verlassen, bedeutet wahrscheinlich zugleich, daß sie die inneren Voraussetzungen für diesen Schritt erlangt haben.

Auch wenn dies alles ein wenig entmutigend klingt, besteht doch keine Notwendigkeit zu unangebrachtem Pessimismus, denn nichts von dem, was ich gesagt habe, braucht von der Tatsache abzulenken, daß Krebse, wenn sie einmal das Gleichgewicht erlangt haben, hervorragende Partner abgeben. Nicht nur gewähren sie ein stabiles Zuhause, sondern sind auch wunderbar verständnisvoll, fürsorglich und beschützend; sie gebrauchen ihre Intuition, um genau das Zuhause aufzubauen, das ihre Partner benötigen.

Weitere Ausbildung

Wenn Ihr junger Krebs sich an das Studentenleben gewöhnt hat, wird er sich beruhigen und gute Fortschritte machen. Er muß sich darüber im klaren sein, daß er mit größerer Wahrscheinlichkeit unter Heimweh leiden wird als die meisten anderen Menschen. Schon sehr früh sollte man ihn ermutigen, sich Gesellschaften und Aktivitäten außerhalb der Vorlesungen anzuschließen. Er hat leicht eine Tendenz, sein Licht unter einem Scheffel zu verbergen; damit wird er nicht in den Genuß aller Vorteile oder Aufregungen gelangen, die das Universitätsleben zu bieten hat.

Krebs-Mädchen werden besonders gewissenhaft sein und sich nicht vor Vorlesungen drücken, sie werden sorgfältig mitschreiben und interessante, inspirierte Arbeiten verfassen. Für männliche wie weibliche Krebse wird es am besten sein, sich auf Fächer zu spezialisieren, die ihrer Imagination umfassende Ausdrucksmöglichkeit erlaubt. Selbst wenn sie wissenschaftlich veranlagt sind, sollten sie Gelegenheit haben, an Forschungen teilzunehmen, die eine intuitive, imaginative Einstellung verlangen. Doch auch jene, die sich für Geschichte oder Literaturwissenschaft einschreiben, werden vermutlich extrem gut abschneiden, da diese Studienrichtungen in vieler Hinsicht ideal für die Krebs-Persönlichkeit sind. Obwohl Krebse unordentlich bis chaotisch sein können, weil sie schwer loszulassen vermögen, werden sie nicht nur gute Studenten, sondern sie können auch im Examen extrem gut abschneiden, wenn sie sich nicht durch ihre Befürchtungen, Sorgen und Spannungen davon abhalten lassen, zuversichtlich zu sein, wenn ihnen die Prüfungsunterlagen vorgelegt werden. Sorgen um ihr Liebesleben oder irgendwelche äußerlichen Kümmernisse müssen sie aus ihrem Denken verbannen, da sie durch solche Dinge stärker als die Angehörigen anderer Tierkreiszeichen abgelenkt werden.

Krebse brauchen Lehrer und Dozenten, die sich mit ihrem Gebiet sehr tiefschürfend befassen. Ein Dozent, der forschende Fragen stellt und ihnen hilft, ihren wirklichen Gründen für ihre Meinungen Ausdruck zu verleihen, wird sie am besten aus der Reserve locken. So herausgefordert, werden sie es genießen, an die Grundlagen vorzustoßen, und ihre intuitive Begabung bekommt Nahrung.

Wenn sie nicht den Wunsch verspüren, die Universität zu besuchen, wird ihnen auch eine Ausbildung an einer technischen Bildungsstätte liegen, besonders wenn sie etwas introvertiert sind und eher zögern, sich am gesellschaftlichen Leben im Umkreis einer Universität intensiv zu beteiligen. Eine polytechnische Schule am Heimatort zu besuchen wird zudem bedeuten, daß sie nach Schulabschluß das Zuhause verlassen müssen – ein guter Kompromiß, der die Kluft zwischen Häuslichkeit und Aufsichgestelltsein überbrückt.

Nach Verlassen der Schule nehmen viele junge Leute ein Jahr frei, um auf Reisen zu gehen und sich selbst kennenzulernen. Dies ist für den jungen Krebs besonders gut, und seine Eltern sollten es unterstützen, wenn es durchführbar ist. Jeder Krebs, der bei einem solchen Vorschlag einen Freudensprung macht, wird damit zeigen, daß er seine etwaige persönliche Scheu und Introversion überwunden hat und bereit ist, sich der Welt zu stellen. Ein Zögern bedeutet vermutlich das Gegenteil; lassen Sie in diesem Falle das Thema ruhen und erzwingen Sie nichts – doch als Alternative wäre eine Betätigung zum Wohle und im Interesse einer größeren Gruppe, etwa der Gemeinde, ebenfalls eine exzellente Idee.

Ich habe die Erste Hilfe bereits erwähnt. Sie könnte die Gedanken des jungen Krebses auf eine Karriere im medizinischen Bereich lenken. Wer die typischen Charakteristika der Krebs-Persönlichkeit vor Augen hat, wird sich erinnern, daß wir es hier mit den geborenen Köchen des Tierkreises zu tun haben.

Ohne Zweifel wird Ihr Krebs, wenn er mit der Schule fertig und zur weiteren Ausbildung bereit ist, schon in der Küche experimentiert und vielleicht auch schon beachtlichen Geschmack bewiesen haben. Ein ideales Hobby, das man zu seiner extrem erfolgreichen und lukrativen Karriere ausbauen könnte, wäre auch der Bereich der Lieferfirmen für Speisen und Getränke. Weder Sie noch Ihr Krebs sollte dies ignorieren. Wenn ich übers Kochen schreibe, spreche ich nicht nur von jungen Damen, sondern auch gerade von männlichen Krebsen – denn sie sind es oft, die Führungspositionen in Küchen übernehmen!

Viele junge Krebse sind besonders fähige Babysitter – auch hier findet sich vielleicht ein Hinweis auf eine mögliche Berufsrichtung. Nachdem sie als Schüler schon bei der Versorgung von Kleinkindern ausgeholfen haben, kristallisiert sich vielleicht später der Wunsch heraus, Kinderarzt, Kinderpflegerin oder Erzieherin zu werden, um diesem Aspekt ihres Pflegeinstinkts Ausdruck zu verleihen.

Arbeitslosigkeit: Spannung und Belastung

Ein Krebs, der von einer Reihe in Frage kommender Arbeitgeber abgewiesen wurde oder einfach keine Stelle findet, für die er sich bewerben könnte, wird in seinem Selbstvertrauen stärker beeinträchtigt sein als Angehörige anderer Tierkreiszeichen. In der Folge werden Sie möglicherweise feststellen, daß er all seinen Durchsetzungswillen verloren hat, dazu neigt, viel zu leicht aufzugeben und ganz froh ist, in eine rein häusliche Routine zu gleiten.

Aber jeder Krebs besitzt eine kraftvolle Entschlossenheit – wenn sie entflammt und am Brennen gehalten werden kann. Sollte sie anfangen zu flackern und zu verlöschen, müssen Sie versuchen, eine Möglichkeit zu finden, sie neu anzufachen. Helfen Sie Ihrem Krebs, daran zu glauben, daß Zähigkeit sich am Ende auszahlen wird. Wenn er das erst einmal begriffen hat, wird er ganz anders über seine Situation und seine Befähigung denken. Wenn er zudem in der Schule gut gearbeitet und sich als verläßlich erwiesen hat, werden diese feinen Qualitäten ihm wohl zustatten kommen.

Sie können ferner an seinen ausgeprägten Geschäftssinn appellieren. Regen Sie seinen Unternehmungsgeist an – vielleicht sollte er einen Plan entwerfen, wie Geld zu beschaffen wäre, mit dem auf der elementaren Ebene zumindest die Kosten für Telefonate, Briefpapier und Porto zu decken sind, solange er sich um in Frage kommende Stellen bewirbt. Viele Krebse haben eine glänzende Begabung, ihre Vorstellungen zu vermitteln; sie ist natürlich ein gewaltiger Vorteil, wenn man nach Arbeit sucht. Sie sollten diesen Zug immer unterstützen. In der Zwischenzeit muß Ihrem Krebs geholfen werden, seinen Tag mit Aktivität auszufüllen. Es gibt immer wohltätige Zwecke, Hilfsorganisationen für alte Menschen und Kinder, die Hilfe brauchen können – und solche Arbeit schenkt den meisten Krebsen ein Gefühl innerer Zufriedenheit und das Empfinden, gebraucht zu werden. Hier bieten sich also einige lohnende Wege, die man einschlagen könnte.

Vielleicht werden Sie Ihren jungen Krebs anhalten müssen, sich weiterhin mit seinen Freunden zu treffen, vor allem mit jenen, die das Glück hatten, Arbeit zu finden. Möglicherweise fühlt er sich benachteiligt, und sein Selbstwertgefühl ist so beeinträchtigt, daß er dazu neigt, sich zu isolieren. In Wirklichkeit aber werden seine Freunde ihn ermutigen können, weiter zu suchen, vielleicht haben sie sogar einige praktische Tips oder erfahren von einer Arbeit, die zu ihm passen würde. Denken Sie daran, daß Hartnäckigkeit beim Krebs stark ausgeprägt ist und gerade in dieser Situation eine Hilfe sein sollte.

Ein Krebs könnte drogensüchtig werden, weil er der Realität in eine schönere Welt entfliehen möchte. Vermutlich wird er feststellen, daß der Rausch seine Imagination anregt, und er fängt ein aufregendes Phantasie-Leben an, das die triste Arbeitslosigkeit erleichtert. Seine Zähigkeit wird dem Krebs helfen, mit der Gewohnheit zu brechen, wenn er erst einmal erkannt hat, wohin sie ihn führt. Seine Eltern werden ihm dann helfen können und seine positive Entschlossenheit unterstützen. Doch die Entschlossenheit hat zwei Seiten: sie kann gleichwohl eine gewisse Sturheit und Beharrlichkeit bedeuten, den eigenen Weg zu verfolgen.

Natürlich ist es wie bei allen Süchtigen wichtig, den wahren Grund zu entdecken, warum der Krebs sich überhaupt auf Drogen eingelassen hat. Anstatt es mit etwas Offensichtlichem wie der Situation Arbeitslosigkeit in Zusammenhang zu bringen, könnte man die Wurzeln in einer emotionalen Störung in seinem Liebesleben oder auf einem anderen Gebiet seiner Persönlichkeit finden. Wir dürfen die überaus mächtigen emotionalen Kräfte in der Krebs-Persönlichkeit nie unterschätzen; wenn sie nicht positiv ausgedrückt zum Ausdruck kommen oder fehlgeleitet werden, kann es zu ernsten Problemen führen. Manchmal ist die Zerstreuung durch positive Arbeit von enormem Nutzen.

Interessen und Freizeit-Aktivität

Der starke Beschützer-Instinkt, der so sehr Teil der Krebs-Persönlichkeit ist, wird gegenüber Freunden zweifellos Ausdruck finden, und Sie können damit rechnen, daß Ihr Krebs als Teenager sehr bestrebt sein wird, sich mit ihnen zusammenzutun – d.h. vielleicht gemeinsam eine große Wohnung zu mieten, wobei der Krebs auf den Markt geht, um die nötigen Einkäufe zu erledigen und den Rest des Tages in der Küche verbringt.

Aktivität, die ihn körperlich fordert, ist äußerst gut für den Krebs; irgendwie hilft sie ihm, Entschlossenheit und die stärkeren Seiten seiner Persönlichkeit zu entfalten. Ein gewisser Konkurrenz-Aspekt ist in dieser Hinsicht ebenfalls nützlich. Wassersport jeder Art kann die Freizeit des Krebses ausfüllen, und wenn er, wovon ich ausgehe, schon sehr früh zu schwimmen gelernt hat, werden Sie beobachten können, wie er ganz natürlich weitergeht zum Tauchen, Schnorcheln, Surfen und Windsurfen; all diese sportlichen Betätigungen können auch in Wettkämpfen geübt werden.

Um die ruhigeren, sensitiven Bereiche der Krebs-Persönlichkeit zu entfalten (falls dies notwendig ist), könnten Sie die Beschäftigung mit Musik anregen. Viele Krebse haben sehr viel Freude als Mitglieder eines Chores oder eines Gesangsvereins, andere genießen Volksmusik, und manche sind auch glänzende Streichinstrumentalisten der einen oder anderen Provenienz. Bei solchen Interessen kann ihre Zähigkeit auf ein Ziel gerichtet bleiben und ihnen die vielen Stunden des Übens ermöglichen; oft besitzen sie die Willenskraft, die für ihr Hobby notwendige Zeit aufzubringen. Esoterische Studien sind auch oft lohnend.

Die Entwicklung zum guten Geschmack ist manchmal etwas schwierig. Viele Krebse zeigen eine Tendenz zu grellen Entgleisungen; oft offenbaren sie Nachlässigkeit, Unordnung und ein sehr oberflächliches Gespür für Farben. Wenn dieses Problem existiert, sollten sie aufgefordert werden, ihre wachen Beobachtungskräfte einzusetzen und sich ein besseres Gespür zu erwerben; am Ende werden sie mit sehr wenig Aufwand recht beachtliche Wirkungen erreichen können.

Fasziniert von der Vergangenheit – und manchmal mit der Neigung, in ihr zu leben –, lieben Krebse die Geschichte als Schulfach, lesen gerne historische oder gesellschaftsgeschichtliche Romane und haben ihre Freude an historischen Schauspielen und Filmen. Jeder Krebs sammelt irgend etwas: die wohlhabenden werden altes Silber sammeln, andere Briefmarken, wieder andere sehr außergewöhnliche Objekte, die nur wenige ansprechen. Eine Mode aus jüngeren Jahren, die besonders junge Krebs-Frauen anspricht, ist das Stöbern nach alten Kleidern auf Straßen- und Trödelmärkten. Es kann viel Spaß bereiten, und Krebse haben oft die Fähigkeit, sich damit ein einzigartiges und interessantes (wenngleich manchmal auch ein wenig lumpiges) Image zuzulegen. Das Talent, gute Sammlungen zusammenzustellen – welcher Art auch immer

– sollte man nicht unterschätzen, denn es hat sich schon als nützlich erwiesen, wenn es notwendig wurde, die Sammlungen zu Geld zu machen! Die Anhäufung von unbrauchbarem Gerümpel sollte man jedoch nicht unterstützen – oft genug bleibt es unbrauchbar.

Krebse sind besonders dankbare Haustierhalter. Im allgemeinen neigen sie mehr zu Katzen als zu Hunden, aber ein Hund mit einem hübschen, weichen, glatten Fell – z.B. ein Cocker-Spaniel – wird auch den meisten Krebsen gefallen. Hunde zwingen natürlich zu körperlicher Bewegung – was nicht zu verachten ist –, eine Katze wird die starke Häuslichkeit des Krebses teilen, die (welch hervorragender Zug!) bei Angehörigen dieses Zeichens kaum Unterstützung braucht.

Ein Krebs, der sich einem Verein oder dessen Vorstand anschließt, wird von großem Vorteil sein und fleißig und effektiv arbeiten. Er wird sich kaum in einen Vorstand wählen lassen, ohne an dessen Arbeit und die Zielsetzungen des Vereins zu glauben, und nach seiner (möglicherweise zögernden) Zustimmung zu dem Amt wird er ruhig und tüchtig alle Aufgaben in Angriff nehmen, mit denen er betraut wird. Vielleicht hat er die Tendenz, den Mund nicht aufzutun (besonders, wenn Dinge im argen liegen); er sollte sorgfältig darauf achten, daß er die Situation nicht verschärft, indem er sich hinter den Kulissen insgeheim den Kopf darüber zerbricht, anstatt die Sache gleich ans Tageslicht zu bringen. Dem höchsten Amte wird er möglicherweise ausweichen.

Manchen Krebsen, ob männlich oder weiblich, fällt es ein wenig schwer, einfache Freundschaften mit Angehörigen des anderen Geschlechts zu unterhalten. Ihre starke Emotionalität bringt nur zu leicht in jede Freundschaft etwas vom liebevoll-fürsorglichen Aspekt ein. Das ist natürlich absolut bewundernswert, aber selbst wenn man »nur gut Freund« ist, könnte der Krebs dem Verdacht, der Hoffnung oder dem Glauben Nahrung geben, daß etwas mehr daraus werden könnte; dies kann die andere Person stören oder irritieren. So wird es für einen Krebs sehr schwierig, mit einer früheren Liebe gut Freund zu bleiben; er vermag die Tatsache eben kaum zu akzeptieren, daß der emotionale Aspekt der Beziehung wirklich vorbei sein kann. Mit größerer Wahrscheinlichkeit als alle anderen Tierkreiszeichen wird der Krebs seine echten Freundschaften mit Angehörigen des eigenen Geschlechts teilen.

Ideale Berufswege

Es wäre falsch zu meinen, die ideale »Karriere« für ein Krebs-Mädchen sei das Leben einer Hausfrau; tagsüber kann sie das geliebte Heim strahlend sauber halten und kommt rechtzeitig in die Küche, um ein gutes Abendessen zu bereiten. Diese Vorstellung würde zwar viele Krebse nicht auf die Barrikaden treiben, aber in Wirklichkeit steht ihnen eine besonders große Auswahl geeigneter Berufswege offen.

An der Spitze stehen die pflegenden Berufe. Krebse (beiderlei Geschlechts) sind sehr gute Krankenschwestern/-pfleger, und viele von ihnen spezialisieren sich auf die Pflege von kranken Kindern, Alten oder geistig Behinderten; die besten Kinderärzte und Gynäkologen sind – es überrascht nicht mehr – unter den Krebsen zu finden. Deren Pflegeinstinkt kann in den sozialen Diensten ebenfalls Ausdruck finden.

Krebse erweisen sich oft auch als gute Lehrer, besonders für Grundschüler. Es klingt etwas überraschend, daß Krebse sich in diesem Beruf oft als besonders geduldig und befähigt erweisen, mit den nervenaufreibendsten Kindern umzugehen, denn sie können leicht die Beherrschung ihres Temperaments verlieren.

Auch die Reise- und Tourismusindustrie sowie die Gastronomie sind für Krebse attraktiv; diese sind (aus offensichtlichen Gründen) erstklassige Stewardessen oder Stewards in Flugzeugen oder auf Kreuzfahrschiffen. Als Reiseleiter werden sie sich mit Vergnügen um ihre Touristenschar kümmern – und stellen in allen diesen Berufen jene Charakteristika unter Beweis, die sie auch für Heim und Familie so hingebungsvoll zeigen.

Krebse fühlen sich oft zu einer kulinarischen Karriere hingezogen – nicht nur, weil sie meist glänzend begabte Köche sind, sondern weil sie erkennen, daß dies einer der sichersten und am besten bezahlten Berufe ist, die es gibt. Interessanterweise entspricht das landläufige Bild eines Chefkochs einem recht launischen und reizbaren Individuum – vielleicht weil so viele Krebse in Küchen wirken! Um gleich in der Ernährungsbranche zu bleiben: Wen es nach Arbeit im Freien gelüstet, der kann seine Freude in der Landwirtschaft, insbesondere in der Milchwirtschaft, finden.

Die Liebe des Krebses zur Geschichte und Vergangenheit habe ich bereits erwähnt; der Antiquitätenhandel kann ebenfalls ein sehr lohnendes Betätigungsfeld für sie sein. Sowohl der Mann im Trödelladen um die Ecke als auch der Antiquitätenhändler, der sich zum Kenner der Malerei des 18. Jahrhunderts entwickelt hat,sind typische Krebse. Sie können sich auch als Restauratoren mit alten Kunstgegenständen befassen.

Ein Problem für den Krebs ist seine ausgeprägte Sensitivität für »Atmosphären«. Er wird instinktiv merken, wenn Kollegen aufgebracht sind. Wenn er gezwungen ist, in einem Großraumbüro zu arbeiten, das von viel Geräusch, Reden und Geschäftigkeit erfüllt ist – ganz zu schweigen von einer lauten Hotelhalle oder dem nicht endenwollenden Arbeitsdruck in einem Krankenhaus –, wird der Krebs sich auf seinen schützenden Panzer besinnen müssen, um die negativen Schwingungen abzuwehren. Getriebe und Geräuschkulisse an sich sind vielleicht nicht so problematisch, aber langfristig können sie psychologisch schädliche Wirkungen ausüben. Ein weiteres Problem, das Krebse mehr betrifft als andere, ist das Rauchen; als von Tabakqualm umgebende Nichtraucher werden sie sich – abgesehen von den Konsequenzen für ihre körperliche Gesundheit – besonders schwertun, mit Menschen auszukommen, die sich auf diese Weise vergiften. Die naive Dummheit ihres Handelns wird dem Krebs nicht verborgen bleiben, und obgleich er seine Gedanken darüber wohl kaum laut ausspricht, werden seine Nerven bis an die Grenzen des Möglichen belastet sein. Der Krebs ist vermutlich in seinem Element, wenn er in Frieden und Ruhe eines eigenen Arbeitsraumes, oder zumindest in einem kleinen, eigenen Umfeld für sich wirken kann. Er sollte die Freiheit haben, Dinge nach seiner Art zu tun, und wird gute Resultate erreichen, selbst wenn seine eigene Art in den Augen anderer – besonders Vorgesetzter – recht chaotisch aussieht.

Ein schöpferischer Krebs, der ein geeignetes Betätigungsfeld sucht – wenn dies nicht bereits von Anfang an deutlich hervortritt –, sollte seine starke Vorstellungsgabe berücksichtigen, seine Liebe zur Vergangenheit und seine intuitiven Qualitäten. Viele Krebse sind glänzende visuelle Künstler, andere sind gute Schauspieler und Tänzer, vielleicht liegt die Hauptbegabung jedoch im Schriftstellerischen – besonders im Schreiben romantisch-historischer Romane. Natürlich sind die Erfolgschancen recht gering, aber das Schreiben kann zu einem äußerst unterhaltsamen Hobby werden und in manchen Fällen sogar zu Ruhm verhelfen. Die lange Familien-Saga wird es einem Krebs besonders antun. Andere Hobbys, die sich beruflich nutzen ließen, sind die Arbeit mit Silber oder anderen kostbaren Metallen (Silber ist traditionell das Edelmetall, das man mit dem Zeichen Krebs assoziiert).

Reisen

Das kleine, bleiche Gesichtchen, das angstvoll schon bei Beginn der Fahrt aus dem Autofenster starrt, gehört wahrscheinlich zu einem Krebs – nicht daß er sich nicht über die Ferien freute, aber er leidet oft darunter, das Zuhause verlassen und in irgendein schrecklich unbekanntes Quartier reisen zu müssen; solche Empfindungen sind Reisekrankheiten natürlich sehr förderlich. Denken Sie also daran, sich von Ihrem Arzt Reisetabletten mitgeben zu lassen, bevor Sie sich auf den Weg machen. Vergessen Sie auch nicht, einen guten Sonnenschutz einzupacken, denn die empfindliche Haut Ihres Krebses ist in großer Gefahr, schon am ersten Ferientag krebsrot zu verbrennen und Blasen aufzuwerfen, wenn sie ungeschützt der Sonne ausgesetzt wird.

Von der Krebs-Tendenz zum Sorgen, Kümmern und Beunruhigt-Sein kann auch seine Verdauung beeinträchtigt werden; es ist viel besser, dem Kind zu erlauben, etwas zu hungern, als es zu zwingen, unvertraute Speisen zu essen, die den empfindlichen Organismus durcheinanderbringen könnten. Magnesiamilch oder ein anderes Magen-Beruhigungsmittel sollte ein fester Bestandteil Ihrer Reiseapotheke sein.

Das Krebskind wird am glücklichsten sein, wenn die Ferienunterkunft mehr nach Zuhause als nach etwas anderem aussieht; es wird sich eher auf eine Ferienwohnung mit Selbstversorgung umstellen, als sich an ein Luxushotel zu gewöhnen. Das entspricht vielleicht nicht Mutters Vorstellung von einem Urlaub – aber den Tatsachen. Es wäre schön, wenn in der Nähe, wenn nicht das Meer selbst, so doch wenigstens ein Schwimmbad oder Swimmingpool zur Verfügung steht; der kleine Krebs wird das Schwimmen und Schnorcheln besonders genießen. Ferien am Meer werden einem Binnenlandurlaub also vorzuziehen sein – wenn nicht gerade ein großer See oder Fluß in der Nähe ist! Der Krebs wird an beidem seine Freude haben – und auch am Reisen auf dem Wasser, sei es im Ruderboot, auf Jacht oder Kreuzfahrtschiff. Wenn Sie an einen Abenteuerurlaub denken, der Ihren jungen Krebs beschäftigt hält, während Sie ohne ihn etwas unternehmen, sollte Ihr Kind die Gelegenheit haben, Wassersportarten zu lernen; Segeln oder Kanu wären ideal.

Selbst die konventionellsten Ferien können für den Krebs die Gelegenheit bieten, seine Sammlung zu erweitern – oder seine Sammlung von Sammlungen. Ihr Kofferraum wird auf der Rückreise gefüllt sein mit Steinen, Muscheln und feuchten, riechenden Fragmenten von Meeresvegetation, und später werden viele glückliche Stunden mit dem Sortieren von Stapeln von Ansichtskarten und Fotos verbracht.

Die Liebe des Krebses zur Geschichte habe ich erwähnt, er wird einen Urlaub genießen, der unter einem bestimmten Thema steht, das auch historisch sein darf: eine Junior-Archäologie-Expedition etwa, die sich mit einem bestimmten Ort oder einer historischen Begebenheit befaßt. Er wäre auch glücklich, einer bestimmten Spur folgen zu können, z.B. der seiner Vorfahren. Ferien in einer Stadt, in der seine Urgroßeltern gelebt und gearbeitet haben, sind besonders interessant – vor allem wenn der junge Krebs genügend über die Ahnen weiß, um sich deren Leben und Zeit bildhaft vorstellen zu können. Er wird immer Spaß daran finden, alte Ruinen zu erkunden, alte Gebäude und alte Städte zu besichtigen oder Überbleibsel von römischer Besiedelung, selbst prähistorische Grabanlagen. Unterstützen Sie dieses Interesse und damit seine Vorstellungsgabe, bieten Sie ihrem Kind mehr als nur Tapetenwechsel.

Ich habe die Gefahr des Sonnenbrands erwähnt; trockene Hitze erträgt der Krebs im allgemeinen gut, Feuchtigkeit ist weniger zuträglich. Er wird gewiß reichlich Flüssigkeit zu sich nehmen müssen, in sehr heißen Klimazonen sogar Salztabletten.

Krebse als Geschwister

Wenn ein älteres Mitglied des Freundes- oder Verwandtenkreises entzückt ruft: »Ist sie nicht eine perfekte kleine Mutti?«, wenn Ihr Krebs-Mädchen mit dem Baby-Geschwisterchen präsentiert wurde, dann wird diese Bemerkung nicht bloß einen Funken Wahrheit enthalten. Krebse – Jungen wie Mädchen – sind als ältere Geschwister perfekt, und bereits in jungen Jahren lassen sie sich glücklich mit vielen kleinen Aufgaben betrauen, die sie ihren Eltern abnehmen können.

Es wird höchst interessant für sie sein, die Verantwortung zu tragen, sich hin und wieder um das Baby zu kümmern; dabei werden sie vielen wichtigen Aspekten ihrer Persönlichkeit auf eine besonders reizende Weise Ausdruck verleihen. Wenn dies ihren Mutterinstinkt erfüllt und befriedigt, werden sie die Jahre des Heranwachsens leichter bewältigen als andere – man hat immer das Gefühl, daß ein Krebs als Einzelkind benachteiligt ist.

Echte Eifersuchtsprobleme mit Krebs-Kindern habe ich noch nie kennengelernt. Zugegeben, ihr Temperament geht mit ihnen von Zeit zu Zeit durch bei ihren Geschwistern, und es wird auch einmal stürmisches Wetter geben – besonders wenn das andere Kind ein überschwenglicher, extravertierter Typ ist, zum Beispiel Widder oder Schütze –, aber insgesamt tragen die jungen Krebse viel zum häuslichen Zusammenhalt der Familie bei und zeigen wirklich ein großes Interesse an ihren Geschwistern. Ihr typisches fürsorgliches Interesse wird sich in der Tat schon sehr früh zeigen, sobald sie die Neuigkeit erfahren, daß ein Geschwisterchen unterwegs ist. Die meisten Eltern weihen heute ihre Kinder in eine Schwangerschaft ein, und Sie werden feststellen, daß Ihr junger Krebs von Anfang an besonders und intuitiv einfühlsam sein wird.

Doch um auf die zu erwartenden Stürme zurückzukommen: es gibt eine klare Methode zur Vermeidung von Wutanfällen. Wenn der Krebs sich ärgert, wird er ohne Zweifel einige recht verletzende Bemerkungen von sich geben. Sie sollten ihm dann zeigen, daß nicht nur Bruder oder Schwester, sondern auch Sie verletzt sind (vielleicht übertreiben Sie sogar ein wenig, um dies zu verdeutlichen). Selbst seine stürmischste Emotion wird seine von Natur aus mitfühlende Psyche nicht daran hindern, die Situation zu verstehen und vernünftig zu werden.

Ein Krebs, der das jüngste Kind einer Familie ist, wird gerne so handeln, als wäre er der älteste. Manche Krebse sind sogar ziemlich herrisch, besonders gegenüber denen, die sie lieben! Achten Sie auf diesen negativen Zug, da gerade beim Krebs die Rechthaberei recht drastisch zum Ausdruck kommen kann und nicht nur verletzend wirkt, sondern auf die Dauer den Bruder oder die Schwester hemmt, die am Ende einen tiefen Groll dagegen angestaut haben werden.

Das Krebs-Kind – und auch seine Geschwister – werden besonders profitieren, wenn sie dieselbe Schule besuchen können; auch hier wieder wird der Beschützer-Aspekt des Krebses sehr stark und gewinnend sein. Wenn er hört, daß jemand den Bruder oder die Schwester ungerecht behandelt, wird er sofort zu dessen Verteidigung einspringen. In diesem Zusammenhang werden Sie beobachten, daß sein glänzendes Gedächtnis sich an Einzelheiten des Problems erinnern wird. Vorausgesetzt, Sie stellen sicher, daß seine lebhafte Vorstellungsgabe wohl unter Kontrolle ist, werden Sie sich aus seinen Angaben ein recht deutliches Bild von dem machen können, was tatsächlich geschehen ist.

Wenn es um ein gemeinsames Zimmer geht, ist das einzige wirkliche Hindernis der Hamster-Instinkt des Krebses! Er ist wirklich stark, wie ich andeutete, und sollte nicht unterschätzt werden. Der Krebs wird einen Platz brauchen, wo er alle seine Sammlungen aller möglichen Gegenstände aufbewahren kann. Er wird leiden, wenn er den Platz nicht hat, selbst wenn er völlig überproportional viel Raum beansprucht für seine Schachteln voll Zeug, das im Grunde in die Mülltonne gehörte, für ihn aber natürlich absolut unverzichtbar ist! Selbst Spielsachen, über die er hinausgewachsen ist und die auch für sonst niemanden mehr von Interesse sind, werden nur unter größten Schwierigkeiten aus dem Haus zu verbannen sein! Appellieren Sie an sein freundliches, hilfsbereites Wesen: Besprechen Sie, wie sie mit den Sachen Kindern eine große Freude bereiten können, die nicht so glücklich sind und sich über jedes Geschenk freuen. Wenn das Problem der überfließenden Unordnung einmal gelöst ist, sollte es nur noch wenige Schwierigkeiten geben – obwohl Sie gewiß bald zu hören bekommen, wie Ihr kleiner Krebs um etwas mehr Platz bettelt! Bruder oder Schwester, mit denen er das Zimmer teilt, wird er die herrlichsten Gutenachtgeschichten vorlesen oder ausdenken und noch lange nicht damit zu Ende sein, wenn Sie kommen, um das Licht auszuschalten!

Krebse als Eltern

Nach dem bisher Gesagten ist es klar, daß Krebse erstklassige Eltern sind. Die einzige Schwierigkeit könnte auftreten, wenn sie zu gut sind – das heißt, wenn ihr Eifer, ein wohliges Nest für die Familie zu bauen, begleitet wird von einem ebenso starken Verlangen, es intakt zu halten. Wenn also die jüngeren Mitglieder der Familie Anzeichen ihrer Unabhängigkeit zeigen, können Krebs-Eltern darauf sehr aufgebracht reagieren. Besonders Mütter müssen sich wirklich von der Geburt ihrer Kinder an auf diesen Augenblick vorbereiten, denn diese Schwierigkeiten sind kaum zu überschätzen und werden noch verschärft, wenn das Problem – wie es so häufig der Fall ist – genau zu der Zeit entsteht, wenn die Mutter in die Wechseljahre kommt. Sie hat dann leicht das Gefühl, ihr Leben sei vorüber, und nichts bleibe mehr für sie übrig.

Gerade weil Krebse so gute Eltern sind, die ein wunderschönes, behagliches Zuhause mit gutem Essen und Lebensbedingungen bieten wollen und nur zu oft ablehnen, berufstätigen Kindern etwas dafür zu berechnen, kann jedoch ein gänzlich anderes Problem entstehen, wenn die Kinder sich vehement wehren, ans Ausziehen zu denken! Der Krebs wird dies bis zu einem bestimmten Punkt genießen; aber wenn Logik und gesunder Menschenverstand sich durchsetzen, wird fast unausweichlich eine Zeit kommen, wenn der Krebs erkennt, daß er im Grunde ausgenutzt wird. Dann aber könnte es zu spät sein, viel daran zu ändern, ohne einen echten Krach heraufzubeschwören.

Dieses Problem ist nicht einfach, aber es ist klar, daß es gelöst werden muß, und das beste, was der Krebs (besonders als Mutter) tun kann, ist zu gewährleisten, daß er während der Schuljahre der Kinder ein wirklich individuelles, eigenes Interesse entwickelt oder ein früheres Hobby wieder aufnimmt, so daß das Leben nicht völlig sinnentleert scheint, wenn die Kinder sich entschließen, das Elternhaus zu verlassen. Nach Möglichkeit ist ein Hobby zu wählen, dem sie außer Hauses nachgehen muß, damit sie andere Menschen kennenlernen und eine ganz neue Dimension für das soziale Leben bekommen kann – das sie vermutlich vernachlässigt hat, während sie die junge Familie versorgte. Wenn sie seit Jahren nicht mehr berufstätig war, sollte die Krebs-Mutter sich überlegen, in ihren früheren Beruf zurückzukehren, selbst wenn sie dies finanziell nicht nötig hätte. Sie hat vermutlich ein gutes Gedächtnis, und darauf kann sie nun zurückgreifen. Wenn dies nicht möglich ist, empfehle ich ihr, einige Abschnitte aus den Passagen »Interessen und Freizeit-Aktivität« sowie »Ideale Berufswege« nachzulesen und auf sich selbst zu beziehen. Könnte sie vielleicht ein kleines Antiquitätengeschäft starten oder eine Epoche der Geschichte studieren?

In den meisten Fällen wird der Krebs-Vater dieses Problem natürlich nicht haben. Er wird ein glänzender Vater sein, immer bereit, seine Kinder mit Freude über beträchtliche Entfernungen zu transportieren, um ihnen zu ermöglichen, ihren eigenen faszinierenden Interessen nachzugehen – aber auch er sollte vorsichtig sein, daß seine Freundlichkeit nicht ausgenützt wird. Gelegentlich ist er vielleicht recht reizbar, besonders am Ende eines langen und anstrengenden Arbeitstages, und sollte versuchen, dies nicht an den Kindern auszulassen.

Aufgrund der Krebs-Tendenz, in die Vergangenheit zu blicken, wird die Generationenkluft fast zwangsläufig zu einem Problem werden. Versuchen Sie objektiv zu sein, wenn dies geschieht, und machen Sie sich bewußt, daß man von Ihren Meinungen – selbst wenn sie in Ihrer eigenen Jugend als recht fortschrittlich galten – nicht erwarten kann, daß sie jetzt mit denen Ihrer Kinder übereinstimmen. Sie neigen zur Nostalgie und wünschten, daß die Dinge so bleiben, wie sie immer gewesen sind (Sie sind von Natur aus konservativ). Versuchen Sie, nicht über-emotional zu reagieren.

Möglicherweise stellen Sie fest, daß Sie jene gemeinsamen Aktivitäten mit Ihren Kindern am meisten genießen werden, die sich ums Zuhause zentrieren. Das ist gut. Sollten aber Ihre Kinder vorschlagen, daß sie mehr gemeinsam ausgehen, dann denken Sie darüber nach. Ich meine, Picknicks am See, Fluß oder Meer dürften Ihnen Freude bereiten, aber auch der Besuch prächtiger Gebäude, spezieller Museen und Safari-Parks. Reisen auf Museums-Eisenbahnzügen oder Dampfschiffen würden Sie ebenfalls ansprechen; auch ein aktives Interesse an der industriellen Archäologie – die ganze Familie ließe sich einbeziehen.

Haben Sie keine Vorbehalte gegen eine Beteiligung an Eltern-Lehrer-Verbindungen an der Schule Ihrer Kinder. Während Sie vielleicht nicht besonders erpicht sind, sehr aktiv daran teilzunehmen – und sich gewiß nicht bei Geldsammel-Aktionen blamieren, bei denen Sie Leute dazu bringen sollen, sich an Unkosten zu beteiligen –, sollten Sie nicht aus dem Auge verlieren, daß sie vermutlich weitaus bessere Kuchen und Torten produzieren können als jedes andere Mitglied (obgleich Stier-Mütter wohl eine starke Konkurrenz sind!) – und Ihre Begabung, etwa den Getränkestand zu organisieren, (vom Basar ganz zu schweigen) wird unübertroffen sein. (Überlegen Sie: Gibt es etwas auf Ihrem Dachboden, wovon Sie sich bei einer solchen Gelegenheit trennen könnten?)

Fallbeispiel

Katherine – Sonne in Krebs, Merkur in Löwe, Venus in Zwillinge; Merkur-Gruppe 3, Venus-Gruppe 2

Aus dem Gutachten: Wenn Katherine aufwächst, wird es wichtig, daß ihre Emotionen nicht erstickt oder tief in ihr versteckt werden. Ein positiver Weg, ihren Empfindungen Ausdruck zu geben, ist nach Möglichkeit zu fördern. Dies kann man auf unterschiedliche Weisen erreichen: Katherine besitzt zum Beispiel von Natur aus ein sehr angenehmes Verlangen, »für etwas/jemanden zu sorgen« und andere »zu beschützen«, dies können Sie immer und ohne Gefahr unterstützen. Wenn sie ein wenig älter ist und man ihr erlauben kann, ein Tier oder vielleicht ein Aquarium mit Fischen zu betreuen, wird das herrlich für sie sein. Eine andere Möglichkeit, ihre Emotionen zu äußern, ist sie mit ihrer sehr lebhaften Imagination zu verbinden. Regen Sie Katherine an, Ihrer Imagination freien Lauf zu lassen, Märchengeschichten zu schreiben, phantastische Bilder zu malen und so weiter. Sie werden sehen, daß sie nicht den geringsten Mangel an Originalität und Erfindungsreichtum zeigt, und vermutlich der beste Weg, diese Qualitäten zum Vorschein zu bringen, führt über die künstlerische Betätigung.

Ich denke, daß das Leben sehr erheiternd und lebhaft wird, wenn Katherine aufwächst und anfängt, mit Jungen ihres Alters auszugehen. Sie wird eine sehr ungezwungene Einstellung zu ihnen erkennen lassen, und es ist recht wahrscheinlich, daß sie zwar ihre Gesellschaft sehr genießt, aber die Freundschaft noch eine Zeitlang einer tieferen emotionalen Beziehung vorziehen wird. Doch wenn sie erst einmal den Richtigen gefunden hat, wird sie am Ziel ihrer Wünsche sein! Die sensitiven, liebenswerten und beschützenden Eigenschaften werden hervortreten, und sie wird ihrem romantischen Aspekt freien Lauf lassen.

Kommentar: Katherines Gutachten wurde 1968 für ihre Eltern geschrieben, als das Mädchen knapp zwei Jahre alt war. Heute steht sie im letzten Jahr an der Universität, wo sie neue Sprachen belegt hat. Sie ist eine sehr sanfte und liebevolle Person mit einer lebhaften Vorstellungsgabe, die, wie ihre Eltern meinen, eines Tages durch Schriftstellerei Ausdruck finden könnte. Sie schrieb mit Freude, als sie noch sehr jung war.

Krebs-Kummer und Sorgen – immer ein Problem für die Angehörigen dieses Zeichens – stellen sich ein, wenn Prüfungen auf Katherine zukommen, und obwohl sie gut gearbeitet hat und ihre Aussichten auf einen guten Abschluß glänzend sind, vermindert das nicht ihre Sorgen. Sie hat einen festen

Freund, an dem sie sehr hängt. Ihr Horoskop zeigt insgesamt viele kontrastierende Züge, die dem grundsätzlichen Krebs-Einfluß widersprechen; sie war zum Beispiel immer ein sehr offenes Kind. Ich hatte die Eltern darauf hingewiesen, daß sie ihre Probleme in sich vergraben und nicht herauslassen könnte; mit diesem Hinweis im Sinne haben sie ihr geholfen, dieser Tendenz entgegenzuwirken.

Das Sonnenzeichen regiert:

Staaten und Länder: Algerien, Holland, Neuseeland, Nord- und Westafrika, Paraguay, Schottland

Städte: Algier, Amsterdam, Bern, Cadiz, Genua, Istanbul, Magdeburg, Mailand, Manchester, Stockholm, Tunis, Venedig, York

Bäume: alle Bäume, besonders saftreiche

Blumen und Heilpflanzen: Akanthus, Geißblatt, Lilien, weißer Mohn, weiße Rose, Seerose, Steinbrech, Winde

Nahrungsmittel: Obst und Gemüse mit hohem Wassergehalt: Gurke, Melone, Kürbis; Pilze, Kohl, Rüben, Kopfsalat

Biochemische Salze: Calcium fluoratum, Calcium phosphoricum

Tiere: Tiere mit schützender Schale

Stein: Perle

Metall: Silber

Farbe: rauchgrau, blaßblau, silbern

Löwe

(23. Juli bis 23. August)
ein maskulines Zeichen

Allgemeine Charakteristika

Der Löwe gilt als der König der Tiere und das Kind, das mit der Sonne im Zeichen Löwe geboren wurde, wird sich gewiß für den König bzw. die Königin des Kindergartens halten. Hier stellt sich natürlich das Problem, den kleinen Löwen so unter Kontrolle zu halten, daß sein Stolz und Selbstvertrauen keinen Schaden erleiden.

Zu seinen feinsten Eigenschaften gehören sein natürlicher Enthusiasmus und Lebenshunger. Die Sonne ist der herrschende »Planet« im Zeichen Löwe, und das Löwe-Kind hat von Hause aus eine sonnige Disposition. Wenn etwas nicht stimmt, merken wir es ihm sofort an: Eine Wolke scheint vor sein Gesicht zu treten; die innere Gemütssonne wird verdeckt, und das Verhalten verdüstert sich. Weil der Löwe jedoch eine positive Einstellung besitzt, dürfte die Wolke bald wieder abgezogen sein, und die natürliche Überschwenglichkeit zeigt sich von neuem in einem Eifer, sich wieder seinen gewohnten Lieblingsinteressen zuzuwenden.

Die Organisationsbegabung eines Löwen ist bekannt: Die Eltern von Kindern dieses Sonnenzeichens müssen jedoch bereit sein, sie zu zügeln, wenn sie nicht wollen, daß ihr Kind zum Tyrannen wird. Schließlich ist es ein Unterschied, ob man seine Freunde aufmuntert, seine eigene Begeisterung am Leben zu teilen – oder ob man das Regiment dergestalt führt, daß kein anderer zum Zuge kommt.

Löwen haben einen Überfluß an körperlicher und emotionaler Energie, der zuweilen deutlich zutage tritt, weil sie es verabscheuen, auch nur einen Augenblick ihres Lebens zu vertun. Doch es ist wichtig, sie jederzeit beschäftigt zu halten; von allen anderen Aspekten abgesehen, gehören sie zu den schöpferischsten Menschen überhaupt, und es ist psychologisch wichtig, daß sie sich irgendwie schöpferisch betätigen, um diesem Potential Ausdruck zu verleihen. Wenn ihnen das nicht möglich ist, werden sie unruhig und nur zu offensichtlich unzufrieden. Es gehört zu ihrer allgemeinen Lebenseinstellung: Sie können nichts betrachten ohne das Gefühl, es sei verbesserungsfähig, wenn sie nur auch Hand anlegen könnten – und das Verblüffende für die anderen ist dabei, daß dieses Gefühl vermutlich stimmt! Diese Eigenschaften werden schon sehr früh zum Vorschein kommen.

Die Kinder müssen natürlich unter Kontrolle gehalten und angeleitet werden – aber Sie sollten es vermeiden, zu kritisieren und zu nörgeln; das ernüchtert sie und kann ihr Selbstvertrauen ernstlich schädigen. Denken Sie daran: Wenn Sie Ihren jungen Löwen kritisieren, sollte es konstruktiv geschehen; zeigen Sie auch Ihren Sinn für Humor. So helfen Sie ihm wirklich, seine Anstrengungen zu steigern. So sehr der Löwe übrigens der Boß sein will – der Herr im Haus –, fügt er sich doch als erstaunlich williger Sklave jedem, den er wirklich respektiert und bewundert. Aber solche Bewunderung und Hingabe muß man erst gewinnen und verdienen.

Das Organisationstalent des Löwen kommt ebenfalls schon früh zum Vorschein. Auch hier muß man ihm seinen Willen lassen – und bald werden Sie erkennen, daß er gerne Verantwortung übernimmt und Ihre Anweisungen buchstabengetreu ausführt. Wenn er einmal einen dummen Fehler macht, werden ihm sein Gewissen und sein Ärger über die eigene Dummheit Strafe genug sein: die Beschämung über seine Fehler trifft die Löwe-Persönlichkeit zutiefst, und der Irrtum wird sich nicht wiederholen.

Zusammen mit Schütze ist Löwe vielleicht das optimistischste Geschöpf im Tierkreis. In der Gesellschaft von Personen, die dauernd schimpfen und keine Freude, Schönheit oder Hoffnung in der Welt und ihren Menschen finden können, wird er sich in der Tat sehr langweilen. Wenn er sich in der Gesellschaft von Leuten findet, die seiner Begeisterung die kalte Schulter zeigen, wird er weitergehen zu anderen, denen er seine Lebhaftigkeit und Lebensfreude mitteilen kann, denn nur hier wird er sich wirklich wohl fühlen.

Löwen haben einen teuren, sehr luxuriösen Geschmack. Sie verschwenden kein Geld für Kitsch, sondern lieben Qualität. Das junge Löwe-Mädchen mit seiner Sammlung von Modeschmuck wird diesen in echtes Geschmeide umtauschen, sobald sie sich das leisten kann! Schon ganz junge Löwen sind im allgemeinen recht begabt darin, ihr Taschengeld optimal zu nutzen. Sie fassen die teuersten Artikel ins Auge, denn nur das Beste scheint ihnen wirklich erstrebenswert. Doch sie sind vernünftig: wenn es notwendig ist, sparen sie lieber lange Zeit, als sich in Schulden zu stürzen. Sie sind äußerst großzügig und sollten von ihren Eltern beratend unterstützt werden, wenn sie etwa ein Geschenk für einen Freund kaufen möchten. Es bereitet ihnen echte Freude, für andere Menschen Geld auszugeben. Natürlich gibt es auch Gelegenheiten, da dies beargwöhnt wird – die Empfänger könnten meinen, Geschenke seien nur ein weiteres Beispiel für die Löwe-typische Neigung zum Angeben. Wenn es gilt, für einen wohltätigen Zweck zu spenden, wird es der Löwe meist vorziehen, selbst etwas zu produzieren und zum Verkauf oder einer Auktion beizusteuern, als einfach Bargeld zu überreichen; dabei hat er das Gefühl, mehr als nur Geld zu spenden. Diesen Zug sollte man unterstützen.

Ich habe die Neigung des Löwen zum Angeben erwähnt: Wir haben es hier in der Tat mit Mr. Showbusiness persönlich zu tun, der bei der leisesten Herausforderung auf die Bühne klettern und sich selbst in Szene setzen wird. Seine Kleidung wird auch in der Freizeit erlesen sein und soll bewundernde Aufmerksamkeit auf ihren Träger ziehen. Daran ist im Grunde nichts auszusetzen. Der Löwe hat von Natur aus einen sehr guten Geschmack, braucht jedoch in jungen Jahren wegen seiner Tendenz zur Übertreibung ein gewisses Maß an Kontrolle, damit er lernt, sich nicht mit zuviel Glanz und Glimmer zu schmükken! Die Farben der Sonne – vom blassesten Rosa vor Sonnenaufgang bis hin zum leuchtendsten Orange des Sonnenuntergangs – stehen ihm am besten.

Weil der Löwe offen und geradeheraus ist und die Menschen nimmt, wie sie sich geben, ist er leicht zu vertrauensselig. Auch hier sollten Sie behutsam lenkend einwirken, damit Ihr kleiner Löwe, wenn er selbständig draußen ist, im Kontakt mit Fremden kein Risiko eingeht. Es ist nicht leicht, einen Löwen zu bremsen, aber in diesem Falle ist es zweifellos notwendig. Wenn Sie ihn aber erschrecken, bewirken Sie unter Umständen, daß er sich zurückzieht, d.h. Selbstvertrauen verliert. Das Selbstvertrauen eines Löwen ist in Wirklichkeit schwächer, als viele sich vorstellen.

Zu den feinsten Qualitäten des Löwen gehört sein Verlangen, andere Menschen glücklich zu machen, seine Freude am Leben mit ihnen zu teilen und ihnen die Tatsache zu vermitteln, daß jede Minute und jeder Tag ein Geschenk ist, dessen man sich erfreuen sollte. Wir dürfen aber nicht aus dem Auge verlieren, daß Löwen schlimmstenfalls auch stur, dogmatisch und sehr autoritär sein können! Dies ist gewöhnlich eine Maske für ihr mangelndes Selbstvertrauen – das wiederum in der Regel auf »elterliche Mißwirtschaft« zurückzuführen ist (was meist bedeutet, daß der Löwe mit Gewalt gefügig gemacht wurde). Es liegt auf der Hand, daß eine gute Erziehung, die das Selbstvertrauen des Kindes nicht beeinträchtigt, von entscheidender Wichtigkeit ist.

Die drei Arten zu denken

Aufgrund des Einflusses von Merkur (siehe S. 22) arbeitet das Denken des Löwen vor allem auf eine von drei Arten:

1) Viele Löwen haben ein starkes Vorstellungsvermögen und denken intuitiv; achten Sie auf diese Qualitäten, die die Kreativität und Ausdrucksfähigkeit des Löwen beträchtlich bereichern können. Manchmal gibt es auch eine Tendenz, Groll zu hegen und in der Vergangenheit zu leben.

2) Die zweite Gruppe denkt sehr positiv, zeigt manchmal jedoch auch blinden Optimismus, Dogmatismus und Sturheit. Sie ist fähig zu äußerst schöpferischem Denken und lebhaftem Selbstausdruck. Das Organisationstalent dieser Löwen ist in der Regel unübertroffen.

3) Die Löwen der dritten Gruppe haben einen sehr kritischen und stark analytischen Zug und können Probleme und Projekte im Detail erfassen – was andere Löwen langweilig finden. Ihr Denken ist scharf und intellektuell geprägt; manchmal hat es die Neigung, sich Sorgen zu machen.

Die fünf Arten zu lieben

Aufgrund des Einflusses von Venus (siehe S. 22) werden Löwen dazu neigen, ihre Zuneigung auf eine von fünf Arten auszudrücken:

1) Löwen der ersten Gruppe haben eine entzückend unbeschwerte, kokette Einstellung zur Liebe und brauchen nicht nur die Möglichkeit, ihre feurige, leidenschaftliche Emotion auszudrücken, sondern auch ein hohes Maß an Kameradschaft und intellektueller Harmonie mit ihrem Partner.

2) Die zweite Gruppe bilden Löwen mit wunderbar fürsorglicher, warmer und zärtlicher Liebe, aber auch einer Tendenz, zu nostalgisch und übersentimental zu sein – und vielleicht auch Schwierigkeiten, sich damit abzufinden, daß eine Beziehung zu Ende ist.

3) Menschen, die viel Leidenschaft und Ausgelassenheit in eine gute Beziehung einbringen können, aber ihre Tendenz zum Dominieren kann Probleme verursachen. Von früh an sollten diese Löwen vor ihren negativen Aspekten gewarnt werden, die sich schon in Kinderfreundschaften zeigen.

4) Die vierte Gruppe umfaßt jene, die eher kritisch und sogar unterkühlt-analytisch in ihrer Einstellung zum Geliebten sind. Ihre Emotion zeigen sie

manchmal nur zögernd; sie brauchen ein hohes Maß intellektueller Harmonie – ein Geliebter, der den Löwen intellektuell ständig herausfordert, ist ideal. Gelegentlich könnten unliebsame Züge wie Kühle und Sarkasmus zum Vorschein kommen.

5) Löwen der letzten Gruppe stürzen sich oft vorzeitig in eine dauerhafte Beziehung, denn sie haben ein sehr starkes Bedürfnis nach Partnerschaft. Sie sind die großzügigsten ihres Zeichens, in der Liebe ebenso wie in materiellen Dingen. Sie neigen zur Idealisierung ihres Partners.

Gesundheit und Ernährung

Über die Ernährung und Gesundheit des Löwen zu schreiben, stellt ein Problem dar: die Angehörigen dieses Zeichens sind im großen und ganzen gesund und essen gerne. Abgesehen von medizinischen Problemen, die bei jedem auftauchen können, gilt es zu erkennen, daß beim Löwen fast immer (und mehr als gewöhnlich) ein Zusammenhang zwischen körperlicher Krankheit und einer Störung im Seelischen vorliegt. Dies kann sich schon sehr früh zeigen. Der Löwe muß zum Beispiel regelmäßig und gesund schlafen, denn er verbraucht auf die eine oder andere Weise sehr viel Energie. Außer einer kleinen Gruppe (siehe im vorausgehenden Abschnitt) ist Löwe kein Tierkreiszeichen, das stark dazu neigt, sich zu sorgen, und man kann durchaus sagen, daß auch innere Spannung kein ernstes Problem sein dürfte. Beobachten Sie aber sorgfältig Ihr Löwe-Kind, denn wenn es gespannt oder beunruhigt wird, stimmt etwas nicht. Vielleicht wird es in der Schule kritisiert oder grob gereizt? Irgend etwas hat seine normale Heiterkeit gelähmt, und die Situation muß so bald wie möglich kuriert werden, denn Löwen sind wesentlich empfindlicher, als andere sich vorstellen; wenn sie verletzt sind, reagieren sie – wie die Löwen in der freien Natur –, durch Rückzug in ihre Höhle, um dort allein ihre Wunden zu pflegen.

In der traditionellen Astrologie wird der Löwe mit dem Herzen in Verbindung gebracht, es ist daher wichtig, darauf zu achten, daß Ihr Löwe in seiner Aktivität – und er wird in der Tat ein sehr aktives Kind sein – seine Kräfte nicht überfordert; wenn dies geschieht, können sich alle möglichen Schmerzen und Beschwerden entwickeln, besonders vielleicht im Rücken (die dem Zeichen Löwe zugeordnete Körperregion). Alle Übungen, die die Wirbelsäule kräftigen, sind hilfreich, eine gute Haltung ist Notwendigkeit (und sollte bei Löwen von Natur aus angelegt sein).

Bei Kinderkrankheiten wird der junge Löwe es gewiß genießen, im Zentrum der Aufmerksamkeit zu stehen – das ist fast notwendig für ihn. Wenn Sie ihm einiges Zeichenmaterial oder ein interessantes Spiel geben, das er noch nicht kennt, wird er einigermaßen geduldig das Bett hüten. Wenn Sie ihn ertappen, wie er das Bett verlassen hat und im Zimmer umherrennt, können Sie davon ausgehen, daß er wohl auf dem Wege der Genesung ist und über seine Energie wieder verfügen kann.

Löwe-Kinder speisen mit Vergnügen und neigen zu recht kräftigem Essen. Versuchen Sie, sie zu bewegen, reichlich gut gekochtes (nicht *ver*kochtes!) Gemüse und leichte Salate zu essen, das wird ihnen helfen, sich ausgeglichener zu ernähren. Als Zwischenmahlzeiten sollte der junge Löwe möglichst Zitrusfrüchte zu sich nehmen; Apfelsinen werden übrigens von diesem Tierkreiszeichen regiert!

Es ist überaus wichtig, daß der Kreislauf des jungen Löwen in guter Verfassung bleibt. Schlechte Durchblutung kann selbst bei den sehr jungen Menschen zu Rheumatismus führen, später im Leben könnte sich Arthritis entwikkeln. Menschen mit diesem Sonnenzeichen geraten in ernste Schwierigkeiten, wenn sie frieren – sie fühlen sich regelrecht krank, und ihre psychische Verfassung hat darunter zu leiden. In heißem, sonnigem Wetter blühen sie auf. Wenn die Sonne herauskommt, hellen sich ihre Gesichter auf; im Winter brauchen sie warme Räume. Schwere Kleidung können sie nicht ertragen und sollten besser angehalten werden, mehrere leichtere Kleidungsstücke zu tragen statt fester, massiver Mäntel oder Pullover.

Die Tatsache, daß Wassermann dem Tierkreiszeichen Löwe gegenüber liegt, erinnert uns daran, daß die Sprunggelenke des Löwen etwas schwach sind, da Wassermann die Knöchel regiert. Wenn Ihre junge Löwin im Ballettunterricht gute Fortschritte macht und erfährt, daß sie nun *en pointe* üben dürfe, beobachten Sie sie sorgfältig, wenn sie zu Hause übt: Sehr wahrscheinlich wird sie gleich etwas viel zu Ehrgeiziges probieren und könnte dabei ihren Knöchel verletzen.

Die meisten Löwen haben eine herrliche Haarmähne – die älteste Tochter der Königin von England ist ein gutes Beispiel. Halten Sie sie dazu an, ihr Haar gut zu pflegen, das mehr als bei anderen Tierkreiszeichen die Krönung ihrer Erscheinung ist.

Die ersten fünf Jahre

Die Bewunderung von den Freundinnen seiner Mutter wird dem Löwe-Kind eine Wonne sein, und es saugt alle Beachtung, die es bekommen kann, wie ein Schwamm auf. Während die meisten Kinder hin und wieder protzen, wird der Löwe den Anschein erwecken, als gäbe er dauernd an. Sie werden sehen, wie er beispielsweise nach jedem Kleidungsstück greift, das in seine Reichweite kommt, hineinschlüpft und umhertanzt, um Aufmerksamkeit auf sich zu ziehen. Sich zu verkleiden wird in der Tat für alle Löwen ein genußreicher Zeitvertreib sein – vielleicht ihr Leben lang!

Wir dürfen nicht übersehen, daß die Neigung zum Angeben beim Publikum nicht immer so beliebt sein wird wie beim Darsteller. Die Eltern müssen zu erreichen suchen, daß der junge Löwe seinen Freunden erlaubt, ebenfalls Rollen im Spiel zu übernehmen, anstatt alles Scheinwerferlicht immer nur für sich allein in Anspruch zu nehmen! Der beste Weg, dem Löwen ein Gespür für Disziplin beizubringen, wird die Zuteilung einer spezifischen Aufgabe sein, die es ihm erlaubt, sein glänzendes Organisationstalent zu gebrauchen. Vielleicht kann man ihm die Verantwortung für die Ordnung in einem abgegrenzten Teil des Hauses übertragen oder ihm eine bestimmte Aufgabe zuteilen, die täglich zu einer festen Zeit zu erledigen ist.

Sie werden bemerken, daß schon das kleinste Löwe-Kind recht zuverlässig ist; vermutlich wird es behaupten, Dinge tun zu können, die weit außerhalb seiner Kräfte liegen (oder der jedes anderen Kindes in seinem Alter). Man sollte das Selbstwertgefühl des Kindes nicht dämpfen, ihm jedoch auch keine zu großen Lasten aufbürden.

In die Kindergartengruppe sollte sich der Löwe sehr gut einfügen, er wird sich entzückt mit Farbe und Papier beschäftigen, um lebhafte Bilder zu kreieren, auf denen mit Gewißheit (und an prominenter Stelle!) immer die Sonne und Blumen zu sehen sein werden. Wenn er ein Gemälde produziert, auf der nur ein Teil der Sonne hinter Wolken hervorschaut, ist dies möglicherweise ein deutliches Anzeichen dafür, daß nicht alles in Ordnung ist; hier könnte ein tieferes Problem zum Vorschein kommen, das der Lösung bedarf.

Der Löwe wird es sein, der Spiele organisiert – wenn man einen Anführer braucht oder jemanden, der die Kugel ins Rollen bringt, wird er zur Stelle sein (und ohne Zweifel mit einem jungen Widder streiten, wer der erste sein dürfe).

Löwen sind im großen und ganzen nicht unlenksam, aber wie alle Kinder bedürfen sie von Zeit zu Zeit der Disziplinierung; je konstruktiver Sie selbst in bezug auf diesen Aspekt der Erziehung sind, desto besser. Seien Sie bestrebt, Ihrem Löwen Aufgaben zuzuteilen, die ihn anregen, andere Menschen in sein

Denken einzubeziehen, und machen Sie ihm verständlich, daß man auch ohne ihn auskommen kann.

Die Betrachtung von Bilderbüchern wird ihm besonders Freude bereiten, auch wenn er schon ganz ordentlich lesen kann. Märchen von edlen Prinzen und ihren mutigen Taten zur Rettung schöner Jungfrauen werden seine lebhafte Imagination beflügeln. Der Löwe ist nicht grundsätzlich aggressiv; wird er aber in einen Kampf verwickelt, gewinnt sein feuriges Temperament die Oberhand, und er bringt seine Wut rückhaltlos zum Ausdruck. Falls und wenn dies geschieht, denken Sie daran, daß der Löwe in dem Rufe steht, ein besonders großmütiges Zeichen zu sein. Er sollte alles sehr rasch vergessen und wird keinen Groll hegen – wahrscheinlich werden aus den Rivalen gute Freunde. Der extravertierte und gesellige Löwe sollte von jungen Jahren an ermutigt werden, anderen Menschen soviel wie möglich zu helfen, wie auch immer es gerade angebracht ist.

Schulzeit

Da der junge Löwe sich gewiß leicht und bereitwillig in die Kindergartengruppe einfügt, sollten die Eltern, wenn die Zeit gekommen ist, kaum Probleme haben, wenn er zur Grundschule überwechselt. Gleichwohl dürfen wir seine Neigung zum Angeben nicht vergessen, und wenn er einen Lehrer bekommt, der zu diesem Persönlichkeitsaspekt etwas kritisch und reserviert eingestellt ist, könnte der Löwe darunter leiden. Andererseits wird er aufblühen und glänzend vorankommen bei Lehrern, deren Begeisterung und Freude an ihren Fächern ansteckend wirkt und die sich in der Gesellschaft von Kindern wohl fühlen.

Bereits am Anfang der Schulzeit werden Organisationsfähigkeit und Führungsqualitäten des Löwen zum Vorschein kommen. Da dies natürlich gute, starke und positive Eigenschaften sind, sollten sie unterstützt werden. Es gibt nur einen Weg, dem Löwen einzuprägen, daß er sich nichts einzubilden braucht: Sorgen Sie dafür, ihm unmißverständlich klarzumachen , daß vermutlich viele Menschen – auch Gleichaltrige – schlauer sind als er selbst, und er lernen sollte, ihren Vorstellungen zuzuhören und ihre Meinungen gelten zu lassen. Wenn er jedoch beharrlich an der Spitze seiner Klasse bleibt, sieht das Problem etwas schwieriger aus; aber auch hier ist es gut, ihn anzuhalten, auch an andere zu denken.

Das schöpferische Potential eines Löwen ist meist enorm, aber man findet nicht immer leicht heraus, auf welchem Gebiet seine Talente liegen; die Kreativität kann so viele Formen annehmen! Wenn er fasziniert ein Spielzeugauto in die Einzelteile zerlegt und wieder zusammensetzt, ist das ein Zeichen, seine Kreativität könnte auf mechanischem Gebiet liegen. Der Leser wird verstehen, daß ein schöpferischer Löwe nicht Maler, Schriftsteller oder Schauspieler zu sein braucht, denn seine Kreativität beschränkt sich nicht allein auf den Bereich der schönen Künste.

Der Löwe wird ein besonders freundliches Kind sein. Gleich nach seinem Verlangen, Liebe und Zuneigung zu schenken, folgt das Bedürfnis, beides zu empfangen. Er wird darauf bedacht sein, daß auch seine Freunde ihr Leben glücklich genießen. Er wird es zum Beispiel sein, der im Sommer ein Picknick organisiert oder die Zelt-Übernachtungen im Garten. Andere Menschen glücklich zu machen, ist für Löwen immer wichtig, bis zum Ende ihres Lebens.

Der Löwe möchte gerne wissen, woran er ist, wenn es um Fragen der Disziplin geht: Wenn er den Eindruck hat, Regeln seien töricht oder würden nur aufgestellt, um zu demonstrieren, wer das Sagen hat, wird er leicht aufgebracht. Eine gewisse Hartnäckigkeit kann sich selbst dann zeigen, wenn er einsieht, daß Regeln mit bester Absicht erlassen wurden. Er ist nicht unbedingt rebellisch, sondern hat einfach das Gefühl, daß die Regeln viel sinnvoller wären, wenn er sie formuliert hätte – und damit könnte er sogar recht haben.

Ein Löwe, der in der Schule wirklich gedeihen soll, muß seiner Persönlichkeit Ausdruck verleihen können. Wenn er von einem Fach fasziniert ist und den Lehrer respektiert, wird ihn nichts mehr halten, und er wird fast unglaubliche Leistungen erbringen. Uninteressiert, gelangweilt und ohne Vertrauen zum Lehrer wird er Selbstvertrauen einbüßen, und seine Position in der Klasse wird nachgeben. Selbst wenn er einen wissenschaftlichen Kurs belegt oder sich auf Mathematik spezialisiert, sollte er immer auch irgendeiner kreativen Beschäftigung nachgehen – wenn nötig auch außerhalb des Klassenraums (zum Beispiel in der Theatergruppe); so entsteht ein Gegengewicht zu seiner intensiven mentalen Arbeit. Es erübrigt sich zu sagen, daß er möglichst viel Unterstützung erhalten sollte, wenn er sich auf Kunst spezialisieren will, sei es Malerei, Musik oder eine andere Richtung. Wenn Sie entdecken, daß Ihr Löwe-Kind überdurchschnittlich kreativ begabt ist, wird es gut sein, ihm die Schulung in einer speziellen Bildungseinrichtung zu ermöglichen. Auf der Yehudi Menuhin-Schule oder an einer Kunsterziehungs-Schule würde der junge Musiker oder Schauspieler aufblühen.

Auch wenn vielleicht allzu große Zuversichtlichkeit zum Problem wird, sollte es kaum Schwierigkeiten geben, den jungen Löwen zu motivieren, vor einer Prüfung zusätzliche Zeit dem Lernen zu widmen – vorausgesetzt, er ist am betreffenden Fach interessiert. Helfen Sie ihm sehr rechtzeitig, einen festen Lernplan auszuarbeiten, damit er sich nicht gehetzt fühlt und zuviele Freizeitinteressen opfern muß, um mehr für die Prüfungsvorbereitungen zu haben. Erlauben Sie ihm nicht zu denken, er sei überschlau: Einbildung (dem Löwen nicht unbedingt etwas Fremdes) kann verheerende Auswirkungen haben, wenn sie sich in der Prüfungsarbeit dokumentiert!

Im großen und ganzen ist der Löwe mit einem guten Teamgeist ausgerüstet und eignet sich gewiß gut zum Spielführer, der seine Mannschaft zum Erfolg scheucht. Mannschaftsspiele wird er genießen, wenngleich wüste Keilereien ihm nicht besonders liegen, vor allem, wenn die Gefahr besteht, daß er schmutzig wird! Freude erwächst ihm aus physischer Aktivität und natürlich aus dem Gefühl, Sieger zu sein – was ebenfalls ganz wichtig für ihn ist. Löwen sind allerdings schlechte Verlierer. Im späteren Leben werden sie einer Konkurrenzsituation eher aus dem Wege gehen, als das Gesicht zu verlieren; an Betrügereien zu denken, wird jedoch immer weit unter ihrer Würde sein.

Wie ich sagte, sind Löwen gute Freunde, und wie bei den Krebsen, ihren Cousins im Tierkreis, werden ihre Kindheitsfreundschaften durch ihr ganzes Leben aufrechterhalten.

Das Leben außerhalb der Schule

Die ideale Nachmittags-Routine für den Löwen im Schulalter muß gewährleisten, daß er, vorzugsweise im Sonnenschein, hinaus- und herumkommt; dazu gehören noch Malen, die Fahrt zum Ballettunterricht, vielleicht Eislaufen, dazwischen Besuch des teuersten Kaufhauses in der Stadt, um das Taschengeld auszugeben. Kurzum, er genießt ein volles Leben – und je aufregender es ist, desto besser! Selbst wenn seine Aktivitäten in jeder Hinsicht recht fade sind, wird er zusehen, daß das Leben aufregend und spaßig ist – und sei es in seinem lebhaften Vorstellungsvermögen!

Selbst wenn Geld knapp ist, sollten Sie ganz spezielle Anstrengungen unternehmen, damit Ihr Löwe-Kind seine Freizeit mit Aktivität ausfüllen kann, anstatt herumzuliegen und tagzuträumen oder fernzusehen. Löwen lassen sich gern für die Pfadfinderei begeistern und werden glänzende Scharführer, wenn ihre Zeit kommt. Jede Beschäftigung, die ihr Feingefühl beansprucht und ihnen hilft, freundliche, menschliche Qualitäten zu entfalten, ist besonders erstrebenswert.

Wir dürfen nicht vergessen, daß wir es mit den großen Darstellern im Tierkreis zu tun haben, und höchstwahrscheinlich wird Ihr Löwe-Kind unverkennbar in seinem Element sein, wenn es Ihnen eines Tages mitteilt, daß es bei einer Schulaufführung mitschauspielern darf.

Es ist schwierig, dem Löwen eine Sportart zu empfehlen, denn er neigt oft dazu, Wettbewerbs-Sport als etwas Langweiliges zu betrachten. Wenn er körperliche Bewegung benötigt, sollte er zum Tanzen ermutigt werden, sei es Ballett, Breakdance oder etwas anderes. Nicht nur scheint es ihm immer eine Freude zu sein, er ist gewöhnlich von Natur aus dazu begabt; zudem wird das Tanzen mit seinem ästhetischen Aspekt besonders attraktiv. Jegliche Aktivität, die das schauspielerische Talent des Löwen einbezieht, wird ihm ein willkommener Zeitvertreib sein.

Der Löwe kümmert sich nicht sonderlich intensiv um Einzelheiten, will aber immer und in jedem Bereich einem sehr hohen Maßstab gerecht werden. Von Zeit zu Zeit versucht er Abkürzungen, lernt aber bald, daß dieser Weg für ihn nicht von Vorteil ist. Vielleicht stellt sich eine gewisse Selbstzufriedenheit ein; wenn sie schädliche Formen annimmt, machen Sie Ihren Löwen auf seine Grenzen aufmerksam, und fordern Sie ihn zu weiteren Anstrengungen auf. An Entschlossenheit und Ehrgeiz fehlt es ihm nicht, und Brownings Empfehlung, man solle immer über seine eigenen Grenzen hinausstreben, muß für einen Löwen formuliert worden sein: »Wenn du beim ersten Mal keinen Erfolg hast, versuche es immer wieder«, gehört gewiß zu seinen Leitsprüchen. Aber Sie sollten das Wort »versuchen« nicht betonen, denn der Löwe glaubt so fest an den Erfolg, daß er sich ein Scheitern kaum vorstellen kann.

Löwe-Mädchen sind modebewußt und wollen viel Geld für Kleidung ausgeben. Bringen Sie Ihrer jungen Löwin so früh wie möglich das Nähen bei: die Arbeit mit schönen Stoffen wird sie sehr inspirieren, und vielleicht fertigt sie sogar ein Partykleid oder Kostüm für eine besondere Gelegenheit an. In ihrem Element wird sie sein, wenn man sie zur Faschingskönigin wählt – oder wenn ein älterer Angehöriger sie bittet, bei seiner Hochzeit die Brautjungfern anzuführen.

Vorbereitung fürs Leben

Die jungen Löwen wachsen auf, und ihre Begeisterung erstreckt sich auch auf das Experimentieren in Beziehungen mit Angehörigen des anderen Geschlechts.

Die meisten Löwen behalten wahrscheinlich einige kindliche Züge, werden aber zur gleichen Zeit auch fähig, ihren Partnern ein großes Maß von überraschend reifer Liebe und Zuneigung zu geben. Sie stehen unter dem Einfluß eines eher romantisch veranlagten Tierkreiszeichens, und wenn ihre Zuneigung zu einem Partner erwidert wird, macht sich fast mit Gewißheit eine Tendenz bemerkbar, ihn zu idealisieren; die innere Sonne des Löwen wird in der Tat sehr hell auf Freund oder Freundin scheinen.

Viele Löwen – besonders, wenn sie jung und verhältnismäßig unerfahren sind – neigen auch dazu, das Ziel ihrer Zuneigung auf ein Podest zu stellen; der Geliebte ist brillant, unfehlbar und bringt das Leben des Löwen zu seiner Erfüllung. Dies gilt jedenfalls so lange, bis der Löwe abgewiesen oder, da er zuviel erwartete, enttäuscht wird. Er wird meinen, der Partner, der seinen Erwartungen nicht gerecht wurde, habe ihn enttäuscht, und sein Leben scheint Licht und Sinn verloren zu haben. Aufgrund seiner großen Empfindlichkeit wird er sich äußerst verletzt fühlen. Die großen Erwartungen und der hohe Respekt, die Löwen ihren Partnern entgegenbringen, verursachen gewöhnlich Probleme – nicht nur in der Jugend, sondern auch noch im Erwachsenenleben. Wenn Ihr junger Löwe launisch und trübsinnig wird, hat ihn wahrscheinlich die Geliebte enttäuscht oder verlassen.

Aus deren Perspektive betrachtet, hatte der Löwe sich vielleicht zu sehr angestrengt, um sie »zu verbessern«, sich herrisch verhalten oder sie vor den Kopf gestoßen. Sie können ihm das andeuten oder ihn zumindest bitten, sich selbst diese Fragen zu beantworten.

Löwen sind von Natur aus leidenschaftlich und werden vermutlich schon früh mit sexuellen Experimenten beginnen. Aber sie lieben auch die Bequemlichkeit und werden ihre Affären nicht auf dem Rücksitz des Autos austragen! So etwas entspräche einfach nicht ihrer Vorstellung von der angemessenen Inszenierung einer Romanze; sie werden also eine weitaus behaglichere Umgebung wünschen – ein weiteres potentielles Problem, das Sie zu lösen haben.

Der Löwe wird seinem Partner in deren eigenem Interessensbereich oder Studienfach herrliche Anregungen schenken und ihn mit seiner wunderbaren Begeisterung und Lebenslust anstecken.

Obwohl sich männliche wie weibliche Löwen zahlreicher Beziehungen erfreuen werden – und das ist gut so –, zeigen sie doch viel Treue. Während der Dauer einer Beziehung ist der Löwe in dieser völlig engagiert und richtet sein Leben weitgehend nach dem Partner aus. Selbst der flirtfreudigste Löwe wird diese Treue in seinem Wesen haben – auch wenn seine Reaktionen von der jeweiligen Venus-Position beeinflußt werden. Mehr als die Angehörigen aller anderen Tierkreiszeichen genießen Löwen die aufregenden Veränderungsphasen zwischen dem Ende der einen und dem Beginn der nächsten Beziehung. Löwe-Mädchen sind starke Partner, sollten aber darauf achten, daß die Betonung auf »Partnerschaft« liegt, denn sie wollen in der Beziehung gerne die Hosen anhaben. Sie können und sollten in ihren Partnern immer das Beste zum Vorschein bringen. Ihren Eltern oblag es, ihnen einzuprägen, daß es in der Tat sehr wichtig ist, ein Gleichgewicht zwischen Anregung und Dominanz zu halten.

Junge Löwen verehren ihre Idole und wünschen, daß ihr Partner etwas von den Eigenschaften widerspiegelt, die sie zum Beispiel an ihrem Lieblings-Popstar bewundern. Sie zeigen die Tendenz, Qualitäten selbst in Partnern zu sehen, denen sie deutlich fehlen. Das ist vielleicht nicht ohne Vorbehalt gutzuheißen, weil es dem Hang des Löwen zur Heldenverehrung Vorschub leistet und ihn aus der Realität in die Phantasiewelt abdrängt.

Wir dürfen nie vergessen, wie verletzbar der Löwe ist – und in dieser Beziehung können sie sich selbst verletzen. Lassen Sie sich von seinem tapferen Gesicht nicht täuschen, das er in der Öffentlichkeit zur Schau trägt, wenn er sich selbst manipuliert, »Spaß zu haben« bis er der Mittelpunkt einer Party ist. Wenn das Fest aus ist, geht er nach Hause und heult sich hilflos in den Schlaf. Die Maske kann sehr erfolgreich sein, und sie gewährleistet zumindest, daß der Löwe herumkommt und neue Leute kennenlernt, anstatt sich in seiner Höhle zu verstecken.

Weitere Ausbildung

Der junge Löwe wird in einem Zustand freudiger Erregung sein, wenn er die Schule verläßt: voll Optimismus und Begeisterung ist er bereit, die nächste Phase seines Lebens anzupacken. Er wird spüren, daß er endlich nicht mehr von den Lehrern herumkommandiert wird und immer gesagt bekommt, was er zu tun hat. Jetzt kann er anfangen, seiner Persönlichkeit auf eigene Weise Ausdruck zu verleihen.

Die Zeit an der Universität sollte wunderbar für ihn sein. Er kann all sein organisatorisches Geschick und seine Führungsqualitäten einsetzen – wenn er nicht ein sehr untypischer Löwe ist. Zumeist ist er ein extravertierter Typ und wird schon gemerkt haben, daß Kameraden ihn nach vorn schoben, wenn es etwa galt, dem Lehrer etwas Schwieriges zu erklären, oder wenn jemand in irgendeiner Angelegenheit die Führung übernehmen mußte.

Spätestens an der Universität wird er nun erkennen, daß er zum Führen geboren ist. Wenn er sich der Theatergruppe anschließt, einer politischen Gruppierung, einer gewerkschaftlichen, studentischen oder anderen Verbindung, wird er bald den Ehrgeiz äußern, zum Vorstand zu gehören und schließlich

Vorsitzender oder Präsident zu werden. Sein überschäumender Enthusiasmus wird ihn ins Rampenlicht führen. Andere, weniger selbstsichere Menschen werden seine Führungsqualitäten bereitwillig anerkennen, seine Vorschläge eifrig aufnehmen und sich von ihm führen lassen.

Es ist wichtig, daß er ein Fach studiert, das ihm viel bedeutet; Begeisterung vorzutäuschen, fällt ihm schwer. Man kann den Löwen wohl anregen, in jedem Projekt etwas Interessantes zu finden und aus dem Wenigen viel zu machen, aber wenn er nicht mit Herz und Seele bei dem beteiligt ist, was er tut, kommt er nicht voran, wie er sollte. Wenn er sich völlig hinter eine Sache stellen kann, wird er große Fortschritte machen.

Löwen sollten ermutigt werden, ihren natürlichen Stolz zu entfalten; er wird ihre Gewissenhaftigkeit besonders beim Studium stärken. Ein Verlust an Stolz (etwa durch Versagen in Prüfungen) ist schrecklich für sie und nur schwer zu ertragen. Ein Scheitern wird genügen, um sie für den Rest der Zeit auf Kurs zu halten – sie werden systematisch arbeiten, den Prüfungsraum mit einem guten Gewissen betreten und Gutes leisten.

Löwen brauchen Lehrer, Dozenten, Referenten, die sie bewundern und respektieren können; das ist für sie wichtiger als für jedes andere Tierkreiszeichen. Unter der richtigen Instruktion machen sie wirklich spektakuläre Fortschritte. Ohne Respekt schleicht sich Langeweile ein, und der Student kann sein volles Potential nicht erkennen. Er ist in der Diskussion nicht besonders debattierfreudig und sein Erinnerungsvermögen wird selektiv; was er sich aber merkt, ist wichtig und wird ihn für den Rest seines Lebens begleiten.

Der Löwe, der eine Kunst- oder Schauspielschule besucht, begeistert sich für seine Ausbildung sogar noch mehr als der Universitätsstudent. Er fühlt sich wirklich als »Auserwählter« und weiß genau, wohin er geht. Dabei ist er ausreichend vielseitig, um sein Netz möglichst weit auszubreiten und ein so weites Wissen aufzunehmen, wie es die Geschichte und Entwicklung seines Studienfachs zulassen. Er ist kein Schmalspur-Denker, sondern eifrig darauf bedacht, jede Facette von allem zu erfassen, was mit seinem Studium zusammenhängt.

Ein typisches Löwe-Hobby gibt es nicht. Unter einem Hobby versteht man eine Beschäftigung, der man zur eigenen Entspannung nachgeht. Der Löwe jedoch ist der Ansicht, was sich zu tun lohnt, sei es wert, daß man es so gut wie überhaupt nur möglich erledigt – er arbeitet also ebenso fest an seinem Hobby, wie an seiner Karriere! Diese Haltung hat freilich den Vorteil, daß das Hobby sich jederzeit in eine Karriere verwandeln läßt, wenn dies notwendig wird.

Die ausgeprägte Kreativität des Löwe-Geborenen habe ich erwähnt; sie ist wirklich ein Schlüssel zu seiner Persönlichkeit. Auf die Gefahr einer Wiederholung hin möchte ich erneut betonen, daß jeder Löwe irgendwo in seinem Leben ein Element von Kreativität zeigt. Es spielt keine Rolle, welche Gestalt es annimmt, sollte aber vorhanden sein. Es gibt kreative Konditoren, kreative Uhrmacher, kreative Steuerberater ...! Der Löwe besitzt ein schöpferisches Talent, das irgendwo in ihm steckt; er muß angeregt werden, es zu entdecken und zu nähren – besonders wenn die Eltern erkennen, daß es nicht zum Ausdruck gelangt.

Die Berufsausbildung wird den starken Unabhängigkeitsdrang des Löwen steigern. Dies ist gut so, kann aber auch dazu führen, daß sich zu früh eine falsche Selbstsicherheit einstellt; vielleicht sollte man darauf hinweisen (behutsam, ohne ihn zu zerknirschen!), daß er noch nicht soweit ist, die Welt zu regieren. Auch die Sturheit des jungen Löwen kann in Zusammenhang mit einer Tendenz zu sehr festgefahrenen Meinungen zu Problemen führen. Flexibilität dürfte sich allerdings mit zunehmendem Alter und Erfahrung entwickeln.

Arbeitslosigkeit: Spannung und Belastung

Wenn der junge Löwe keine Arbeit findet, sollten Sie ihm klarmachen, daß ein Löwe nicht arbeitslos zu sein braucht – er kann sich ein spannendes Interesse vornehmen, das seine Zeit ausfüllt und ihn beschäftigt und erfüllt, auch wenn es kein Geld einbringt.

Der Löwe hat von Natur aus einen sehr stabilen, ausdauernden Optimismus. Selbst nach einiger Zeit der Erwerbslosigkeit wird ihn – zumindest anfänglich – das Formulieren und Versenden von Bewerbungsschreiben oder das Durchkämmen von Stellenanzeigen nicht langweilen. Wenn die Situation freilich immer länger anhält, könnte es soweit kommen, daß er aufgibt; dann wird er in der Tat sehr niedergeschlagen sein. Achten Sie auf Gefahrensignale, wenn er zum Beispiel am Morgen nicht aufstehen will und sich nicht mehr für seinen Lieblingssport interessiert. Wenn die Apathie einmal einsetzt, das Selbstvertrauen nachläßt und der Löwe sich zurückzieht, gleitet er leicht in eine negative Fluchthaltung ab, möglicherweise auch in Alkohol oder Drogen. Er gehört zu denen, die es zu etwas bringen wollen, und wenn er erkennt, daß er keine Chance hat, etwas zu erreichen, bricht er nur zu leicht zusammen.

Auf der Suche nach Arbeit sollte das Organisationstalent des Löwen ins Spiel gebracht werden; planen Sie wie für eine Werbekampagne. Sie als Eltern können ihn auf vielfache Weise unterstützen. Helfen Sie ihm, sich ordentlich zu präsentieren, indem Sie ihm bei der Erstellung eines makellosen Lebenslaufes behilflich sind, der auf erstklassigem Briefpapier sauber gedruckt werden sollte. (Wenn Sie ihm eine kleine finanzielle Unterstützung geben können, gibt es kaum einen besseren Weg.) Die äußere Erscheinung ist ebenfalls wichtig. Wenn er zu einem Vorstellungsgespräch geht, können Sie darauf vertrauen, daß er sich so vorteilhaft wie möglich präsentiert.

Der Löwe blüht auf, wenn man ihn lobt, das braucht er wie ein Tonikum, um seinen natürlichen Enthusiasmus und Optimismus zu stärken; versuchen Sie etwas zu finden, wofür Sie ihn loben können, statt ihn zu kritisieren. Kritik treibt ihn in eine Form destruktiver Isolation.

Engagement in der Gemeinschaft ist gut, besonders wenn der Löwe dabei seinen Willen haben kann. Die Organisation von Unterhaltungs-Veranstaltungen oder Treffen für ältere Menschen, wird ihm ganz natürlich von der Hand gehen. Die Dankbarkeit der Zielgruppe wird sein Selbstvertrauen und seine Selbstachtung steigern. Es tut ihm besonders gut zu sehen, wie andere sich amüsieren infolge der Anstrengungen, die er auf sich genommen hat.

Jeder Löwe in der Versuchung, mit Drogen zu experimentieren, sollte sehr aufmerksam jene betrachten, die bereits von ihnen abhängen. Der Anblick ihrer tragischen körperlichen und geistigen Degradierung, die von der Drogenabhängigkeit herbeigeführt werden, sollte ihn für sein restliches Leben lang eines Besseren belehren – er besitzt viel zuviel Selbstachtung, um so enden zu wollen. Tragischerweise kann schon das geringste Experiment für den Löwen so enden, weil er dazu neigt, bis zum bitteren Ende durchzuziehen, was er einmal angefangen hat. Ist er erst einmal im Bann der Sucht, erschwert das Sturheitselement in seiner Persönlichkeit eine Behandlung zusätzlich. Zeigen Sie ihm in einem nüchternen Augenblick, wie sehr die Gewohnheit seine ganze Erscheinung beeinträchtigt, und zählen Sie auf seine Selbstachtung, die ihm hilft, mit dem Entzug zu beginnen. Von einer Kreativitäts-Therapie könnte er mehr als mancher andere profitieren, denn er will ja die Kontrolle über seine Fähigkeiten wiedererlangen und in jeder Hinsicht Herr seiner selbst sein, nicht nur im Körperlichen, sondern auch im Emotionalen. Von einer Droge beherrscht zu sein, ist für ihn ebenso unverzeihlich, wie von einem anderen Menschenwesen dominiert zu werden.

Aus allen diesen Gründen werden Löwen möglicherweise mit geringerer Wahrscheinlichkeit drogensüchtig als andere. Sie sollten jedoch immer daran denken: wenn sie der Sucht unterliegen, wird es gleichermaßen schwieriger, von ihr wieder loszukommen.

Interessen und Freizeit-Aktivität

Es besteht kein Zweifel: der junge Löwe ist definitiv ein Anführer, in welchen Kreisen auch immer er sich bewegt. Er wird die Gesellschaft seiner Freunde genießen, und diese werden es genießen, mit ihm zusammen zu sein.

Trotz seiner romantischen Veranlagung ist es recht wohl möglich, daß er Freundinnen hat, die nur Freundinnen bleiben; in seinem »Gefolge« werden also beide Geschlechter vertreten sein. Dem Löwen fällt es vermutlich zu, gemeinsame Unternehmungen wie Konzert- oder Kinobesuche, Sportveranstaltungen usw. zu organisieren, und vermutlich auch Urlaubsreisen (vorzugsweise in die Sonne).

Weil seine Hobbys so sehr Teil seines Lebens sind, genießt der Löwe besonders die Freundschaft mit jenen, die seine Interessen teilen. Er wird ihren Enthusiasmus beflügeln – auch wenn er nicht sehr erpicht darauf ist, ihre Vorstellungen anzuhören, geschweige denn in die Tat umzusetzen! Grundsätzlich wird er vor allem solchen Interessen nachgehen, die es ihm ermöglichen, sich oder seine Talente zu beweisen. Er ist der geborene Laienschauspieler, Maler, Musiker oder Sportler. Was auch immer er beginnt, soll gut werden. Wenn er mit einem Team auf ein Ziel hin arbeitet, wird sich das besonders lohnen, da nicht nur er, sondern auch seine Freunde davon profitieren werden.

Der Löwe kleidet sich äußerst geschmackvoll. Wie »modisch« er gerade ist, hängt weitgehend von seinen individuellen Vorlieben ab; manchmal kümmert er sich nicht so sehr um den letzten Schrei als darum, wie er von billigen Kopien und Massenprodukten zu den Designer-Labels gelangt. Dies stärkt seine Selbstachtung und erinnert ihn ständig daran, daß er in der Welt vorankommt. Es gilt für beide Geschlechter gleichermaßen, und Löwe-Frauen werden das Ausgeben von viel Geld für ihre Kleidung mit der Begründung rechtfertigen, es sei eine gute Investition!

Mit zum Sinn des Daseins gehört für einen Löwen, andere Menschen aufzumuntern und sein Möglichstes zu tun, um das Leben leichter, angenehmer und spaßiger für jene zu machen, deren Einstellung weniger optimistisch ist. Sein Motto könnte lauten: »Schenke ein bißchen Lächeln und Glück!« Er kann sich dabei sehr viel Mühe geben und versuchen, allen traurig aussehenden Menschen ein helles, freundliches Lächeln zu schenken. Es ist also gut und wichtig, den Löwen daran zu erinnern, daß seine positiven, lebhaften Qualitäten ansteckend sind und zu diesem Zweck auch eingesetzt werden sollten. Wenn er ein wenig Zeit findet, sich irgendeinem Projekt für die Gemeinschaft zu widmen, werden viele Menschen von den Früchten seiner Anstrengungen profitieren.

Löwen sind sehr großzügige Köche; sie geben ein doppeltes Quantum Sahne und Weinbrand zu allem! Sie halten es vieleicht nicht für sinnvoll, viel Zeit mit der Zubereitung eines Mahls zu verbringen, aber das Vergnügen, das es ihren Freunden dann bereitet, inspiriert sie zu weiteren Anstrengungen und gibt ihnen sehr viel Befriedigung. Sie sind beim Kochen große Könner auf dem Gebiet teurer und gewagter Abkürzungen, das Endprodukt ist oft äußerst eindrucksvoll. Die meisten Löwen hassen übrigens die Hausarbeit mit Hingabe, stürzen sich aber sehr energisch darauf, teils aus Stolz auf ihr Heim, das sie schön haben wollen, teils weil sie die Hausarbeit als eine Möglichkeit betrachten, ihre Aggression auszuleben.

Löwen lieben die meisten Tiere; aufgrund ihrer Vorliebe für Hochwertiges werden sie vermutlich einen edlen Rasse-Hund oder –Katze wählen. Aber sie sollten nicht vergessen, sich zu erinnern, daß sie auch Spaß mit ihren Tieren haben sollen und vielleicht etwas zurückhaltend sein, ein Tier zu wählen, das mehr dekorativ als energisch ist!

In dem Abschnitt über weitere Ausbildung erwähnte ich, daß der natürliche Platz für einen Löwen, der in einen Vorstand gewählt wurde, der Präsidentenstuhl an der Spitze des Tisches ist. Der Löwe bekleidet gerne eine verantwortungsvolle Position, ist aber meist mehr darauf bedacht, mit der Arbeit voranzukommen, als stundenlang zu debattieren, sich mit Einzelheiten herumzuschlagen und mit umständlichen, langweiligen Vorstandsmitgliedern abzugeben. Mit anderen Worten, vermutlich wird die Administration mit Kreativität und Selbstausdruck kollidieren; dies muß der Löwe bedenken, wenn er sich bereit erklärt, eine führende Stellung in irgendeiner Organisation anzunehmen. Auch wenn er das Prestige genießt, das ihm eine solche Position verleiht, kann der Zeitaufwand, der mit dem Amt verbunden ist, auf Kosten der erfreulicheren Freizeit gehen, in der er tatsächlich etwas *tun* könnte.

Welcher Freizeit-Aktivität der Löwe auch nachgeht: wahrscheinlich wird seine Liebe zu ihr sehr lange anhalten. Halten Sie sich das vor Augen: Sie könnten, wenn Ihr Löwe noch sehr jung ist, ein Interesse wecken, das ihn dann aller Wahrscheinlichkeit nach bis zum seinem Tode begleiten wird. Der Löwe wird sich Zeit nehmen, etwas Interessantes eingehend zu prüfen, bevor er sich ausführlicher damit beschäftigt, aber wenn er sich einer Liebhaberei einmal widmet, ist er auch bereit, sehr viel Zeit und Energie – auch Bargeld – zu investieren, um es zur Höchstform zu entfalten.

Löwen brauchen die Abwechslung zwischen Beschäftigungen, die sich ausschließlich im Gehirn abspielen und solchen, die körperliche Aktivität irgendeiner Art verlangen. Sie sollten nach Möglichkeit ein gewisses Maß natürlicher Anmut mit der körperlichen Betätigung verbinden, für die sie sich entscheiden. Alle Formen des Tanzes – ich sagte es bereits – ziehen sie an und sind ideal. Auch Eislaufen oder Leichtathletik könnte ihnen gefallen, sowie alles, was ihrem natürlichen Gespür für Dramatik Ausdruck verleiht.

Ideale Berufswege

Sie werden nun annehmen, daß die Löwen den Inbegriff des Showmanns im Tierkreis verkörpern. Welche Karriere sie auch gewählt haben: sie werden Flair und Effekt hineinbringen. Wie untergeordnet ihre Aufgabe auch sein mag: sie werden das Beste daraus machen. Der junge Teenager, der als Lehrling in einem großen Kaufhaus zu arbeiten anfängt, wird darauf achten, daß sein Arbeitsbereich schön aussieht und makellos sauber ist, und wird all seinen Stolz in die Waren legen, die er verkauft, ob es Brillanten sind oder Modeschmuck. Entsprechend wird sich der ältliche Löwe-Portier, der vor dem Luxushotel steht, in seinem Element fühlen, die Limousinen der Reichen hüten und natürlich gewaltige Trinkgelder einsammeln, als Beitrag zur Sicherung seines löwenhaften Lebensstils!

Jeder Löwe, der sein eigenes Geschäft führt, weiß genau, was er will und wie er es bekommen wird. Er ist ein anspruchsvoller, aber sehr fairer Arbeitgeber. Gewiß kommandiert er seine Leute herum, aber er ist auch äußerst großzügig, besonders wenn es darum geht, gute Dienste zu belohnen. Die Loyalität, die er selbst zeigt, erwartet er auch von seinen Angestellten. Oberflächlichkeit kann er weder im geschäftlichen noch im sonstigen Leben gut ertragen. Er sagt immer, was er denkt, und er ist zuverlässig. Von allen anderen erwartet er das gleiche und wird darin häufig enttäuscht.

Der Arbeitsplatz des Löwen muß warm und gemütlich sein, sauber und bunt. Höchstwahrscheinlich wird Ihr junger Löwe in seinem Eifer und Enthusiasmus nachlassen, wenn er feststellt, daß er in einer schäbigen, schmutzigen und düsteren Umgebung arbeiten soll. Wenn es noch dazu kalt ist, wird er es nicht überleben!

Löwen findet man – wie alle Zeichen des Tierkreises – in allen Bereichen des Lebens; sie zeichnen sich aus als glänzende Organisatoren und Führerpersönlichkeiten, die sehr gut mit anderen Menschen auskommen. Sie sind begeisternde Lehrer (besonders der Künste), auch wenn ihre eigene Kreativität einmal die Oberhand gewinnen kann, so daß sie meinen, vom Lehren abgehen und ganz für ihre eigene Erfüllung arbeiten zu müssen. Es ist offensichtlich nicht gut, jemanden über die Maßen dafür zu begeistern, ans Theater zu gehen, denn der Beruf des Schauspielers ist schwierig. Viele Löwen jedoch scheinen für die Bühne geboren zu sein, und wenn Ihr junger Löwe viel Talent zeigt, ist es das Beste, wenn Sie ihm die praktischste Ausbildung schenken, die Sie sich leisten können, und damit sicherstellen, daß er eine Fertigkeit erlangt, mit der er Geld verdienen und sich über Wasser halten kann, wenn die Nachfrage nach Schauspielern schlecht ist.

Zuweilen gewinnt man den Eindruck, der Löwe sei machthungrig, weil er gerne der Boß sein und seine Führungsqualitäten zeigen will. Dies muß jedoch absolut nicht der Fall sein – tatsächlich sind viele Löwen gar nicht auf Konkurrenz aus, sondern finden sich (ohne eigenes Verschulden) in Machtpositionen gedrängt. Wenn dies vorkommt, sind sie wohl die besten Führer; wenn ihnen aber, aus welchem Grund auch immer, die Macht zu Kopfe steigt, müssen sie gut unter Kontrolle gehalten werden.

Die Kreativität des Löwen präsentiert sich oft mit viel Flair und Großspurigkeit; wir finden viele Menschen mit diesem Sonnenzeichen, die sich als Mode-Designer einen Namen machen, als Juweliere und Illustratoren. Eine hochrangige handwerkliche Begabung wird sich immer zeigen, wenn Löwen in den schönen Künsten oder im Handwerk allgemein engagiert sind. In der Regel sind sie nicht besonders innovativ oder auffallend originell, aber die Qualität ihrer Arbeit und ihr ausgeprägter Sinn für Schönheit wiegen dieses kleine Handikap auf. Viele Löwen erreichen hohe Ränge im Militär oder werden Berufssportler; wenn sie zur Wissenschaft neigen, sollten sie (ähnlich wie ihre Krebs-Nachbarn) darauf bedacht sein, in einem Bereich zu arbeiten, der es ihnen erlaubt, ihrer Imagination und Kreativität Ausdruck zu verleihen. Tüftelige, analytische Forschungen sind für sie weniger attraktiv.

Weil sie sehr darauf erpicht sind, das Leben anderer verbessern zu helfen, bewähren sich viele Löwen äußerst gut als Rechtsanwälte, und wenn es Ihrem Löwen schwerfällt, dieses Buch aus der Hand zu legen, dann haben Sie vielleicht einen kleinen Astrologen vor sich; dieses Tierkreiszeichen hat schon eine ganze Reihe professioneller Astrologen hervorgebracht.

Im allgemeinen ist der Löwe ehrgeizig und setzt sich gewiß das Ziel, die Spitze zu erreichen. Rücksichtslosigkeit ist in der Regel kein typischer Charakterzug, aber er braucht eine Arbeitsstelle, an der man ihn glänzen sehen kann (im juristischen Bereich wird er eher ein publikumswirksamer Rechtsanwalt als ein fleißiger Urkundsbeamter), und die ihm die Gelegenheit gibt, andere mit seinem Enthusiasmus anzustecken. Unauffällig hinter den Kulissen zu arbeiten, ist nicht seine Sache.

Reisen

Wachen Sie von einem Nickerchen im Liegestuhl auf und sehen, daß alle Kinder in Sichtweite gezwungen worden sind, sich für ein Strandspiel zu Mannschaften zu formieren, können Sie sich darauf verlassen, daß es Ihr kleiner Löwe war, der das ganze organisiert hat!

Die Talente Ihres Löwen sind bei der Organisation Ihrer Ferien sehr brauchbar; versuchen Sie, ihn in alle Planungen einzubeziehen. Er wird erstaunlich gut dazu beitragen, daß alles sparsam und vernünftig verpackt ist. Er wird sich an wichtige Artikel erinnern, die Sie vielleicht vergessen haben, und Sie werden vor der Abreise vermutlich noch zwei Stunden Zeit übrig haben – und alles ist fix und fertig! Dem jungen Löwen wird es nicht nur Freude bereiten, Ihnen zur Hand zu gehen, sondern er wird dabei sein ohnehin erstklassiges Organisationstalent noch trainieren.

Löwe-Kinder genießen in der Regel ihren Urlaub – wenn auch mit gewissen Vorbehalten. Sie werden erwarten, es zumindest so bequem zu haben, wie sie es von zu Hause gewohnt sind. Wenn sie dann aber ein schlechtes Bett in einem kleinen, engen Zimmer mit miserabler Verpflegung erwartet, können Sie sich auf Ärger gefaßt machen. Falls Sie es genießen, draußen in einem Zelt am Hang eines in Nebel gehüllten Berges zu campieren – ihr Löwe wird es gewiß nicht! Ebensowenig wird es ihn erfreuen, auf dem Rücksitz eines Kleinwagens zwischen vier Körben Picknick, dem Hund und der Taucherausrüstung gequetscht zu sitzen; der Beifahrersitz ist das mindeste, was er beansprucht. Wenn er in einem erstklassigen Intercity-Reisezug fahren kann, vor dessen Fenstern eine wunderbare Landschaft malerisch vorübergleitet, und erfährt, daß bald ein gutes Mahl auf ihn zukommt, ist das schon viel besser!

Der Löwe wird im allgemeinen zuversichtlich sein, daß es einen echten Grund gibt, an einem bestimmten Ort die Ferien zu verbringen, und daß es dort auch etwas zu genießen gibt; Schlösser und schöne Städte werden ihn gewiß reizen, und man sollte ihn erinnern, Skizzenblock und Bleistifte mitzunehmen, weil er aller Wahrscheinlichkeit nach seine eigenen Aufzeichnungen von der Landschaft anfertigen will. Er wird durchaus den Wunsch äußern, das Museum und die Kunstgalerie am Ort zu besuchen, denn der Löwe ist gewöhnlich an Kultur interessiert – vielleicht natürlich nicht an der konventionellen Kultur.

Auch wenn Löwen nicht immer verrückt nach Sport sind, werden sie in einem Ferienquartier, an dem es nichts anderes zu tun gibt (in einem Ski-Urlaubsort zum Beispiel), überhaupt nichts dagegen haben zu experimentieren. Doch sie hassen es, sich zu blamieren; gehen Sie also davon aus, daß Sie ihnen ein paar gute Unterrichtsstunden bezahlen müssen, damit sie ihre Freude haben. Auch wenn sie die Kälte wirklich nicht mögen (die in der Tat auch nicht gut für sie ist), werden sie es aushalten, vorausgesetzt die Sonne strahlt hell auf den Schnee – aber einen Tag am Strand werden sie einem Tag auf der Skipiste jederzeit vorziehen. In beiden Fällen sollten Sie sie nach der Ankunft im Auge behalten, denn in ihrer Liebe zum Freien und vor allem zur Sonne können sie es übertreiben und mit einem schlimmen Sonnenbrand enden. So etwas passiert eher wegen der Löwe-Begeisterung als aus Unbesonnenheit; in der Regel können sie ganz gut auf sich selbst aufpassen und sind nicht von Hause aus töricht.

Sie werden es auch genießen, sich nach wirklich guten (nicht zwangsläufig teuren) Souvenirs umzusehen.

Löwen als Geschwister

Wenn der junge Löwe ein Geschwisterchen bekommt, will er nach wie vor im Mittelpunkt der elterlichen Aufmerksamkeit stehen und wird wohl versuchen, die Aufmerksamkeit auf sich zu ziehen, indem er sich aufspielt. Mal spielt er den Clown, mal präsentiert er stürmische Wutanfälle, oder er macht einfach viel Lärm, um zu bekommen, was er will.

Um dem zu begegnen, sollten Eltern ihre Begeisterung für das neue Familienmitglied schon vor der Geburt vermitteln. Die Löwe-Schwester könnte man anregen, ein kleines Kleidchen zu nähen oder zu stricken oder vielleicht ein weiches Spielzeug oder einen ganz einfachen Wolle-Ball für das erwartete Baby anzufertigen. Je mehr die Löwe-Geschwister am notwendigen Organisieren und Arrangieren beteiligt werden können, desto besser. Sie werden sehr viel Spaß daran haben, beim Streichen des Kinderzimmers mitzuhelfen oder beim Instandsetzen ihrer Wiege von früher.

Löwen sind gute, wenn auch recht herrische ältere Geschwister. Interessanterweise werden Sie vermutlich feststellen, daß Ihr Kind sehr gut auf die Geburt des Babys reagieren wird, weil die jungen Löwen im großen und ganzen nicht aggressiv sind, selbst wenn sie sich besonders diktatorisch geben! Sie werden sich rührend bemühen, wenn sie ihren jüngeren Geschwistern beibringen zu krabbeln oder zu gehen, und ihre Großzügigkeit kennt keine Grenzen, wenn es darum geht, Bücher, Spiele oder irgendein Spielzeug weiterzugeben, das sie selbst nicht mehr gebrauchen. Eltern sollten vielleicht ein wenig vorsichtig sein, wenn ihr Löwe in ein ganz spezielles Interesse vertieft ist; jüngere Familienmitglieder, die ihn unterbrechen oder gar Wasser über ein halbfertiges

Gemälde verschütten, müssen mit einem kurzen Prozeß rechnen – der Löwe kann die Fassung verlieren, und auch der Schuldige wird kurz darauf gewiß nicht mehr in guter Verfassung sein!

Die Rolle von Bruder oder Schwester ist in vieler Hinsicht ideal für Löwe-Geborene und gibt ihnen die Gelegenheit, manche ihrer feinsten Qualitäten zu zeigen. Ihr Organisationstalent wird sich entfalten, aber auch ihr hingebungsvolles und warmherziges Wesen. Theoretisch wird es keine Eifersuchts-Probleme geben; wenn die Eltern sich richtig verhalten, braucht der junge Löwe nicht kostbare Zeit oder emotionale Energie für ein so negatives Gefühl zu vergeuden. Ein idealer Weg, der Eifersucht vorzubeugen, bedeutet, den Löwen zu ermutigen, als Älterer mit gutem Beispiel voranzugehen; vor allem aber sollten Sie daran denken, daß es nicht notwendig ist, einem Löwen gegenüber herablassend zu sein oder ihn wie ein Kind zu behandeln. Heben Sie vielmehr hervor, daß er älter und viel erwachsener ist als seine jüngeren Geschwister und immer ein gutes Beispiel geben sollte, und Sie werden das erwünschte Resultat sehen.

Jeder Löwe ist bestrebt, sein eigenes »Reich« zu haben. Es ist wichtig, ihm einen Bereich zuzuordnen, der auf besondere Weise ihm selbst gehört; dies gibt dem Löwen ein Gespür für Verantwortung und das Gefühl von Zugehörigkeit. Sollte die Frage aufkommen, daß ein Zimmer zu teilen ist, wird es ratsam sein, eine Familienkonferenz einzuberufen. Er darf nicht das Gefühl haben, eine Entscheidung über eine so wichtige Angelegenheit werde gefällt, ohne daß seine Empfindungen eingehend konsultiert und berücksichtigt wurden. Seinen eigenen Lebensraum wird er mit seinem Leben schützen – und der Himmel helfe jedem, der es wagt, einzudringen. Erlauben sie Ihrem Löwen, sein Reich so zu gestalten, wie es ihm gefällt; mit Postern und so weiter wird er ihm etwas Eigenes, Persönliches aufprägen.

Wenn der Löwe das jüngere Geschwister ist, sollten Sie auf der Hut sein, wenn Sie bei ihm die Tendenz entdecken, die Position des älteren Bruders oder der Schwester zu untergraben. Das junge Löwe-Mädchen wird nur zu leicht zum glitzernden kleinen Püppchen, das die ältere, zurückhaltendere, aber vielleicht nachdenklichere Schwester in den Schatten stellt – sei es, indem sie angibt, sich konsequent in den Vordergrund drängt oder mit der Behauptung, sie brauche als Jüngere besonders viel Aufmerksamkeit. Denken Sie auch daran, daß das Löwe-Kind einen großen Sinn fürs Dramatische hat, den es sehr überzeugend ins Spiel bringen könnte, wenn es seinen Willen nicht bekommt. Es ist überaus wichtig, daß ein aufgebrachter Löwe nicht verwöhnt wird – andernfalls wird die Effektivität einer dramatischen Szene ihn davon überzeugen, daß er sich alles erlauben kann.

Kinder, deren Löwe-Geschwister die gleiche Schule besuchen, werden in ihm einen echten Beschützer haben, der, wenn etwas schief geht, zuverlässig als Rächer einspringt und wie ein Adler auf den Angreifer herniederstößt – nicht unbedingt körperlich, aber mit einer entsprechenden Überlegenheit, die nur noch vor der Schulleiterin zurückweicht! Wenn der Übeltäter es wagt, seine Beleidigung zu wiederholen, stehen ihm wirklich Schwierigkeiten ins Haus.

Löwen als Eltern

Löwe-Eltern sind von dem tiefen Wunsch bewegt, mit ihren Kindern Freude zu haben. Um die Erfüllung dieses Verlangens zu gewährleisten, sollten sie keine Familie gründen, bevor sie in der richtigen Gemütsverfassung dazu sind. Sie sind hervorragende Eltern und sehr darauf bedacht, daß ihre Kinder zumindest ebenso gute Erfolgschancen im Leben haben werden wie sie selbst, als sie noch jung waren – und nach Möglichkeit bessere.

Sie müssen sich jedoch davor hüten, ihren Kindern in ihrer Begeisterung für ihr Weiterkommen die eigenen Vorstellungen übermächtig aufzudrängen. Es ist leider manchmal so, daß ein Löwe, dem es nicht gelang, in einem bestimmten Berufsweg Erfolg zu erreichen, dazu neigt, seine Kinder in die gleiche Richtung zu drängen. Manche Löwe-Mutter etwa, die einst den sehnlichen Wunsch hegte, Tänzerin zu werden, dann aber die Prüfungen nicht schaffte, schickt ihre Tochter schon zur Ballettschule, bevor diese richtig gehen kann – auf jeden Fall aber, bevor sie selbst verständlich machen kann, ob sie dies wünscht. Oder ein Löwe-Vater, der nach einem bestimmten Sport verrückt ist, lenkt seinen Sohn in diese Richtung, bevor dieser weiß, ob er es will oder nicht. Das Kind mag natürlich Erfolg haben, aber es kann auch sein, daß es seinem Vater/Mutter nie vergibt!

Achten Sie darauf, daß Sie Ihre Kinder nicht drängen; geben Sie sich besondere Mühe zu beachten, was sie sagen; ihre Meinung ist ebenso wichtig wie Ihre, selbst wenn sie weniger gut fundiert scheint. Wenn die Interessen Ihrer Kinder völlig anders gelagert sind als Ihre eigenen, dann seien Sie dankbar, daß sie überhaupt Interessen besitzen, und unterstützen Sie diese! Der Weg nach vorn bedeutet für Sie, Anstrengungen zu unternehmen, sich für die Vorlieben der Jungen zu interessieren, anstatt sie zu zwingen, Ihre zu teilen.

Sie werden es vermutlich sehr genießen, zur Horizonterweiterung Ihrer Kinder beizutragen. Nehmen Sie sie mit auf teure Ferienreisen, zeigen Sie ihnen herrliche Paläste und schöne Gemälde, fördern Sie ihre Imagination und ihr Staunen. Wenn Sie es taktvoll in Angriff nehmen, wird es Respekt und Bewunderung der Kinder für Sie steigern. Wenn Bares knapp ist und Sie sich keine teuren Ferien leisten können, dann geben Sie sich im eigenen und Ihrer Kinder Interesse die Mühe herauszufinden, wie Sie solche Interessen vor Ort befriedigen können – und oft auch kostenlos.

Löwen neigen im allgemeinen dazu, mit Kindern über sechs, sieben Jahren besser klarzukommen als mit Kleinkindern. Sie finden es faszinierend, ein Menschenwesen zu beobachten, wie es sich geistig entfaltet, wie die Persönlichkeit zum Vorschein kommt – erwarten von einem Dreijährigen aber oft zuviel im Sinne von Kunstverständnis und metaphysischen Gedankengängen! Wenn Sie sich mit dem Kleinkind etwas langweilen, dann freuen sie sich, daß es aufwachsen und die Zeit kommen wird, da Sie es als Kamerad und Freund ebenso schätzen werden wie als Sohn oder Tochter. Um diese Freundschaft aufzubauen, werden Sie sich wohl etwas zurücknehmen und ein oder zwei »Gänge herunterschalten« müssen. Wenn Kinder ständig mit dem Bild des Vaters oder der Mutter als Mittelpunkt des bekannten Universums konfrontiert werden – Vorsitzender hier, Präsident dort –, dann fällt es ihnen womöglich etwas schwer, Sie auch als gewöhnlichen Sterblichen zu würdigen, mit dem man Spaß haben kann, und sie entwickeln vielleicht die bedauerliche Tendenz, in Ihrem Schatten zu leben. Versuchen Sie also einen Sinn für Humor zu bewahren und nicht zu wichtigtuerisch zu werden. Ihre Verbindung mit der Schule Ihrer Kinder ist nur ein Beispiel: Sie werden sich für die Aktivitäten der Eltern-Lehrer-Verbindungen interessieren und sie am Ende auch organisieren; versuchen Sie aber nicht, sich viel hervorzutun (und seien Sie vorsichtig genug, sich bei der Jahres(schluß)feier nicht zu auffallend in Schale zu werfen; es könnte Ihrem Kind peinlich sein).

Während Sie Freude mit Ihren Kindern haben wollen und sich bei allem, was Sie tun, eine hohe Qualität abverlangen, sollten Sie auch erkennen, daß Sie ein strenger Zuchtmeister sein könnten. Die meiste Zeit halten Sie das Gleichgewicht vermutlich richtig, aber bedenken Sie, daß zu den Hauptfehlern des Löwen Dogmatismus und Sturheit gehören. Verbinden Sie diese beiden Züge mit Ihrem hohen Anspruch – und Sie könnten in Ihrem Versuch, absolut ideale Kinder zu produzieren, die sich immer perfekt benehmen und Muster an Intelligenz sind, zum grausameren Tyrannen werden, als Ihnen selbst klar ist. Überlegen Sie sich auch, wie konventionell oder unkonventionell Sie sind, und wie einfach oder schwer es Ihnen fällt, die sich verändernden Haltungen und Meinungen von Menschen zu verstehen und zu akzeptieren, die viel jünger sind als Sie selbst. Manchen Löwen fällt das sehr leicht, andere finden es schwer, weil sie traditionelle und allgemein akzeptierte Maßstäbe lieben. Wenn Sie zu letzteren gehören, machen Sie sich auf Generationskonflikte gefaßt, wenn Ihre Kinder heranwachsen. Alle jungen Menschen tragen etwas Rebellisches in sich, und das ist richtig und gut; aber es besteht die Möglichkeit, daß Sie sauer darauf reagieren, wenn Sie nicht genügend anpassungsfähig sind.

Fallbeispiel

Ysanne – Sonne in Löwe, Merkur in Jungfrau, Venus in Krebs; Merkur-Gruppe 3, Venus-Gruppe 2

Aus dem Gutachten: Sie wollen, dessen bin ich mir sicher, wirklich etwas aus sich machen und haben wohl eine starke kreative Grundmotivation. Alles in allem ist Ihre Einstellung von deutlicher, reinster Positivität erfüllt, die Sie auf verschiedenste Weise lenken können. Es mangelt keineswegs an Organisationstalent, und Ihre starke Kritikfähigkeit gebrauchen Sie gegen andere eher konstruktiv als nörgelnd oder negativ. Wenn Sie in das konventionelle Geschäftsleben einsteigen wollen, wäre die Arbeit im Bereich Computer oder Steuerberatung vielleicht ein guter Gedanke. Es wäre ein sicherer Beruf (finanzielle Sicherheit ist wichtig für Sie), und ich bin gewiß, daß Sie eine befriedigende Nische für sich finden werden.

Es ist wichtig, daß Sie Ihre eigene Einzigartigkeit auch innerhalb der Familie aufrechterhalten (trotz Ihrer enormen Loyalität und Ihrem sehr starken Bedürfnis, sich ein eigenes Familienleben, einen Familienkreis zu schaffen). Es wäre nicht gut für Sie, unter irgend jemandes Fuchtel zu stehen. Bewahren Sie immer Ihr Gefühl von Unabhängigkeit und Ihren Sinn für Freiheit. Sie sind sehr treu und besitzen eine sehr ausgeprägte Fähigkeit (von der Sie vermutlich bereits wissen), wirklich von ganzem Herzen zu lieben. Doch Sie dürfen sich niemals durch eine Beziehung eingeengt oder erstickt fühlen.

Kommentar: Ysanne und ihre Eltern gingen mich um eine Analyse an, als Ysanne neunzehn war und nicht wußte, für welchen Berufsweg sie sich entscheiden sollte. Zur gleichen Zeit konsultierte sie auch eine Berufsberatung. Die Ergebnisse waren in vielen Aspekten ähnlich, aber ich konnte tiefer in ihre psychologische Motivation Einblick nehmen. Wir waren uns einig, daß eine Karriere im Finanzwesen vielversprechend sei, aber ich erwähnte auch ihre mütterlichen Instinkte, wie Sie an dem obigen Auszug sehen. Diese haben sich als stark erwiesen. Ysanne ist eine prächtige Mutter von zwei Kindern, und da diese sich nun dem Schulalter nähern, beginnt sie, freiberuflich als Steuerberaterin zu arbeiten und damit wieder den Beruf aufzunehmen, den sie vor der

Ehe ausgeübt hatte. Sie meint, daß die größere finanzielle Unabhängigkeit sich lohnen werde, und die Arbeit wird ihrem Leben und ihrer Rolle als Ehefrau und Mutter eine weitere Dimension verleihen. Ysanne ist eine kreative Schneiderin, aber ihre grundlegende schöpferische Motivation ist in ihrer Rolle als Hausfrau zu erkennen.

Das Sonnenzeichen regiert:

Staaten und Länder: Alaska, Südfrankreich, Italien, westliches Kanada, Madagaskar, Oregon, pazifische Inseln, Rumänien

Städte: Bath, Bombay, Bristol, Chicago, Damaskus, Los Angeles, Madrid, Philadelphia, Portsmouth, Prag, Rom, Syracuse (New York, USA)

Bäume: Lorbeer, Ölbaum, Palme, Walnuß, Zitrus-Bäume

Blumen und Heilpflanzen: Gartenraute, Lorbeer, Mandeln, Mistel, Passionsblume, Pfefferminze, Pimpernell, Ringelblume, Rosmarin, Safran, Scharbockskraut, Sonnenblume, Wacholder

Nahrungsmittel: Fleisch; Gemüse mit hohem Eisengehalt; Reis, Honig, Wein

Biochemische Salze: Magnesium phosphoricum, Natrium muriaticum

Tiere: Großwild, besonders Großkatzen

Stein: Rubin

Metall: Gold

Farbe: die Farben der Sonne, von Morgen- bis Abenddämmerung

Jungfrau

(24. August bis 22. September) ein feminines Zeichen

Allgemeine Charakteristika

Das höchst adrette und ordentliche Kind, das seine Kleidung nie zu beschmutzen scheint und nachmittags so sauber von der Schule nach Hause kommt, wie es am Morgen gegangen war, entspricht ganz dem Inbegriff einer Jungfrau.

Die Jungfrau ist freundlich und leutselig, in einem nicht endenwollenden Strom von Fragen erkundigt sie sich über alle Personen und Dinge, die ihr in den aufgeweckten Sinn kommen. Manchmal ist sie so besessen von Einzelheiten, daß sie den Blick für das Ganze verliert. Wenn Sie mit ihr aufs Land hinaus fahren, wird sie unter Umständen eine kleine Blüte sehr eingehend studieren und dabei die Tausende anderer Blumen ignorieren, die das Land bedecken. Ähnliches kann auch in der Schule geschehen, wenn ihre Aufmerksamkeit fürs Detail stärker ausgeprägt ist als ihr Vermögen, eine Thematik als ganzes zu erfassen.

Sie entwickelt eine extrem kritische Einstellung zum Leben, die nicht nur ihr Selbstbild, sondern auch ihre Einschätzung anderer Menschen beeinflussen wird. Seien Sie sich darüber im klaren, daß dies zu ihrer Persönlichkeit gehört. Sie muß lernen, aus dem Umstand, daß Menschen anders sind als sie selbst, nicht zwangsläufig zu folgern, diese seien weniger wert oder bewundernswürdig. Die Jungfrau wird auch sich selbst mit anspruchsvollen Maßstäben beurteilen und leicht niedergeschlagen und desillusioniert werden, wenn es ihr nicht gelingt, ihnen gerecht zu werden. Bei solchen Gelegenheiten konzentriert sich ihre Kritikfähigkeit zu stark auf sie selbst.

Sie gehört zu den arbeitenden Menschen dieser Welt, glänzt aber gewöhnlich nicht im Organisieren. Wenn Sie ihr helfen, mehr Selbstvertrauen zu entfalten (das bei Jungfrauen nicht immer besonders ausgeprägt ist), wird es gut sein zu berücksichtigen, daß sie in ihrem Element ist, wenn sie genau weiß, *was* man von ihr erwartet, und *wann* sie es tun soll. Sie hat sehr viel Energie zur Verfügung und besitzt auch starke Nervenkraft, die unbedingt positiven, fordernden Ausdruck finden muß. Wenn dies nicht möglich ist, wird die Jungfrau sehr unruhig, nervös und zappelig und kann sich kaum noch auf eine bestimmte Arbeit konzentrieren. Selbst wenn sie zum Lesen oder Fernsehen stillsitzen sollte, steht sie dauernd auf und holt Dinge für Sie, besorgt etwas für sich selbst, wippt zumindest ständig mit dem Fuß oder trommelt mit den Fingern, als ob sie darauf wartete, daß etwas geschehe.

Bald wird die kleine Jungfrau unterscheiden lernen und die Fähigkeit entfalten, jeden Aspekt einer Situation zu analysieren, in der sie sich befindet. Ihre Aufgabe wird es aber wohl sein, ihr beizubringen, zu definitiven Entscheidungen oder Schlußfolgerungen zu gelangen, denn die meisten Menschen unter dem Einfluß dieses Zeichens haben eine deutliche Tendenz, sich selbst und ihre Fähigkeiten zu unterschätzen. Selbst wenn sie sich im Denken völlig darüber im klaren sind, daß eine gewisse Schlußfolgerung die einzig richtige ist, können sie doch nicht glauben, daß es ihnen möglich war, sie ohne fremde Hilfe zu finden! Selbst wenn wir die Jungfrau loben, ist ihr das nicht unbedingt willkommen; ihre angeborene Bescheidenheit verleitet sie zu der Annahme, Sie seien nur höflich oder freundlich zu ihr. Soviel Bescheidenheit ist bezaubernd und gelegentlich auch einnehmend, kann die Jungfrau jedoch auch sehr bremsen; obwohl diese hart arbeitet, vermag sie das volle Spektrum ihrer Möglichkeiten oft nicht zu erkennen.

Jede Jungfrau hat das Bedürfnis, anderen zu dienen. Es ist eine Freude, in den Genuß zu kommen, der Empfangende zu sein, und eine große Hilfe, wenn es gilt, sich um die Geschwister zu kümmern. Sie sollten aber versuchen, die Dienstbereitschaft unter Kontrolle zu halten, denn sie kann die Jungfrauen zurückhalten und ihr Weiterkommen im Leben behindern.

Das Zeichen Jungfrau gehört zum Element *Erde;* die von ihm Beeinflußten sind sehr praktisch veranlagt. Sie sind Menschen, die mit beiden Füßen auf der Erde stehen – zuverlässig, aufgeweckt, lebhaft und sehr gesprächig; ihre extravertierten und introvertierten Aspekte sind hervorragend ausgewogen. Unternehmen Sie, was in Ihrer Macht steht, um sie zu fördern, und achten Sie immer auf die Tendenz der Jungfrau, zu selbstkritisch zu sein und sich selbst schlecht zu machen. Es sollte nicht allzu schwierig sein, Ihrer Jungfrau die Notwendigkeit einzuprägen, sich vor Fremden in acht zu nehmen. Bei Annäherungsversuchen Fremder werden vermutlich ihre natürliche Skepsis und die Fähigkeit, Menschen mit scharfem, kritischem Blick einzuschätzen, stärker sein als ihre gleichermaßen angeborene freundliche Mitteilsamkeit. Die Jungfrau besitzt gute Beobachtungskräfte, die zu fördern sich als eine sehr gute Idee erweisen könnte; sollte ihr Kind Argwohn gegen jemanden hegen, kann es Ihnen eine sehr detaillierte und zuverlässige Beschreibung der betreffenden Person geben.

Mit Geld wird die Jungfrau natürlich sehr sorgfältig umgehen. Die meisten Jungfrauen können es glänzend verwalten, bekommen selbst aber manchmal aufgrund ihrer Bescheidenheit weniger, als sie verdienen – oder als ein anderer, der vergleichbare Arbeit leistet. Die penible Einstellung zum Geld kann bei der Jungfrau manchmal an Geiz grenzen, möglicherweise aus Sorge um eventuelle »magere Jahre«. Hierauf sollten Sie ein Auge haben; man will natürlich nicht, daß die Kinder zu Verschwendern werden, ihr Taschengeld verschleudern oder als Erwachsene nur ein unterentwickeltes Gefühl für den Wert des Geldes haben, aber gerade die Jungfrauen sollten sich hin und wieder überlegen, ob (Aus-)Geben nicht besser ist als Empfangen!

Was Zeit und Energie betrifft, ist die Jungfrau interessanterweise meist recht großzügig, trotz ihrer sonstigen Tendenz zur Knickerigkeit. Bestimmt legt sie von ihrem Taschengeld einen bestimmten Betrag auf die Seite für die Ferien oder um auf etwas Spezielles zu sparen. Unterstützen Sie sie, wenn sie für Geburtstagsgeschenke und – sehr wichtig! – wohltätige Zwecke etwas abzweigen oder sparen möchte. Mit am nettesten und erfreulichsten ist es, wenn die kleine Jungfrau sich an irgendeinem Aspekt gemeinnütziger Arbeit beteiligt, denn hier kann sie ihrer angeborenen Liebe zum Helfen und Dienen auf positive Weise Ausdruck verleihen – besonders bei der Hilfe für Menschen in Not oder für kranke Tiere.

Die typische Jungfrau wird ihre Schuluniform wohl auch in der Freizeit mit Stolz tragen, besonders wenn sie in einem dunklen Marineblau-Ton gehalten ist und eine adrette weiße Bluse dazugehört! Im großen und ganzen sind Jungfrauen reichlich konventionell, und dies zeigt sich meist sehr deutlich bei der Wahl ihrer Kleidung. Obwohl Ihre Vorstellung von Konventionalität vermutlich von der Ihres Jungfrau-Kindes differiert, wird dieses sich auch als Teenager im Vergleich zur eigenen Generation vermutlich sehr bescheiden und unauffällig zeigen. Weil die Jungfrau gerne sauber und ordentlich ist, wird sie bei der Arbeit im Garten oder Haushalt attraktive Kittel und Overalls tragen.

Die drei Arten zu denken

Aufgrund des Einflusses von Merkur (siehe S. 22) arbeitet das Denken der Jungfrau vor allem auf eine der folgenden drei Arten. Da Merkur zudem Regent des Zeichens Jungfrau ist, übt seine Plazierung auch psychologisch einen wichtigen Einfluß aus.

1) Die erste Gruppe von Jungfrau-Geborenen besitzt eine recht entspannte Einstellung zum Leben, Selbstvertrauen und ein ausgeprägtes Talent für kreative Arbeit. Möglicherweise ist ihr kritischer Blick mit besserwisserischer Sturheit gepaart, werden Ansichten dogmatisch verfochten, aber die Ordnungs- und Organisationsbegabung ist überdurchschnittlich stark angelegt.

2) Bei Angehörigen der zweiten Gruppe sind alle typischen Jungfrau-Charakteristika betont. Sie sind in der Regel recht intelligent, doch ihre Tendenz zur Selbstkritik kann die Entfaltung mancher guten Anlage hemmen. Nervenenergie ist reichlich vorhanden, aber es könnte notwendig werden, die starke Unruhe durch körperlich erschöpfende Betätigungen auszugleichen.

3) Zur dritten Gruppe gehören jene Jungfrauen, die alle Aspekte einer Frage zu sehen vermögen, Entscheidungen aber oft hinausschieben. Mangelndes Selbstvertrauen wird manchmal als vorgetäuschte Trägheit getarnt. Diese Jungfrauen sorgen sich weniger als andere und sind auch nervlich weniger angespannt.

Die fünf Arten zu lieben

Aufgrund des Einflusses von Venus (siehe S. 22) werden Jungfrauen dazu neigen, ihre Zuneigung auf eine von fünf Arten auszudrücken:

1) Mitglieder der ersten Gruppe werden viel Liebe und Zuneigung zeigen, aber ihre Tendenz, sich über ihre Lieben zu sorgen und sie zu bemuttern wie eine Glucke ihre Küken, wird sich zur auffälligen Eigenart entwickeln. An Intuition wird es nicht mangeln, und ihre Emotionalität kann überraschend stark zum Vorschein treten.

2) In der zweiten Gruppe finden sich jene, die weniger bescheiden, aber großzügiger sind als der Durchschnitt der Jungfrau-Geborenen. Sie sind voll Begeisterung für Liebe und Sex, neigen aber dazu, von ihrem Partner zuviel zu

erwarten. Wenn es ihnen gelingt, ihre kritische Haltung zu mäßigen, können sie ihrer Zuneigung auf positivere Weise Ausdruck geben.

3) Bei vielen Angehörigen der dritten Gruppe zeichnet sich eine Tendenz zu allzu großer Bescheidenheit ab. Fühlen sie sich zu jemandem hingezogen, machen sie sich Gedanken wie: »Aber was könnte er/sie an *mir* schon finden?« Dies kann sehr hemmend wirken, und tatsächlich gehen manche Jungfrauen dieser Gruppe erst spät eine dauerhafte Beziehung ein. Sie müssen lernen zu entspannen – und sie haben mehr zu bieten, als ihnen bewußt ist.

4) Die Jungfrauen der vierten Gruppe sind weitaus romantischer und hingebungsvoller. Zuweilen sind sie in die Liebe verliebt, und sie tun gut daran, ihre Kritikfähigkeit nicht zu ignorieren, besonders wenn sie eine neue Beziehung vor sich haben.

5) Wenn sich Angehörige dieser Gruppe verlieben, werden sie die neue Situation bis ins kleinste analysieren. Sie sind voll tief empfundener Leidenschaftlichkeit, aber ihre Haltung, besonders zum sexuellen Aspekt einer Beziehung, kann manchmal äußerst unterkühlt sein.

Gesundheit und Ernährung

Jungfrauen wetteifern mit Krebs-Geborenen um den Rang dessen, der sich am meisten sorgt. Es ist bezeichnend, daß der Magen dem Tierkreiszeichen Jungfrau zugeordnet ist; Sie als Eltern werden in leichten Magenverstimmungen das erste Anzeichen dafür erkennen, daß Ihr Jungfrau-Kind sich über etwas Sorgen macht.

Die starke Nervenenergie habe ich bereits erwähnt. Es sei betont, daß die Jungfrau wirklich sehr viel körperliche Bewegung und Aktivität braucht. Bewegung in der frischen Luft, lange Spaziergänge oder Touren mit dem Fahrrad sind wesentlich für ihr körperliches Wohlbefinden. Dabei kann sie zudem ihre Beobachtungskräfte entfalten, sich umsehen, ihre Nervenenergie verbrauchen und damit das Gleichgewicht erreichen, das für die Gesundheit ihres Organismus wesentlich ist.

Sie sollten nicht vergessen, daß Ihr Jungfrau-Kind leicht zu Kopfschmerzen oder gar Migräne neigen könnte; dies hängt möglicherweise oft mit Sorgen um ein bestimmtes Problem zusammen. Streß kann ferner zu Hautausschlägen oder Ekzemen führen. Wenn Sie feststellen, daß die kleine Jungfrau

Schulprobleme hat und nervös und angespannt wird, würde ich die Einnahme einer Dosis Vitamin B-Komplex sehr empfehlen, das ist hervorragend für ihr Nervensystem. Sie werden zweifellos Ihre eigene Methode finden, die Jungfrau zu beruhigen; achten Sie immer auf Gefahrensignale, denn je eher Sie die besorgte Kinderstirn glätten können, desto besser!

Unter dem Einfluß des Zeichens Jungfrau scheint es mehr Vegetarier zu geben als in jedem anderen Zeichen – und dies selbst in einer Zeit, in der man einen allgemeinen Trend in diese Richtung beobachten kann. Interessant ist weiter, daß viele Jungfrauen nicht gut auf die konventionelle Medizin ansprechen, manchmal auf ärztlich verordnete Medikamente sogar schlecht reagieren, auf Antibiotika sind sie unter Umständen allergisch. Verabreicht man ihnen jedoch homöopathische oder natürliche, pflanzliche Heilmittel, machen sie oft glänzende Fortschritte. Arzneien, die ihre Nerven beruhigen und ihnen helfen zu entspannen, sind besonders hilfreich.

Kinder sollten einen regelmäßigen Schlafrhythmus entwickeln. Manchen Jungfrauen fällt dies schwer, sie werden gelegentlich hyperaktiv. Versuchen Sie, sie allmählich zu beruhigen, wenn die Schlafenszeit naht, vielleicht mit einem warmen Getränk oder auch durch einige entspannende Übungen. Homöopathische Mittel, die einen ruhigen, tiefen Schlaf fördern, können auch hier sehr hilfreich sein. Sie sind absolut ungefährlich und erzeugen keine Abhängigkeit.

Es ist unnötig, Kinder zum regelmäßigen Stuhlgang zu zwingen, doch im Falle Ihrer Jungfrau sollten Sie auf diesen Bereich etwas achtgeben, da es hier zu Schwierigkeiten kommen kann. Die Ernährung ist natürlich der wichtigste Faktor, reichlich Ballaststoffe sind wesentlich. Ich würde Ihnen empfehlen, Ihrer kleinen Jungfrau Nüsse oder vielleicht eine Banane als Zwischenmahlzeit zu geben.

Die Ernährung kann generell etwas problematisch sein, weil manche Jungfrauen in bezug auf das Essen äußerst wählerisch und kritisch sind – außer dem, was ihnen angeboten wird, kritisieren sie unter Umständen sogar Ihre Art zu kochen! Wenn Ihr Jungfrau-Kind nur soviel zu essen scheint, wie es braucht, um am Leben zu bleiben, dann versuchen Sie, es auf den Geschmack frisch gekochter Wurzelgemüse und Salate zu bringen – je einfacher eine Speise zubereitet ist, je weniger von ihrem natürlichen Zustand entfernt, desto besser. Die Jungfrau wird solche Kost vermutlich viel mehr genießen als höchst feinsinnig zubereitete Speisen, von Fertiggerichten ganz zu schweigen. »Junkfood« zu verschlingen sollte man ihr grundsätzlich ausreden. Frische Fruchtsäfte sind gesüßten Getränken vorzuziehen. In Anbetracht dieser Empfehlungen ist Vollkornbrot natürlich ebenfalls besser als Weißmehlprodukte.

Wenn eine Jungfrau unter Kinderkrankheiten leidet, hat sie es meist nicht leicht. Selbst wenn sie zu klein ist, um sich in Worte zu fassen, ist sie schrecklich mürrisch, überhaupt krank geworden zu sein. Sie wird gereizt und unruhig und will nicht im Bett bleiben, selbst wenn sie eine erhöhte Temperatur oder gar Fieber hat. Ihre Liebe zu Geduldspielen könnte sich unter solchen Umständen als hilfreich erweisen. Wenn Appelle an Geduld und gesunden Menschenverstand erfolglos bleiben, versuchen Sie es mit einem neuen, interessanten Rätselspielbuch oder vielleicht einem Puzzlespiel, das sie noch nicht kennt, um sie ruhig, beschäftigt und bei guter Laune zu halten.

Die ersten fünf Jahre

Seien Sie nicht überrascht, wenn Ihre kleine Jungfrau, kaum daß sie krabbeln kann, ihre Mutter imitiert, Staub wischt, aufräumt, fegt, und vor allem viel wäscht! Vermutlich werden Sie entdecken, daß sie ihren Puppen alle Kleider ausgezogen hat und sie wäscht, bis zu den Ellbogen im Seifenschaum. Knaben werden ihren Vater nachahmen und die Garage oder Werkstatt aufräumen. Reinlichkeit ist für Jungfrau-Geborene das Höchste. Aber sie genießen es auch, im Sandkasten Schlammkuchen zu backen und dabei ihrer natürlichen Affinität zum Element Erde Ausdruck zu verleihen. Vielleicht überraschen Sie Ihr Kind auch, wenn es zu Blumen spricht – vermutlich ein frühes Indiz für ihre glückliche Hand im Umgang mit Pflanzen.

Weil ihr Intellekt gut ausgebildet ist, dürfte es ein Leichtes sein, die Jungfrau für Bücher zu interessieren. Klare, heitere Illustrationen wird sie lieben und jedes Buch, das ihr Denken anregt, mit viel Freude und Spaß betrachten. Ihr erstes »richtiges« Buch ist vielleicht ein illustriertes Alphabet.

Es kann wohl sein, daß Ihr Kind schon lange vor dem eigentlichen Schulalter Lesen lernen will. Manche Eltern möchten ihre Kinder in dieser Beziehung gerne fördern, andere ziehen es vor, dies den Lehrern zu überlassen. Ich persönlich meine, daß Jungfrauen von dieser Art von Früh-Förderung enorm profitieren. Gleichermaßen fasziniert sind sie oft von Zahlen; wenn Sie bei der Entwicklung mathematischer Grundkenntnisse helfen, könnte dies Ihnen und Ihrem Kinde sehr viel Spaß bereiten. Wenn die Jungfrau bei der Einschulung übrigens ein wenig weiter ist als der Rest ihrer Klasse, wird das ihr Selbstvertrauen stärken – was besonders wichtig ist für unsere bescheidene, oft recht scheue Jungfrau.

Wenn Sie Ihr Kind zum ersten Mal in den Kindergarten bringen, ist es möglicherweise ein wenig störrisch, weil es sich sorgt und von Natur aus etwas schüchtern ist; dazu kommt als weiteres Hemmnis eine gewisse Angst vor dem Unbekannten. Hier ist es – wie generell bei Kindern, die etwas scheu sind – wohl geraten, Ihre Jungfrau zunächst mit einigen Kindern bekanntzumachen, die bereits den Kindergarten besuchen, bevor Sie sie zum erstenmal dorthin bringen. Sowohl zu Hause als auch in der Gruppe wird sie ihre Freude daran haben, hilfreiche kleine Aufgaben zugeteilt zu bekommen. Sie geben ihrem Leben eine Struktur und steigern ihr Geborgenheitsgefühl.

Ihr Spielzeug wird sie gerne sorgfältig und pfleglich behandeln. Wenn Sie bemerken, daß Ihre Jungfrau ihr Spielzeug aggressiv behandelt – was ganz untypisch für sie ist –, dann stimmt aller Wahrscheinlichkeit nach irgend etwas nicht. Zögern Sie nicht, sie detailliert zu fragen, wie sie sich fühlt – vielleicht hat sie irgendeinen Ärger an ihrem Teddybär ausgelassen.

Wenn sie sich in der Gegenwart anderer Kinder erst einmal sicher fühlt, wird sie sehr freundlich und gesprächig (das gilt auch für ihre Haltung gegenüber Erwachsenen). Aber es kommt darauf an, daß sie ihren Altersgenossen und Älteren trauen kann; wenn das Vertrauen einmal hergestellt ist, wird sie ein heiteres, lebhaftes Kind mit einem freundlichen Lächeln und einem positiven Ausdruck. Vergessen Sie nicht, daß Jungfrauen übermäßig häuslich werden können. Sie genießen es offensichtlich, Ihnen bei verschiedenen Arbeiten im Hause zu helfen, doch sollten Sie sie vielleicht manchmal auffordern, mit den Schularbeiten fortzufahren – oder mit dem Spielen!

Schulzeit

Intellektuell und logisch veranlagt, wie sie ist, kann es die kleine Jungfrau kaum erwarten, in die Schule zu kommen. Emotionell jedoch mag die Angelegenheit anders aussehen. Aufgrund ihres angeborenen Mangels an Selbstvertrauen und aus Angst vor dem Unbekannten ist sie möglicherweise recht zurückhaltend, wenn es gilt, sich von zu Hause loszureißen.

Wenn sie sich in der Schule erst einmal eingewöhnt hat, ist sie im Grunde ein freundliches Kind, aber bereits in diesem jungen Alter macht sich ihr kritisches Gespür bald bemerkbar: »Natürlich, Mami, ich *mag* Marianne, aber, weißt du, sie ist so *schrecklich* faul…« Bemerkungen dieser Art werden bald zum Alltag gehören.

Die kleine Jungfrau wird als die Personifizierung der Ordnung erscheinen, und während ihrer ganzen Schulzeit leicht zum Liebling der Lehrer avancieren – nicht um sich bei ihnen lieb Kind zu machen, sondern einfach weil sie immer eifrig bedacht ist, die Ordnung in der Klasse zu stützen. Sie wird es sein, die zehn Minuten früher als ihre Freunde in die Schule kommt, um beim Austeilen des Unterrichtsmaterials zu helfen – und es wäre schon sehr überraschend, wenn solche Qualitäten nicht bemerkt würden. Obgleich Jungfrauen keine ausgesprochen guten Organisatoren sind, besteht somit durchaus die Chance, daß sie zum Klassensprecher ernannt werden, weil sie so nützlich sind (wenn sie einmal wissen, was sie zu tun haben). Eine solche Position gibt ihnen ein großes Verantwortungsgefühl, was an sich schon vorteilhaft zur Entfaltung ihrer Persönlichkeit beiträgt und ihnen hilft, sich zu beweisen, daß sie so gut sind wie jedes andere Kind auch.

Leider haben sie manchmal auch darunter zu leiden, wenn ihre Klassenkameraden sie als Radfahrer-Typen betrachten. Doch sie werden nicht lange fakkeln, dies zu bestreiten, und sollten mit Leichtigkeit imstande sein, ihre Altersgenossen zurechtzuweisen!

Mitglied einer möglichst vielgestaltigen Freundesgruppe zu sein, ist für die Jungfrau eine glänzende Sache. Kinder aus unterschiedlichen ethnischen Gruppen und sozialem Umfeld regen ihren wachen Geist an. Sie will alles über sie wissen: wie sie leben, ihre Gebräuche, ihr Essen, ihre unterschiedlichen Lebensstile. Unterstützen Sie es, wenn Ihre Jungfrau so ihre Erfahrungen sammelt, und überlassen Sie ihr die Auswahl ihrer Kameraden. Sie wird es genießen, ihnen alle Fragen zu stellen, die ihr in den Sinn kommen.

Aus dem bisher Gesagten könnte man schließen, daß Jungfrauen mit einem vernünftigen Maß an Disziplin sehr gut auskommen und sich ihr im großen und ganzen gerne fügen. Sie sind von Hause aus nicht rebellisch und können sich in einer festen schulischen Routine gut entfalten. Ihr rasches, waches Denken ist ein großer Vorzug, und ihre gründliche Arbeitsweise kommt ihnen gut zustatten. Auch die saubere Präsentation ihrer Arbeit spricht für sie; sie führen ihre Schul- und Arbeitshefte ordentlich, und ihre Handschrift ist klar, rund und sehr leserlich – ein weiterer Punkt, der sie bei ihren Lehrern vermutlich beliebt macht.

Wir dürfen nicht vergessen, daß Jungfrau-Knaben wie –Mädchen eher konventionelle Wege gehen. Wenn Sie eine Schule aussuchen können, die nach eher traditionellen Kriterien geleitet wird, wird ihr Kind sich dort wohlfühlen, da man es vernünftig und logisch behandelt. Ich habe bereits erwähnt, daß die Jungfrau ihre Schuluniform * wahrscheinlich gerne trägt und stolz darauf ist. Wenn es überhaupt etwas Zurückhaltung bezüglich des Schulanfangs gibt, können Sie sie vielleicht locken, indem Sie ihr erzählen, wie hübsch sie in der Uniform aussehen wird, und welch ein Gewinn sie für ihre Klasse sein wird,

---

* (in englischen Schulen; Anm. d. Ü.)

da sie soviel beizutragen hat: nicht nur durch ihre saubere Erscheinung, sondern weil sie schlau und intelligent ist und vor allem willens zu lernen – und alle diese Komplimente werden genau zutreffen!

Die Spannung vor Prüfungen werden möglicherweise das Selbstvertrauen der Jungfrau untergraben, und in der Nacht vor einer Klassenarbeit können geheimnisvolle Leibschmerzen auftauchen. Ihre Sorgen werden die Jungfrau von Zeit zu Zeit davon abhalten, ihr Bestes zu geben. Zum Glück haben sich die Zeiten geändert, und die Prüfungen am Schul- oder Halbjahresende sind nicht mehr so entscheidend. Die Schüler werden im Laufe des Jahres wiederholt geprüft, und auch der Jungfrau steht genügend Zeit zur Verfügung, ihre Leistungen unter Beweis zu stellen; das ist gut für sie. Versuchen Sie, dies hervorzuheben, wenn eine Prüfungszeit naht; es wird helfen, das Selbstvertrauen Ihres Kindes am gefürchteten Tag aufzubauen. Die Eltern sollten ferner versuchen, ihre Jungfrau davon abzuhalten, vor Prüfungen allzu intensiv zu büffeln. Diese Tendenz ist bei jungen Menschen zwar ungewöhnlich, bei Jungfrauen aber des öfteren zu beobachten; wenn Sie Anzeichen davon erkennen, fordern Sie sie auf zu entspannen und ein wenig zu spielen.

Gute Leistungen wird die Jungfrau in der Leichtathletik und in jeder Sportart zeigen, bei der es auf rasche Bewegung und Reaktion ankommt, bei der sie also ihr rasches Denken unter Beweis stellen kann. Schnelle Ballspiele (z.B. Kricket) wird sie vermutlich lieben – auch wenn Jungfrauen sich langweilen, da sie warten müssen, bis sie das Schlagholz bekommen! Weitere Freiluft-Aktivitäten, die den Sinn für Abenteuer ansprechen und entwickeln – die Pfadfinderei zum Beispiel –, sind ebenfalls gut für sie. Jungfrauen sind – vielleicht mehr als die Angehörigen aller anderen Tierkreiszeichen – von klein an wild darauf, in Bewegung zu sein; kaum daß sie laufen können, betteln sie bereits um ein Fahrrad! Die Mitgliedschaft in Wandervereinen, in Naturschutz-Gruppen, vielleicht die Mithilfe auf dem Bauernhof, sind glänzende Möglichkeiten der Betätigung; wenn sie auch noch die Kameradschaft mit gleichgesinnten Freunden ermöglichen, stimmen sie die Jungfrau besonders glücklich.

Das Leben außerhalb der Schule

Die Jungfrau steht in dem Rufe, sich besonders ausgiebig mit Freizeit und Erholung zu beschäftigen. Machen Sie ihr einen Vorschlag, und sie wird darauf eingehen! Für Jungfrauen beiderlei Geschlechts ist es besonders gut, eine Reihe verschiedener Hobbys zu haben. Unterstützen Sie sie also, sich am einen Tag mit etwas zu beschäftigen, das ihr Denken fordert und beansprucht, und am nächsten mit etwas, das ihren Körper trainiert. Achten Sie bei ihrer Freizeitgestaltung auf einen Wechsel zwischen Zuhause und Draußen, Bewegung und Ruhe, Manuell-Praktischem und Intellektuellem, Künstlerischem und Wissenschaftlichem. Ideal wäre beispielsweise das Experimentieren mit dem Chemie-Versuchskasten am Morgen und das Ersinnen eines neuen Strickmusters am Nachmittag!

Jungfrauen haben eine große Vorliebe für natürliche Materialien, und wie ihre Tierkreis-Geschwister Stier und Steinbock (die anderen beiden Erde-Zeichen), zeigen sie eine instinktive Begabung für das Arbeiten mit Wolle, Ton und – besonders die Jungfrauen – Holz.

Menschen unter dem Einfluß dieses Tierkreiszeichens mangelt es zuweilen etwas an Ausdauer. Wenn die kleine Jungfrau sagt, sie habe von einer Beschäftigung genug – obwohl ihr reichlich Abwechslung und Veränderung geboten werden –, sollten Sie an ihren praktischen Aspekt appellieren und vorschlagen, etwas anderes zu tun; bestehen Sie aber zu gegebener Zeit darauf, daß sie die unterbrochene Arbeit vollendet.

Es ist gut, diese jungen Menschen anzuregen, Topfpflanzen oder – falls Sie einen haben – einen Teil des Gartens zu versorgen. Etwas beim Wachsen zu beobachten, ist für die Jungfrau besonders interessant. Es fördert nicht nur den Kontakt mit der Natur, sondern auch ihr oft typisches natürliches Interesse an Botanik.

Außerschulische Aktivitäten, die das Selbstvertrauen aufbauen und eine gewisse Abenteuerlust entwickeln, sind sehr wichtig: Pony-Reiten ist ideal, und auch der abenteuerliche Aspekt der Pfadfinderei sollte in Betracht gezogen und unterstützt werden, besonders wenn die kleine Jungfrau sich dem Teenager-Alter nähert. Viele unter dem Einfluß dieses Zeichens interessieren sich von Natur aus für Gesundheit und Hygiene, also sind auch Kurse beim Roten Kreuz, beim Malteser-Hilfsdienst o.ä. zu empfehlen.

Auch die Jungfrau tendiert zum Naturschutz, und viele Gruppen sind bereits mit dieser Zielsetzung gegründet worden: das Land und die Landschaft allgemein zu schützen und zu erhalten. Die Mitgliedschaft in Jugendverbänden solcher Organisationen ist also sehr zu empfehlen. Die Kreativität findet oft Ausdruck durch alle Formen handwerklicher Arbeit; regen Sie also Ihre Jungfrau-Tochter zum Nähen, Stricken und Häkeln an und Ihren Jungfrau-Sohn zur Arbeit mit Holz, vielleicht auch zum Schnitzen. Beide werden von der Arbeit mit Ton profitieren, vom Modellieren und Töpfern, vielleicht auch vom Weben – und wenn Ihr Jungfrau-Mädchen lernt, wie man ein Regal zusammenbaut, und Ihr Jungfrau-Sohn, wie man einen Knopf annäht, ist es umso besser! Wenn Sie glauben, einen künftigen Schriftsteller in der Familie zu haben, dann können Sie ihm nichts Schöneres schenken als ein hübsch eingebundenes Notizbuch und eine Reihe Filzstifte! Möglicherweise wird Ihre Jungfrau eines Tages tatsächlich für die Medien arbeiten – warum sollte sie nicht schon für die Schülerzeitschrift einen Bericht über die Sommerferien oder das Schulsportfest schreiben, vielleicht auch ein kleines Gedicht über das Haustier der Familie?

Vorbereitung fürs Leben

Jungfrauen beiderlei Geschlechts werden einander aller Wahrscheinlichkeit nach ganz selbstverständlich akzeptieren und natürlich, glücklich und freundschaftlich bis zur Pubertät ihre Zeit gemeinsam verbringen. Wenn die Mädchen aber zu pubertieren beginnen und sich ihres Körpers und seiner Veränderungen gewahr werden, zeigen sie sich oft gehemmt und befangen gegenüber dem anderen Geschlecht – und selbst in bezug auf ihren eigenen Körper. Die Jungfrau wird sehr zurückhaltend, und Sie können jene gewisse Scheu beobachten, die sie schon in viel jüngeren Jahren charakterisiert hatte.

Es gibt nichts Zauberhafteres und Anmutigeres als natürliche Bescheidenheit, wie sie sich bei der kleinen Jungfrau ganz unverfälscht zeigt. Leider jedoch hat sie von dieser Scheu nur zu oft des Guten zuviel und ist dann so gehemmt, daß sie sich fast nicht in die Gesellschaft junger Burschen ihres eigenen Alters wagt. Diese Schüchternheit wird sie übrigens durch Beredsamkeit überdecken; ihre Worte fließen reichlich und schnell, doch ihre Stimme kann meist die erregte Spannung nicht verbergen. Dies anzuhören, ist kein reines Vergnügen, und sie erreicht auch alles andere als die gewünschte Wirkung. Es ist Ihre Aufgabe, die Jungfrau zu überreden, die Dinge ruhiger und entspannter zu nehmen und lieber wenige wohlgewählte Sätze zu sprechen, statt Tausende übereilte und durcheinandersprudelnde Worte von sich zu geben.

Aber auch die Jungfrau-Knaben kommen nicht ungeschoren davon; ihre Schüchternheit wird sich vielleicht an der Redseligkeit sogar noch offensichtlicher zeigen als bei den Mädchen. Sie neigen besonders zu Hauterscheinungen, die nicht nur von den hormonellen Veränderungen in der Pubertät verursacht, sondern auch Ausdruck ihrer Sorgen und Spannungen sind; je besorgter und gespannter sie sind, desto mehr Pickel, Mäkel und Unreinheiten entdecken sie – es ist wie ein Teufelskreis. Das Bedürfnis beider Geschlechter nach Reinlichkeit wird dadurch empfindlich gestört; halten Sie Hautcremes und Reinigungslotions bereit, und empfehlen Sie deren Verwendung.

Auch mit der kritischen Haltung der Jungfrau müssen wir uns befassen, die manchmal in Gestalt von recht grausamen und groben Äußerungen über Freunde oder Freundinnen zum Vorschein kommt. Versuchen Sie herauszufinden, ob solche kleinlichen Vorwürfe nicht bloß ein Vorwand der Jungfrau sind, einer emotionalen Verpflichtung oder Beziehung auszuweichen.

Wie Zwillinge, das andere von Merkur regierte Zeichen, braucht auch Jungfrau ein hohes Maß an intellektueller Aktivität und echter Freundschaft innerhalb einer emotionalen Beziehung. Dieses Bedürfnis sollte aber keine Ausrede für Zurückhaltung sein, wenn die Zeit kommt, in der wahre Liebe und emotionale Verbindungen – auch der Aufbau einer sexuellen Beziehung – angebracht ist.

Jungfrau-Jungen wie Mädchen sind möglicherweise äußerst scheu in bezug auf ihre sich entwickelnde Sexualität. Wenn Sie das Thema Sex ansprechen und Ihr Kind darauf verlegen kichert, sollten sie das Thema wohl besser fallen lassen. Vergewissern Sie sich aber, daß in der Schule ein guter Sexualkunde-Unterricht geboten wird. Bei im Zeichen der Jungfrau Geborenen kann sich die sexuelle Entwicklung deutlich langsamer vollziehen als bei vielen anderen Tierkreiszeichen. Im Abschnitt *Die fünf Arten zu lieben* (siehe Seite 22) finden Sie genauere Angaben, wie Ihr Kind vermutlich reagiert.

Als Eltern sollten Sie auf jede Tendenz Ihrer Jungfrau achten, an der Kindheit festzuhalten. Manchmal wollen sie nicht gerne erwachsen werden; sie fühlen sich mit den wohl erprobten Kindheitsgewohnheiten geborgen, die ihnen ein Gefühl der Sicherheit vermitteln. Wenn sie eine gemischte Schule besuchen, wird dies vermutlich weniger zum Problem – und es trifft ohnehin nicht für alle Jungfrau-Kinder zu. Zum Glück haben Jungfrauen eine gehörige Portion gesunden Menschenverstandes mitbekommen. An diesen können Sie jederzeit appellieren – auch an ihre selbstkritische, logische Veranlagung –, wenn Sie merken, daß es notwendig ist.

Angesichts ihrer natürlichen Jugendlichkeit und ihrer typischen Scheu ist es überraschend, wie gut Jugendliche dieses Sonnenzeichens in der Welt zurechtkommen. Sie geben sich gewiß nicht gern mit Narren ab – und lassen sich auf keinen Fall selbst zum Narren halten.

Mag sein, daß sie sich selbst eher bescheiden im Hintergrund halten, aber ihre natürliche Skepsis und die enormen praktischen und intellektuellen, analytischen Qualitäten verleihen ihnen ein scharfes, präzises Denken – sie lassen sich nicht so leicht hinters Licht führen! Sie besitzen die Begabung zum Diskutieren und vermögen durch scharfsinniges Fragen die Wurzeln aller Arten von Problemen zu erreichen. Auch wenn sie vielleicht nicht immer von Natur aus gute Redner sind, können sie auf die eine oder andere Weise ihre Schlüsse ziehen und ihre Meinungen kundtun. Der Einfluß Merkurs geht an einer Jungfrau nicht spurlos vorüber – Kommunikation ist eine ihrer Stärken.

Weitere Ausbildung

Der Jungfrau-Student, ein scharfsinniger, kritischer und schlagfertiger Denker, ist der ideale Universitäts-Besucher. Er wird gewiß das meiste aus seiner Ausbildung herausholen, doch es wird ihm nicht ganz leicht fallen, sich mit dem neuen Lebens- und Arbeitsstil zu arrangieren, mit dem er nun konfrontiert ist.

Wenn er erst einmal den Mut zeigt, den Mund aufzutun und bei Vorlesungen und Seminaren alle die Fragen zu stellen, die ihm in den Sinn kommen, wird er sehr gute Fortschritte machen. Seine Vorstellungen glänzen vielleicht nicht gerade durch Originalität, doch er wird nichts unversucht lassen, wenn er sein ausgewähltes Thema erforscht. Er wird ein aktives Mitglied einer Reihe von Arbeits- und Fachgruppen sein und aufgrund seiner Zuverlässigkeit vermutlich in mindestens einer dieser Gruppen eine leitende Position anvertraut bekommen.

Jungfrauen erweisen sich als sehr sorgfältige und gewissenhafte Studenten. Ihre Fähigkeit, die große Arbeitslast zu bewältigen, ist bemerkenswert. Doch Besorgnis und Spannung können zu körperlichen Beschwerden und Kopfschmerzen führen, besonders wenn sie unter dem Druck einer näherrückenden Prüfung arbeiten. Solche Probleme können sogar aufkommen, wenn nur eine relativ leichte Arbeit für einen Tutor fertigzustellen ist. Um der fast unvermeidlichen Spannung entgegenzuwirken, empfehle ich Ihnen, der Jungfrau die Teilnahme an einem Kurs vorzuschlagen, in dem sie eine Entspannungstechnik lernen kann. Yoga ist besonders gut für sie, weil er die Wesensmitte des Menschen betont, eine beruhigende Philosophie vermittelt und durch die Übungen den Körper fordert. Denken Sie auch an die zum Teil recht eintönige Ernährung in der Mensa, die nicht unbedingt den Bedürfnissen der Jungfrau Rechnung trägt. Wenn diese gemeinsam in eigener »Bude« oder in Wohngemeinschaft mit anderen Studenten wohnt, sollten Sie sie anhalten, sich nicht von »Junkfood« zu ernähren. Achten Sie also etwas auf ihre Ernährung, denn eine unausgeglichene Diät kann oft Kopfschmerzen verursachen und die nervöse Anspannung des studentischen Arbeitsklimas noch verstärken.

Wenn Ihre Jungfrau nicht an die Universität geht, könnte sie sich den Besuch einer Wirtschaftsoberschule überlegen, der ihr möglicherweise eine Karriere in einer großen Firma eröffnet, in der sie vielleicht mit einem recht bescheidenen Bürojob beginnt und im Laufe der Zeit in wichtigere Positionen aufsteigt;

Jungfrauen sind glänzende Sekretärinnen und persönliche Assistent(inn)en. Sie machen sich rasch mit Geschäftsgepflogenheiten vertraut und rechnen gut, die Ausbildung im kaufmännischen Bereich ist ideal für sie. Gleiches gilt für die Lehrerausbildung, denn Jungfrauen bewähren sich als fähige Lehrer und Referenten. Auch die Hauswirtschaft ist ein mögliches Studienfach, und wen es aufs Land zieht, der sollte diesem Interesse ruhig nachgehen und eine Gärtner- oder landwirtschaftliche Ausbildung beginnen.

Viele Jungfrauen fühlen sich vom ärztlichen Beruf angezogen, und manche geben der Neigung nach, Medizin zu studieren oder eine Krankenschwestern/-pfleger-Ausbildung zu machen. Sie haben Freude daran, wie überhaupt jeder Beruf für sie geeignet ist, in dem sie anderen helfen können, jede Situation, in der sie spüren können, daß sie der Gemeinschaft dienen. Wenn zwischen Schulabgang und weiterer Ausbildung Zeit übrig ist, aber keine Neigung zum Reisen besteht, ist jede Arbeit fürs Gemeinwohl oder im Dienst an der Gemeinschaft zu empfehlen.

Der Hang zur Kommunikation sollte bei der Wahl des Berufs- oder Ausbildungsweges beachtet werden. Wenn Ihre Jungfrau etwas zu sagen hat oder sich politisch interessiert, wird jede Berufsrichtung gut sein, die zur Arbeit in den Medien führen könnte.

Obwohl ihr das Kreischen und Quietschen schwerer Maschinen vermutlich auf die Nerven geht, kann die Jungfrau im allgemeinen in einer betriebsamen, geschäftigen und geräuschvollen Atmosphäre gut arbeiten. Abwechslungsreiche Arbeit gefällt ihr, und wenn sie einen Teil ihrer Arbeitszeit in einem großen, offenen Büro in Bewegung ist und nicht nur vor Computer oder Schreibmaschine sitzt, wird es ihr gefallen. Sie ist lernwillig und kommt in der Ausbildung gut voran; sie hört auf das, was ihr gesagt wird, und stellt intelligente Fragen. Wenn ihre Begeisterung entflammt ist und sie sich für eine Branche oder Beruf entschieden hat, sollte sie dabei bleiben. Bei praktischer Arbeit wie Malen und Einrichten, Zimmerei, Dekoration usw. kann sie ihr Talent unter Beweis stellen. Am Ende ihrer Ausbildung sollte sie ihr Diplom oder eine ähnliche Qualifikation erwerben können, und wenn sie in einer Firma gelernt hat, sind ihre Chancen gut, in die Belegschaft übernommen zu werden.

Vielleicht mangelt es Ihrer ansonsten intelligenten und äußerst tüchtigen Jungfrau etwas an Ehrgeiz. Setzen Sie sie nicht unter Druck. Jungfrauen sind in ihrem Element, wenn sie die Begabungen einsetzen, die sie gut gelernt haben – nicht, wenn sie mit Konkurrenten um einen Spitzenplatz kämpfen! Helfen Sie ihr, einen guten Geschäftssinn zu entwickeln, da sie durchaus fähig ist, eine Menge Geld zu verdienen. Doch sie muß selbst entscheiden, wie wichtig finanzieller Erfolg – im Unterschied zu echter Befriedigung bei der Arbeit – für sie ist.

Arbeitslosigkeit: Spannung und Belastung

Jungfrauen sind für nervöse Spannungen anfälliger als die Angehörigen der meisten anderen Tierkreiszeichen. Es fällt ihnen äußerst schwer, das Entspannen zu lernen. Oft sind sie nicht einmal dann entspannt, wenn sie es zu sein scheinen oder vorgeben; Sie merken es daran, daß sie auf die eine oder andere Weise emsig ihre überschießende Nervenenergie abbauen, sei es durch nervöses Zappeln, Trommeln mit den Fingern oder Blättern in einer Illustrierten, ohne dabei ein Wort zu lesen.

Solange das Leben mehr oder weniger nach Plan verläuft, macht dies nicht viel aus, denn es entspricht weitgehend ihrer Wesensnatur; wenn die Sorgen sich aber türmen – und wir dürfen nicht vergessen, daß dies recht oft geschieht, weil Jungfrauen von Natur aus dazu neigen, sich Sorgen zu machen –, kann das Problem recht ernst werden.

Eine Jungfrau, die nach der Schule oder Oberschule ihre Arbeitslosigkeit bewältigen muß, braucht eine positive Einsatzmöglichkeit für ihre Nervenenergie, andernfalls staut diese sich an und führt ganz gewiß zu Schwierigkeiten. Es wäre ideal, wenn sie sich soviel wie möglich praktisch betätigt – vor allem, wenn diese Tätigkeit sich auf die Arbeitssuche konzentriert. Wenn sie alles unternommen hat, was in ihrer Macht steht – Dutzende von Bewerbungsbriefen geschrieben, die Stellenanzeigen in den Zeitungen durchgekämmt usw. –, und immer noch Zeit übrig hat, sollte sie versuchen, sich ganz einfach beschäftigt zu halten. Vielleicht findet sich ein Garten, der es nötig hat, aufgeräumt zu werden, eine freiwillige Arbeit im örtlichen Krankenhaus oder sogar ein Zimmer zu Hause, das neue Farbe oder Tapete vertragen kann.

Je länger eine Jungfrau stempeln gehen muß, desto stärker hat ihr Selbstvertrauen darunter zu leiden, und dann passiert es leicht, daß ihre Entschlossenheit und Ungeduld, einen Job zu finden, beeinträchtigt werden. Der Wille zu arbeiten ist zwar noch vorhanden – sie ist von Natur aus ein tüchtiger Arbeiter –, aber die notwendige positive Einstellung läßt nach, die ihr helfen würde, potentielle Arbeitgeber von ihren Fähigkeiten zu überzeugen, und dann kommt es nur zu leicht so weit, daß sie sich sagt: »Ich bin eben nicht gut genug – sie wollen *mich* nicht.« Fordern Sie sie auf, ihre Arbeitssuche so anzupacken, wie sie die Arbeit selbst in Angriff nehmen würde, das heißt für sich selbst ebenso tüchtig und gewissenhaft zu arbeiten, wie sie sich für einen Arbeitgeber anstrengen würde. Objektivität wird ihr in dieser Situation eine große Hilfe sein.

Jungfrauen haben von Natur aus eine starke Abneigung gegen Drogen, und weil sie gesundheitsbewußt sind, gehören sie eher zu jenen Tierkreiszeichen, die kaum drogenanfällig werden. Wenn sie jedoch der Versuchung nachgeben, ist die Wahrscheinlichkeit, daß sie durch die Sucht körperlich und emotional vollkommen zerstört werden, leider viel größer als bei den meisten anderen Tierkreiszeichen. Jungfrauen reagieren selbst auf ärztlich verordnete Medikamente oft schlecht. Wenn sie auf die innere Stimme lauschen können, die sie so oft selbst gegenüber anerkannten Medikamenten argwöhnisch werden läßt, besteht eine gute Chance, daß sie von den gefährlicheren Drogen Abstand halten – auch von Tabak und Alkohol. Bier scheint übrigens für männliche Jungfrauen besonders schlecht zu sein; von allen anderen Folgen abgesehen, können sie infolge des Bierkonsums geradezu spektakuläre Gewichtszunahmen verzeichnen!

Einige Jungfrauen werden sich in einer Art negativer Welt- und Realitätsflucht von gewissen religiösen Bewegungen angezogen fühlen. Wenn Sie solche Tendenzen bemerken, sollten Sie darauf achten, daß Ihre Tochter oder Ihr Sohn nicht das Gespür für das rechte, ausgeglichene Maß und die Fähigkeiten zur kritischen Analyse verliert. Hier können Sie als Eltern etwas tun: Es ist das beste, wenn Sie das religiöse Interesse Ihres Kindes in eine der etablierten Kirchen lenken helfen und damit der für Ihr Kind ebenso wie für Sie verzweifelten Situation vorbeugen, daß Ihre Jungfrau in irgendeiner höchst dubiosen und manchmal unverkennbar destruktiven Sekte verschwindet.

Interessen und Freizeit-Aktivität

Jungfrauen schließen sehr leicht Freundschaften und haben im allgemeinen einen großen Bekanntenkreis. Sie sind von Natur aus kontaktfreudig, und es fällt ihnen leicht, andere in eine unbeschwerte Konversation zu verwickeln. Sie sind selbst äußerst gesprächig und sollten ihre Zunge hüten, die manchmal sehr zum Klatschen neigt. Das andere Geschlecht akzeptieren sie gerne als gleichberechtigt, jedenfalls in emotional unverbindlichen Bekanntschaften oder bei der Arbeit; emotionale Bindungen sind ein anderes Thema (siehe *Vorbereitung fürs Leben*).

Achten Sie als Eltern darauf, daß Ihre Jungfrau von ihren Freunden nicht ausgenützt wird. Weil sie so hilfsbereit ist, wird sie sich nur zu leicht bereit erklären, zum Beispiel für eine ältere Bekannte fast regelmäßig Babysitter zu spielen, und läßt dabei ihr eigenes soziales Leben zu kurz kommen. Weil Jungfrauen sehr beredt sind, können sie ihre Freunde mit Leichtigkeit davon überzeugen, daß es ihnen wirklich nichts ausmacht, deshalb eine Party zu verpassen – und bis zu einem gewissen Grade könnte dies auch der Wahrheit entsprechen, etwa wenn sie ohnehin etwas scheu sind, oder wenn ein Angehöriger des anderen Geschlechts ihnen schöne Augen macht und sie seinen/ihren Aufmerksamkeiten ausweichen möchten. Aber sie sollten sich gegenüber anderen nicht ganz unterwürfig verhalten und müssen daran erinnert werden, daß ihnen sehr viel Spaß und Lebenserfahrung entgeht, wenn sie nie ihren eigenen Wegen folgen.

Jungfrauen fügen sich hervorragend in Wohngemeinschaften. Aber auch hier besteht die Gefahr, daß sie am Ende regelmäßig die Fußböden aufwischen, die Einkäufe im Supermarkt oder andere Aufgaben übernehmen, nur weil die anderen faul oder unwillig sind oder sich lieber amüsieren. Jungfrauen beider Geschlechter sind anständige Zeitgenossen und finden leicht Freunde, um diese aber zu halten, investieren sie zuweilen sehr viel Zeit und Energie.

In Vereinen und Gesellschaften sind sie lebhafte und gewiß nützliche Mitglieder. Vernünftig und klar durchblicken sie Situationen und könnten sich in Vorstandsämtern durchaus in ihrem Element fühlen. Am besten bewähren sie sich als ehrenamtliche Sekretärinnen, die unzählige Stunden damit verbringen, ihre ehrenamtlichen Pflichten zu erfüllen nach dem Motto: »Wenn du willst, daß etwas erledigt wird, dann erledige es am besten selbst.« Aber natürlich ist auch hier zu warnen: Sie sollten wirklich nicht versuchen, *alles* selbst zu tun. Es werden zwar immer andere Menschen kommen, um sie um einen Gefallen zu bitten; die Gefälligkeit zu erwidern, wird aber kaum jemand bereit sein. Die Jungfrau sollte daraus lernen.

Sehr interessant für Eltern ist der Versuch, mit den Hobbys ihres Jungfrau-Kindes Schritt zu halten. Schon in der Jugend wird die Jungfrau wahrscheinlich einer großen Vielfalt von Freizeitaktivitäten nachgehen, die für ihr psychisches und körperliches Wohlbefinden unverzichtbar sind. Sie helfen ihr, ein Gleichgewicht im Leben zu halten, und verbrennen die reichlich vorhandene Nerven- und körperliche Energie. Im Idealfall hat die Jungfrau ein oder zwei sportliche Interessen – Radfahren und Wandern zum Beispiel, aber auch Spiele, die schnelle Reaktion und rasche Bewegung verlangen, etwa Squash oder Tennis.

Ich habe die Liebe der Jungfrau zu natürlichen Materialien hervorgehoben; die Beschäftigung und der Umgang mit solchen Stoffen in der Freizeit sollte gewiß eine Rolle spielen. Gegenstände für die Dekoration von Zimmer oder Heim selbst herzustellen, kann besonders dankbar sein, und viele Jungfrauen produzieren Patchwork quadratmeterweise. Wenn sie mit handwerklichen

Arbeiten beschäftigt sind, versuchen sie sich trotz ihres angeborenen Gespürs für das Detail die Aufgabe zu erleichtern und werken immer etwas hastig, was ihre Technik beeinflussen und sogar schwächen kann. Jungfrauen erweisen sich als sehr gute, gesundheitsbewußte Köche, die sich für vernünftige Diäten interessieren und oft glänzende Kunden guter örtlicher Reformhäuser sind. Wenn sie sich dem Vegetarismus verschrieben haben, ist ein vegetarisches Kochbuch ein besonders nützliches Geschenk, das es ihnen ermöglicht, ihr Repertoire an Gerichten zu erweitern. Die eigene Gesundheit aufrechtzuerhalten und auch die Freunde zur gesunden Ernährung zu motivieren, kann so etwas wie ein Hobby für eine Jungfrau werden.

Zu den konventionelleren Hobbys der Jungfrau gehört das Nähen, das ihr sehr leicht von der Hand geht. Die Mädchen sollten angeregt werden, ihre eigenen Kleider zu nähen, und es wird ihnen Freude bereiten. Sie sind nicht ausgesprochen modebewußt – besonders wenn die Trends etwas extrem sind –, aber sie informieren sich aus Zeitschriften, in denen sie eifrig Artikel über alle möglichen Themen lesen. Sie wissen, was in der Modewelt passiert, und haben wohl kaum Schwierigkeiten, den Stil auszuwählen, der für ihre Persönlichkeit richtig ist. Die Designs von Laura Ashley zum Beispiel trägt sie besonders gerne; und vielleicht wird sie von Freundinnen angeregt, ab und zu etwas Gewagteres auszuprobieren.

Jungfrauen, die sich ein Haustier zulegen wollen, sehen sich mit dem großen Problem konfrontiert, daß dieses nicht immer so sauber und ordentlich ist, wie sie es gerne wünschen; dies sollte nicht vergessen werden. Ein großer Hund, der seine Haare überall auf dem Teppich verliert, wäre vermutlich eine schlechte Idee – eine Katze mit seidenweichem Fell schon eher zu empfehlen. Kleine Jungfrauen genießen es vermutlich, einen Hamster zu halten: er ist fast so eifrig wie sie selbst!

In gewissem Sinne ist dieser ganze Abschnitt überflüssig, denn das Problem ist nicht, ein Hobby für die Jungfrau zu finden, sondern sie davon abzuhalten, zu vielen Freizeitaktivitäten nachzugehen. Versuchen Sie, sie von dem pathologischen Eifer abzuhalten, *allen* Interessen nachzugehen, und sie dahingehend zu beeinflussen, daß sie sich einige Zeit nehmen, um wirklich zu entspannen – Zeit zu verbringen, einfach und konsequent *nichts* zu tun.

Ideale Berufswege

Die wichtigste Voraussetzung für eine berufstätige Jungfrau ist ein sauberer und ordentlicher Arbeitsplatz. Unpassende Bedingungen – was für sie bedeutet: Staub und Schmutz – machen ihr so zu schaffen, daß sie vermutlich viel zu viel Zeit und Energie zum Putzen, Säubern und Polieren braucht, um die Situation zu bereinigen. Ihr Büro- oder Arbeitsplatz wird immer peinlich sauber und sie selbst aus diesem Grunde bei ihrem Vorgesetzten oft hoch angeschrieben sein.

Jungfrauen müssen wissen, was sie tun sollen, wann und wo sie es zu tun haben. Als persönliche Assistenten oder Sekretärinnen werden sie sich am sichersten fühlen, wenn ihr Chef ihnen wirklich umfassende Anweisungen gegeben hat, und sie sich beeilen können, alles genau so auszuführen, wie es bestellt wurde. Außerdem ist ihnen wohl mit dem Gefühl, einen wichtigen Beitrag zum Erfolg und Aufstieg der Firma zu leisten, für die sie arbeiten.

Häufig weichen Jungfrauen einer Beförderung aus, weil ihnen das Selbstvertrauen fehlt, selbständiger zu arbeiten; mangels Anweisungen von oben fühlen sie sich unter Umständen unfähig, Entscheidungen zu treffen und auch noch daran zu arbeiten.

Zu den typischen Jungfrau-Karrieren gehört die Arbeit bei den Medien (der Einfluß Merkurs, des Kommunikationsplaneten, der das Zeichen regiert, ist sehr mächtig). Im Gegensatz zu Angehörigen ihres Schwester-Zeichens Zwillinge (ebenfalls von Merkur regiert) sind sie weniger damit befaßt, Nachrichten zu überbringen oder Ideen zu vermitteln, sondern fühlen sich in ihrem Element, wenn ihre Aufgabe es ihnen erlaubt, ihren ausgeprägten kritischen Scharfsinn zum Ausdruck zu bringen. Sie sind wahrlich die Kritiker im Tierkreis: als Buchrezensenten, Theaterkritiker, Kinokritiker. Andere Jungfrauen finden ihren Platz als Herausgeber und Redakteure bei Zeitschriften und Zeitungen, oder sie arbeiten bei Rundfunk und Fernsehen. Gewisse Bereiche der medizinischen Branche sind für sie ebenfalls attraktiv, etwa der Beruf des Arztes für Allgemeinmedizin oder der Krankenschwester. Jungfrauen erweisen sich auch als hervorragende Neurologen, Ernährungsspezialisten und Physiotherapeuten.

Mit ihrer analytischen Begabung hat die Jungfrau das Zeug zum glänzenden Forscher. Sie kann dieses Talent in der Wissenschaft ebenso einsetzen wie bei den Medien. Sie liebt es geradezu, »Dinge herauszufinden«; Sherlock Holmes mit seiner bewundernswerten Gabe der logischen Folgerung war gewiß im Zeichen Jungfrau geboren. Diese Charakteristika sind für eine attraktive Karriere gut zu gebrauchen und bilden oft den Ausgangspunkt für eine Berufswahl. Solches Talent und ein scharfer Sinn für richtig und falsch kommen auch dem Polizisten oder der Polizistin wohl zu stehen – oder (Sherlock Holmes!) dem guten Privatdetektiv! Jungfrauen mit einem stark humanitären Zug, liebevollen und sanften Qualitäten (siehe *Die fünf Arten zu lieben*, Seite 22) werden im sozialen Dienst wunderbare Arbeit leisten und in den sozialen Berufen erfolgreich sein.

Jungfrauen empfinden oft viel Freude daran, Dinge zu reparieren oder instandzusetzen; diese Liebe könnte wichtig werden für eine Laufbahn als Restaurator von Antiquitäten, von Porzellan, Möbeln oder Gemälden. Viele Jungfrauen sind ausgesprochene Büchernarren und werden sich ganz in ihrem Element fühlen, wenn sie in einer erstklassigen Buchhandlung oder Bibliothek arbeiten. Die überstürzte Entscheidung, als professioneller Schriftsteller tätig zu sein (und dazu vielleicht einen regelmäßigen Job aufzugeben), ist keine besonders gute Idee; die meisten Schriftsteller verdienen weit weniger als das Durchschnittseinkommen. Doch wer ein kleines Talent in dieser Richtung zeigt, sollte soviel Freizeit wie möglich damit verbringen, ihm nachzugehen. Höchstwahrscheinlich kann sich diese Beschäftigung zu einer sowohl profitablen als auch freudebringenden Passion entwickeln.

Jungfrauen lieben die frische Luft und haben oft auch eine glückliche Hand im Umgang mit Pflanzen; dies könnte für einen Beruf im Bereich Gartenbau oder Landwirtschaft sprechen. Die Arbeit in Gärtnereien oder Gartenbauzentren ist für viele Jungfrauen eine sehr dankbare Aufgabe. Hier können sie es wirklich zu etwas bringen; vielleicht arbeiten sie auf dem Gebiet der Pflanzenzucht und der Entwicklung von neuen Arten von Nahrungs- und Nutzpflanzen. Auf diese Weise könnten sie ihr Bedürfnis befriedigen, anderen zu helfen, indem sie einen Beitrag zur Erkundung neuer Möglichkeiten leisten, die dritte Welt zu ernähren.

Reisen

Wenn Sie mit Ihrem Jungfrau-Sohn oder Tochter die Urlaubsreise antreten, haben Sie es vielleicht mit einem sehr besorgten Kind zu tun: Werden wir den Zug noch erreichen? Wird das Auto eine Panne haben? Werde ich reisekrank? Wird der Urlaubsort mir gefallen? Und das Essen, die Leute? Wenn Sie erst ankommen, konzentrieren sich die Gedanken der kleinen Jungfrau auf das Zuhause: Ist die Katze gut versorgt? Habe ich das Fenster in meinem Zimmer auch geschlossen? Hat die beste Freundin meine Adresse bekommen?

Nun, dies wird Ihre Jungfrau Ihnen bieten – und Sie werden damit klarkommen müssen! Sie sollten eine überdurchschnittlich bestückte Reiseapotheke mitnehmen, denn selbst eine Veränderung des Wassers – ganz zu schweigen von der allgemeinen Ernährung – kann die Verdauung der Jungfrau durcheinanderbringen; die Aufregung über die neue Umgebung und neue Menschen wird die Situation absolut nicht erleichtern.

Dies bedeutet natürlich nicht, daß die Ferien von Anfang an dazu verurteilt sind, ein Desaster zu werden, und mit gewissen Vorsichtsmaßnahmen können Sie das Ihre tun um sicherzustellen, daß alles glatt geht. Versuchen Sie zum Beispiel extreme Temperaturunterschiede zu vermeiden. Kaltes Klima ist für die Jungfrau meist leichter zu ertragen als heißes; einen Winterurlaub wird sie genießen. Sie muß die Möglichkeit haben, an die frische Luft zu kommen und spazieren zu gehen. Die meisten Jungfrauen werden einen Wanderurlaub genießen, wenn sie erst alt genug sind, um gut mit den Erwachsenen Schritt halten zu können und sich über die Landschaft zu freuen. Eine sehr trockene, dürre Landschaft werden sie nicht mögen; üppige grüne Felder, durch die sich ein Bach windet, entsprechen eher ihrer Vorstellung von einer wirklich schönen Landschaft. Wenn dies nicht zu bieten ist, dann versuchen Sie, dafür zu sorgen, daß Ihr Kind reichlich Bewegung bekommt. Für den Fall, daß das Wetter sich gegen Sie verschworen hat, können Sie ein paar Spiele mitnehmen und Ihre Jungfrau auffordern, einige Bücher einzupacken, um die ansonsten langweilige Freizeit im Ferienquartier auszufüllen. Langeweile kann zum Problem werden. Wenn Sie mehr als eine Woche oder zehn Tage von zu Hause fort sind, wäre ein Urlaub an zwei verschiedenen Orten vielleicht eine sehr gute Idee. Weiterhin ist zu empfehlen, daß Sie Ihren Wagen mitnehmen oder am Ferienort ein Fahrzeug mieten, denn die nervöse Jungfrau ist für Reisen und Fahrten in öffentlichen Verkehrsmitteln – besonders in Bussen des Nahverkehrs – oft kaum zu begeistern.

Jungfrauen möchten Orte und Landschaften gerne mit Kunst oder Literatur assoziieren können, und so ist ein Literatur- oder Kunstführer für verschiedene Länder oder Städte ein willkommenes Geschenk für Jungen wie Mädchen dieses Zeichens. Sie haben Freude daran, über den neuen Ort, den sie besuchen, soviel wie möglich herauszufinden. Regen Sie sie an, ihr Taschengeld für wirklich detailreiche Karten oder gute Reiseführer auszugeben. Andernfalls könnten Sie durch ihre unaufhörlichen Fragen leicht an die Grenzen Ihrer elterlichen Nerven getrieben werden. Das Geld, das ihr übrig bleibt, wird die Jungfrau sorgfältig und wohlüberlegt ausgegeben; sie ist vielleicht scheu, aber nicht zu schüchtern, um mit Souvenirverkäufern oder an Marktständen hart zu feilschen. Bei einem Urlaub mit Selbstverpflegung ist sie auf dem Straßenmarkt ganz in ihrem Element und kauft begeistert den Lebensmittelvorrat für den Tag ein.

Jungfrauen als Geschwister

Das wissensdurstige Denken der Jungfrau wird sich stark auf das neue Geschwisterchen konzentrieren, das ihr angekündigt worden ist; alle Fragen, die man dazu stellen kann, werden ihr in den Sinn kommen. Sie entspringen nicht ihrer Imagination und Intuition, sondern der angeborenen Logik, und sie zielen genau auf den Punkt: Wird es ein Junge oder ein Mädchen? *Warum* weißt du das nicht? Wie ist es in deinen Bauch gelangt? Wann kommt es da heraus? *Warum* weißt du das nicht genau? Und so weiter...

Die Jungfrau ist nicht ein Typ, der dauernd im Mittelpunkt der Aufmerksamkeit stehen will, aber wenn erst ein neues Mitglied die Familienszene betreten hat, wird sie sich gelegentlich eifersüchtig fühlen. Dies ist an plötzlichen Zornausbrüchen zu erkennen, im schlimmsten Falle wird sie auch gehässig, in Worten wie in Taten. Teilen Sie ihr kleine Aufgaben und Hilfestellungen zu, um diesem Zug entgegenzuwirken. Jungfrauen sind sehr gewissenhaft, und Sie können ihnen guten Gewissens erlauben, das Babyfläschchen auf die erwünschte Temperatur anzuwärmen und im Grunde praktisch jede Aufgabe zu erledigen, an der sie Interesse zeigen. Wenn das jüngere Geschwisterchen ein wenig älter wird, können Sie die Jungfrau vielleicht anregen, ihm vorzulesen oder »Schule« mit ihm zu spielen und so auf entzückende Weise den reichen Erfahrungsschatz weiterzugeben, den selbst die kleinste Jungfrau bereits gesammelt hat; damit kann sie ihr Selbstvertrauen etwas stärken. Wenn ihr Geschwisterchen krank ist, wird sie sehr lieb sein; die Krankenschwester zu spielen, ist ganz natürlich für sie. Sie wird mit allen möglichen klugen Vorschlägen aufwarten, das kranke Geschwisterchen bei guter Laune zu halten und zum Essen oder vielleicht zur Einnahme der notwendigen Arznei zu bewegen.

Ihre gelegentlich überkritische Haltung kann manchmal zu Schwierigkeiten führen; wenn sie sich gegen das Geschwisterchen wendet, kann sie eine Form von Krittelei annehmen, auf die Sie unbedingt achtgeben müssen; wenn sie sich erst einmal eingebürgert hat, kann sie die Jungfrau ein Leben lang als unerfreuliches Charakteristikum begleiten! Wie die Kinder ihr Spielzeug miteinander teilen und die Jungfrau zerbrochene Lieblinge repariert, wird sehr amüsant zu beobachten sein; das jüngere Kind wird in ernste Schwierigkeiten geraten, wenn es ein Spielzeug beschädigt oder beschmutzt hat.

Wenn Ihre Kinder die gleiche Schule besuchen, wird die Jungfrau vielleicht eine kleines Extra-Lob brauchen – besonders, wenn Bruder oder Schwester am Ende des Schuljahres ein besseres Zeugnis erhalten. Weisen Sie darauf hin, daß die Jungfrau sich ebenfalls sehr angestrengt hat (auch wenn dies nicht ganz der Wahrheit entspricht), und heben Sie hervor, was sie erreicht hat (und das ist nicht zu übersehen). Möglicherweise hat zuviel Konzentration auf außerschulische Interessen ihre Aufmerksamkeit in der Klasse geschwächt. Lassen Sie nicht zu, daß Sie und Ihre Jungfrau sich darüber zu sehr sorgen oder aufregen; wie immer wird ein praktischer Vorschlag weiterhelfen, zum Beispiel eine Neuordnung der zur Verfügung stehenden Zeit, so daß genug für die Hausaufgaben vorgesehen wird und noch reichlich Freizeit bleibt.

Die kleinere Jungfrau wird entweder voll Bewunderung zu dem älteren Bruder oder der Schwester aufblicken und ihnen bereitwillig auf jede Weise dienlich sein – oder jede ihrer Bewegungen kritisieren. Es erübrigt sich, darauf hinzuweisen, daß beide Extreme zu vermeiden sind – auch wenn dies nicht einfach wird. Am einen Ende der Skala besteht die Möglichkeit, daß die kleine Jungfrau zuviele Opfer bringt und sogar ihr Selbstvertrauen verliert, weil sie das Gefühl hat, unmöglich ebenso gute Leistungen wie »die Großen« zu bringen; wenn dagegen das ältere Kind in den Augen der kleinen Jungfrau nichts recht machen kann, werden die kritisch-beobachtenden Gedanken weiterhin bestehen, sich Ausdruck suchen und schlimmstenfalls Frieden und Ruhe im Familienleben stören – besonders, wenn die Kinder völlig unterschiedliche Vorlieben und Geschmacksrichtungen haben. In beiden Fällen ist es Ihre Aufgabe, einen Kompromiß vorzuschlagen. Vielleicht finden Sie einen Weg, Frieden und Ruhe zu erreichen, indem Sie gute Brettspiele oder jedenfalls etwas intellektuelle Spiele zur Verfügung stellen; die Jungfrau wird sie lieben und mit Begeisterung ihre Geschwister darin einweihen – ob diese daran Interesse haben oder nicht!

Diese Art von Konkurrenz-Situation ist am schlimmsten, wenn die Kinder ein Zimmer miteinander teilen müssen. Möglicherweise können Sie beobachten, wie die geschäftige Jungfrau, um den Anschein von Ordnung zu erwekken, hastig das Spielzeug ihres Bruders oder ihrer Schwester wohl oder übel in eine Kiste oder unters Bett räumt, ohne die geringste Rücksicht auf die Gefühle des anderen Kindes; dies kann zu einiger Aufregung und Chaos führen, wenn die Sachen später nicht wiederzufinden sind!

Das typische Jungfrau-Kind ist vielleicht Alice im Wunderland – eine große Skeptikerin, die nie aufhört, Fragen zu stellen, aber auch die Fähigkeit hat, sich zu freuen und zu amüsieren. Selbst über ihre ältere Schwester langweilt sie sich kräftig! Dies klingt wie ein Portrait Ihres typischen Jungfrau-Kindes.

Jungfrauen als Eltern

Die Familienplanung war für Jungfrauen – zumindest in der Theorie – noch nie ein großes Problem, denn sie werden nur dann eine Familie gründen wollen, wenn sie sich absolut bereit dazu fühlen und wissen, daß für das Kind oder die Kinder gut gesorgt ist. Das Kinderzimmer wird makellos hergerichtet sein, eine Liste von Vornamen aufgestellt und durchgesprochen. Die Jungfrau-Mutter wird sehr sorgfältig darüber nachdenken, unter welchen Umständen sie von ihrem Baby entbunden werden möchte. Jungfrau-Geborene haben sehr viel Sympathie für Naturheilkunde und Homöopathie, und aller Wahrscheinlichkeit nach wünscht eine werdende Mutter dieses Zeichens eine so natürliche Entbindung, wie sie sich ermöglichen läßt, ohne dabei freilich auf die notwendige Versorgung und Sicherheit zu verzichten. In ihrer Sorge, daß sie und das Kind beispielsweise von vermeidbaren Medikamenten frei bleiben, sollte sie sorgfältig darauf achten, den ärztlichen Rat nicht völlig in den Wind zu schlagen, besonders wenn irgendeine Möglichkeit von Komplikationen besteht.

Jungfrau-Eltern neigen dazu, das Aufziehen ihrer Kinder etwas klinisch zu betrachten und sind möglicherweise zu sehr mit deren Sauberkeitserziehung und Gesundheit beschäftigten. Die Kinder gesundzuhalten, ist natürlich in Ordnung, solange es nicht zur Leidenschaft oder zum Selbstzweck wird; sollte Mami jedesmal Zustände bekommen, wenn ihr Kind nach Hause kommt und einen leicht beschmutzten Eindruck erweckt, hat dies langfristig nachteilige Auswirkungen auf ihre Nerven und läßt sie verspannt und reizbar werden. Sollte sie noch dazu zu Kopfschmerzen oder Migräne neigen, ist das keine Hilfe.

Das sehr lebhafte Denken der Jungfrau spricht sehr gut auf die Herausforderungen durch die Elternrolle an; Angehörige dieses Tierkreiszeichens sind immer darauf bedacht, den Erkenntnis- und Erfahrungshorizont ihres Kindes zu erweitern. Es wird keinen Mangel an vorschulischem Lernmaterial und pädagogischem Spielzeug geben, und jeder Spaziergang oder Einkaufsgang – selbst wenn die Eltern in großer Eile sind – wird zum Anlaß genommen, dem Kind etwas Neues zu zeigen oder zu erklären, ob es ein unbekannter Schmetterling oder ein neues Werbeplakat ist.

Jungfrau-Eltern müssen lernen, sich *ohne die Kinder* zu entspannen. Schon bevor sie Eltern werden, fällt es ihnen schwer genug, Entspannung zu erreichen. Wenn sie erst eine Familie haben, wird dieses Problem noch größer. Für jede Jungfrau-Mutter ist es eine hervorragende Idee, sich – bevor ihre Kinder von der Schule nach Hause kommen – eine Zeitlang ruhig hinzusetzen, vielleicht einige Tiefenatmungs-Übungen durchzuführen, oder einfach dem Radio oder einer Lieblingsmusik zu lauschen. Vielleicht mutet Sie das wie eine idyllische Unmöglichkeit an – denn Sie sind um diese Zeit gewöhnlich eifrig damit beschäftigt, eine Mahlzeit zuzubereiten oder anders »herumzufuhrwerken«, bis die Kinder kommen. Wenn Sie Ihr Leben aber so ordnen können, daß Sie auch nur einige Minuten vor der Invasion Frieden haben – und darunter verstehe ich *wirklich* Frieden –, werden Sie davon sehr profitieren. Statt daß die Kinder, wenn sie nach Hause kommen, ihre Mutter schwer unter Druck, sorgenbeladen und stirnrunzelnd vorfinden, ist diese nun entspannt, in der Lage und bereit, ihren Geschichten von dem, was sie in der Schule gemacht haben, zuzuhören und ihnen vielleicht bei einigen schwierigeren Hausaufgaben zu helfen.

Wenn Ihre Kinder sich ans Schulleben gewöhnt haben, sollten Sie sich nicht scheuen, sich zu schulischen Fragen auch zu Wort zu melden; Sie haben auf Eltern-Lehrer-Treffen viel zu bieten und werden ohne Zweifel – wie bereits in anderen Bereichen – eine Position zuerkannt bekommen, in der Sie Einfluß ausüben können.

Viel Aufmerksamkeit habe ich bereits dem kritischen Scharfsinn der Jungfrau gewidmet, der leider mit der Tendenz verknüpft ist, in allem zu wenig Gutes zu sehen! Denken Sie daran, daß viele extravertierte und lebhafte Kinder sehr negativ auf einen überkritischen Kommentar zu ihren Anstrengungen reagieren. Sie sollten darauf achtgeben. Die Kinder könnten ihre natürliche Begeisterung verlieren und den Mut sinken lassen, wenn Ihre Reaktion immer lautet: »Oh ja, schön, sehr gut – ABER..« Lob ist wichtiger als Kritik, und die Ermutigung, etwas besser zu machen (falls die Leistung wirklich miserabel ist), wird viel mehr positive Resultate zeitigen.

Ihre Zeit mit den Kindern zu verbringen, sollte für Sie eine große Freude sein. Das Problem der Kosten – viele Ausflüge und Unternehmungen gehen für Eltern mit einer jungen Familie heutzutage schrecklich ins Geld – braucht Ihnen dabei kein Kopfzerbrechen zu bereiten. Es fällt Ihnen leicht, den Kindern Ihr Wissen weiterzugeben, und Sie werden es sehr genießen. Spaziergänge in der Nachbarschaft, Besuche im Museum, Ausflüge in Wälder, Parks oder aufs Land werden den Zusammenhalt der Familie sehr wirkungsvoll stärken.

Obwohl Sie vielseitig begabt sind und vermutlich ein großes Spektrum von Interessen besitzen, sind die Hobbys Ihrer Kinder möglicherweise ganz anders als Ihre eigenen. Jungfrau-Eltern kämpfen manchmal dagegen, aber es ist langfristig viel besser, die Tatsache zu akzeptieren, daß Ihre Kinder nicht ein Abklatsch Ihrer selbst sind und sich für ihre *eigenen* Dinge interessieren – das sollte nicht zu schwierig sein. Auch ihre Meinungen und Ansichten werden sich im Laufe der Zeit von den Ihren unterscheiden. Sie sind genau der richtige Typ, sie in Frage zu stellen und herauszufinden, was sie wirklich denken – aber versuchen sie, offen zu bleiben, andernfalls wird der Generationenunterschied zur gähnenden Kluft.

Fallbeispiel

Stephanie– Sonne und Merkur in Jungfrau, Venus in Waage; Merkur-Gruppe 2, Venus-Gruppe 4

Aus dem Gutachten: Ich kann Sie nicht stark genug drängen, auf eine Tendenz des Kindes zu achten, sich sehr zu sorgen. Dies und die mögliche Anstauung von Spannungen, könnte sehr viel elterliche Hilfe und Geleit brauchen. Wenn Stephanie besorgt ist, bekommt sie möglicherweise Leibschmerzen oder will nichts essen. Dieses Gefahrensignal kann auftreten, bevor sie bewußt erkennt, daß sie aus dem Gleichgewicht geraten ist. Es hat absolut keinen Sinn, jemandem zu sagen, er solle sich »keine Sorgen machen« – das verschlimmert seine Lage nur –, aber Stephanie wird gewiß etwas dagegen unternehmen können, wenn Sie an ihr logisches Denken appellieren. Lassen Sie sie alle Aspekte eines Problems aufschreiben und zu einer Entscheidung finden, indem sie bewußt alle kontrastierenden Aspekte der Situation miteinander vergleicht. Wenn sie eine Entscheidung gefällt hat, wird sie in der Lage sein, weiterzugehen und positiv zu handeln.

Stephanie wird in vieler Hinsicht sehr romantisch sein und ihren scheuen Charme zeigen, wenn sie verliebt ist. Dies ist ein sehr angenehmer Zug, weil er bei ihr so völlig natürlich ist. Wenn wir sie aber aus einem anderen Blickwinkel betrachten, stoßen wir auf ihr starkes Bedürfnis nach tieferen Beziehungen, das sie leicht veranlassen könnte, voreilig zu handeln. Trotz ihrer zurückhaltenden Art zeigt sie die Neigung, sich von den Wogen der Romantik fortreißen zu lassen und sich rasch und häufig zu verlieben. Wenn Sie ihr helfen können, von ihrem kritischen Scharfsinn Gebrauch zu machen – den sie in anderen Lebensbereichen so gut einsetzt –, dann tun Sie dies unbedingt; aber es wird nicht einfach sein.

Kommentar: Stephanie ist zur Zeit der Niederschrift nur ein Jahr alt, es ist also ein wenig zu früh für die Ausprägung vieler ihrer Charakteristika. Ich gebe diesen Auszug wieder, weil der hier geschilderte Konflikt unter Jungfrauen tatsächlich sehr verbreitet ist, besonders wenn sie zur Merkur-Gruppe 2 und zur Venus-Gruppe 4 gehören.

Das Sonnenzeichen regiert:

Staaten und Länder: Brasilien, Frankreich, Griechenland, Hawaii, Irak, Jugoslawien, Kreta, Malawi, Schweiz, Syrien, Türkei, Unterschlesien, Uruguay, Westindische Inseln

Städte: Athen, Boston, Brindisi, Heidelberg, Jerusalem, Korinth, Lyon, Paris, Reading, Straßburg, Toulouse; Kurorte

Bäume: alle Nußbäume

Blumen und Heilpflanzen: ähnlich dem Zeichen Zwillinge, besonders Pflanzen mit gelben oder blauen Blüten: Ackerklee, Alant, Anis, Azalee, Bittersüß, Farn, Frauenhaar, Kümmel, Lavendel, Maiglöckchen, Melisse, Myrte, Zaunrübe

Nahrungsmittel: Nüsse (besonders Hasel- und Walnüsse), die meisten Gemüse (außer Kohl)

Biochemische Salze: Kalium sulfuricum, Ferrum phosphoricum

Tiere: alle Haustiere

Stein: Sardonyx

Metall: Quecksilber oder Nickel

Farbe: marineblau, dunkelgrau, braun

Waage

(23. Sept. bis 23. Oktober) ein maskulines Zeichen

Allgemeine Charakteristika

Ein von der Natur mit sehr viel Charme, einem freundlichen Lächeln und einer ruhigen und entspannten Lebenseinstellung gesegneter Mensch, das ist oft der erste Eindruck von einem Waage-Geborenen. Nur wenig scheint ihn beunruhigen zu können, und zuweilen mag man sich fast besorgt wundern, daß er anscheinend nie in Hektik gerät. Die Wechselfälle des Lebens scheint er von Jugend an leicht zu nehmen.

Ganz so simpel ist die Waage-Persönlichkeit nicht; doch hinter der sichtbaren Ruhe immer bestrebt, innere Harmonie und ein wohlausgeglichenes, sicheres Leben zu erreichen. Aufregende Streitigkeiten in der Familie stören das Waage-Kind sehr, und auch wenn es nichts damit zu tun hat, leidet es doch unter ihren Auswirkungen und braucht die eindringliche Zusicherung, daß der Streit es nicht betrifft, und es nach wie vor geliebt und geschätzt ist. Die emotionale Geborgenheit und ausgeglichene, harmonische Lebensumstände sind überaus wichtig, wenn die Waage weiterkommen und sich ungehemmt entfalten soll.

Der Waage-Geborene ist jedoch kein Muttersöhnchen; seine Ruhe stützt sich auf eine bemerkenswerte innere Kraft, und es ist sehr wichtig, diese zu entfalten. Achten Sie darauf, daß er immer aufrichtig für sich selbst einsteht; erlauben Sie ihm nicht, sich aus einer verzwickten Situation zu drücken. Wenn er sich dies angewöhnt, könnte er im späteren Leben dazu neigen, andere Menschen rücksichtslos zu übergehen. Sein Charme und seine Beliebtheit lassen ihn oft ungeschoren davonkommen. Auch wenn er sein charmantes Lächeln zeigt, während Sie ihn disziplinieren – so daß Sie meinen müssen, Ihre Rügen ließen ihn völlig kalt –, profitiert er in Wirklichkeit viel davon zu lernen, was richtig und was falsch ist.

Vergessen Sie nicht, daß das Bedürfnis nach Kontakt mit anderen ein wesentlicher Teil der Waage-Persönlichkeit ist. Hat sie sich egoistisch verhalten – und davor müssen Sie ständig auf der Hut sein –, sollten Sie sie darauf aufmerksam machen und ihr am besten einprägen, daß ihr Verhalten Sie tief verletzt und Ihre Beziehung getrübt hat. Weiter neigt die Waage dazu, Groll zu hegen; dies zeigt sich bei Ihrem Kind schon in frühen Jahren. Solche Reaktionen müssen im Keim erstickt werden, damit sie sich nicht hartnäckig bis ins Erwachsenenalter erhalten.

In bester Verfassung sind Waagen äußerst bereitwillig und hilfreich; sie sind freundlich, liebevoll und herzlich und zeigen damit als Grundmotivation vielleicht ein starkes inneres Bedürfnis, ihren Lieben zu gefallen. Sie registrieren es, wenn dies erreicht ist; indem sie diesem angenehmen Zug bewußt Ausdruck verleihen, gewinnt ihre Persönlichkeit Ausgeglichenheit und Abrundung. Ich kann nicht deutlich genug betonen, wie wichtig es ist, daß sie Liebe und Zuneigung, die sie geben, ausgleichen können durch die Liebe und Zuneigung, die sie empfangen. Wenn dieses Gleichgewicht nicht zustandekommt, werden sie erst Groll hegen, später allgemein ungezogen sein und schließlich Wutausbrüche präsentieren, die in Wirklichkeit Aufmerksamkeit auf sich ziehen wollen. Sie zu beruhigen, könnte sich als recht schwierig erweisen. Hier können Sie nur mit konsequenter Disziplin und Zurechtweisung etwas erreichen.

Es ist sehr wichtig, daß die körperliche Energie nicht brachliegt. Die Waage hat eine Tendenz, sich das Leben etwas zu leicht zu machen; wenn sich Ihr Kind, nachdem es von der Schule nach Hause gekommen ist, einfach vor dem Fernseher niederläßt, obwohl Hausaufgaben zu erledigen sind oder ein Termin im Sportverein ansteht, müssen Sie die Waage in Bewegung bringen! Wenn sie die Fertigstellung von Hausaufgaben hinauszögert, müssen Sie hinter ihr her sein, denn das bequeme Leben, das ihr von Natur aus nur zu leicht fällt, stärkt nicht gerade ihre vorteilhaftesten Seiten.

Waagen haben eine angenehm unbekümmerte Einstellung zum Leben, und ihre entspannte Art des Umgangs mit anderen läßt sie bei den meisten Menschen, mit denen sie in Verbindung kommen, das Beste zum Vorschein bringen. Vergessen Sie nicht, daß diese erfreuliche Eigenschaft sie in Gefahr bringen kann, wenn sie von Fremdem angesprochen werden. Ohne sie gleich zu erschrecken oder ihre warmherzige, charmante Art zu hemmen, müssen Sie sehr deutlich darauf hinweisen, daß es *manche* unangenehme Menschen gibt, die ihnen schaden können.

Waagen sind sehr großzügig, und Sie werden vermutlich feststellen, daß Ihr kleiner Sohn oder Ihre Tochter das Taschengeld schon wenige Stunden nach

Empfang ausgegeben haben! Sie lieben den Luxus und schätzen alle Annehmlichkeiten ihres Zuhauses. Vermutlich geben sie bereits ihr Taschengeld für Dinge aus, die sie sich im Grunde nicht leisten können; die Leckereien müssen beispielsweise wunderschön verpackt sein. Es sollte Ihnen nicht zu schwer fallen, sie so zu motivieren, daß sie ihre Großzügigkeit auch zu Gunsten wohltätiger Zwecke zeigen. Sie spenden zwar lieber Geld als Zeit, doch ihr Energievorrat muß natürlich auch in anderer Hinsicht Ausdruck finden, und so empfiehlt es sich, sie anzuspornen, sich zu wohltätigen Zwecken an Wettläufen, Fahrradrennen, Wettschwimmen oder ähnlichem zu beteiligen.

Wenn sie ein wenig älter sind und ihre Kleidung selbst auswählen dürfen, bevorzugen sie aller Wahrscheinlichkeit nach einen romantischen Look – was auch immer das jeweils sein mag. Die »Schuluniform« wird sie zu Tode langweilen; helfen Sie ihnen beim Kauf bequemer, attraktiver Trainingsanzüge in blassen Pastelltönen – und achten Sie darauf, daß sie problemlos zu waschen und zu säubern sind.

Einer der wichtigsten Aspekte der Waage-Persönlichkeit, der einer sorgfältigen Entfaltung bedarf, ist nicht ihre Fähigkeit sich zu entscheiden – sondern vielmehr ihre Unfähigkeit, denn sie sind notorisch unentschlossen und lieben es geradezu, sich weder zur einen noch zur anderen Alternative durchzuringen. Aus einer Angst heraus, andere Menschen aufzubringen, schieben sie es so lange wie möglich hinaus, sich für das eine oder andere zu entschließen. Sie erkennen nicht, daß sie andere Menschen dadurch ebenso aufbringen können, wie durch eine Entscheidung, die sie fassen! Helfen Sie Ihrer jungen Waage so früh wie möglich, sich selbst zu entscheiden. Selbst in sehr einfachen Angelegenheiten zögert sie vor einer Wahl oder fragt Sie, wie *Sie* entscheiden würden. Tappen Sie nicht in die Falle, darauf zu antworten! Zeigen Sie Ihrem Kind alle verschiedenen Möglichkeiten, und überlassen Sie es dann ihm; selbst wenn die Waage sich erst in letzter Sekunde entscheidet, haben Sie einen Erfolg – wenn es ein Fehler war, wird sie daraus lernen. Es ist besser, als nachzugeben und ihr zu sagen, was sie tun sollte; Ihr Kind würde immer darauf warten, daß andere Menschen ihm Entscheidungen abnehmen, und dies könnte im Leben des Erwachsenen zu allen möglichen Problemen führen.

Die drei Arten zu denken

Aufgrund des Einflusses von Merkur (siehe S. 22) arbeitet das Denken der Waage vor allem auf eine von drei Arten:

1) Die erste Gruppe verfügt über ein schlaues, analytisches und kritisches

Denken mit starker rationaler Orientierung, an die Sie appellieren können, wenn sie unentschlossen oder gleichgültig wird; ihre reichliche intellektuelle Energie sollte gefordert werden. Diese Waagen haben eine Tendenz, sich Sorgen zu machen.

2) Zur zweiten Gruppe gehören jene, die zwar in bezug auf andere überlegt und bedacht sind, sich aber nicht entscheiden können; meine obigen Bemerkungen treffen auch hier zu – versuchen Sie die Fähigkeit zu entfalten, zu Entscheidungen zu gelangen. Hüten Sie sich vor übertriebenem Optimismus und helfen Sie ihnen, von ihrer mentalen Energie Gebrauch zu machen.

3) Waagen der dritten Gruppe haben einen scharfen Verstand und sind äußerst intuitiv. Der Drang, alles herauszufinden, ist mit beträchtlicher Entschlossenheit verknüpft; ein Appell an den dieser Gruppe angeborenen Ehrgeiz sollte glänzende Resultate zeitigen.

Die fünf Arten zu lieben

Aufgrund des Einflusses der Venus (siehe S. 22) zeigen Waagen ihre Zuneigung vor allem auf eine von fünf Arten. Da Venus das Zeichen Waage regiert, übt sie einen zusätzlichen psychologischen Einfluß aus.

1) Die Angehörigen der ersten Gruppe haben sehr viel Liebe und Zuneigung zu geben; sie sind ferner äußerst großzügig und manchmal auch etwas großtuerisch, wenn sie versuchen, sich Beliebtheit zu erkaufen. Sie sind hervorragende Gesellschafter und genießen ihr Leben.

2) Die Waage-Geborenen der zweiten Gruppe sind etwas bescheidener. Trotz ihrer Romantik neigen sie zu der Meinung, ihre Partner fänden sie nicht attraktiv. Manchmal sind sie in bezug auf ihre Liebhaber selbst überaus kritisch und in einer Beziehung oft unzufrieden.

3) Zur dritten Gruppe gehören mit die romantischsten Typen im ganzen Tierkreis; sie sind gerne verliebt ins Verliebtsein und idealisieren die Romanze. Es ist wichtig, daß sie lernen, zumindest mit einem Fuß auf dem Boden der Tatsachen zu bleiben. Alles andere als unentschlossen, mischen sie sich bei Herzensangelegenheiten in Dinge, von denen andere sich lieber fernhalten – und müssen dafür meist Lehrgeld bezahlen.

4) Die Waagen der vierten Gruppe zeigen viel Leidenschaftlichkeit, einen star-

ken Sexualtrieb und viel emotionelle Energie; Eifersucht und eine gewisse Besitzgier können ihre Beziehungen trüben. Es ist wichtig, daß sie lernen, zwischenmenschliche Beziehung nicht aus – möglicherweise falsch interpretierten – Emotionen zu gefährden.

5) Die unbeschwerte, schwungvolle Liebe ist schließlich das Vorrecht der fünften Gruppe; sie braucht die Freiheit des Ausdrucks und genießt ihre Beziehungen. Aber es kann auch zu Schwierigkeiten kommen, da Freiheit sich nicht zwangsläufig mit Häuslichkeit vereinbaren läßt.

Gesundheit und Ernährung

Wenn die junge Waage anfängt, selbst zu essen, stellen Sie möglicherweise fest, daß sie dabei unerträglich langsam ist. Das Kind langweilt sich schon bei dem bloßen Gedanken daran, den Löffel zu füllen und ihn in den Mund zu bugsieren! Nehmen Sie ihm jedoch den Teller fort und tauschen das Fleischgericht gegen eine Delikatesse wie Eis oder einen feinen Pudding, ist seine Energie aller Wahrscheinlichkeit nach wiederhergestellt, und es macht sich mit Begeisterung ans Geschäft. Seien Sie aber vorsichtig, denn die Waage (wie auch der gleichfalls von der Venus regierte Stier) legt sich nur zu leicht eine Karies zu.

Leichte Speisen, besonders Salate, sollte Ihr Waage-Kind mögen; auch Tomaten sind beliebt, ob roh oder gekocht. Man wird kaum vergessen, daß es im Zeichen Waage um die Ausgewogenheit geht, aber gerade beim Essen ist dieser Schlüsselbegriff besonders wichtig. Versuchen Sie die Ernährung Ihrer Waage so abwechslungsreich wie möglich zu gestalten, so daß sie grundsätzlich ausgewogen ist und die geliebten Süßigkeiten nur wenig zum Zuge kommen; sie sind langfristig weder der Vitalität noch der Figur bekömmlich. Eine Waage kann mit Leichtigkeit jedes Stück Schokolade verzehren, das ihr ins Blickfeld gerät. Wenn Sie Ihr Kind bewegen können, zu den Zwischenmahlzeiten besser frisches Obst als Süßigkeiten zu essen – Erdbeeren und Himbeeren sind im Sommer meist sehr beliebt –, wäre das eine glänzende Sache. Überhaupt ist jedes Obst (solange es einigermaßen süß ist) viel gesünder als Schokolade; auch Kekse und Kuchen sollten rationiert werden.

Das Zeichen Waage regiert die Nieren. Jegliche emotionelle Störung kann zu unangenehmen Kopfschmerzen führen, die möglicherweise durchaus auf ein kleines Nierenproblem zurückzuführen sind – ein weiterer Grund, auf Ausgeglichenheit im Gefühlsleben der Waage zu achten. Die Nebenschilddrüsen gehören ebenfalls zu diesem Zeichen, deshalb sind Nahrungsmittel zu empfehlen, die dem Kalziumhaushalt des Organismus zuträglich sind.

Im allgemeinen sollte die kleine Waage ganz gut schlafen, und – wie die meisten – nur dann keine gute Nachtruhe genießen können, wenn sie über etwas besorgt oder aufgebracht ist. Es sollte für Sie nicht zu schwierig sein, Ihr Kind zu bewegen, Ihnen genau zu erzählen, was es beunruhigt – ob es sein eigener Fehler ist oder der eines anderen –, so daß das Problem geklärt und der angstfreie Nachtschlaf wiederhergestellt werden kann.

Nur wenige Waagen sorgen sich so sehr, daß sie nicht schlafen können. Eine Gruppe von ihnen beunruhigt der Einfluß Merkurs jedoch besonders; Sie werden bald wissen, ob ihre Waage dazu gehört. Die ersten Anzeichen ihres Kummers sind vermutlich Klagen über Leibschmerzen. Gewinnen Sie die ausgeprägte Vernunftfähigkeit Ihres Kindes, und sprechen Sie über das Problem, das den Beschwerden zugrundeliegt.

Waage-Kinder sind sehr freundlich und wollen jenen, die sie lieben, (auch körperlich) nahe sein; dies macht sie aber recht anfällig für Erkältungen und Kinderkrankheiten. Sie können dagegen nicht viel unternehmen, außer sie von Freunden fernzuhalten, die krank sind. Im Winter wäre gelegentlich eine Vitaminkur zur Steigerung der Abwehrkraft in Erwägung zu ziehen.

Krank zu sein, kann die junge Waage in gewisser Hinsicht fast genießen: den größeren Komfort weicher Kissen, des warmen Betts und der zusätzlichen Aufmerksamkeit; weil sie im allgemeinen geduldig ist, fällt sie denen, die sie pflegen, nicht zur Last. Damit sie sich nicht langweilt oder auch einmal richtig wütend wird, weil sie verpaßt, was draußen in der Welt geschieht, sollten Sie ein paar spannende Bücher zur Hand haben, die ihr helfen, in eine Phantasiewelt von Gefahren, Ungeheuern und schönen Prinzessinnen zu entfliehen.

Als Eltern einer Waage sollten Sie besonders darauf achten, daß Ihr Kind genügend Bewegung bekommt; es ist vermutlich entweder ganz versessen auf Sport oder lehnt ihn völlig ab. Im letzteren Falle wird es sich ohne gezielte Motivation kaum daran beteiligen, und Sie sollten eine Alternative finden, seine Energien in Bewegung zu bringen. Vielleicht ist es gut, wenn Ihre Waage sich einer Art Aktionsgruppe anschließt, um ein Element Pioniergeist in seiner Persönlichkeit zu entfalten, das sie von ihrem »polaren« oder gegenüberstehenden Tierkreiszeichen, dem Widder, erbt. Vegessen Sie nicht, daß sie abenteuerlustig ist; das mag Ihnen helfen, Wege zu finden, ihre körperliche Energie auf genußreiche und erfüllende Weise zu verbrennen.

Die ersten fünf Jahre

Eine kleine Waage aufzuziehen, sollte in vieler Hinsicht zunächst recht unproblematisch sein, und die Eltern haben gewiß ihre Freude daran. Die unbeschwerten Züge dieses Zeichens charakterisieren in der Regel ein entspanntes und glückliches Kind.

Das ist alles ganz schön und gut, doch man muß sich vor Augen halten, daß auch die stärkere, sicherere Seite der Waage-Persönlichkeit der Nahrung und Kräftigung bedarf, nicht nur im eigenen Interesse (denn sie wird sich im Leben schließlich selbst behaupten müssen), sondern weil sich der Charme, den sie oft gebraucht, um sich aus heiklen Situationen herauszuwinden, langfristig als verheerend erweisen kann.

Es fällt nur zu leicht, eine kleine Waage zu verwöhnen. Um dieser Tendenz entgegenzuwirken und eine positive Reaktion auf Disziplin und Erziehung zu fördern, empfehle ich Ihnen, mit sich selbst ebenso konsequent zu sein wie mit der jungen Waage, und diese mit eiserner Hand (aber in Samthandschuhen) anzufassen. Auf diese Weise kultivieren Sie die besten Anlagen der Waage: Sie ist fair und diplomatisch, zeigt keinen Mangel an innerer Stärke und Entschlossenheit, hat einen kämpferischen Geist und die Fähigkeit, auch schwierige Situationen im Leben zu bewältigen.

Es ist sehr gut für eine junge Waage, die Verantwortung für eine regelmäßige Aufgabe übertragen zu bekommen, besonders wenn es dabei um das Wohlergehen eines anderen geht. Die Goldfische zu füttern oder eine hübsche Topfpflanze zu gießen wäre ideal. Wenn das Kind seine Aufgabe vernachlässigt, können Sie sofort an sein Gewissen appellieren: das war nicht lieb gegenüber den Fischen oder Blumen, und diese müssen nun infolge seiner Vergeßlichkeit leiden.

Geben Sie Ihrem Waage-Kind so früh wie möglich ansprechende Bilderbücher. Vielleicht stellen Sie fest, daß Bauklötze sein Lieblingsspielzeug sind – und Jungen wie Mädchen spielen gerne mit Autos, Feuerwehrzügen und anderem mechanischen Spielzeug. Manchmal engt es das Kind jedoch eher ein; vergessen Sie nicht, daß die – nicht unbedingt schwach angelegte – Phantasie der Waage vielleicht mehr angeregt werden sollte als die anderer Tierkreiszeichen. Die Waage ist gewiß eine Freude im Hause, sie strahlt oder lächelt bestimmt glücklich, wenn Fremde zu Besuch kommen. Sie ist ein aus sich herausgehendes, extravertiertes Kind, das Ihre Besucher mit seiner Überlegtheit und seinen netten Streichen amüsiert.

Wenn sich dies arrangieren läßt, sollte Ihr Kind so früh wie möglich in den Kindergarten gehen. Dort wird es mit Kindern seines eigenen Alters Umgang haben, was man nicht früh genug unterstützen kann. Vielleicht wird Ihnen auffallen, daß ihre Waage bei Schwierigkeiten mit anderen Kindern dazu neigt, die Schuld daran diesen zuzuschreiben. Dann sprechen Sie ganz genau und detailliert über die Angelegenheit, denn Waage-Geborene wollen nicht gern die Schuldigen sein. Möglicherweise verheimlichen oder verdecken sie etwas, weil sie nicht wollen, daß Sie sich ärgern oder aufregen. Daraus könnte sich ein Teufelskreis entwickeln. Finden Sie die Wahrheit heraus und bringen Sie Ihr Waage-Kind sanft, aber mit festem Willen und Konsequenz dazu, daß es sich höflich und offen bei dem anderen Kind entschuldigt, dem es Unrecht getan hat. Es wird sich sehr darüber aufregen, aber dies ist der beste Weg, die Dinge zu bewältigen und sein Bedürfnis nach ausgleichender Gerechtigkeit zu erfüllen.

Fernsehsendungen, bei denen die Waage andere Kinder spielen sehen kann, genießt sie, vor allem aber, wenn sie irgendwie daran teilhaben kann, mitsingt oder -spielt und Dinge nachahmt, die auf dem Bildschirm zu beobachten sind – auch wenn dazu erst etwas Ermutigung nötig ist. Wenn sie sich erst einmal beteiligt, wird es ihr viel Spaß bereiten, eine aktive anstelle der passiven Rolle anzunehmen.

Schulzeit

Die Waage braucht immer einen strukturierten Rahmen im Leben, und solange sie jung ist, auch ein vernünftiges Maß an Disziplin. Wenn sie sich an den Kindergartenbesuch gewöhnt hat und dort solche Strukturen geboten bekommt, macht sie bald die besten Fortschritte. Bei Altersgenossen und Lehrern ist sie gewiß sehr beiliebt. Vermutlich will sie bereits am zweiten Tag ein Lieblingsspielzeug in die Schule mitnehmen, um ihre Freude daran mit den neuen Kameraden teilen zu können.

Von Anfang an möchte die Waage gut Freund mit den anderen Kindern sein; sie ist nicht scheu oder zurückgezogen. Sollten Sie aber ein atypisches Verhalten beobachten, wird sie aller Wahrscheinlichkeit nach von jemandem aufgebracht worden sein. Dann kann sie mit Verärgerung und Aggression reagieren. Wenn Sie mit ihr über den Grund ihres Zornes sprechen, sieht sie ein, daß ihre Reaktion nicht sehr produktiv ist. Wenn Sie sie darauf hinweisen, daß es nicht *fair* ist, ständig unfreundlich zu jemandem zu sein, der sie verletzt hat, und sie überreden können, ihm zu vergeben und zu vergessen, gewinnt sie aller Wahrscheinlichkeit nach einen Freund fürs Leben. Sie muß gleichzeitig auch eine Menge über andere Menschen lernen – zum Beispiel, daß sie nicht alle so sind wie sie, und sie selbst mit Überlegung handeln muß.

Wenn die Waage dann zur Schule geht, bekommt sie unausweichlich Hausaufgaben auf. Sehr wahrscheinlich wird sie diese Tatsache herunterspielen und vorgeben, es sei nicht viel, müsse noch lange nicht abgegeben werden und brauche erst nächste Woche begonnen zu werden. Vermutlich sagt sie das, weil sie etwas im Fernsehen anschauen will; achten Sie also auf eine solche Situation, und finden Sie nötigenfalls die Wahrheit anhand ihres Aufgabenheftes oder Stundenplans heraus. Sie finden vielleicht heraus, daß sie in Wirklichkeit viel zu tun hat, und dies bis zum nächsten Tag erledigen muß. Festigkeit und Bestimmtheit auf Ihrer Seite, wenn Sie zum ersten Mal eine solche Situation entdecken, werden Wiederholungen und daraus resultierende Schwierigkeiten verhindern. Es kann sein, daß sie sich sonst angewöhnt, ihre Arbeit vor sich herzuschieben, und infolgedessen in der Schule weniger gut vorankommt, als ihr eigentlich entspricht.

Für eine junge Waage ist eine Schule mit strenger Disziplin am besten geeignet. Lehrer, die ihren Schülern schlampige Arbeit oder Faulheit nicht durchgehen lassen, holen das Beste aus Ihrem Kind heraus, das auf einen Sinn für Humor und auf lebhafte, freundliche Ermutigung gut anspricht. Ein ernster, kalter, reservierter und konventioneller Lehrer wird nicht viel Erfolg bei ihm haben.

Versuchen Sie eine Schule zu finden, in der die junge Waage die Möglichkeit hat, sich schöpferisch, vielleicht auch künstlerisch zu betätigen. Dieses Tierkreiszeichen schenkt uns viele sehr talentierte Designer (besonders von Stoffen und Mode); ein gut ausgestatteter Werk- oder Kunsterziehungsraum könnte für die Waage eine glänzende Quelle der Inspiration sein. Schulchor oder -orchester spielen eventuelle auch eine wichtige Rolle. Wenn Ihre Waage jedoch nicht wirklich musikalisch ist, dann regen Sie sie an, wenigstens bei Gelegenheiten wie dem Schulkonzert oder einer Aufführung der Theatergruppe ihre Hilfe anzubieten. Sie wird Spaß daran haben, den Leuten ihre Plätze zuzuweisen und sie willkommen zu heißen.

Trotz der freundlichen, großzügigen und romantischen Wesensart der Waage lieferte uns dieses Tierkreiszeichen traditionell exzellente Generäle und Forschungsreisende. Hinter all ihrem Charme steckt doch eine gewisse Zähigkeit, die Sie vielleicht auch entdecken, wenn Ihr Kind sich als eifriges und begeistertes Mitglied der Fußball-Mannschaft erweist. Unterstützen Sie dieses Interesse; damit sich das Gleichgewicht aber nicht ganz in Richtung Aggression und Selbstbestätigung verschiebt, versuchen Sie ein Gespür für Musik zu entfalten, oder lassen Sie die Waage vielleicht ein Musikinstrument erlernen – Aktivitäten dieser Art sind ein hervorragender Ausgleich für körperliche Extraversion. (Denken Sie übrigens daran, daß dies auch für Waage-Mädchen gelten kann; sie zeigen sich manchmal recht wild und jungenhaft.)

Wenn Prüfungen auf sie zukommen, versucht die Waage dies gerne zu ignorieren; ist sie auf sich selbst gestellt, ist es sehr wohl möglich, daß sie erst Stunden vor dem Prüfungsbeginn mit dem Pauken anfängt. Wenn Sie also nicht rechtzeitig aufpassen, werden Sie sie vielleicht ertappen, wie sie sich von einem gewissenhafteren Klassenkameraden übers Telefon ein paar Fakten mitteilen läßt, in dem blinden Glauben, in der Prüfung die Fragen gestellt zu bekommen, die zu den wenigen Antworten passen, die sie beherrscht! Bewegen Sie sie, ihre Prüfungsvorbereitungen wie einen Feldzug oder eine andere Kampagne gut zu planen, vielleicht gelingt es Ihnen, sie damit zu beeindrucken. Gleichwohl könnte es notwendig werden, daß Sie sie kontrollieren um sicherzugehen, daß die notwendige Arbeit tatsächlich geleistet wird. Vielleicht müssen Sie sogar vorgeben, daß der Fernseher nicht funktioniere und das Telefon gestört sei!

Waage-Geborene werden oft als die Friedensstifter im Tierkreis bezeichnet. Ihre kleine Waage kommt vielleicht eines Tages aus der Schule nach Hause und sagt, daß sie einen Streit zwischen Freunden geschlichtet hat. Bei einer anderen Gelegenheit könnte sie ebenso leicht nach der schrecklichsten Auseinandersetzung mit einem Freund erklären, daß sie von nun an für immer verfeindet seien. Sie können an ihrer Miene erkennen, wie ernst die Situation ist. Ist sie betrübt, ist Ihr Kind wirklich unglücklich; ist sie aber immer noch lebhaft und hell, hat es den Streit vermutlich selbst vom Zaun gebrochen, um sich einfach den Spaß zu ermöglichen, sich hinterher wieder zu versöhnen!

Das Leben außerhalb der Schule

Es gibt vielleicht nichts Schlimmeres für ein Waage-Kind, als sagen zu müssen »Ich habe überhaupt nichts zu tun«, oder »Ich weiß nicht, was ich tun soll.« Dann rollt es sich zufrieden zusammen und träumt vor sich hin. Tagträume sind recht schön, können aber auch eine Ausrede für Faulheit sein.

Ermutigen Sie Ihre junge Waage, außerhalb der Schule so aktiv wie möglich zu sein; bringen Sie Ihren Nachwuchs dazu, sich Gruppen anzuschließen, in denen er viele Leute kennenlernen kann, und die ihm gesellschaftliche Attraktionen als zusätzlichen Vorteil bieten. Wenn er Mitglied eines Sportvereins ist, der interessante Ausflüge veranstaltet – Picknicks, Diskos und so weiter –, dann wird er höchstwahrscheinlich sowohl an den Spielen als auch den gesellschaftlichen Aktivitäten seinen Spaß haben. In der Tat sind diese Kontakte wichtig für die Angehörigen dieses Tierkreiszeichens, weil sie später im Leben gerne den Gastgeber oder die Gastgeberin spielen und Gesellschaften geben; je früher sie sich also an verschiedene gesellschaftliche Kreise und Rahmen gewöhnen, desto besser. Denken Sie auch daran, wenn Sie beispielsweise zu einem Essen ausgehen, denn die junge Waage lernt rasch, wie man von der Speisekarte bestellt und sich in der Öffentlichkeit verhält.

Wenn das Waage-Mädchen in die Pubertät kommt, hat sie die Neigung, sich etwas auffallend um ihre zunehmende Weiblichkeit zu bemühen. Sie wird Frisierpartys veranstalten und sich vielleicht ein wenig zu sehr auf Mode konzentrieren und naiv glauben, was in diversen Zeitschriften für ihre Altersgruppe geschrieben wird. Natürlich ist es gut, daß sie ein Gespür für Mode entwikkelt, aber manchmal nehmen solche Dinge zuviel Bedeutung ein, und die Schularbeit und sportlichen Aktivitäten oder kreative Interessen müssen darunter leiden. Die Jungen neigen weniger dazu, auch wenn sie es vielleicht nicht zugeben, solange sie unter dem ersten Liebeskummer leiden.

Angehörige beider Geschlechter tun gut daran, sich den Pfadfindern anzuschließen und sollten ermutigt werden, an Zeltlagern teilzunehmen und den Abenteuergeist zu entfalten, der gewiß ein Teil ihrer Psyche ist, selbst wenn sie recht überlegen behaupten, für solche Dinge nicht das geringste übrig zu haben.

Im großen und ganzen mangelt es der Waage nicht an Geduld, und so begeistert sie sich vielleicht für recht langfristige Projekte oder Hobbys, deren Entfaltung einige Zeit erfordert. Wenn Sie die notwendige Zeit zum Üben aufbringen, haben sie gewiß Freude daran, ein Musikinstrument zu erlernen. Doch solche Aktivitäten – und dazu gehört auch die handwerkliche Betätigung – halten die Kinder eher im Hause. Die Waage als Luftzeichen sollte viel Zeit im Freien, in der frischen Luft verbringen. Unter offenem Himmel verbrennt sie nicht nur ihre reichlich vorhandene körperliche Energie, sondern gewinnt auch größere Klarheit im Denken. Sie wird angespornt, logisch zu denken und ihr scharfes und oft erstaunlich intuitives Denken auf die bestmögliche Weise einzusetzen. In diesem Zusammenhang sei ergänzt, daß Aktivitäten, die die Waage intellektuell fordern, besonders zu unterstützen sind. Dazu gehören zum Beispiel Spiele wie Schach oder Sportarten, in denen es auf schnelle Bewegung ankommt, bei denen Körper und Denken eng zusammenarbeiten müssen.

Vorbereitung fürs Leben

Wie ich bereits andeutete, sind Liebe und Romanze für die Waage ein und dasselbe, und Amors Pfeil wird sie schon recht früh treffen.

Ehe Sie sich versehen, werden Sie Ihren Waage-Teenager mit verklärtem Blick und hängendem Kopf vorfinden: er ist zum ersten Mal verliebt. Zeigen Sie Ihr Mitgefühl, und vor allem: hänseln Sie ihn nicht. Vielleicht machen Sie ihn darauf aufmerksam, daß das Leben weitergehen muß, selbst wenn sein Herz am Zerspringen ist, weil das Objekt seiner Liebe keine Notiz von ihm nimmt. Er wird höchstwahrscheinlich Erfolg haben, indem er herausfindet, wofür sich die Angebetete interessiert, und anfängt, sich ihr gegenüber freundschaftlich (anstatt zu offensichtlich romantisch) zu verhalten. Dann kann diese Jugendliebe Spaß machen und lebendig sein – anstatt gar zu schwül.

In solchen Phasen ist die Waage – im Gegensatz zu sonst – alles andere als typisch unentschlossen; Sie hören sie verkünden, daß sie nächste Woche zu heiraten gedenke! Denn sie ist nicht nur verliebt, sondern hat auch ein sehr starkes psychologisches Bedürfnis nach Partnerschaft – eine tiefe Beziehung mit einem anderen Menschen ist für Waagen lebenswichtig, und nur zu oft stürzen sie sich in eine dauerhafte Bindung, bevor sie eigentlich reif und bereit dafür sind; solche Partnerschaften enden oft in Herzeleid und Unglück. Es wird nicht einfach für Sie sein, ihnen das klarzumachen, aber möglicherweise können Sie mit dem künftigen Partner Kontakt aufnehmen. Gewinnen Sie sein Vertrauen, und heißen Sie ihn bei sich willkommen, so daß er sich sicher fühlt. Appellieren Sie an Vernunft und gesunden Menschenverstand, und vielleicht gelingt es dem Partner, Ihre über-romantische Waage zu etwas praktischeren Gedankengängen zu bewegen.

Je natürlicher und selbstverständlicher Jungen und Mädchen dieses Tierkreiszeichens miteinander aufwachsen, desto besser. In diesem Sinne ist es von Vorteil, wenn Ihr Sohn oder Ihre Tochter eine gemischte Schule besucht – die Entwicklung von der Kinderfreundschaft zu einer reiferen Beziehung wird dann viel leichter vonstatten gehen, denn die Erkenntnis, daß man sowohl gut befreundet als auch romantisch verliebt sein kann, wird dann rechtzeitig Platz greifen, und dies wird das Gefühlsleben der jungen Waage stabilisieren.

Wenn Ihr Waage-Teenager schon im Schulalter eine tief emotionale Beziehung findet, sollten er und seine Freundin ermutigt werden, ihre Schularbeiten soweit wie möglich gemeinsam zu machen, damit die Arbeit nicht darunter leidet. Abgeschlossene Aufgaben kann man dann loben, und die Turteltäubchen dürfen zusammen in ihre Lieblings-Disko abziehen und hoffentlich einiges von ihrer körperlichen Energie verbrennen!

Obwohl viele Waagen schon in recht jungen Jahren auch sexuelle Aktivität brauchen, verlangen gerade Mädchen dieses Zeichens oft eine Liebesbeziehung mit allen Vorteilen und Annehmlichkeiten, aber ohne Sexualität.

Manchmal neigen sie dazu, ihre Partner an der Nase herumzuführen und dann einer sexuellen Begegnung auszuweichen. Das ist unfair, und ihre Mutter sollte ihnen unmißverständlich erklären, daß sie entweder lernen müssen, nein zu sagen, oder bereit zu sein, sich auch sexuell hinzugeben; ein Mittelweg ist schwierig und bedarf eines Balanceaktes, der die Waage wohl überforderte.

In der ersten Zeit, wenn sie sich ihrer Sexualität bewußt werden, kommt es vor, daß die Mädchen Sex von Liebe völlig trennen und in einer ausschließlich romantischen, asexuellen Phantasiewelt leben. Es erübrigt sich zu sagen, daß sie hier Anleitung brauchen, möglichst im Rahmen eines Sexualkundeunterrichts. Durch den Einfluß des Elementes Luft brauchen Waagen wirklich sehr viel Freundschaft in ihren Beziehungen, und manchmal fällt es ihnen sehr schwer zu verstehen, daß die Verbindung mit einem Partner kein unverbindlich-schöner Traumtanz bleiben kann. Wenngleich der intellektuelle Austausch die meiste Zeit geboten sein muß, sollte es auch Romantik und sexuelle Leidenschaftlichkeit geben; Waagen haben das Geschick, das rechte Gleichgewicht zu erlangen.

Eltern sollten mehr als nur ein halbes Auge auf ihrer jungen Waage halten, wenn sie verliebt ist; es könnte sein, daß sie ihr Leben vom Partner bestimmen läßt. Der Waage-Geborene weiß, daß das Teilen eine wichtige Rolle spielt, und tief im Innern weiß er auch, daß es nicht fair ist, daß ein Partner alle Entscheidungen für beide trifft, aber das Verlangen, alles möge eitel Harmonie bleiben, wird ihn überreden, mit jedem Vorschlag des Partners einverstanden zu sein; dann aber wird die Beziehung einseitig. Finden Sie einen Weg, ihn dazu zu bewegen, sich selbst einzubringen, anstatt zu träge zu sein, eigene Vorschläge zu gemeinsamen Unternehmungen und Verabredungen zu machen, zu neuen gemeinsamen Interessen oder ähnlichem.

Weitere Ausbildung

Die meisten jungen Waagen freuen sich darauf, die Schule hinter sich zu lassen, um an der Universität zu studieren oder eine andere Form der Weiterbildung in Angriff zu nehmen. Sie fühlen sich freier und erwachsener, sobald die Einengung und vielleicht auch die Langeweile der schulischen Uniformität der Vergangenheit angehören.

Sehr wahrscheinlich ist die junge Waage nur zu bereit, sich ins studentische Dasein einzuleben, und schon bald werden Sie begeisterte Berichte über neue Freunde und Aktivitäten und all die Parties hören, die man besuchen muß.

Das Leben wird zweifellos wunderbar sein, aber wir wollen trotzdem nicht vergessen, daß es da etwas gibt, das man Arbeit nennt – und wie steht es damit? Nun, wenn die Waage ihr Studienfach sorgfältig ausgewählt hat, sollte sie aufgrund der neu entdeckten Freiheit das Studium mit seinen Diskussionen und Argumentationen genießen. Sie wird ihre Freude an Vorlesungen, Debatten und Überlegungen über jeden Gesichtspunkt ihres Faches haben, die sie in all ihren Studienprojekten gut zum Ausdruck bringen kann.

Wenn das gewählte Fach ihn nur beiläufig interessiert, wird der Waage-Student sich nicht besonders gut auf die Arbeit konzentrieren können, sein Denken vermutlich mehr um das gesellschaftliche Leben als um das Studium kreisen; manchmal geht das so weit, daß ein großer Teil davon überhaupt nicht stattfindet. Wenn er sich jedoch dazu aufraffen kann, konsequent zu arbeiten, sollte er es gut schaffen; wir dürfen seine intellektuelle Kapazität nicht unterschätzen. Ich empfehle den Eltern, den Abschnitt *Die drei Arten zu denken* (siehe oben) durchzulesen und zu überlegen, zu welcher Kategorie ihr Student gehört – sie hat eine sehr weitreichende Auswirkung auf seine Einstellung zum Studium, seine Konzentrationsfähigkeit und sein kritisches Talent. Er könnte in der Forschung sehr gut sein – vielleicht liegt seine Stärke im rationalen Denken. Möglicherweise wird er dank seiner intuitiven Begabung und des ausgeprägten Gerechtigkeitssinnes jemand, mit dem man in der politischen Diskussion rechnen kann.

Viele Waagen bewähren sich im Militär; wenn sie diesen Tätigkeitsbereich in Erwägung ziehen, werden sie von Spezialausbildungen an einem Militärcollege profitieren. Andere, die nicht die Universität besuchen und sich von den visuellen Künsten angezogen fühlen, könnten sich die Teilnahme an Kursen der Kunsthochschule überlegen, in denen sie etwas über Stoff und Mode-Design lernen können. Waagen haben von Natur aus ein Gespür für Harmonie und Rhythmus; und wenn sie nicht ohnehin musikalisch sind, findet es oft Ausdruck im Zeichnen und Entwerfen von Kleidern oder Möbeln.

Die junge Waage tut auch wohl daran, die Schönheits- und Luxusbranchen in Betracht zu ziehen, sollte aber gut ausgebildet sein – zum Beispiel in kosmetischer Behandlung und Therapie –, statt zu versuchen, mit nur halbherzigen Bemühungen zum Erfolg zu gelangen. Diese Berufe sind besonders passend für junge Waagen, die ein wissenschaftliches Interesse haben, aber nicht so akademisch begabt sind, um einen guten Bildungs- oder Studienabschluß zu erreichen.

Wie bei allen anderen Tierkreiszeichen obliegt es den Eltern zu erkennen, ob die Jugend-Hobbys ihrer Kinder sich zu erfolgreichen und lohnenden Berufen ausbauen lassen können. Wenn Ihr Kind sich stundenlang auf Sportplatz oder Eislaufbahn herumgetrieben hat oder sich im Ballett gut bewährte, dann tun

Sie dies nicht als bloße Körperübung ab. Die Berufe des Sportlers oder Tänzers sind natürlich unsicher und stellen hohe Anforderungen, aber überdenken Sie trotzdem ernsthaft, ob Sie sie unterstützen wollen. Wenn die vornehmliche Beschäftigung Ihrer Waage dem Schneidern und Schnittmuster-Entwerfen galt, dann ist es nicht ausgeschlossen, daß Sie vielleicht eine kleine Zhandra Rhodes in der Familie haben.

Da die Waage eines der finanziell großzügigen Zeichen im Tierkreis ist und einen komfortablen Lebensstil schätzt, sollte man nicht außer Acht lassen, daß sie sehr viel Geld verdienen muß, wenn sie glücklich sein soll – nicht nur zum Ausgeben, sondern auch zum Verschenken. Es ist wichtig, daß Sie ihr als Teil der Erziehung vermittelt haben, wie man mit Geld umgeht – besonders, wenn sie unternehmungslustig ist und nun daran denkt, ihr eigenes Geschäft anzufangen, sei es schon sehr früh oder erst später im Leben. Die sehr irdischen finanziellen Probleme erscheinen ihr vielleicht langweilig, und wenn sie erst richtig ins Geschäftsleben einsteigt, braucht sie jemanden, der ihr bei der Buchführung, der Einkommen- und Umsatzsteuererklärung usw. zur Hand geht. Ihr aber rechtzeitig beizubringen, wie man die Bücher selbst führt, ist ein guter Anfang.

Wenn sie an einer Hochschule studiert und zu Beginn des Semesters ein großes Darlehen oder eine Studienbeihilfe erhält, sollte sie wirklich lernen, wie sie es anstellen muß, damit das Geld reicht – und nicht auf die Angebote von Bankkaufleuten eingehen, große Summen aufzunehmen, deren Rückzahlung sie dann leicht vergessen kann.

Arbeitslosigkeit: Spannung und Belastung

Wenn eine junge Waage keine Arbeit finden kann, sackt sie nur zu leicht in bequeme Verzagtheit ab und legt sich einen lustlosen, nachlässigen Lebensstil zu. Sie lebt von einem Tag in den anderen und unternimmt nichts, das dazu führen könnte, eine Stelle zu finden. Stattdessen schiebt sie es auf unbestimmte Zeit hinaus – zumindest aber bis »morgen«. Leider wird in viel zu vielen Fällen dieses Morgen nie zum Heute, die Waage aber allmählich immer träger und lustloser, und verbringt mehr und mehr Zeit im Bett.

Sich auf diese Weise vor der Lösung schwieriger Situationen zu drücken, ist für die meisten Menschen schlecht, für die Waage jedoch absolut schädlich. Sie mag sich wohl durchs Leben treiben lassen und kaum etwas tun, um den Arbeitsmarkt kennenzulernen, sich darum zu kümmern, welche Arbeitsstellen zur Verfügung stehen. Wenn eine Chance direkt vor ihrer Nase liegt, ihr aber nicht in jeder Beziehung entspricht, ist sie überhaupt nicht bereit, sie anzunehmen, und wartet lieber, bis etwas noch Passenderes des Weges kommt.

Selbstverständlich muß auch eine Waage einen ansehnlichen Stapel von Kopien ihres Lebenslaufes bereit haben, um sie an potentielle Arbeitgeber zu verschicken; wenn Sie sie soweit motivieren können, mag dies ausreichen, um ihren Enthusiasmus und ihre Energien in Bewegung und in die richtige Richtung zu bringen. Leider ist ihre Ausdauer nicht besonders ausgeprägt, und so müssen Sie alles tun, was in Ihrer Macht steht, um Ihre Waage bei Laune zu halten. Appellieren Sie an ihren Stolz und an die Vorliebe für ein gutes Leben, aber verwöhnen Sie sie nicht zu sehr. Je bequemer das Leben zu Hause ist, je mehr gute Mahlzeiten sie serviert bekommt, desto weniger wird sie geneigt sein, sich wirklich anzustrengen. Ganz gleich, wie gut Sie situiert sind, sollten Sie ihr das Leben ein wenig schwieriger machen, indem Sie ihr einen angemessenen Teil ihres spärlichen Arbeitslosengeldes als Beitrag zum Haushalt abverlangen.

Es ist wichtig, daß der Arbeitslose Qualifikations- und Fortbildungsmöglichkeiten nutzt, die ihm Erfahrung einbringen; im übrigen sollte man nicht vergessen, daß sein natürlicher Charme und seine angenehme Art ihn für einen potentiellen Arbeitgeber attraktiv machen. Wenn er sich wirklich anstrengt und tut, was man bei einer Schulung von ihm erwartet, hat er vermutlich eine gute Chance auf eine feste Anstellung, wenn der Kurs zu Ende ist. Selbsthilfe ist unter solchen Umständen wesentlich; das »Hilf dir selbst!« sollte in der Tat sein Motto sein. »Hau ab, mach dich an die Arbeit!« ist keine schlechte Aufforderung an eine Waage!

Angehörige mancher Tierkreiszeichen neigen mehr zur negativen Realitätsflucht als andere; leider gehören die Waage-Geborenen nur zu oft dazu. Wenn Ihre Waage längere Zeit arbeitslos gewesen ist oder wegen einer zerbrochenen emotionalen Beziehung in eine Krise geraten ist, dann achten Sie auf das geringste Anzeichen dafür, daß sie sich harten Drogen zuwenden könnte. Weil sie Sie nicht beunruhigen will, wird sie sich verschlossener als sonst zeigen und die Sucht, wenn sie sie in ihren Griff bekommt, gerissen verbergen; es mag also einige Zeit dauern, bis Sie das Problem wahrnehmen. Aber es hat keinen Sinn vorzugeben, daß die Waage nicht so leicht auf Drogen hereinfällt; wenn es erst einmal geschehen ist, wird es auch ihr sehr schwerfallen, von der Sucht wieder loszukommen.

Waagen, die sich den Drogen zuwenden, versuchen damit (wieder) einen leichten Ausweg zu finden, der für sie in schwierigen und herausfordernden Situationen so attraktiv ist; nur schwer lernen sie, daß der leichte Ausweg oft der härteste ist und am meisten Schaden zufügt. Es geht natürlich darum, den richtigen Punkt zu finden, an dem Realität und gesunder Menschenverstand den Durchbruch schaffen und der Süchtige das Ausmaß seines Problems erkennt. Appellieren Sie an seine Selbstachtung, und weisen Sie darauf hin, wie sehr die Sucht Partner und Geliebte bekümmert. Dies wird ihm helfen, sich davon zu befreien – obwohl auch das leider wohl schwieriger ist als bei Angehörigen der meisten anderen Tierkreiszeichen.

Interessen und Freizeit-Aktivität

Während junge Waagen viele Freunde ihres Geschlechts haben, sind positive, rein freundschaftliche Verbindungen mit dem anderen Geschlecht – ich sagte es bereits – oft extrem schwierig. Selbst wenn die betreffenden Jungen und Mädchen die gleichen Interessen teilen – zum Beispiel als Mitglieder des gleichen Vereins –, ist die Chance sehr groß, daß die Waage dem anderen auch romantisch zugeneigt sein wird. So können gelegentliche sexuelle Annäherungsversuche selbst die perfekteste Freundschaft etwas stören.

Viel hängt davon ab, wie Venus bei Ihrer Waage wirkt (siehe *Die fünf Arten zu lieben*). Gewiß können manche Menschen unter dem Einfluß des Zeichens Waage das andere Geschlecht recht leidenschaftslos betrachten und den Kontakt auf intellektueller Ebene belassen und genießen, andere sind aber so durch und durch romantisch, daß sie in ihrem Gegenüber sehen, was sie sehen wollen. Das ist keine gute Basis für eine Freundschaft – auch nicht für eine emotionale Beziehung.

Aber die Waage kann sich leicht an das Leben in der Gemeinschaft anpassen und in der Regel auch mit allen Umständen zurechtkommen, in denen sie sich befindet; auch wechselnden sozialen Umständen vermag sie sich anzupassen. Sich an einem Ort aufzuhalten, wo es schmutzig und unangenehm ist, wird ihr kein Genuß sein, aber sie besitzt auch zuviel Anstand, sich darüber zu beklagen und damit zu erreichen, daß andere sich nicht wohl fühlen. Wenn sie aber nach Hause kommt, sieht die Sache anders aus; die Waage wird eine ganze Tirade über all die scheußlichen Dinge von sich geben, die sie gesehen und ertragen hat.

Man könnte die Waage das sozialste aller Zeichen nennen, und ein gutes gesellschaftliches Leben ist auch wichtig für sie. Es ist vermutlich der eigentliche Grund, sich mit allen möglichen Hobbys und Aktivitäten in der Freizeit zu beschäftigen – und das ist in Ordnung so. Welches auch immer ihre Motive sind, erweist sie sich als ein Gewinn auf gesellschaftlicher Ebene – vorausgesetzt sie lernt, mit eigener Arbeitsleistung zu den Zielen und Bestrebungen des Vereins beizutragen. Zum Vorstandsmitglied ist die Waage nicht so gut geeignet, denn es fällt ihr sehr schwer, für das eine oder andere abzustimmen. Wenn wichtige Themen diskutiert werden, sieht sie zu deutlich die Vor- und Nachteile beider Seiten. Betrachten wir die Waage-Qualitäten jedoch in einem anderen Zusammenhang, finden wir in ihr den geborenen Diplomaten. Wenn ein Waage-Geborener also einen Posten im Vorstand erreicht, vielleicht als Vorsitzender, wird sein Sinn für Ausgeglichenheit gewährleisten, daß alle Seiten einer Frage angehört und diskutiert werden – selbst wenn er in größte Schwierigkeiten kommt, wenn er dann selbst die entscheidende Stimme abgeben muß!

Parties zu geben, dazu sind die Waagen gleichsam geboren! Die Gäste werden noch lange daran zurückdenken, denn der Gastgeber mit seinem guten Gespür und seiner Großzügigkeit wird für fürstlichste Unterhaltung und die erlesensten Speisen und Getränke sorgen, die er sich leisten kann – vielleicht verausgabt er sich dabei sogar über seine Verhältnisse. Unter den Hobbys einer Waage würde ich vermutlich Unterhaltung und Partybesuch an die Spitze der Rangliste stellen; je wohlhabender der einzelne wird, desto mehr will er sich an solchen Aktivitäten beteiligen. Weil er das Entertainment so liebt, interessiert er sich vielleicht auch sehr für die Kochkunst und könnte wohl viel Zeit damit verbringen, manch aufregendes und exotisches neues Gericht zu bereiten, das seine geliebten Freunde in Entzücken und Erstaunen versetzen wird. Wenn er es sich beim Kochen leicht macht und Abkürzungen sucht, werden auch diese fast ausnahmslos gut gelingen – die Küche ist offenbar der eine Bereich, in dem er mit solchen Maßnahmen ungeschoren davonkommt!

Die Mode fasziniert Waagen fast immer und kann auf die eine oder andere Weise zu ihrem Hobby werden; viele Waagen vertreiben sich samstags gerne die Zeit in einer Lieblings-Boutique, wo sie ein Stück nach dem anderen ausprobieren und sich viel Zeit zu der Entscheidung lassen, was sie schließlich kaufen. Die jungen Waage-Mädchen sollten immer zum Nähen angeregt werden; es fördert ihren schöpferischen Instinkt und ermöglicht ihnen, sich über neue Kleider zu freuen, ohne unbedingt ein Vermögen dafür ausgeben zu müssen.

Das Image der Waage ist im Vergleich zur eigenen Generation nicht besonders aufsehenerregend; im allgemeinen zeigt sie sich attraktiv, wenn auch oft etwas salopp.

Viele Waagen sind sehr bibliophil und sammeln sich im Laufe der Zeit eine große Bibliothek an, in denen spannende Romane, Familienromane und historische Liebesgeschichten dominieren. Sie lieben auch besonders schön hergestellte und gebundene Bücher, sei es über Mode, Photographie oder Landschaften. Wir dürfen auch nicht vergessen, daß die Waage zu den musikalischen Zeichen gehört. Die meisten Waage-Geborenen halten viel von Musik – außer den Bücherregalen wird es also vermutlich auch Fächer voll Kassetten und Schallplatten geben. Die Waage neigt dazu, eher passiv zu genießen, als aktiv zu handeln; es ist wichtig, hier einen Ausgleich zu erreichen. Die ideale Beschäftigung für eine musikalische Waage ist zum Beispiel die Begleitung eines sympathischen, singenden Freundes am Klavier oder mit der Gitarre. Es ist für sie auch gut, einen Hund zu halten, der nett aussieht und weiß, wie man sich entspannt – aber auch gerne spazierengeht (was für beide gut sein wird).

Ideale Berufswege

Angenehme Arbeitsbedingungen sind für viele Tierkreiszeichen wichtig. Für die Waage sind sie unverzichtbar.

Gelegentlich stellen wir fest, daß die abenteuerlustige Waage – zum Beispiel jene, die es zum Dienst beim Militär zieht, – extrem gut in schwierigen und sogar schmutzigen Umständen auskommt; meist aber gedeiht sie am besten in einer harmonischen Umgebung, die bequem und gefällig fürs Auge ist.

Es ist unmöglich, bestimmte Branchen und Berufe als für Waagen besonders geeignet zu bezeichnen. Das diplomatische Corps beispielsweise ist ideal. Dort sind sie mit ihrer Anlage, mit anderen übereinzustimmen – oder zumindest faire Bedingungen für eine Übereinkunft zu suchen –, in ihrem Element, wenn sie außerhalb ihrer heimatlichen Umgebung arbeiten. Der Waage-Geborene, der das gute gesellschaftliche Leben liebt, kann in dieser Karriere ganz auf seine Kosten kommen und ist tatsächlich ein Gewinn in der diplomatischen Arena.

Wenn eine Waage ins Geschäftsleben geht, ist es wesentlich, daß sie dies mit einem Partner gemeinsam tut. Vielleicht steht der Partner als Verkäufer »an der Front«, und die Waage macht von ihrem finanziellen Talent Gebrauch; sollte aber die Waage der extravertiertere, schöpferische Partner sein, hat sie sehr wahrscheinlich kein Interesse daran, die Bücher zu führen, muß also mit jemandem zusammenarbeiten, der über Erfahrung auf diesem Gebiet verfügt. Wenn sie bereit ist, hart zu arbeiten, kann sie es weit bringen. Die richtige Kundschaft anzuziehen, die sie mögen wird, ist für sie kein Problem; das Geschäft sollte also florieren, solange die Waage nicht zuviel von der damit verbundenen harten Arbeit leisten muß!

Viele junge Menschen dieses Zeichens zieht es in den Einzelhandel. Wenn Ihre Waage bei der Berufswahl unschlüssig ist, sollte sie versuchen, als Verkäufer in einem großen, attraktiven Kaufhaus zu arbeiten; das wird zumindest eine gute Erfahrung für sie sein. Möglicherweise kommt sie bei der Arbeit wunderbar voran und ist äußerst glücklich und erfüllt in der glitzernden und prächtigen Atmosphäre – in einem Job, der schließlich nicht himmelweit von dem des Schauspielers entfernt ist!

Andere junge Waagen bewähren sich als erstklassige Friseure und Kosmetikerinnen; wenn Ihr Kind also eine erfolgreiche Ausbildung in diesem Bereich gehabt hat, sollte es ermutigt werden, schließlich einen eigenen Schönheits- oder Friseursalon zu eröffnen. Ihr sicheres Auge für Schönheit und das Talent zu erreichen, daß Menschen sich wohl und entspannt fühlen, wird Ihrer jungen Waage gut zustatten kommen – so gut wie die Zertifikate, die sie am Ende ihrer Ausbildung gesammelt hat. Selbstverständlich gilt mein Rat zu einer geschäftlichen Partnerschaft auch hier – wie auch für den angehenden Modedesigner. Es gibt keinen Grund, warum die Waage, wenn sie die Kunstschule abgeschlossen hat, sich in diesem Bereich nicht bestens behaupten sollte. Auf dem Bekleidungsmarkt herrscht große Konkurrenz, und man braucht viele gute Beziehungen; einige Jahre der Arbeit in einem wohlbekannten Designer-Studio sind vermutlich unverzichtbar, um den Markt gründlich kennenzulernen.

Sein Gerechtigkeitssinn kann den akademischer veranlagten Waage-Geborenen auch zu einem juristischen Beruf ziehen. Er hat genügend Takt und Benimm, um allen Regeln der Höflichkeit und des Protokolls gerecht zu werden. Wenn er bereit ist, die extravertierte und aggressive Seite seiner Persönlichkeit zu entfalten, um die Auseinandersetzungen im Gerichtssaal zu meistern, kann er sich durchaus einer lohnenden und erfolgreichen Karriere erfreuen.

Allgemeines Kriterium zur Berufswahl: Jede Arbeit, die dazu beiträgt, daß andere Menschen sich wohl, glücklich und entspannt fühlen, ist für die Waage geeignet. Es kann die Aufgabe einer freundlichen Empfangsdame – besonders eines Hotels – sein oder der Beruf der Telefonistin (Waagen haben oft eine sehr attraktive Stimme, mit der sie viel erreichen können). Viele Waagen erweisen sich als besonders erfolgreiche und talentierte Ingenieure, die manchmal in großen Bauprojekten mitarbeiten oder zum Design von Brücken oder auch schweren Fahrzeugen beitragen.

Vielleicht fühlt sich Ihre junge Waage von der Popmusik angezogen. Machen Sie es ihr in diesem Falle nicht zu leicht. Abgesehen von der Tatsache, daß es sich um einen sehr konkurrenzstarken Marktbereich handelt, stellt sich Ihr Sprößling möglicherweise vor, es genüge, einige wenige Akkorde auf einer Gitarre schlagen oder ein Keyboard betätigen zu können, um auf Platz eins der Hitparade zu gelangen. So aber geht es nicht! Wenn er aber bereits als Kind große Begabung zeigte und gelernt hat, ein Instrument recht gut zu spielen, ist es angebracht, ihn zu unterstützen und zu ermutigen – aller Wahrscheinlichkeit nach werden seine Persönlichkeit und sein dynamischer Charme ein großer Vorteil sein, wenn er die Chance hat, eine Schallplatte aufzunehmen oder ein Video zu produzieren.

Reisen

Die Waage scheint sich sogar noch mehr zu freuen als der Rest der Menschheit, wenn die Ferienzeit kommt. An diesen Gedanken hatte sie sich vermutlich schon Wochen oder gar Monate vor der Abreise geklammert. Den ganzen Wirbel und die Unannehmlichkeiten der eigentlichen Reisevorbereitungen mag sie nicht, und Sie brauchen auch nicht zu erwarten, daß sie sich an einer Diskussion über das Reiseziel beteiligt – zu langweilig! Aber sie wird gewiß glücklich sein, endlich abzureisen.

Manchmal scheint es kein bloßer Zufall zu sein, daß *Waage* und *träge* mit den gleichen Buchstaben aufhören. Wenn es ums Entspannen geht, sieht man die Waage-Geborenen kaum zwischen italienischer Säule und französischer Plakatwand, zwischen Langlaufloipe und Tennisplatz hetzen. Niemand ist glücklicher als sie, einen faulen Tag am Strand oder auf dem Balkon zu verbringen und mit ein paar Freunden zu plaudern; Spiele, bei denen man hart aufeinander prallen kann, sind wohl kaum ihr Fall. Wenn Sie aber versuchen, sie früh ins Bett zu kommandieren, bekommen Sie vermutlich Ihre Schwierigkeiten, da sie – sobald sie selbst laufen können – lange, romantische Abende in der Disco verbringen wollen. Wie man sie am Morgen wieder aus den Federn bekommt, ist eine andere Sache!

Doch selbst für eine Waage kann diese Routine nach den ersten vier oder fünf Tagen etwas an Reiz verlieren. Dann ist es eine ganz gute Idee, sie auf den Gedanken zu bringen, ihre Ferien ein wenig zu *nutzen,* statt sie einfach von Tag zu Tag ruhig zu durchleben. Erwachsene Waagen genießen es meist, Gebäude zu besichtigen, Gemälde und Skulpturen zu betrachten – sie zu suchen, kann man aber kaum von ihnen verlangen; die Kinder haben weitgehend die gleiche Einstellung – sie murren vielleicht ein wenig über all die Mühe, die damit verbunden ist, auf die vordere Bank des Busses zu klettern, wenn eine Exkursion arrangiert ist. Aber sie genießen es, die Landschaft zu sehen, und sind vermutlich vollkommen glücklich mit jedem Erlebnis, das sie erwartet, wenn der Bus anhält. Wenn sie eine neue Atmosphäre zu schnuppern bekommen, sind sie recht offen. Möglicherweise finden sie besser als ihre Eltern die richtige Vorstellung, was es bedeutet, in einer jugoslawischen Bergstadt oder in einem schottischen Fischerdorf zu leben. Bei manchen ungewohnten Gebräuchen genieren sie sich vielleicht ein wenig: beim Kauf von Souvenirs werden sie zum Beispiel nicht feilschen wollen und am Ende vermutlich lieber einen höheren Preis bezahlen, als darum zu streiten. Sie wollen »das Beste« und kehren deshalb mit weniger, aber teureren Reiseandenken zurück und nicht mit dem Tinnef, den jeder andere auch kauft.

Die Waage kann extreme Temperaturen – ob kalt oder heiß – nicht vertragen. Wählen Sie ein gemäßigtes Klima, wenn sie sich wirklich wohl fühlen soll, dann kann sie sich in ihrer sorgfältig ausgewählten Ferienkleidung herumtreiben und neue junge Freunde beeindrucken. Über ihre Reaktion auf ungewohnte Nahrung brauchen Sie sich nicht zuviel Sorgen zu machen – vorausgesetzt, sie ist gut serviert und sieht auf dem Teller hübsch aus. Unter diesen Umständen wird Ihr Waage-Kind es nicht abwarten können, davon zu kosten. Wenn aber alles lieblos auf den Teller gehäuft ist und roh und ungenießbar aussieht, dann gibt es ein echtes Problem, denn Waagen vertragen so etwas nicht – und das gilt auch für die Unterkunft. Die Waage ist zwar ein Luftzeichen, doch der absolut ideale Urlaub wäre für sie vermutlich eine luxuriöse Kreuzfahrt! Man muß nicht viel gehen, solange das Schiff unterwegs ist, braucht die ganze Zeit nur glücklich an Deck zu liegen und sich gelegentlich in den Swimmingpool zu tauchen, während man auf das nächste köstliche Mahl und den perfekt organisierten Landausflug wartet, wenn das Schiff wieder vor Anker geht.

Waagen als Geschwister

Im günstigsten Falle zeigt sich die junge Waage als überaus freundlich, vernünftig und zuneigungsvoll zu Geschwistern.

Wenn Sie ihr erzählen, daß der Familie Zuwachs bevorsteht, wird sie ganz still sitzen, den Kopf zur Seite neigen (übrigens eine typische Haltung für die Waage) und aufmerksam zuhören, was Sie ihr mitzuteilen haben. Die gynäkologischen Fakten kann sie ganz gut verkraften; Sie brauchen sich also nicht scheuen, ihr die Angelegenheit genau zu erklären. Das einzige wirkliche Problem könnte sein, daß sie den Verdacht schöpft, die Ankunft von Bruder oder Schwester könnte die Familie aus dem Gleichgewicht bringen – und sie selbst erhielte nicht mehr ihren angestammten Anteil an Liebe und Aufmerksamkeit. Manche Waagen – besonders jene, die ohnehin sehr emotional sind – haben eine leichte Tendenz zur Eifersucht, die durch solche Umstände aktiviert werden kann. Dann ist das kleine Baby nicht ganz so herzlich willkommen, wie es das verdient hätte. Um der Eifersucht vorzubeugen, sollten Sie der Waage Sicherheit vermitteln, indem Sie von Anfang an betonen, daß sie, wenn es soweit ist, natürlich alles mit dem Baby teilen muß – auch Ihre Zeit –, daß es aber völlig außer Frage stehe, daß Sie sie weniger lieben oder versorgen. Wenn Sie behutsam genug sind, ihr das später auch zu beweisen, sollte das Eifersuchtsproblem gar nicht erst entstehen. Ermutigen Sie Ihre Waage, etwas für das erwartete Baby zu basteln oder vielleicht ein Bild für das Klinikzimmer zu malen, und beziehen Sie sie damit in die ganze Angelegenheit ein.

Miteinander zu teilen ist etwas, das jede Waage versteht, weil es so offensichtlich fair ist; die Waage liebt Fairness und Gerechtigkeit über alles. Aber in der Familie kann diese Liebe natürlich zu Schwierigkeiten führen, denn sie bedeutet, daß die junge Waage alles um sie herum beobachtet und kontrolliert, um dafür zu sorgen, daß jeder einen gleich großen Anteil erhält; und wenn Bruder oder Schwester ein Geschenk bekommen, das allzu offensichtlich aufwendiger ist oder der Waage auch nur besser gefällt als das eigene, dann gibt es Probleme.

In der Schule wird sich die Waage besonders für ihr jüngeres Geschwisterchen einsetzen. Selbst wenn die Waage jünger ist, zeigt sie noch die Tendenz, für Bruder oder Schwester einzustehen. Ihr ausgeprägter Gerechtigkeitssinn ist immer aktiv, und wenn sie sieht, daß jemand unfreundlich zu ihren Geschwistern ist, eilt sie ihnen sofort zu Hilfe. Sie wird das Problem auch recht gut schlichten, obwohl sie aufgrund der familiären Verbundenheit dazu neigt, die Waagschalen der Gerechtigkeit etwas zu enthusiastisch zu Gunsten der Geschwister zu manipulieren – was auf dem Spielplatz nicht unbedingt zu Frieden führen wird.

Versuchen Sie, gemeinsame Interessen Ihrer Kinder zu Hause zu unterstützen. Wenn die Waage eher träge ist – und das ist leicht möglich –, läßt sie sich von der Begeisterung ihrer Schwester oder des Bruders anstecken. Es ist unwahrscheinlich, daß sie überhaupt keinen Enthusiasmus besitzt – vielmehr geht es darum, ihn zu aktivieren. Wenn die Waage erst einmal dabei ist, hat sie sehr viel Freude an dem gemeinsamen Hobby. Wenn Sie Spielzeug auswählen – besonders kreative Dinge wie ein Chemie-Baukasten, Modellbausätze oder eine Nähmaschine – dann berücksichtigen Sie das, denn die Waage spricht auf ein neues Interessensgebiet oft am besten an, wenn sie von jemand eingeführt wird, der enthusiastischer ist als sie selbst.

Ein Zimmer zu teilen, wird kaum ein Problem sein, solange es keine Möglichkeit gibt, daß die Waage einen Vorwand findet zu lamentieren »Das ist *unfair!*« – eines der wichtigsten Gefahrensignale. Der Mitbewohner ihres Zimmers erlebt sie als geradezu besessen in dem Bestreben, daß alles sorgfältig eingerichtet sein muß, damit sie gleichviel Raum und Spielzeug von gleichem Interesse oder Wert haben, gleich bequeme Betten usw. Selbst wenn der Altersunterschied zwischen den Geschwistern mehrere Jahre beträgt, ist es in einem extremen Fall besser, wenn Sie bei Anschaffungen oder Einkäufen versuchen, Ihre Kinder als Zwillinge zu betrachten, so daß sie mehr oder weniger gleich behandelt werden. Dies wird leider bedeuten, daß für beide Kinder neue Betten fällig sind, wenn Sie eigentlich ein Bett ersetzen müssen. Diese Situation mag für den älteren Bruder oder die Schwester der Waage recht hart sein, aber wenn sie zum Frieden beiträgt, lohnt es sich vielleicht.

Es fällt nicht schwer, eine Waage zu überreden, etwas einzusehen, auch wenn Sturheit manchmal im Wege steht. In einem solchen Falle können Sie sie gewöhnlich zur Vernunft leiten, indem Sie erklären, daß ihr Verhalten Ihnen, Bruder oder Schwester gegenüber nicht fair ist; die Familie sollte nicht immer der Waage nachgeben müssen – deren Zeit wird kommen, wenn sie älter sind.

Waagen als Eltern

Wenn Sie einmal verheiratet sind oder in einer festen Partnerschaft leben und die Frage nach der Gründung einer Familie aufkommt, werden zwei Möglichkeiten eine Antwort erschweren: erstens eine Tendenz, Ihre Familie zu starten, bevor Sie sich wirklich dafür entschieden haben – vielleicht weil Sie einfach noch nicht daran gedacht haben, sich über Techniken der Familienplanung genau zu informieren; zweitens, daß Sie einfach zögern und die Entscheidung über Nachkommenschaft hinausschieben, bis Sie eines Tages feststellen, daß sie sich »von selbst« beantwortet hat. Hören Sie wirklich auf Ihren Partner, und seien Sie fair zu ihm oder ihr; fällen Sie schon früh eine definitive Entscheidung über diese sehr wichtige Angelegenheit – und denken Sie daran: wenn Sie erst einmal eine Familie gegründet haben, wird Ihr Leben nie mehr so sein wie früher.

Sie werden Ihre Kinder sehr lieben und soviel Geld ausgeben, wie Sie aufbringen können, um attraktive Kleider für sie zu kaufen und um ihr Zimmer so hübsch zu gestalten und einzurichten, wie es überhaupt möglich ist. Sie werden sie ermutigen, möglichst vielen verschiedenen Interessen und Hobbys nachzugehen. Aber nur zu leicht verwöhnen Sie sie dadurch, und die Kinder werden dies bald erkennen und Sie ausnützen und beschwatzen, ihnen ihren Willen zu lassen. Seien Sie auf der Hut: Frieden um jeden Preis ist ein Motto, daß zu Problemen für Waage-Eltern führen kann.

Prüfen Sie sich aufrichtig: Schenken Sie ihnen regelmäßig Süßigkeiten und

Schokolade, um sich Ihre Ruhe zu erkaufen? Halten Sie sich vor Augen: Ihre angeborene Unentschlossenheit wird Sie verleiten, alle Entscheidungen Ihrem Partner aufzuladen! Versuchen Sie daran zu denken, daß es ebenso Ihre Aufgabe wie die Ihres Partners ist, die Entscheidungen in der Familie zu treffen. Gemeinsame Entschlüsse sind zwar prinzipiell vorzuziehen, doch es wird viele Gelegenheiten geben, wenn *Sie* sich wirklich allein eintscheiden müssen. Wenn Sie das nicht beachten, laden Sie Ihren Kindern viel Ärgernis und Frustration auf, weil Sie ihnen nicht die Orientierung geben, die sie benötigen. Denken Sie daran auch noch, wenn sie erwachsen sind; andernfalls können sie keine eigenen Pläne machen, weil Sie sich nicht entschließen.

Als Eltern verstehen Sie gewiß viel Spaß und werden im Laufe der Jahre, während Ihre Kinder aufwachsen, eine Fülle herrlicher Erinnerungen an Tage draußen auf dem Lande oder am Meer sammeln, die alle das Flair von etwas Besonderem haben. Sie werden Ihrem Nachwuchs vermutlich nach Kräften eine idyllische Kindheit bereiten, können aber Ihrer Tendenz, allzu leichte Lösungen für Probleme zu suchen, nur schwer widerstehen. Wenn Sie die Abschnitte *Die drei Arten zu denken* für die Angehörigen Ihres Sonnenzeichens gelesen (siehe oben) und festgestellt haben, daß Sie zur ersten Gruppe gehören, wird Ihnen ein deutlich kritischer Zug attestiert. Denken Sie daran, daß Sie eine starke Tendenz haben, Ihre Kinder zu kritisieren und manchmal vielleicht auch an ihnen herumzunörgeln. Versuchen Sie eine ausgleichende Logik zu finden, und folgen Sie nicht nur der Zweckmäßigkeit, sondern vor allem Ihrem Sinn für Fairneß.

Sie sind besonders geschickt in der Planung gemeinsamer Aktivitäten mit den Kindern und Ihrem Partner; lassen Sie dabei Ihrer Imagination freien Lauf und planen Sie Picknicks, Ausflüge und Urlaube. Soviel Zeit wie möglich mit Ihren Kindern zu verbringen, ist eine Möglichkeit, eine Zusammengehörigkeit in der Familie zu entwickeln – vorausgesetzt, Sie enthalten sich konsequent jedes Anzeichens besitzergreifender Liebe. Sie sollten sich unbedingt die Mühe machen herauszufinden, was die Generation Ihrer Kinder wirklich denkt und wo ihre Prioritäten liegen. Es wird nicht immer möglich sein, diese Information von Ihren Kindern direkt zu bekommen, weil diese natürlich ihre eigene Meinung äußern werden. Ich empfehle Ihnen, kleine Nachforschungen anzustellen, Fernsehsendungen zu verfolgen und Zeitschriften zu lesen, die für ihre Altersgruppe bestimmt sind. Auf diese Weise gewinnen Sie ein umfassenderes Bild und lernen, Ihre eigenen Kinder besser zu verstehen. Dann können Sie jeden Unterschied zwischen den Generationen überbrücken, der sich eventuell entwickeln mag.

Ich habe bereits betont, daß Waagen zu den geselligsten und unterhaltsamsten unter allen Tierkreiszeichen gehören; dieser Aspekt und Ihre angeborene Diplomatie werden Ihnen gut zu stehen kommen, wenn die Kinder in die Schule gehen, und Sie zu Treffen von Lehrern und Eltern eingeladen werden. Sie werden sich in Ihrem Element fühlen, wenn Sie mithelfen, Festlichkeiten zu organisieren (vielleicht zusammen mit einem lebhaften, begeisterten Löwen). Wenn Sie in ein Amt gewählt werden, dienen Sie vielleicht als Bindeglied zur Vermittlung der Meinungen und Bedürfnisse der Lehrer an die Eltern und die Schulbehörde.

Fallbeispiel

Kian– Sonne in Waage, Merkur in Jungfrau, Venus in Skorpion; Merkur-Gruppe 1, Venus-Gruppe 4

Aus dem Gutachten: Kian ist von Natur aus ungeheuer begeisterungsfähig und wird erfreulich enthusiastisch auf Ideen oder Vorschläge eingehen, die man ihm vorträgt. Manchmal neigt er aber vielleicht zur Langeweile oder ist mit seinen Gedanken nicht bei dem, was vor ihm liegt. Er will auch nicht unbedingt lange bei einer Arbeit bleiben; darauf sollten Sie vielleicht achten; denn diese Tendenzen können sich langfristig negativ für ihn auswirken. Ich bin sicher, daß er ungeheuren Charme hat, und bestimmt weiß er dies auch – und nutzt es zu seinem eigenen Vorteil aus! So kommt er nur zu leicht mit vielen Dingen ungeschoren davon, die man anderen Kindern nicht durchgehen ließe. Aufgrund seines Charmes kann er auch Sie beschwatzen, und wenn er in die Schule kommt, wird er merken, wie er auch seine Lehrer herumkriegt. Wenn er also beispielsweise seine Hausaufgaben, ein Schulbuch oder die Sportschuhe vergessen hat, erscheinen seine Erklärungen überzeugend und werden vermutlich auch akzeptiert.

Ich denke, er ist ein kleiner Kämpfer und wird gewiß gewinnen wollen. Er will »der erste« sein, und an diesen Aspekt seiner Persönlichkeit können Sie leicht appellieren: »Du wirst nicht der Klassenbeste sein, wenn du dich nicht anstrengst!« Das ist eine gute Taktik, denn er will wirklich gerne an der Spitze sein und bei Spiel oder Sport gewinnen. Entsprechend seiner Natur setzt er dazu lieber seine bezaubernde Persönlichkeit ein, als daß er schwere, mühsame und zähe Anstrengungen unternimmt.

Wenn er etwas älter ist, kommt ein anderes Element seiner Persönlichkeit ins Spiel. Sie werden gewiß bemerken, daß er einen extrem stark ausgeprägten Hang zur Kritik hat. Er kann kritisch und konstruktiv denken, und wegen seines Charmes und der angenehmen Aspekte seiner Persönlichkeit sollte er so früh wie möglich lernen, seine Kritik auf sich selbst und seine Aktivitäten zu richten. Bringen Sie ihn dazu, seine Einstellungen zu analysieren – *warum* er über ein bestimmtes Thema auf bestimmte Weise denkt. Das ist wichtig für Kian, denn ich denke, seine kritische Schärfe wird ihm im Leben enorm helfen, vor allem weil es so viele kontrastierende und starke Bereiche seiner Persönlichkeit gibt, die er von seiner gesunden, erdverbundenen kritischen Seite betrachten sollte.

Kommentar: Kian ist jetzt elf Jahre alt, das Gutachten war gleich nach seiner Geburt geschrieben worden. Seine Eltern erzählen mir, daß er sehr viel Charme besitzt und bei seinen Lehrern beliebt ist; manche nennen ihn »süß«. Er nimmt den Wettkampfsport sehr ernst, und sein kämpferischer Geist und das Bedürfnis zu siegen, finden in diesem Bereich positiven Ausdruck. Diese Eigenschaften treten bei Waage-Geborenen oft recht deutlich hervor und sind bei Kian durch das der Waage gegenüberstehende Zeichen, Widder, besonders verstärkt, das zur Zeit seiner Geburt den Aszendenten beherbergte. Wie viele Waage-Schüler neigt auch er dazu, sich in manchen Unterrichtsstunden zu langweilen, er lernte nur langsam das Lesen. Seine Eltern meinen, sein Bedürfnis nach Abwechslung werde ihm helfen, die Fähigkeit zur Selbstkritik zu entfalten.

An einer anderen Stelle im Gutachten erwähnte ich auch, daß Kian von Natur aus mechanisch begabt sein könnte und sich zum Militär hingezogen fühlte; diese beiden Aspekte entwickeln sich rasch.

Das Sonnenzeichen regiert:

Staaten und Länder: Argentinien, Burma, China, Elsaß, Indien (teilweise), Indochina, Japan (kleinere Inseln), Mandschurei, Oberägypten, Österreich, Sibirien, einige südpazifische Inseln, Tibet

Städte: Antwerpen, Charleston (USA), Frankfurt, Freiburg i.Br., Johannesburg, Kopenhagen, Leeds, Lissabon, Nottingham, Wien

Bäume: Esche, Zypresse, alle Rebsorten

Blumen und Heilpflanzen: wie beim Zeichen Stier, außer rot und rosa blühenden Pflanzen: Akelei, Althee, Artischocke, Bohnen, Brombeeren, Erle, Fingerhut, Gänseblümchen, Holunder, Klee, Minze, Mohn, Primel, Rose, Sauerampfer, Spargel, Veilchen. Ferner großblütige Pflanzen wie Dahlien, Rhododendron und Magnolien.

Nahrungsmittel: Milch; Äpfel; alle Getreide, besonders Weizen; alle Beeren; Trauben, Birnen, Gewürze; nicht: Zucker und stark Alkoholisches

Biochemische Salze: Natrium phosphoricum, Kalium phosphoricum

Tiere: Eidechsen und kleine Reptilien

Stein: Saphir

Metall: Kupfer; manchmal Bronze

Farbe: blaßblau und pink

Skorpion

(24. Oktober bis 22. November) ein feminines Zeichen

Allgemeine Charakteristika

Populäre Schilderungen des Skorpions haben Ihnen gewiß den Eindruck vermittelt, dieses Zeichen besitze den am stärksten ausgeprägten Sexualtrieb und beschäftige sich ausschließlich mit Sex.

Solche Behauptungen sind schlimmstenfalls Teilwahrheiten; der Realität näher kommt die Aussage, daß die von diesem Zeichen Beeinflußten ein höheres Maß an Energie als alle anderen Tierkreiszeichen zur Verfügung haben. Dabei handelt es sich sowohl um körperliche als auch um emotionale Energie, und letztere kann durchaus bei weitem die mächtigere sein. Mit dieser Information können Sie nun verstehen, daß Ihr Skorpion-Kind ein sehr großes Potential mitbringt – ein Potential, das jedoch der sorgfältigen Anleitung und Kontrolle bedarf, wenn es später positiv und zum ungeschmälerten Vorteil des einzelnen Ausdruck finden soll. Wenn die Ausrichtung fehlt, kann es geschehen, daß der Skorpion stagniert, alle seine beträchtlichen Ressourcen verderben und umsonst sind; das potentiell Positive wird in seiner Äußerungsform negativ, und wir erhalten eine launenhafte, grollende und eifersüchtige Persönlichkeit, die sich wenig oder überhaupt nicht darum kümmert, was in ihrer Umgebung passiert.

Es ist sehr wichtig, daß Ihr junger Skorpion sich in vielfältigen Interessen engagiert. Sie können nicht früh genug anfangen, seine Aufmerksamkeit auf die Natur zu lenken, auf die Auslagen in Schaufenstern, auf Bilder – auf alles, was Sie schön finden und ihm vor Augen führen möchten, auch wenn diese die Welt noch vom Kinderwagen aus wahrnehmen!

Der Skorpion ist äußerst intuitiv und kann vermutlich die Atmosphäre und Stimmung aufnehmen, die in einem Raum herrscht. Sobald er fähig ist, sich an einem Gespräch zu beteiligen, wird er beginnen, forschende Fragen zu stellen, die man seinem Alter gar nicht zutrauen würde: »*Warum* sprichst du nicht mit Papa?«

Sie müssen auf gelegentliche Temperamentsausbrüche gefaßt sein. Solange er noch sehr jung ist, lenken Sie dann am besten seine Aufmerksamkeit auf etwas anderes, interessieren Sie ihn für etwas Neues – ein Spielzeug oder etwas zum Essen. Wenn er älter ist, werden solche Ablenkungsmanöver schwieriger, denn Skorpione sind insgesamt recht komplexe Naturen; Ausreden, mit denen andere Tierkreiszeichen sich zufrieden geben würden, erzielen bei ihnen nicht die erwünschte Wirkung.

Wir müssen uns vor Augen halten, daß Eifersucht ihre größte Schwäche ist. Unternehmen Sie, was Sie können, damit diese negative und sinnlose Emotion in ihrem Leben nicht die Oberhand gewinnt und manche der herrlich starken und positiven Charakteristika behindert. Ferner hat er eine Tendenz, sehr verschlossen zu sein. Achten Sie schon von klein an darauf; wenn Sie sie überwinden können, solange der Skorpion noch sehr jung ist, wird es ihm weniger schwer fallen, sich zu öffnen und seine Probleme frei mit Ihnen zu besprechen – oder später auch mit einem Freund oder einem Lehrer, wenn er auf ernste Schwierigkeiten stößt.

Wie die Angehörigen ihres polaren oder gegenüberliegenden Zeichens, die Stiere, brauchen Skorpione ein überdurchschnittliches Maß an Sicherheit, wobei die Betonung wohl mehr auf dem emotionalen als auf dem materiellen Aspekt liegt. Dank ihres angeborenen Geschäftssinnes und der Fähigkeit, es zu Geld zu bringen, sollte sich die materielle Sicherheit zur gegebenen Zeit von allein einstellen. Halten Sie Ihren Skorpion sehr beschäftigt. Im Rahmen einer steten, einigermaßen vorhersagbaren Routine werden alle seine mächtigen Energiequellen zum positiven Einsatz gelangen, und so bildet sich eine gute Basis für die persönliche Entwicklung Ihres jungen Skorpions.

Dieses Tierkreiszeichen profitiert enorm davon, schon in sehr jungen Jahren schwimmen zu lernen. Wie ihre Geschwister in den Wasser-Zeichen Krebs und Fische sollten sie zu Mutter-und-Baby-Kursen ins örtliche Schwimmbad mitgenommen werden. Außer dem offensichtlichen Vorteil, sich im Notfall vor dem Ertrinken retten zu können – und natürlich auch einiges von ihrer körperlichen Energie zu verbrennen –, hilft die psychologische Wirkung des größeren Kontakts mit dem Wasser, das emotionale Reservoir des Skorpions auf sehr interessante und sehr subtile Weise zu nähren und zu entfalten.

Wenn Ihr Skorpion-Kind ein wenig älter ist und gewarnt werden muß, Süßigkeiten von Fremden anzunehmen, können Sie davon ausgehen, daß seine angeborene Tendenz zu leichtem Argwohn ein zusätzlicher Schutz für sie ist.

Wenn er vier oder fünf Jahre alt ist, wird auch seine natürliche Intuition ins Spiel kommen, und er wird es instinktiv spüren, wenn nicht alles ganz in Ordnung ist. Wenn Sie anfangen, solche Dinge zu erklären oder überhaupt irgendwelche »Erwachsenen-Themen« anzuschneiden (dies gilt auch für die sexuelle Früherziehung), sollten Sie sich darüber im klaren sein, daß der Skorpion sich nicht mit oberflächlichen Antworten bescheiden wird. Wenn Sie nicht gut vorbereitet sind, bekommen Sie aller Wahrscheinlichkeit nach ernste Probleme, sowie er anfängt, Sie auszufragen.

Es mag sein, daß Ihr junger Skorpion von Zeit zu Zeit eine recht pessimistische Haltung zeigt. Wahrscheinlich kommt es dazu, weil in seinem eigenen Leben nicht genug passiert, was ihn fasziniert; er braucht ein neues Interesse. Es kann freilich auch sein, daß jemand etwas gesagt hat, was ihn bedrückt. Das erschüttert ihn nun zutiefst, und es fällt ihm meist schwer, sich davon zu befreien. Versuchen Sie, ihn dazu zu bewegen, Ihnen zu sagen, was ihm fehlt oder was ihn belastet.

Gewiß hat er sehr deutliche Empfindungen und Gefühle, sehr ausgeprägte Vorlieben und Abneigungen. Seine Lieblingsfarbe ist zum Beispiel ein kräftiges Karmesinrot. Doch in jüngeren Jahren habe ich sehr viele jugendliche Skorpione kennengelernt, die das modische Schwarz wählen – das, wie wir alle festgestellt haben, die älteren Skorpione bevorzugen. Er ist sehr stolz auf seine »Schuluniform«, muß sie aber in der Freizeit gegen etwas wirklich Lockeres und Unkonventionelles tauschen können.

Skorpione haben einen glänzenden angeborenen Geschäftssinn. Ermutigen Sie Ihr Kind, ihn schon früh zu entfalten; lassen Sie es beispielsweise mithelfen, wenn Spenden für wohltätige Zwecke gesammelt werden (besonders wenn es gilt, in irgendeiner Disziplin Ausdauer zu beweisen). Dies wird in vieler Hinsicht gut für ihn sein und seinen Blick für das Leiden in der Welt öffnen. Sein Taschengeld verwaltet der Skorpion sorgfältig, vielleicht zweigt er insgeheim hier und da einige Groschen ab, um für wichtige Anlässe zu sparen. Denken Sie daran, daß er äußerst entschlossen ist und sehr eigensinnig sein kann! Helfen Sie ihm zur Entfaltung seiner Entschlossenheit, aber achten Sie auf ein Gleichgewicht zwischen Zielstrebigkeit und Sturheit. Seine Entschlossenheit ist unübertroffen, und zu seinen besten Eigenschaften zählt die Neigung zur Kompromißlosigkeit. Er haßt es, einen Augenblick seines Lebens zu vergeuden, und liebt es, alles zu genießen, was er tut. Wenn ihm dies möglich ist, fühlt er sich in seinem Element und kann seine intensive Energie ganz auf befriedigende und erfüllende Weise einsetzen.

Die drei Arten zu denken

Aufgrund des Einflusses von Merkur (siehe S. 22) arbeitet das Denken des Skorpions vor allem auf eine von drei Arten:

1) Trotz ihrer natürlichen Begabung, Probleme eingehend zu studieren, neigen die Skorpione der ersten Gruppe etwas zu Unentschlossenheit. Sie können beide Seiten jeder Frage erkennen, zögern aber dann vor einer Stellungnahme. Diesem Zug sollte man entgegenwirken, andernfalls könnte der Skorpion unruhig und schließlich unzufrieden werden.

2) Zur zweiten Gruppe gehören Skorpione mit einem Naturtalent zum sorgfältigen Planen; sie zeigen eine stark ausgeprägte Fähigkeit, gründlich und tiefgehend zu denken. In dieser Gruppe finden sich die intuitivsten und die hartnäckigsten Skorpione gleichermaßen, kriminalistischer Spürsinn und häufig eine Leidenschaft zu jeder Art von Forschungen. Manchmal zeigt sich auch eine Tendenz zu Grübelei und Trübsinn.

3) In der dritten Gruppe sind jene Skorpione vertreten, die die weiteren Aspekte einer Problematik oder Situation erfassen und im Detail betrachten können. Ihre meist scharfsinnige Intelligenz wird für jede intellektuelle Herausforderung dankbar sein. Ihre Grundhaltung ist optimistischer als die der beiden anderen Gruppen.

Die fünf Arten zu lieben

Aufgrund des Einflusses von Venus (siehe S. 22) werden Skorpione ihre Zuneigung vermutlich auf eine von fünf Arten ausdrücken:

1) Die Skorpione der ersten Gruppe haben die Tendenz, ihren Lieben gegenüber sehr kritisch zu sein; in manchen Fällen ist auch eine gewisse Scheu zu beobachten. Die Eltern sollten darauf achtgeben, denn sie kann später dem skorpionischen Bedürfnis nach einem erfüllten und glücklichen Liebes- und Sexualleben im Wege stehen. Im Extrem kann die Einstellung zur Sexualität geradezu klinisch nüchtern sein.

2) In der zweiten Gruppe sind die Skorpione mit einem sehr starken Bedürfnis nach Partnerschaft und einer eher über-romantischen Einstellung zur Liebe. Hier ist Vorsicht geboten, damit sie sich nicht zu tief in einer Beziehung engagieren, bevor sie die notwendige Reife entwickelt haben. Zuwei-

len mag Groll das Liebesleben trüben; sie müssen lernen, zu vergeben und zu vergessen.

3) Zur dritten Gruppe gehören die leidenschaftlichsten – und vermutlich auch sinnlichsten – Skorpione. Ihre mächtigen Emotionen sind ein großer Gewinn, wenn sie positiven Ausdruck finden – und erwidert werden. Nur zu oft jedoch werden seine Eifersucht und eine Tendenz zum Besitzergreifen dem Skorpion zum ernsten Problem.

4) Diese Skorpione haben gewiß ihren Spaß, aber sie brauchen ein gewisses Maß an Unabhängigkeit. Eine recht lockere Einstellung zum Partner macht ihnen das Leben leichter, auch wenn die Neigung, sich in mehr als einer Beziehung zugleich zu engagieren, zu Problemen führen kann. Wenn sie den Partner beim Flirten ertappen, können sie sehr eifersüchtig reagieren.

5) Die letzte Gruppe legt bei der Partnerwahl sehr hohe Maßstäbe an; gelegentlich strebt sie eher – oder zumindest ebenso – nach Geld als nach Liebe. Ein gesellschaftlicher Aufstieg wird sehr begrüßt. Sie sind oft treu, zeigen aber trotz ihrer skorpionischen Leidenschaftlichkeit einen Mangel an Zärtlichkeit und können etwas kühl sein.

Gesundheit und Ernährung

Aufgrund seiner angeborenen Liebe zum guten Leben genießt der Skorpion sein Essen wahrscheinlich schon vom ersten festen Bissen an – wenn nicht schon früher.

Im Laufe der Jahre wird seine Liebe zum Essen unter Umständen etwas zu stark, und er kann – wie der Stier, sein »Gegenüber« im Tierkreis – eine rechte Gier entwickeln. Wenn er dazu neigt, sich überschüssige Pfunde zuzulegen, müssen Sie sehr gut aufpassen, denn Skorpione sind offenbar generell nicht imstande, »halbe Sachen zu machen«. Zugegeben: viele Menschen dieses Zeichens sind sehr schlank und drahtig, andere aber werden deutlich übergewichtig, besonders wenn sie aus irgendeinem Grunde unglücklich sind oder ihr starker Energievorrat nicht genügend in Anspruch genommen wird. Wenn es Ihnen gelingt, dann halten Sie Ihren Skorpion an, frische Pflaumen, getrocknete Aprikosen oder Feigen zu essen anstelle von Schokolade – besonders, wenn diese noch kalorien-, nougat- oder alkoholreich gefüllt ist, denn solche Leckereien liebt er!

Damit kommen wir schon zur körperlichen Bewegung. Ich habe den Wassersport als psychologisch äußerst vielversprechend erwähnt, und die meisten Skorpione schwimmen besonders gerne. Wie auch immer sie sich Bewegung verschaffen: das Wichtigste ist, sie zur Regelmäßigkeit zu erziehen und die Bewegung von klein auf als natürlichen Bestandteil in den Tagesablauf des Skorpions einzuführen – den sie hoffentlich für den Rest ihres Lebens beibehalten werden.

Wenn Sie merken, daß Ihr Skorpion lethargisch wird und sich beträchtlich langsamer zu bewegen scheint als seine Altersgenossen, wäre eine Blutuntersuchung wohl angebracht; möglicherweise ist die Schilddrüse etwas träge.

Sie sollten wissen, daß der junge Skorpion sich mehr Sorgen und Kummer macht, als Sie vermutlich merken. Wenn er zu still, in sich gekehrt und zurückgezogen scheint, könnte ihm ein Problem zu schaffen machen, über das er nicht reden möchte. Es entspricht seiner Natur, Probleme für sich zu behalten. Sie werden Ihre Schwierigkeiten haben, ihn zu bewegen, mit Ihnen darüber zu sprechen, aber seine Verschlossenheit kann zu Spannungen führen, die fast unweigerlich seine Gesundheit in Mitleidenschaft ziehen. Leibschmerzen, Kopfschmerzen oder Verstopfung werden die ersten Anzeichen sein. Setzen Sie sich ruhig zu ihm und tun Sie, was Ihnen in den Sinn kommt, um ihn zum Reden zu bringen. Sagen Sie ihm: So wie er über alles, was vorgeht, umfassend informiert sein möchte und erschöpfende Antwort auf jede Frage erhält, die er stellt, so wünschen es auch seine Eltern – und sie sind da, um ihm zu helfen, nicht um ihn mit seinen Problemen allein zu lassen.

Wenn der Skorpion eine der geläufigen Kinderkrankheiten hat, ist er wahrscheinlich ein sehr geduldiger Patient. Muß er das Bett hüten, dann helfen Sie ihm, seine intellektuelle Energie zu fordern und sein Denken zu beschäftigen. Erlauben, ja empfehlen Sie ihm, spannende Romane und Detektivgeschichten zu lesen oder komplizierte Puzzles zusammenzusetzen. Solche Dinge werden dazu beitragen, daß der kleine Patient nicht unruhig wird.

Wenn er gesund ist, kann er tief schlafen, und es ist für unseren intensivst emotionalen Skorpion besonders gut zu lernen und zu üben, sich an seine Träume zu erinnern. Vermutlich kann er das ohnehin, aber über die Träume zu sprechen und zu erfahren, was sie wirklich bedeuten (nicht, was man an Aberglauben mit ihnen verbindet!), wird den Skorpion – den geborenen Psychologen unter den Tierkreiszeichen – nicht nur aus intellektuellem Interesse reizen, sondern ihm auch helfen, die eigene Persönlichkeit besser zu verstehen. Sie werden beide davon profitieren.

Der Skorpion sollte reichlich frisches Obst und Ballaststoffe zu sich nehmen; auch Flüssigkeit zur Spülung des Organismus ist wichtig, da sich leicht eine Tendenz zur Stagnation entwickelt. Wenn er älter ist, werden ihm Sauna und Dampfbäder gut tun und dazu beitragen, den Organismus von Giftstoffen zu befreien, die sich gerade bei ihm leicht ansammeln. Der dem Zeichen Skorpion zugeordnete Körperbereich sind die Geschlechtsorgane. Falls sich hier auch nur ein kleines Problem zeigt, sollte man es untersuchen lassen; legen Sie Wert auf Reinlichkeit. Achten Sie schon beim Baby darauf: Was vielleicht nur wie ein Windelausschlag aussieht, könnte etwas Ernsteres sein. Wenn es nach wenigen Tagen nicht verschwunden ist, dann gehen Sie der Sache nach.

Die ersten fünf Jahre

Kaum kann der Skorpion sprechen, wird er Sie mit zahlreichen Fragen bombardieren. Dies gilt zwar für die meisten Kinder, doch steht der Skorpion an der Spitze der Liste jener, die alles über die Welt wissen wollen, und zwar gründlich wissen wollen. Eine Frage führt zur nächsten, diese zur übernächsten usw. Sie geben eine Antwort, und schon verlangt er eine weitere: »Warum?« – »Aber *wieso?*«

Mit seinem forschenden Denken muß sich der Skorpion gründlich mit allem beschäftigen, auf das er aufmerksam wird, und es ist gut, ihm Spielzeug zu geben, das seine Vorstellungskraft anregt, denn seine Imagination ist gewiß sehr lebhaft und wird ihm später im Leben eine große Hilfe sein. Auch Ihr Skorpion ist vermutlich von prähistorischen Ungeheuern besonders fasziniert und zeigt ein Faible für leicht unheimliche und gruselige Märchen. Gerade die Märchen der Brüder Grimm entwickeln sich oft zu seiner Lieblingslektüre.

Vergessen Sie nicht, daß er reichlich Energie zur Verfügung hat. Es ist also angebracht, ihn schon so früh wie möglich auch körperlich zu fordern; auch bei anstrengenden Wanderungen und Ausflügen kann er seine Energie verbrennen. Gleichermaßen anspruchsvolle Anforderungen an seine Intelligenz sollten für Ausgewogenheit sorgen; lesen Sie Ihrem Skorpion soviel vor, wie Sie können, und wecken Sie in ihm ein Interesse für Zahlen – und im Grunde für alles um ihn herum, was seine Aufmerksamkeit auf sich zieht.

Wenn die Zeit kommt, da er den Kindergarten besuchen kann, ist er gern etwas furchtsam und argwöhnisch. Andere Menschen werden den Eindruck äußern, er sei recht scheu, aber Sie kennen ihn besser: vermutlich ist er durch die unvertraute Umgebung etwas gehemmt und fühlt sich deshalb vorübergehend unsicher. Sein eigenes Spielzeug mitzubringen, wird ihm helfen. Achten Sie darauf, daß er so bald wie möglich die anderen Kinder in der Gruppe kennenlernt – wenn er sie schon vor dem ersten Kindergartentag kennt, ist es natürlich umso besser.

Aller Wahrscheinlichkeit nach hat Ihr Skorpion-Kind eine sehr starke Persönlichkeit und braucht recht strenge Disziplin – besonders, wenn er einen Temperamentsausbruch hat oder auch nur das leiseste Anzeichen von Eifersucht zeigt. Gibt er sich stur, werden Sie all Ihre Intuition und Geistesgegenwart aufwenden müssen, um seine Hartnäckigkeit zu überwinden. Vielleicht hilft es, das Thema ganz zu wechseln und ihn mit einer anderen Beschäftigung abzulenken. Später können Sie vielleicht auf das Problem zurückkommen und ihn zur Vernunft bringen.

Im großen und ganzen besitzt der Skorpion ein bemerkenswertes Konzentrationsvermögen, mit dem er vielen anderen Kindern seines Alters voraus ist. Obwohl er instinktiv das Bedürfnis nach tiefschürfendem Wissen hat, zeigt er oft die Neigung – gerade wenn Sie meinen, er sei ganz in ein Spiel vertieft –, plötzlich von einer Sache genug zu haben und sie fortzuschieben. Dieses Verhaltensmuster, das schon früh im Leben hervortritt, kann sich von Zeit zu Zeit immer wieder zeigen, manchmal zum Schaden seiner Karriere. Als Eltern sollten Sie darauf achten, und selbst ein sehr junges Kind fragen, *warum* es etwas plötzlich weggeworfen hat, und ob es *wirklich* überhaupt kein Interesse mehr daran habe. Ermutigen Sie ihn, was er beginnt, zum Ende zu bringen.

Schulzeit

Bevor Sie merken, wie die Zeit vergeht, wird der Skorpion schon durchaus schulreif sein; früher als seine Altersgenossen möchte er bereits den Kindergarten hinter sich lassen. (Das ist besonders gut, wenn Sie noch ein kleineres Kind zu versorgen haben; Skorpione sind recht anspruchsvoll!)

Wenn er vor dem ersten Kindergartenbesuch etwas furchtsam war und dieses Problem nun vor dem ersten Schultag wieder aufzutauchen scheint, dann konzentrieren Sie sich am besten darauf, ihm zu schildern, wie aufregend die Schule sein wird – daß es da viel mehr interessante, »erwachsene« Dinge für ihn zu entdecken gibt. Skorpion-Kinder sind im Verhältnis zu ihrem Alter oft sehr weit entwickelt; an diese Tendenz können sie ebenfalls appellieren, besonders wenn in der Schule Uniform getragen wird: »Schau doch nur, wie erwachsen du jetzt aussiehst!« Sein Stolz wird auch zu Ihrem Verbündeten: »Mama und Papa sind so stolz auf dich!« Höchstwahrscheinlich wird er tatsächlich recht erwachsen aussehen, und Sie sind *wirklich* stolz auf ihn! Schließlich wird der angeborene Wissensdurst des Skorpions sich von einem neuen Lebensabschnitt faszinieren lassen, in dem es so viele neue Dinge herauszufinden gibt.

Die Disziplin in der Schule sollte ihm gut tun; sie gibt seinem Alltag eine feste Struktur. Wenn der Skorpion keine Disziplin erfährt und die Atmosphäre in der Schule eher zu lasch ist, fühlt er sich möglicherweise unsicher und weiß nicht, woran er ist. Er möchte gerne wissen, was man von ihm erwartet; in einer disziplinlosen Atmosphäre wird sein Potential kaum gefordert und entfaltet. Wenn Sie die Schule für ihn selbst auswählen können, dann berücksichtigen Sie diesen Aspekt.

Wenn der Skorpion sich an die Routine des Lernens gewöhnt hat, wird er recht eifrig sein; er hat die Fähigkeit zu extremer Schwerarbeit und kann seine Freude daran haben. Wenn Prüfungen auf ihn zukommen, kann er bis zum Zusammenbruch arbeiten – aber lassen Sie es nicht soweit kommen. Versuchen Sie ihn zu überreden, nicht zuzulassen, daß die Arbeit sich anhäuft. Wenn ein oder zwei Aufgaben Ihren Skorpion-Schüler in besonderem Maße beschäftigen oder interessieren, legt er die übrigen vielleicht vorübergehend beiseite und vollendet sie dann in einem Ausbruch von Arbeitswut, der ihn überanstrengen könnte. Ein gutes Gespür für Ausgewogenheit sollte gewährleisten, daß er auf allen Gebieten gut arbeitet und mitkommt.

Zur gegebenen Zeit werden Sie vermutlich herausfinden, daß sich Ihr Skorpion spezialisieren will. Das wird Ihnen ein Anzeichen für die Richtung sein, die er in der Zukunft einschlagen könnte, wenn er die technische Hochschule oder die Universität besucht, und vielleicht auch auf eine spätere Karriere hinweisen. Der Skorpion ist im allgemeinen in der Lage, schwierige Arbeiten sorgfältig durchzuführen; er zeigt eine natürliche Begabung für Computer und wird sich im Bereich der Datenverarbeitung wohl wie ein Fisch im Wasser fühlen. Darüber hinaus könnte er ein mathematisches und wissenschaftliches Talent besitzen, und seine forschende Tätigkeit in diesen Bereichen wird durch Intuition und Imagination gesteigert. Häufig hat er die Fähigkeit, in einer Problematik einen Lösungsweg zu sehen, der anderen Menschen entgangen war. Die lebhafte Imagination wird sich in den Zeichnungen und Gemälden von Skorpionen mit künstlerischer Ader offenbaren, und solche Kinder sollten ermutigt werden, diesem Interesse innerhalb und außerhalb der Schule nachzugehen.

Der junge Skorpion hat in bezug auf seine Mitmenschen deutliche Vorlieben und Abneigungen, dies gilt besonders für seine Lehrer. Für die, die er mag, strengt er sich enorm an, die anderen stellt er durch forschende Fragen (deren Antworten er zum Teil bereits kennt) dauernd auf die Probe. Ihre Erwiderungen nimmt er höchst kritisch auf und bricht formidable Diskussionen vom Zaun, wenn sie seinen Erwartungen nicht entsprechen. Die Skorpion-Schülerin wird für ihre Lieblingslehrer wohl leidenschaftlich schwärmen – wogegen nichts einzuwenden ist; wenn jedoch ein Mitschüler um deren Aufmerksamkeit oder Zuneigung rivalisiert, kann sie eifersüchtig werden. Ein verständnisvoller, einfühlsamer Lehrer, den sie mag, wird sie vor vielen Problemen bewahren können. Wenn es Anzeichen dafür gibt, daß sie sich nicht wohl fühlt, könnte es daran liegen, daß sie keinen Lehrer hat, dem sie meint, sich anvertrauen zu können. Der Skorpion hat ohnehin die Tendenz, seine Sorgen für sich zu behalten; je ernster und beunruhigender sie sind, desto weniger möchte er darüber sprechen. Versuchen Sie auf die eine oder andere Weise immer mitzubekommen, was in seinem Denken und Leben vorgeht, und ein eventuelles Problem zu besprechen, bevor es zu Schwierigkeiten führt. Auf diese Weise werden Sie dann auch weiter darüber sprechen und ihm helfen können, wenn das Problem größer wird, als Sie und Ihr Skorpion es erwartet hatten.

Die Bande der Freundschaft zu Mitschülern sind sehr stark und können ein Leben lang fortbestehen. Unstimmigkeiten dagegen können ebenfalls von langer Dauer sein, und es wird Gelegenheiten geben, wenn das Auseinanderbrechen einer Freundschaft unwiderruflich scheint. Wenn die Freundschaft besonders lohnend schien, dürfen Sie intervenieren und versuchen, etwas zu reparieren. »Alles oder nichts« könnte sehr wohl das Motto eines Skorpions lauten – und es ist nicht immer ein gutes, selbst wenn der Skorpion es meint!

Anstrengende Mannschaftsspiele sind ein glänzender Zeitvertreib für beide Geschlechter; der Konkurrenzgeist – im Skorpion ohnehin stark ausgeprägt – wird oft mit Aggression verknüpft; in Verbindung mit ihrer starken Emotionalkraft und reichlichen Energie kann er zu glänzenden Ergebnissen im Sport führen. Der Erfolg wird ihm sehr viel Freude und Befriedigung bereiten. Als Wasserzeichen macht Skorpion die von ihm Beeinflußten zu guten Schwimmern. Wenn sie das Schwimmen nicht bereits lernten, bevor sie in die Schule kamen, verspüren sie gewiß den Wunsch danach, sobald sich eine Gelegenheit bietet; oft werden sie auch gute Taucher und Schnorchler.

Das Leben außerhalb der Schule

Wenn Sie Ihren Skorpion scheinbar ausdruckslos dasitzen und nichts tun sehen, meinen Sie vermutlich, er sei faul. Aber dabei können Sie sich irren.

Aller Wahrscheinlichkeit nach wird er sehr tief über etwas nachdenken – vielleicht über eine beiläufige Bemerkung eines Lehrers oder von Ihnen –, oder er plant etwas, das er mit seinen Freunden unternehmen möchte. Der Skorpion ist von Natur aus verschlossen, und das kann manchmal zum Problem werden. Diese Neigung ist jedoch auch im positiven Sinne zu nutzen, wenn Sie ihn in »geheime« Pläne einweihen oder in die Vorbereitungen für Einladungen oder Ausflüge für sich und seine Freunde oder in Überraschungen für Geburtstage anderer Leute. (Manche Skorpione zeigen übrigens auch ein Interesse für »Zauberei« und Magie – die natürlich ein gewisses Maß an bewußter Täuschung voraussetzt!)

Die Mitgliedschaft in Jugendclubs oder Kindergruppen verschiedener Art ist gut für sie, besonders wenn es dabei um einen festgelegten Zweck geht. Viele kleine Skorpione lieben es, Arzt oder Krankenschwester zu spielen. Sobald Sie es für angebracht halten, können Sie den Ihren ermutigen, Mitglied bei einer Jugendorganisation etwa des Roten Kreuzes zu werden. Wenn Sie in Küstennähe wohnen, kann er sich der Wasserwacht oder der Deutschen Gesellschaft zur Rettung Schiffbrüchiger anschließen. Er besitzt sehr viel Ausdauer und hat nichts gegen harte Arbeit; er liebt das Abenteuer und erweist sich als sehr tapfer. Leider haben Skorpione oft einen etwas grausamen Zug, der sich bei manchen auch negativ zeigen kann. Es ist sehr zu begrüßen, sie auf das Problem der Grausamkeit gegen Kinder oder Tiere aufmerksam zu machen. Lassen Sie sie in einem Tierheim aushelfen; es ist immer empfehlenswert, ihr Mitgefühl anzusprechen und sie zu ermutigen, den Auswirkungen von Grausamkeit gegen andere entgegenzuwirken. Achten Sie auf jegliche Tendenz Ihres jungen Skorpions, Fliegen die Flügel auszureißen!

Vielleicht das Wichtigste, was Sie in einem Skorpion wecken können, der sich ein Hobby zulegt, ist sein Wille zum Erfolg. Wenn er zum Beispiel gerne die Stunden bis zur Dämmerung auf der Eislaufbahn oder im Schwimmbad verbringt oder sich nach der Schule im Ballettunterricht plagt, dann – glauben Sie mir! – werden Sie eines Tages wirklich Anlaß haben, stolz auf ihn zu sein; alle seine Energie und Willenskraft kommen hier positiv zum Ausdruck. Die Erfolgschancen sind groß.

Vorsichtig müssen Sie sein, wenn Ihr Kind sich mit nichts richtig beschäftigen will, denn in diesem Falle wird seine Energie vergeudet. Wenn er sich für kein Unterrichtsfach zu interessieren scheint, von der Schule nach Hause kommt und einfach herumsitzt, dann könnte dies ein Hinweis auf Schwierigkeiten sein. Seine positiven Qualitäten müssen eingesetzt und ausgeübt werden. Wenn der Skorpion keine Ausrichtung findet, grollt er am Ende angesichts des Erfolges der anderen und ist gründlich unzufrieden.

Der skorpionische Unternehmungsgeist ist stark ausgeprägt. Es ist eine glänzende Idee, ihn zur Entfaltung mindestens eines Hobbys anzuregen, mit dem er es zu Gewinn bringen kann. Als kleines Kind spielt er gerne mit dem Kaufladen und macht seine Profite mit Spielgeld; beim »Monopoly« erweist er sich später als formidabler Gegner! Als Teenager wird er sich um einen Wochenend-Job bemühen – hilft beim Friseur um die Ecke, trägt Zeitungen aus, verteilt Werbeblätter oder arbeitet auf einem Bauernhof, falls Sie auf dem Lande leben. (Skorpione lieben es manchmal unverkennbar, sich schmutzig machen zu können.)

Vorbereitung fürs Leben

Eine sachliche Haltung gegenüber der Sexualerziehung haben bis zu einem gewissen Punkt alle Kinder verdient. Bei Skorpion-Geborenen aber ist sie besonders wichtig, weil die Sexualität stärker betont ist.

Sehr wahrscheinlich wird Ihr Skorpion schon früh in die Pubertät kommen – vielleicht früher, als Sie sich vorgestellt hatten. Sein Wissensdurst wird unnachgiebig fragen, wenn die Zeit zur umfassenden Sexualaufklärung reif ist. Es ist sehr wichtig, daß er eine wirklich gute und gründliche Unterweisung erhält. Teilwissen ist für den Skorpion besonders schlecht, und kindische Märchen als Antwort auf die Frage, woher die kleinen Babys kommen, können sogar schädlich sein, denn die lebhafte Vorstellungskraft des Skorpions phantasiert sich die Zusammenhänge damit falsch zurecht und gewinnt eine ganz verkehrte Einstellung zur Sexualität.

Die gemischten Schulen sind für den Skorpion eine gute Vorbereitung fürs Leben – doch auch Geschwister des anderen Geschlechts sind eine gute Hilfe, auf dem Boden der Tatsachen zu bleiben. Alles, was der Sexualität eine Aura des Geheimnisvollen oder Verbotenen verleiht, sollte man vermeiden. Das Bedürfnis nach sexuellen Experimenten ist beim jungen Skorpion möglicherweise stärker ausgeprägt als bei Vertretern anderer Tierkreiszeichen. Abgesehen von einer gründlichen Beratung über Empfängnisverhütung ist es natürlich äußerst wichtig, daß er auch alles über gesundheitliche Risiken erfährt.

Der kleine Skorpion wird sich wahrscheinlich bei der frühesten sich bietenden Gelegenheit tief und leidenschaftlich verlieben. Er ist dann entweder überglücklich oder tief betrübt, je nach der Reaktion des/der Geliebten. Wenn er mit ansehen muß, wie das Ziel seiner Liebe mit einem anderen spricht, wird sein Leben zur elenden Qual: die Eifersucht, ein Persönlichkeitsaspekt vieler Skorpione, beginnt sofort zu nagen. Wenn Sie klug sind, haben Sie schon in seiner Kindheit auf jedes Anzeichen von Eifersucht achtgegeben, so daß er mittlerweile genau weiß, daß sie seine eigene Schwäche ist. Doch das macht es ihm nicht leichter, seine erste Liebesbeziehung zu beherrschen. Sie werden sich gemeinsam mit ihm viel Mühe geben müssen, damit er sein Gleichgewicht wiederfindet, seine Reaktionen gelassen und natürlich bleiben, und seine überaus starken Emotionen nicht zu seinem Nachteil die Oberhand gewinnen. Eine realistischere Einstellung läßt sich vielleicht fördern, indem Sie Ihren Skorpion darauf hinweisen, daß er die Situation übermäßig dramatisiert (was tatsächlich der Fall sein kann). Erklären Sie ihm auch, daß die Freundin/der Freund auf seine besitzergreifenden Gefühle und seine hohen Erwartungen so reagiert. Er tut gut daran zu lernen, daß viele Menschen – sogar manche Skorpione –, die in einer festen Beziehung leben, immer noch ein gewisses Maß an Freiheit brauchen. Er muß also lernen, vernünftig zu sein und seine starken Gefühle zu beherrschen.

Sie werden feststellen, daß der Skorpion von Natur aus ein starkes Bedürfnis hat, den Lebensbereich »Beziehungen« zu erforschen, möglicherweise mit mehreren verschiedenen Partnern. Das heißt nicht, daß er rücksichtslos von einem Partner zum nächsten wechselt; doch er scheint einfach selbst erfahren zu müssen, wie verschiedene Menschen auf ihn, seine Persönlichkeit, seine Sexualität reagieren. Wenn er jemanden gefunden hat, mit dem er sich auf Dauer verbinden kann, wird er alles tun, damit diese Beziehung funktioniert, und alle seine körperlichen und emotionalen Energien einsetzen, um etwas Sinnvolles, Lohnendes und hoffentlich Dauerhaftes aufzubauen. Wenn er seine Tendenz, eifersüchtig und besitzergreifend zu sein, bis zu diesem Zeitpunkt erkannt hat, kann er sich zu einem wunderbaren Partner entwickeln.

Wenn es sich einrichten läßt, so ermutigen Sie Ihren jungen Skorpion, unbeschwert Freude und Spaß in einer Gruppe von Freunden beider Geschlechter zu genießen; wenn er sich zu früh emotional bindet, versäumt er sehr viel Erfahrung, die sein Teenager-Leben so erfreulich und erinnerungswürdig werden ließe. Wenn Ihr Skorpion mit seinen Freunden losfährt, um die favorisierte Fußballmannschaft zu unterstützen, oder wenn er einen Tag »verschwindet«, um seinem Helden beim Moto-Cross-Rennen zuzujubeln, dann können Sie sich darauf verlassen, daß er sein Leben wirklich genießt. Damit habe ich jedoch nicht angedeutet, daß er auf der Rückfahrt nicht mit einem Lieblings-Genossen auf der Rückbank des Busses »untertaucht«.

Wenn der Skorpion in der Schule und zu Hause ein gewisses Maß an Disziplin gelernt hat, wird sich seine Aufklärung über »Richtig und Falsch« als äußerst lohnend erweisen. Sie sollten eigentlich keinen Grund haben, sich zu sorgen – im übrigen ist der skorpionische Instinkt rasch zur Stelle um zu warnen, wenn jemand etwas vorschlägt, was nicht seinem Maßstab oder Gewissen entspricht; hier wird der gesunde Menschenverstand vorherrschen.

Weitere Ausbildung

Ein Skorpion, der nach Schulabschluß mit einem bestimmten Ziel vor Augen eine weitere Ausbildung in Angriff nimmt und diese zielstrebig verfolgt, wird wahrscheinlich mehr Erfolg haben als jedes andere Tierkreiszeichen. Er kann auch ein umfangreiches Studium bewältigen und wird vermutlich sein Leben lang weiter dazulernen.

Skorpione sind meist hervorragend in der Forschung; sie werden sich nicht damit bescheiden, lediglich niederzuschreiben, was andere gedacht oder gesagt haben, sich bloße Varianten auszudenken oder es zu repetieren. Sie sind zwar nicht überragend originell, aber wohl begabt, auf bewährten Wegen Probleme zu lösen, neue Bereiche zu erkunden und mit ihren eigenen Erkenntnissen zu bereichern.

Tutoren und Referenten, die nur Kopfwissen von sich geben, ohne in ihrem Fach genügend verwurzelt zu sein, durchschauen sie auf der Stelle und bringen sie gekonnt in Verlegenheit. Sie zeigen Schwachstellen in ihrer Argumentation auf und verlangen harte Fakten und Beweise für Behauptungen, denen sie nicht trauen. Sarkastische und anmaßende Bemerkungen können einen Skorpion nicht beeindrucken. Denken Sie daran, daß das mit dem Sonnenzeichen assoziierte Tier einen Stachel am Schwanz hat – und bei Gelegenheit auch Gebrauch von ihm machen kann. Bei der Arbeit an Aufsätzen ist es für manchen Skorpion notwendig zu erkennen, daß er sich recht langatmig ausdrücken kann und zuweilen unnötig lange, aber im Grunde irrelevante Zitate bringt, wenn eine kurze, prägnante Aussage besser wäre. Er sollte sich ständig fragen, ob seine Arbeit nicht langweilig wirken könnte.

Obwohl Skorpione nicht ungesellig sind und vermutlich ganz gut in einer Wohnung zurechtkommen, die ihnen nicht allein zur Verfügung steht, brauchen sie doch unbedingt einen ruhigen Platz zum Lernen. Wenn sie nur ein Zimmer haben, sollten ausreichend Raum und gute Lichtverhältnisse für einen Schreibtisch geboten sein. Allein können sie besser arbeiten, ohne die Unterbrechung oder Störung durch das Reden anderer. Obwohl sie möglicherweise eine Geräuschkulisse haben möchten, wird eine solche nicht mehr als angenehm, sondern als Störung empfunden, wenn sie nicht selbst gewählt, sondern von anderen geliefert wird. Ein Tisch in der Universitätsbibliothek wäre vielleicht ideal; dort haben sie alle notwendigen Arbeitsmittel zur Hand und eine ruhige Atmosphäre um sich, in der sie konzentriert ans Werk gehen können.

Falls Ihr Skorpion zu Hause lernt oder abends dort zu arbeiten hat, sorgen Sie dafür, daß er die Umgebung hat, in der er ungestört arbeiten kann, auch wenn dies eine gewisse Veränderung der häuslichen Routine mit sich bringt. Vielleicht bleibt er einmal unbeschwert dem Abendessen fern und verlangt dafür am nächsten Tage eine Stunde vor der Mahlzeit etwas zu essen.

Als Student wird er gewiß kein einzelgängerisches, isoliertes Leben führen, sondern entschlossen so viele Erfahrungen wie möglich sammeln. In seinen bevorzugten Cafés und Weinlokalen unterhält er sich bis tief in die Nächte und ist vermutlich auch aktives Mitglied in den einschlägigen Studentenverbindungen. Der Sport spielt eine wichtige Rolle, und viele Skorpione sind besonders begeisterte Ruderer oder Kanuten – oder sie verbrennen ihre körperliche Energie bei den üblichen anstrengenden Mannschaftsspielen.

Im Kontrast zu den physisch fordernden Aktivitäten probieren sie möglicherweise auch Yoga, eine kontemplative Disziplin, oder sie versuchen es mit einer Entspannungstechnik – besonders, wenn sie zu der Skorpion-Gruppe gehören, die dazu neigt, sich Sorgen zu machen (siehe *Die drei Arten zu denken*). Sie müssen ein ausgeglichenes Leben finden, wenn alle ihre Talente gleichermaßen genutzt werden sollen. Wenn sie den Mut verlieren oder deprimiert werden, kann dies die Folge einer zu langen Phase intensiver Konzentration auf tiefschürfendes Forschen und Studieren sein. Fragen Sie Ihren Skorpion nach seiner Ernährung – gleichgültig, ob er an einem anderen Ort studiert oder in einer Wohngemeinschaft in der Nähe wohnt. Wenn alle seine Freunde schlank und wohlgeformt sind, er aber einige Pfunde angesetzt hat, neigt er vielleicht zu radikalen Abmagerungskuren: Da wird tüchtig gefeiert, weil tatsächlich etwas Gewicht verloren ging, und der Teufelskreis beginnt wieder von neuem. Wenn Sie den Eindruck gewinnen, daß sich ein solches Muster entwickelt, dann versuchen Sie ihm ein Ende zu setzen, sonst werden Gesundheit und Konzentrationsfähigkeit Ihres Skorpions darunter leiden.

Ausgewogenheit ist wirklich wichtig. Skorpione können und sollten mit vollem Einsatz arbeiten und spielen, aber nicht einen Bereich ihres Lebens leiden lassen, weil der andere sie völlig beherrscht.

Arbeitslosigkeit: Spannung und Belastung

Mit der Arbeitslosigkeit werden junge Skorpione nicht leicht fertig. Abgesehen von der normalen Frustration werden sie leicht unruhig und verlieren in manchen Fällen ihr Selbstvertrauen.

Wenn Ihr Skorpion wirklich wütend wird, weil ihn anscheinend niemand haben will, ist es in mancher Hinsicht noch ein gutes Zeichen: Sie können an seine Kämpfernatur appellieren, damit er bei der Arbeitssuche am Ball bleibt.

Er soll seine Wut positiv äußern. Er darf sich zwar nicht seine Chancen verderben und versuchen, sich eine Anstellung zu erzwingen, sollte sich aber besser darstellen und bei Bewerbungsgesprächen seine angeborene Dynamik und Begeisterung zeigen. Rücksichtslosigkeit – oder das, was man als solche deuten könnte – muß er vermeiden. Er ist sehr arbeitswillig, was seine Chancen auf einen Job natürlich verbessert. Die jungen Skorpion-Mädchen werden bei der Stellensuche leicht etwas gewagter sein und versuchen, ihr Verführungstalent bei einem potentiellen Arbeitgeber einzusetzen; passen Sie also auf, was Ihre Tochter trägt, wenn sie zu einem Bewerbungsgespräch fährt – ein Ausschnitt bis zu den Knien führt nicht immer zum gewünschten Erfolg!

Wenn Ihr Skorpion deprimiert und frustriert ist, haben Sie einen Kampf vor sich, sein Interesse neu zu entfachen; selbst wenn sein Zeugnis oder die Qualifikation gut ist, neigt er zu dem Eindruck, daß sich die ganze Anstrengung nicht lohne. Vielleicht versuchen Sie, seinen Unternehmungsgeist anzusprechen. Empfehlen Sie ihm doch, einen An- und Verkauf aufzubauen. Könnte er zum Beispiel einigen Trödel sammeln und zusammen mit einem Freund an einem Stand auf dem Markt sein Glück versuchen? Hat er kreative Begabungen, die bisher ungenutzt blieben? Könnte er Unterstützung aus einem Unternehmensgründungsfonds erhalten? Vielleicht läßt sich ein Plan ausarbeiten, mit dem man eine Bank soweit beeindrucken kann, daß sie ein Darlehen gewährt? Ich erwähne dies, weil viele Skorpione – vergleichbar manchem Stier und Steinbock – aus sehr bescheidenen Anfängen erfolgreich ein herrliches Geschäftsunternehmen aufgebaut haben.

Wenn Ihr Skorpion seinen Lebenslauf zusammenstellt, wird ein Appell an seinen Geschäftssinn ihn gewiß bewegen, mit viel Begeisterung dafür zu sorgen, daß er vollständig und präzise wird und sehr gut aussieht.

Sein Bedürfnis, der Langeweile und Frustration zu entfliehen – und das Verlangen, jeden Aspekt des Lebens kennenzulernen – sind nicht zu leugnen; sie sind eine Gefahr für den jungen Skorpion, wenn er Drogen angeboten bekommt. Er neigt ein wenig zum Exzessiven, besonders wenn das Leben sehr schwierig und hart ist, oder wenn etwa eine Beziehung in die Brüche gegangen ist. Dann ißt und trinkt er zuviel, raucht möglicherweise auch zuviel und wendet sich – wenn die Situation wirklich unangenehm wird – eventuell Drogen zu. Leider aber gibt er sich auch hier mit halben Sachen nicht zufrieden. Selbst im Laufe eines einzigen Abends kann sich die Situation wirklich problematisch zuspitzen. Wenn er erst einmal Drogen genommen hat, wird es ihm schwerfallen, sich davon wieder zu distanzieren.

Wenn er sich entschlossen hat, die Sucht zu beenden, wird er verkünden, daß er aufhört, eine radikale Entziehungskur macht. Dabei hat er vielleicht sogar Erfolg – für ein oder zwei Tage. Aber solange das Leben nicht wirklich beträchtlich besser geworden und der ursprüngliche Grund der Notlage beseitigt ist, wird seine Entschlossenheit wohl nicht stark genug sein, die Schrecken des Entzugs in Kauf zu nehmen. Das Problem ist für ihn so schwierig, daß Sie ihm kaum viel dabei helfen können. Ermutigen Sie ihn, professionelle, therapeutische Hilfe in Anspruch zu nehmen. Auf fast perverse Art wird er es faszinierend finden, die wahren Ursachen seines eigenen Abstiegs zu erkunden. Wenn er sie einmal verstanden hat, kann er das Problem leichter bewältigen und langsame, aber stetige Fortschritte zur Genesung machen. Danach kann er jenen sehr gut helfen, die noch der Sucht verfallen sind, und wie kein anderer Mitgefühl und Verständnis für ihre Situation zeigen.

Interessen und Freizeit-Aktivität

Die Freunde eines Skorpions gehören den unterschiedlichsten Alters- und gesellschaftlichen Gruppen an; ein Skorpion-Mädchen kann mit einem einsamen alten Mann ebenso befreundet sein wie mit einem kleinen Kind. Gehen Sie davon aus, daß sie Ihnen Vertreter aller Rassen, Hautfarben und Religionen ins Haus bringt.

Das ist auch besonders gut für Skorpione; sie lernen über die Menschen, und es bereitet ihnen Freude. Wenn Ihr Skorpion-Mädchen zu wenig Freunde zu haben scheint, ist sie vielleicht zu besitzergreifend. Das kann sich langfristig als schädlich erweisen, denn sie will, daß deren ganzes Leben sich um sie dreht – was die anderen vielleicht mehr ermüdet als anregt und nicht dem entsprach, womit sie bei der ersten Einladung zum Tee vermutlich rechneten. Es ist viel besser, wenn sie ihr Netz weit auswirft, um Fische aller Arten und Größen zu fangen. Als Skorpion findet sie alle faszinierend, auch wenn sie sich manchmal Freunde zulegt, ohne dabei daran zu denken, welche Gemeinsamkeiten sie verbinden. Dies gilt besonders für Freunde des anderen Geschlechts und kann zu Enttäuschung und Frustration führen.

Eine einfache Freundschaft zwischen Menschen unterschiedlichen Geschlechts ist für manche Tierkreiszeichen einfacher als für andere; dem Skorpion aber fällt sie gewiß schwer, denn er hat die Neigung, sich selbst gegen den besten Willen der Welt emotional zu engagieren. Einer der wenigen Faktoren, die eine solche Situation etwas entladen kann, ist ein leidenschaftliches Interesse für ein gemeinsames Hobby.

Skorpione sollten nie vergessen, daß sie regelmäßig Bewegung brauchen. Solange sie die Schule oder Universität besuchen, ist meist dafür gesorgt, aber später sollten sie selbst darauf achten, sich mindestens dreimal in der Woche ausgiebig Bewegung und Übung zu verschaffen. Die Mitgliedschaft in einem Fitneß-Club ist – wenn finanziell erschwinglich – sehr ratsam; Aerobic-Kurse und Gewichtheben sind besonders zu empfehlen. Jungen wie Mädchen profitieren von Kursen in Karate oder anderen Selbstverteidigungs-Sportarten. Viele Skorpione interessieren sich für Judo. Gerade die Jungen werden sich über Jahre hinweg für Mannschaftssportarten begeistern, sollten aber darauf achten, es nicht zu übertreiben, wenn ihr Körper einmal ernstlich dagegen protestiert. Wenn sie dann aufhören, sollten sie ihre Ernährungsgewohnheiten entsprechend umstellen, sonst setzen sich zu leicht überschüssige Kilos an.

Bei ihren Hobbys haben sie oft Spaß daran, ihren angeborenen Wissensdurst zu stillen – vielleicht erforschen sie mit Akribie einen Aspekt der örtlichen Geschichte oder verfolgen eine andere Spur. Viele interessieren sich für die Archäologie. Pluto, der Regent dieses Tierkreiszeichens, soll Dinge ans Tageslicht bringen; das ist etwas, das Skorpione in besonderem Maße reizt. Die Geisterwelt könnte sie anziehen, denn viele Skorpione sind vom Okkulten fasziniert, und manche zeigen auf diesem Gebiet eine deutliche Begabung. Wenn sie diese Leidenschaft spüren oder sich für hellsichtig begabt halten und dieses Talent entwickeln wollen, sollten sie sorgfältig darauf bedacht sein, wirklich gute Unterweisung zu erhalten. Was auch immer man von sogenannten okkulten Kräften hält, gibt es reichlich Beweise dafür, daß sie zur Gefahr werden können, wenn man sie mißbraucht oder falsch einsetzt; der Amateur kann leicht psychische Schäden erleiden.

Viele glänzende Fotografen sind im Zeichen Skorpion geboren; manche von ihnen sind Profis, die meisten aber Amateure. Eine preiswerte Kamera hatten sie vermutlich schon von Kindesbeinen an in der Tasche. Viele Skorpione freuen sich, wenn sie einen Freund finden, der eine Dunkelkammer besitzt – oder sie richten sich selbst etwas ein und bringen sich bei, wie man Filme entwickelt und Vergrößerungen herstellt, wenn sie niemanden finden, der es ihnen erklärt.

Skorpione können sehr elegant aussehen; sie kleiden sich gern modisch und betonen damit ihren erotischen Reiz, was selbst bei jungen Leuten verwirren kann. Leder und glänzende Stoffe kommen ihnen dabei sehr zu Hilfe, auch wenn sie manchmal (gerade in jüngerer Zeit) zuviel Schwarz tragen. Etwas Helleres zur Abwechslung kann nicht schaden, sondern wirkt interessanter und anziehender.

Sie sind definitiv imstande, Gutes zum Leben der Gemeinschaft beizutragen. Mit ihrem Spürsinn gehen sie allem nach, was ihnen als gesellschaftliches Übel auffällt, und tragen Sorge, daß Gerechtigkeit geübt wird. Sie sind meist willens und bereit, großzügig Zeit und Energie für Projekte zu opfern, die dem Umweltschutz oder der Hilfe für Benachteiligte dienen. Wenn sie irgendwo in den Vorstand gewählt werden und eine allgemeine Tendenz zur Selbstzufriedenheit feststellen, werden sie nicht lange fackeln, die Dinge in Bewegung oder gar Aufregung zu bringen; ihre Entschlossenheit wird Zeichen setzen. Die Hartnäckigkeit eines Skorpions und seine Überzeugung, recht zu haben, können so manchen seiner Kollegen im Vorstand aus der Ruhe bringen.

Skorpione lieben das gute Leben und sind großzügige Unterhalter. In der Küche fließt der Wein flaschen- und der Rahm becherweise; Mahlzeiten, die ein Skorpion bereitet hat, bleiben in der Erinnerung haften. Sie machen sich ihre Aufgabe nicht leicht und werden Stunden in der Küche verbringen; wenn sie nicht die Zeit zur Verfügung haben, ein ihren Ansprüchen genügendes Mahl vorzubereiten, unterhalten sie ihre Lieben oder Freunde im Restaurant und geben dabei gerne mehr aus, als sie sich eigentlich leisten können.

Skorpione halten sich lieber eine Katze als einen Hund, und es wird ein elegantes Tier sein, eine Perser- oder Siam-Katze. Manche Skorpione besitzen etwas ungewöhnliche Haustiere.

Ideale Berufswege

Wie auch immer der Skorpion seine Arbeitszeit auszufüllen gedenkt – es ist sehr wichtig, daß er sich bei seiner Arbeit auch emotionell gut engagieren kann.

Wenn er gelangweilt und uninteressiert bleibt, wird es ihm an innerer Erfüllung fehlen, und das ist für einen Skorpion besonders negativ. Wenn seine emotionale Energie nicht machtvoll oder lohnend Ausdruck findet, kann dies mit der Zeit zu tiefer Unzufriedenheit führen, und die Energie beginnt zu stagnieren. Unter solchen Umständen wird der Skorpion übellaunig und leidet unter der seelischen Belastung.

Oft empfindet der Skorpion durch das Geldverdienen genügend innere Befriedigung – und das ist bis zu einem gewissen Punkt in Ordnung. Wenn aber die eigentliche Arbeit ihn nicht wirklich interessiert, sollte er sich bemühen, seine emotionale Energie auf ein begeisterndes Freizeit-Interesse zu richten, um die Langeweile des Arbeitslebens auszugleichen. Viele Skorpione haben ein glänzendes Talent, Geld zu machen, und erweisen sich als starke und entschlossene Geschäftsleute; wenn sie also ihre eigene Firma aufbauen, finden sie gewiß innere Befriedigung. Die gleiche Zufriedenheit können sie auch aus der

Arbeit für eine große Firma gewinnen, wenn sie sich persönlich einbringen können (zum Beispiel als Teilhaber oder Partner).

Am wohlsten fühlt sich ein Skorpion jedoch, wenn die Arbeit an sich lohnt und er sich mit etwas beschäftigen kann, was er sich schon von Kindheit an gewünscht hatte.

Angesichts ihrer Naturbegabung für Forschung und Vertiefung in alle möglichen Probleme überrascht es nicht, daß man zahlreiche Skorpione in hohen Positionen bei der Polizei oder als sehr erfolgreiche Privatdetektive findet. Andere, die von Arbeit und Funktion des menschlichen Geistes fasziniert sind, studieren und forschen viele Jahre lang, um Psychiater oder Psychologen zu werden. Wieder andere, die es in den ärztlichen Beruf zieht, werden hervorragende Chirurgen. Die gleiche handwerkliche Befähigung zeigen andere Skorpione zum Beispiel als Metzger. Auch Bergbau oder Ingenieurwesen liegen ihnen, und sie leisten hier Großes. Wer das Leben in Uniform favorisiert, bringt es oft weit in einer Karriere in Marine oder Heer.

Ähnlich den Angehörigen ihres polar gegenüberliegenden Tierkreiszeichens, den Stieren, brauchen auch Skorpione beträchtliche finanzielle Sicherheit, was wir nicht außer Acht lassen dürfen; vielleicht sind sie deshalb so gute Geschäftsleute. Sie sind tüchtig und nehmen wohl kalkulierte Risiken in Kauf, allerdings nur, wenn sie sich ihrer Sache ganz sicher fühlen. Die Arbeit in Banken und großen Finanzgesellschaften, bei Versicherungen und an der Börse ist lohnend und für manche Skorpione eine dankbare Aufgabe.

Mit ihrer Vorliebe zum guten Leben – zuweilen verwöhnen sie sich nicht nur ein wenig – werden sie leicht zum brillanten Connaisseur guten Weines. Der Wein-Handel, vielleicht auch Artikel über den Wein für eine Zeitung oder Zeitschrift, sind weitere Möglichkeiten, die ein vor der Berufswahl stehender Skorpion in Betracht ziehen könnte.

Wie die Jungfrau-Geborenen haben auch Skorpione eine Freude an Forschung aller Art, sei sie wissenschaftlich oder künstlerisch. Wenn ein Beruf sie auch mit Forschungs- oder Untersuchungsaufgaben betraut, wird er ihnen leicht gefallen und zum lohnenden Betätigungsfeld. Ihre gute Konzentrationsfähigkeit und reichliche Geduld sind natürlich ein Vorteil, dank dessen man sie auch mit langfristigen Projekten beauftragen kann.

Doch es gibt auch etwas, wovor ich Sie warnen muß: Der Skorpion kann lange und hart arbeiten, aber manchmal beschließt er aus höchst persönlichen Gründen, alles aufzugeben, um sich drastisch zu verändern – möglicherweise sogar, wenn die höchste Erfüllung seines Ehrgeizes schon in Sicht ist. Dies kann bei einem Skorpion fast in jedem Alter vorkommen; und es mag ihm fast natürlich und selbstverständlich scheinen, sich auch um der Veränderung willen zu verändern. Manchmal braucht er das (aus allen möglichen sehr tief wurzelnden psychologischen Gründen), aber es gibt auch Zeiten, da er, ohne weitere Überlegungen anzustellen, ein Kind mit dem Bade ausschüttet und etwas Neues ganz von vorne anfängt. Das geht nicht immer so gut, wie er es sich vorgestellt haben mag; als Eltern bleibt Ihnen nichts anderes übrig, als auf solche Situationen gefaßt zu sein und wenigstens dafür zu sorgen, daß Ihr Skorpion sich über die Folgen seines Handelns im klaren ist. Sein Wille zum Erfolg ist jedoch immer dabei, und es herrscht kein Mangel an Talenten und Befähigung. Wenn Ihr Skorpion sich für eine Richtung entschieden hat, sollten Sie alles in Ihrer Macht Stehende tun, um ihm zu helfen, dabei zu bleiben und bis zur Spitze zu gelangen.

Reisen

Ein schöner, entspannter Urlaub, in dem man früh zu Bett geht und lange schläft – wird einem Skorpion-Kind überhaupt nicht gefallen.

Skorpione nehmen ihre Ferien ernst, und kaum sind sie vorüber, werden schon die nächsten geplant, wird beschlossen, wohin man reisen und was man tun will, werden Dinge zusammengetragen, die man mitnehmen möchte, und die Eltern beschwatzt, sich den neuen Plänen anzuschließen. Es geht ihnen nicht so sehr darum, wohin man verreist, als daß sie dort reichlich Beschäftigung haben – Wassersport natürlich, aber auch Spiele aller Art, und eine Prise Abenteuer sollte auch dabei sein.

Soviel Spaß ihnen das Planen auch bereitet, lassen sie sich auch gerne überraschen – sowohl durch einen ungewöhnlichen Ferienaufenthalt an ungewöhnlichem Ort, als auch durch eine vielleicht etwas ungewöhnliche Art, dorthin zu gelangen. Farbenfrohe und exotische Länder, in denen das Leben sich von der zu Hause gewohnten Umgebung möglichst drastisch unterscheidet, werden sie besonders genießen: Nordafrika beispielsweise oder der Ferne Osten, etwas näher auch Spanien und Italien – hier aber eher die ruhigeren Orte im Landesinneren, nicht die überfüllte Küste, obgleich Küsten mit geheimnisvollen Felsformationen, Höhlen oder Grotten sie faszinieren.

Mehr als vielleicht jedes andere Tierkreiszeichen findet der Skorpion Gefallen an einem Abenteuer-Urlaub, und er ist robust genug, ihn bereits in jungen Jahren zu bewältigen: aufgeschürfte Knie kann er ignorieren, über blaue Flekken lachen und sich begeistert in der Sonne oder durch den Schnee vorankämpfen; hohe oder tiefe Temperaturen kann er vertragen. Denken Sie aber daran, reichlich Flüssiges bereit zu halten, wenn es richtig heiß ist, denn der Skorpion trocknet leicht aus. Lassen Sie ihn einen Sonnenhut tragen (den er verabscheuen wird; eine dunkle Brille dagegen wirkt geheimnisvoll und ist willkommen!), und schmieren Sie ihn mit Sonnencreme ein, weil seine Haut oft sehr sonnenempfindlich ist und rascher verbrennt, als man glaubt.

Außer körperlicher Aktion braucht der Skorpion auch Anregung seiner Vorstellungsgabe, damit er sich nicht langweilt. Das Geheimnisvolle macht ihm Spaß, und für einen Urlaub, der einer bestimmten Spur oder Thematik nachgeht, kann er sich begeistern. Wenn er alt genug ist, wird er gerne Höhlen erkunden oder in geheimnisvolle Tiefen tauchen. Glücklich wird er mit einem Fernrohr am Ufer von Loch Ness spähen und warten, daß das Ungeheuer auftaucht, um ein Foto von ihm zu schießen. Er wird überhaupt immer einen Fotoapparat haben wollen, um die Ferien zu dokumentieren; mancher künstlerisch begabte Skorpion zieht allerdings seinen Skizzenblock vor. Man kann nicht verschweigen, daß Skorpione selbst in bester Verfassung einen ganz leichten Hang zum Grausamen besitzen; der Besuch einer Burg mit Besichtigung des Kerkers und der Folterkammer wird bei ihnen eine angenehme Gänsehaut auslösen. Stundenlang kann der Skorpion in den Festungs- und Wallanlagen umherklettern, die Waffen und die Rüstungen inspizieren. Wenn er einmal in Madame Tussauds Wachsfigurenkabinett kommt, wird er fasziniert in der Abteilung des Schreckens verweilen; die Besichtigung eines Kriegsschiffs mit Kanonen, Panzerung und ähnlichen Requisiten erfreut ihn gleichfalls.

Die Verpflegung sollte kaum problematisch werden – begeistert macht der Skorpion sich über Berge von Muscheln her, schlemmt Paella, Spaghetti, Moussaka oder Bouillabaisse mit sichtlichem Vergnügen – und wird vermutlich am anderen Morgen bedauern, daß er am ersten Abend der Ferien nicht etwas zurückhaltender war!

Skorpione als Geschwister

Wenn Sie sich entschließen, ein weiteres Baby zu bekommen, müssen Sie sich darauf einstellen, daß Ihr Skorpion-Kind fast unvermeidlich – und mit größerer Wahrscheinlichkeit als die meisten anderen Tierkreiszeichen – unter Eifersucht leiden wird.

Es wird Zeiten geben, da es viel Wirbel macht und sich produziert, um Aufmerksamkeit auf sich zu ziehen; gelegentlich präsentiert es dramatische Temperamentsausbrüche aus banalstem Anlaß – soweit zur unerfreulichen Seite. Die erfreuliche dagegen zeigt, daß der Skorpion so fasziniert von jeder Phase

Ihrer Schwangerschaft ist, daß Sie nicht überrascht sein sollten, wenn er Sie fragt, ob er nicht mit Papa bei der Entbindung anwesend sein dürfe.

Denken Sie daran: er genießt Geheimnisse und Überraschungen, und Sie können ihn ohne weiteres in die Ihren einweihen! Behandeln Sie die bevorstehende Ankunft des kleines Babys als einen ganz besonders spannenden Geheimplan, und sprechen Sie mit Ihrem Kind darüber, ob es ein Junge oder ein Mädchen sein werde. Nach der Geburt des Babys sollten Sie sorgfältig auf jedes Anzeichen von Verschlossenheit oder Zurückhaltung Ihres Skorpions achten, um ihn zu ermutigen, mit Ihnen über seine Gefühle zu sprechen. Skorpione – ob sie vier Jahre oder vierzig Jahre alt sind – halten ihre Sorgen oft unter Verschluß und stauen sie an; wenn sie es bereits als kleine Kinder pflegten, werden sie es im Erwachsenenleben vermutlich nicht anders halten. Das ist keine gute Sache, besonders nicht für Menschen, die unter dem Einfluß dieses Zeichens geboren sind.

Geben Sie sich besonders Mühe, Ihrem jungen Skorpion alles über das kleine Baby zu erzählen, was Sie können: wann der erste Zahn durchkommt, wann es erstmals eine feste Mahlzeit bekommt usw.; vielleicht kann er es hin und wieder ein wenig füttern. Alles, was ihn mit dem Neuankömmling verbindet und beschäftigt, wirkt eventuellen Eifersuchts-Tendenzen entgegen. Ohne Sie alarmieren zu wollen, möchte ich Sie darauf aufmerksam machen, daß die Eifersucht in seltenen und sehr extremen Fällen physische Grausamkeit hervorrufen kann; es ist wirklich sehr wichtig, daß der junge Skorpion versteht, daß das Geschwisterchen Ihre Liebe zu ihm nicht im geringsten schwächt oder beeinträchtigt. Solange er noch klein genug ist, wird es auch helfen, ihn und das Baby gleichzeitig in den Arm zu nehmen und zu liebkosen. Denken Sie daran, daß er sehr viel Energie hat und hart arbeiten kann; es besteht also kein Grund, ihm nicht eine spezielle Aufgabe zuzuweisen, durch die er noch mehr am Leben der Familie beteiligt wird. Zeigen Sie ihm, daß er mit dem Kleinen besonders sanft umgehen muß. Es wird auch gut sein, ein Verantwortungsgefühl zu entwickeln, gerade wenn das Skorpion-Kind schon etwas älter ist. Appellieren sie deutlich an sein Gewissen, wenn es seine Pflichten einmal vernachlässigt; der Skorpion wird das Vorgefallene kaum wieder vergessen und seine Nachlässigkeit gewiß nicht wiederholen.

Wenn Ihr Skorpion das jüngere Kind ist, wird er wahrscheinlich recht schnell aufwachsen und seine älteren Geschwister schon bald nachzuahmen versuchen, die sich sehr anstrengen müssen, ihren Vorsprung aufrechtzuerhalten. Seine Entschlossenheit, mit ihnen Schritt zu halten, wird immer wieder Anlaß zur Erheiterung geben. Manche Situationen wird er etwas dramatisieren, aber Sie werden das bald erkennen und entsprechend handeln.

Wenn Ihre Kinder die gleiche Schule besuchen, wird der Skorpion vermutlich tapfer darauf achten, daß Bruder oder Schwester anständig behandelt werden, besonders von den Klassenkameraden. Wenn es zu Problemen kommt, kann er auf den Angreifer sehr wütend werden und ihn, wenn es die Situation rechtfertigt, auch einmal mit einer blutenden Nase nach Hause schicken! Wenn Sie der Sache auf den Grund gehen und feststellen, daß er mit seiner Reaktion zu weit gegangen ist, muß er sich unbedingt entschuldigen; lassen Sie ihn bei unberechtigter Gewaltanwendung – sei sie körperlich oder verbal – niemals ungeschoren davonkommen! Sie müssen auch heimlichtuerisches Verhalten beobachten; wenn er zum Beispiel sein Zimmer mit Bruder oder Schwester teilen muß und nicht genug Platz für sein Spielzeug findet, wirft er vielleicht einiges aus dem geschwisterlichen Besitz hinaus, und plötzlich wird ein heißgeliebter Teddybär vermißt. (Ich empfehle Ihnen, im Mülleimer nachzusehen – oder ist die Toilette verstopft?) Trotz aller negativen Facetten des Skorpion-Charakters wird die Geschwister in der Regel eine sehr tiefe Beziehung verbinden. Wenn er sich erst einmal daran gewöhnt hat, daß es noch ein anderes Kind in der Familie gibt, wird er äußerst loyal und bereitwillig einen großen Teil seiner von Hause aus reichlichen Energie in der Gesellschaft von Bruder oder Schwester einsetzen, gerne auch fest anpacken und sich um das Geschwisterchen kümmern. Gemeinsame Interessen gewährleisten, daß der Skorpion jüngere Geschwister anregt, Geschick und Wissen zu steigern – aber er wird auch sicherstellen, daß er der Überlegene bleibt!

Skorpione als Eltern

Ohne Zweifel genießen Sie Ihr sehr erfüllendes Sexualleben mit Ihrem Partner gründlich, aber ich denke nicht, daß Sie unnötige Risiken eingehen. Es ist auch kaum wahrscheinlich, daß Sie sich auf die Elternschaft einlassen, ohne die Angelegenheit vorher ausgiebig durchgesprochen zu haben und sich ganz klar darüber zu sein, daß Sie Kinder absolut wollen und wirklich bereit sind, eine Familie zu gründen. Da Sie wissensdurstig sind und gerne forschen, haben Sie bestimmt schon viel über die Elternrolle gelesen, und keines der verschiedenen Stadien der Schwangerschaft oder der ersten Jahre der Kindererziehung sollte für Sie noch Geheimnisse oder Schrecken bergen.

Obwohl es immer gut ist, die Kinder mit allen möglichen interessanten Dingen beschäftigt zu halten, sollten Sie darauf achten, ihnen nicht zuviel abzuverlangen!

Natürlich ist es für jedes Kind herrlich, sich in einer Vielfalt von Aktivitäten zu engagieren und Eltern zu haben, die es dazu ermutigen. Im übrigen können sie dann schon früh auswählen lernen, was sie am meisten fasziniert, und eine gute Basis für eine lohnende Freizeitgestaltung im späteren Leben legen. Aber Sie sollten daran denken, daß nicht jeder über soviel Energie verfügt wie Sie selbst, denn es ist sehr wohl möglich, daß Sie etwas zuviel von Ihren Kindern erwarten, besonders wenn Sie sie auf einem Gebiet anspornen, an dem Ihnen früher selbst sehr viel lag, in dem Sie aber Frustration erfuhren. Weil Skorpione eben Skorpione sind, neigen Sie – wie auch die Vertreter einiger anderer Tierkreiszeichen – dazu, Ihr eigenes Bild auf Ihre Kinder zu projizieren und kleine Kopien Ihrer selbst heranzuziehen. Das ist in jeder Hinsicht unklug; erwarten Sie von ihnen nicht, daß sie sich für Ihre Interessen begeistern oder sich von Ihren Vorlieben faszinieren lassen.

Keine Eltern sind mehr erfreut als Skorpion-Eltern, wenn sie bemerken, daß ihre Kinder an irgend etwas stark interessiert sind oder ein Talent, eine Begabung für etwas haben – (fast) gleichgültig, was es auch sei! Sie werden sie ermuntern, die Begabung zur Vollendung zu entfalten, was auch immer sie sei, und dafür sorgen, daß genügend Geld zur Verfügung steht, um Kleidung, Fahrten und zusätzliche Betreuung zu bezahlen. Die Chancen, daß das Kind mit dem Weg seiner Wahl Erfolg haben wird, werden durch Ihre Begeisterung beträchtlich gesteigert.

Möglicherweise haben Sie eine Tendenz, mehr über das Privatleben Ihres Kindes herausfinden zu wollen, als es ihnen von sich aus mitteilen will. Solange das Kind noch sehr jung ist, werden Sie alles wissen müssen, was in seinem Leben vorgeht; in gewissem Maße gilt dies auch noch einige Jahre länger. Aber die Privatsphäre Ihres jugendlichen Nachwuchses müssen Sie respektieren lernen. Doch Ihre angeborene Intuition wird Ihnen immer gut zustatten kommen, Sie können sich darauf verlassen. Vielleicht aber wird Ihre ebenfalls angeborene Wißbegierde Sie zur Kontrolle anregen. Wenn Sie sich dabei ertappen, daß Sie Ihrem Kind nachspionieren, womöglich in seinem Tagebuch lesen, dann ist es an der Zeit zu erkennen, daß auch Sie eine Tendenz zu Überreaktionen haben und sie besser im Zaum halten sollten!

Vergessen Sie nicht: Wie jung Sie selbst auch sind – die Zeiten haben sich beträchtlich gewandelt, seit *Sie* klein waren, und auch wenn Sie eine erstklassige Beziehung zu ihren Kindern haben, gehören Sie doch nicht zur gleichen Generation. Es ist wichtig, daß Sie versuchen, ihre Prioritäten zu verstehen und ihre Meinungen anzuhören, die sich von den Ihren sehr unterscheiden können.

Auch wenn Sie immer darauf bedacht sind, Geld zu verdienen – zum Teil auch, damit Ihre Kinder alle guten Dinge des Lebens genießen können –, sollten Sie auf ein ausgewogenes Verhältnis zwischen Arbeitszeit und Zeit für die Kinder achten. Die Stunden, die Sie gemeinsam verbringen, werden gut angelegt sein, und weil Sie Freude am Leben haben, werden Sie kein größeres Vergnügen erleben, als zu beobachten, wie die Kinder Ihre Begeisterung aufnehmen und sich ebenfalls zahlreichen Aktivitäten widmen.

Wenn Ihre Kinder zur Schule gehen, versuchen Sie sich etwas Zeit zu nehmen, um sich an Lehrer-Eltern-Treffen zu beteiligen; Sie können Ihre besten skorpionischen Qualitäten einsetzen, um herauszufinden und ans Tageslicht zu bringen, wo es fehlt. Scheuen Sie sich nicht, Ihre Ansichten zu äußern. Wenn Sie in ein Amt gewählt werden, bewähren Sie sich gewiß als Schatzmeister, helfen Geld aufzutreiben und die Bücher ordentlich zu führen.

Noch ein letztes Wort der Warnung: Manchmal sorgen Sie so nachhaltig für Disziplin, daß Sie vielleicht etwas zu weit gehen – Skorpione können in der Tat sehr streng sein. Sie können sich auch so hartnäckig zeigen, daß ihre Kinder Sie für völlig stur halten, ob Sie dabei im Recht sind oder nicht. Wenn Ihnen ein Familienmitglied den Vorwurf macht, stur zu sein oder sich nicht die Mühe zu geben, den Kern einer Angelegenheit zu erforschen oder seiner Argumentation zu lauschen, ist dies vermutlich berechtigt. Versuchen Sie also, daran zu denken, daß Flexibilität und Kompromißbereitschaft keinesfalls Zeichen von Schwäche sind.

Fallbeispiel

Carolyn – Sonne und Merkur in Skorpion, Venus in Schütze; Merkur-Gruppe 2, Venus-Gruppe 4

Aus dem Gutachten: Carolyn weist verborgene Tiefen auf, und wenn sie nach etwas gefragt wird, versucht sie Sie manchmal mit einer recht beiläufigen oder knappen Antwort abzuspeisen; was sie wirklich denkt, behält sie für sich. Mit dieser Neigung zur Verschwiegenheit und Geheimhaltung ihrer wahren Gefühle werden Sie sich möglicherweise abfinden müssen. Ganz aufrichtig: Ich glaube nicht, daß Sie viel daran ändern können. Carolyn selbst wird sich der Sache bewußt sein und auf eigene Weise damit fertig werden müssen. Das könnte ein Konflikt für sie werden, da es sich um einen Bereich ihrer Persönlichkeit handelt, der nicht ganz zu ihren anderen Charakteristika paßt. Vielleicht findet sie es selbst rätselhaft und sagt sich: »Ich weiß nicht, warum ich so reagiert habe – ich habe es einfach getan!«

Während sie zuweilen Anzeichen von Eifersucht zeigt, braucht sie selbst das Gefühl, frei zu sein. Darüber muß sie sich mit einem künftigen Partner auf jeden Fall einigen, denn ihre Ansprüche in diesem Bereich ihres Lebens werden recht hoch sein. Sie wird vermutlich recht erotisch veranlagt sein, mit Männern aber auch Freundschaft pflegen wollen. Ich denke, zu ihrer Wesensnatur gehört ferner eine lebhafte und spaßliebende Seite, die sie bei denen, die ihr begegnen, höchst beliebt machen wird, wenn sie älter ist; vielleicht tritt sie jetzt schon zum Vorschein.

Kommentar: Carolyns Mutter bat um diese Analyse, als ihre Tochter zwölf Jahre und sie selbst mitten in der Scheidung begriffen war. Sie konnte die mächtigen skorpionischen Züge Carolyns sich entfalten sehen und erkannte gewiß, daß sie ihre eigenen etwas komplexen Bedürfnisse in emotionalen Beziehungen geerbt hatte. Bei der Lektüre des Gutachtens lernte sie auch eine ganze Menge über sich selbst.

Das Sonnenzeichen regiert:

Staaten und Länder: Algerien, Bayern, Korea, Marokko, Nordchina, Norwegen, Paraguay, Queensland (Australien), Syrien, Transvaal, Uruguay

Städte: Baltimore, Cincinnati, Dover, Fez, Halifax, Hull, Liverpool, Milwaukee, Newcastle upon Tyne, New Orleans, St. John's (Neufundland), Stockport, Valencia, Washington D.C., Worthing

Bäume: Schlehdorn und alle strauchigen Bäume

Blumen und Heilpflanzen: besonders dunkelrot blühende: Arnika, Brennessel, Cayenne-Pfeffer, Geißblatt, Geranie, Ginster, Hamamelis, Hopfen, Kaper, Lauch, Lorbeer, Pfefferminze, Rhabarber, Senf, Stechginster, Tabak, Wacholder, Zaunrübe, Zwiebel

Nahrungsmittel: alle Fischsorten; Getreide, besonders Weizen; Zwiebeln, Tomaten, Lauch; Bier

Biochemische Salze: Calcium sulfuratum, Natrium sulfuricum

Tiere: Krebstiere, die meisten Insekten

Stein: Opal

Metall: Stahl, Eisen

Farbe: dunkelrot, kastanienbraun

Schütze

(23. Nov. bis 21. Dezember) ein maskulines Zeichen

Allgemeine Charakteristika

Ihr Schütze-Kind wird sehr enthusiastisch, lebhaft, offen und unkompliziert sein. Es ist nicht schwer zu verstehen.

Ab und zu gerät der Schütze mit seinem Lebenshunger in die Klemme, denn er geht gerne ein Risiko ein. Wenn ihn jemand herausfordert, etwas zu tun, kann er der Provokation unmöglich widerstehen. Diese Grundtendenzen kommen schon bald zum Vorschein, und Sie stellen vermutlich fest, daß sie ein Verhaltensmuster prägen, das ihn wahrscheinlich zeit seines Lebens begleiten wird. Das Bedürfnis nach Herausforderung und das Verlangen, darauf einzugehen, ohne zu fackeln, ist ein sehr fester Bestandteil der Schütze-Persönlichkeit.

Der Schütze ist ein energisches Kind und krabbelt vermutlich schon früh umher. Er traut sich viel und ist oft leichtsinnig; Sie müssen ihn auch zu Hause vor Unfällen schützen, denn er ist ständig unterwegs und erkundet seine Umgebung. Es ist wichtig, daß Sie seine Freiheit nicht soweit beschneiden, daß seine Abenteuerlust gedämpft wird. Es wird nicht ganz einfach sein, einen Kompromiß zu finden.

Seine offene Wesensart verleitet den Schützen, jedermann Glauben zu schenken; auch das ist ein Bereich, in dem Vorsicht geboten ist. Sie müssen ihm sehr behutsam erklären, daß es gefährlich sein kann, Unbekannten schon bei der ersten Begegnung ganz zu vertrauen; denn er wird eine freundliche Geste ohne Argwohn so nehmen, wie sie erscheint – und damit ein Risiko eingehen.

Mit dem Sprechen beginnt er schon früh und legt eine gute Kommunikationsfähigkeit an den Tag. Seine Fragen werden sich erstaunlich erwachsen anhören, und Sie sollten sich nicht scheuen, sein Denken herauszufordern, wenn Sie ihm antworten.

Schütze-Kinder haben etwas sehr Übermütiges an sich und können recht tollkühn sein. Oft genug dreht sich bei ihnen fast alles nur um den Sport. Versuchen Sie sie zu überreden, auf ein Gleichgewicht zwischen ihrem Bedürfnis nach körperlicher Bewegung und ihren intellektuellen Interessen zu achten. Der wilde junge Schütze wird sich am Ende höchstwahrscheinlich zu einem vielseitigen, gebildeten und sehr intelligenten Erwachsenen entwickeln.

Die größte Schwäche dieses Tierkreiszeichens ist seine Ruhelosigkeit. Wie ihre Geschwister unter dem Einfluß des gegenüberliegenden Zeichens, Zwillinge, sind die Schützen äußerst unbeständig. Es ist wichtig, daß sie – ebenfalls wie die Zwillinge – jede Aufgabe vollenden, die sie begonnen haben. Wenn sie ihrer Beschäftigung überdrüssig werden, wenden sie sich etwas anderem zu, aber die neue Beschäftigung wird sie wohl auch nicht ganz fesseln. Halten Sie sie zu Ausdauer bei allen Aktivitäten an, damit ihre reichen Anlagen sich entfalten und die Ruhelosigkeit sie nicht allzu sehr beherrschen kann.

Der Schütze ist als das anpassungsfähigste Zeichen bekannt. Wenn Sie umziehen müssen, wird der Ortswechsel an sich Ihrem Kind nicht viel ausmachen, selbst wenn es die Schule wechseln muß. Sie werden sehen: Sein Alltag wird dadurch wesentlich weniger gestört als bei anderen Tierkreiszeichen.

Vermutlich werden Sie bemerken, daß Ihr Schütze-Kind sehr großzügig ist; vielleicht müssen Sie recht streng sein, wenn es um die sparsame Einteilung des Taschengeldes geht. Wenn die Zeit kommt, es zu erhöhen, wird es gut sein, dies mit einer schulischen oder außerschulischen Leistung in Verbindung zu bringen, so daß der Empfänger spürt: Die Aufbesserung ist tatsächlich verdient, und fällt ihm nicht einfach in den Schoß.

Die meisten Schützen sind von Natur aus freundlich und hilfsbereit. Wenn es darum geht, Spenden für mildtätige Zwecke zu sammeln, ist Ihr Kind gleich mit von der Partie. Vielleicht kann es seine Liebe zum Sport einsetzen, um Geld aufzubringen; er genießt die Herausforderung, gesponsert zu werden, und wird seine Sponsoren mit seiner Ausdauer überraschen.

Schütze ist ferner eines der zwanglosesten aller zwölf Tierkreiszeichen. Der männliche Schütze haßt es beispielsweise, Krawatten zu tragen, und auch die weiblichen Schützen lieben formelle Kleidung überhaupt nicht. Achten Sie also darauf, daß Ihr Kind reichlich farbige Trainingsanzüge hat, und vor allem einige hübsche Poloshirts. Sie sind bei Schützen sehr beliebt, im Sommer eine leichtere, im Winter eine wärmere Qualität. Obwohl er die Uniformität der Schulkleidung nicht mag, werden Sie erstaunt feststellen, daß Ihr Schütze noch viel später im Leben seinen Schal mit dem Emblem der Schule oder des Colleges weiterhin mit Stolz trägt, selbst wenn das Studentenleben längst der

Vergangenheit angehört. Zur Winterausrüstung jedes Schützen gehört ein großer, geräumiger Anorak und Stiefel.

Auf Ausgewogenheit müssen Sie besonders im Bereich ihrer körperlichen und intellektuellen Energie achten. Möglicherweise stellen Sie fest, daß Ihr Schütze entweder vor allem physische oder aber intellektuelle Interessen hat. Es ist für seine Entwicklung außerordentlich wichtig, daß ein Gleichgewicht besteht zwischen der Zeit, die er dem Lernen und Studieren widmet, und der, die er auf dem Sportplatz verbringt. Zu welcher Richtung Ihr Kind neigt, werden Sie wahrscheinlich aus der Art von Spielzeug schließen können, für das es sich begeistert; wenn es verrückt danach ist, einen Ball durch die Gegend zu treten, liegt es auf der Hand, daß es zum sportlichen Typus neigt. Wenn es jedoch Bilderbücher liebt, neigt es wohl eher zum intellektuellen Leben. Auch wenn Ihr Kind sehr ausgelassen und wild ist, sollten Sie dafür sorgen, daß es etliche weiche, knuddelige Tiere im Bett hat. Kinder dieses Zeichens sind ausgesprochen tierlieb. Das zeigt sich zunächst im Umgang mit Schmusetieren, später im Wunsch nach echten, lebendigen Tieren.

Schütze gehört zu den unabhängigsten Tierkreiszeichen; neben dem Widder ist es das abenteuerfreudigste. Ebenfalls wie der Widder neigt er zu einem gewissen Leichtsinn und wird sich wahrscheinlich häufiger als andere Kinder die Knie aufschürfen und blaue Flecken bekommen. Achten Sie auf Verletzungen, aber versuchen Sie nicht, seinen Abenteuergeist zu unterdrücken.

Die drei Arten zu denken

Aufgrund des Einflusses von Merkur (siehe S. 22) arbeitet das Denken des Schützen vor allem auf eine von drei Arten:

1) In der ersten Gruppe sind Schützen, die wissensdurstig sind und tiefschürfend denken können; sie denken detektivisch wie ein Spürhund und gehören zu den vorsichtigsten Vertretern dieses Zeichens. Sie haben ein gutes Gedächtnis und sind besonders intuitiv; manchmal können sie Schütze-untypisch verschlossen sein.

2) Zur zweiten Gruppe gehören jene extrem optimistischen, spaßliebenden Schützen, deren Sinn für Humor geradezu ungestüm erscheint. Sie haben eine bemerkenswerte Kapazität zum Studieren, und wenn sie diszipliniert arbeiten, wird gewissenhafte Anstrengung den Intellekt schärfen.

3) Die dritte Gruppe kann logisch und vernünftig denken, entwickelt sich aber

intellektuell zunächst recht langsam. Diese Menschen sind ehrgeizig, planen gut und vereinen einen großzügigen Standpunkt mit einer gewissen angeborenen Vorsicht. Optimisten mit praktischer Orientierung.

Die fünf Arten zu lieben

Aufgrund des Einflusses von Venus (siehe S. 22) werden Schützen dazu neigen, ihre Zuneigung auf eine von fünf Arten auszudrücken:

1) Die Angehörigen der ersten Gruppe haben eine köstlich romantische Ader und zeigen ihre Zuneigung voll Wärme und Charme. Sie flirten gerne und setzen ihren angeborenen Charme ein, geraten damit manchmal aber auch in Schwierigkeiten.

2) In der zweiten Gruppe sind leidenschaftliche und sehr erotisch veranlagte Schützen, die darauf achten müssen, daß die Tendenz zu Eifersucht und Besitzergreifen ihre Beziehungen nicht trübt. Sie müssen verstehen lernen, daß viele Menschen auch in einer Beziehung eine gewisse Freiheit brauchen (wie sie selbst) und sich nicht in einer zu engen Partnerschaft einsperren lassen.

3) Manchen Schützen geht es auch in zwischenmenschlichen Beziehungen vorwiegend um Spaß und Vergnügen, und so haben sie zuweilen mehr als einen Partner zur gleichen Zeit – was verständlicherweise auch problematisch werden kann. Intellektueller Austausch ist unabdingbar.

4) In der vierten Gruppe sind die treuesten aller Schützen. Manchmal heiraten sie für Geld oder Position, und eine gewisse kühle Überlegenheit kann die Äußerung wahrer Gefühle beeinträchtigen; aber auf ihre Partner werden sie sehr stolz sein.

5) In der letzten Gruppe finden wir jene, die viel Unabhängigkeit brauchen. Dies kann zu Konflikten führen, wenn die Zeit kommt, eine Beziehung zu vertiefen. Freiheit des Ausdrucks innerhalb einer Beziehung ist unverzichtbar, besitzergreifende Tendenzen werden nicht toleriert.

Gesundheit und Ernährung

Der Schütze verfügt in der Regel über eine robuste Konstitution. Er kennt keinen Mangel an physischer Energie und starker Emotion. Solange die Energien ausgeglichen sind, sollte Ihr Schütze-Kind gesund, glücklich und angenehm sein.

Der Schütze wächst an der Herausforderung, und das gilt ebenso für den Bereich Gesundheit und Ernährung. Er braucht viel Bewegung. Um ihn also vor der Stagnation zu bewahren, sollten Sie ihm schon in jungen Jahren kleine Ziele setzen – zum Beispiel, wie weit er an einem Tage gehen soll; am nächsten Tag stecken Sie das Ziel schon etwas weiter. Oder: heute fünfzigmal Seilhüpfen, morgen sechzigmal usw. Ein solches Übungsschema wird ihm Spaß bereiten. Es sollte auch eine sehr positive psychologische Wirkung haben und ihn ermutigen, sich zeitlebens selbst Ziele zu setzen – natürlich nicht nur im Sport, sondern auch in anderen, wichtigeren Bereichen.

Schützen sind keine Menschen, die sich viele Sorgen machen, und sie beschäftigen sich nicht viel mit Problemen; in dieser Hinsicht sollten sie also recht unproblematisch sein. Nur ganz selten verschließt sich ein Schütze wie eine Muschel, wenn etwas nicht stimmt. Wenn Sie ihn mit betrübter Miene vorfinden und er etwas stiller als gewöhnlich wird, dann fordern Sie ihn auf, darüber zu sprechen; wenn er das nicht tut, beschäftigt ihn wahrscheinlich ein Problem, das ihm ungewöhnlich schwierig vorkommt.

Er besitzt einen sehr gesunden Appetit und wird damit recht herzhafte Gerichte genießen, zum Beispiel einen üppigen Braten. Doch vergessen Sie nie, daß das Tierkreiszeichen Schütze die Leber regiert, die man leicht reizen kann. Achten Sie auf Anzeichen von Reizbarkeit, besonders nachdem Ihr Schütze zum erstenmal an einer Party von Erwachsenen teilgenommen hat, oder wenn er ungewohnte Gerichte genossen hat (siehe auch im Abschnitt *Reisen).* Der körperliche Einflußbereich des Zeichens Schütze erstreckt sich auch über Hüften und Oberschenkel, und viele Schütze-Geborene neigen dazu, trotz ausreichender Bewegung Gewicht anzusetzen. Dies wird in sehr jungen Jahren kaum passieren, aber Sie sollten (besonders bei Mädchen) zur Babyspeck-Zeit, bevor sie in die Pubertät kommen, darauf achten. Später ist die einzige Möglichkeit, den Speck unter Kontrolle zu bringen, eine sehr vorsichtige Diät oder zumindest ein genau geregelter Mahlzeiten-Plan. Beim Sport kommt es leicht zu Verletzungen der Oberschenkelmuskulatur und Kniesehnen.

Der Schütze neigt ohnehin ein wenig zu Unfällen; liebend gerne galoppiert er auf seinem echten oder imaginären Pony übers Land, klettert und probiert aus, wie weit er springen kann, und wird vermutlich sehr häufig mit aufgeschlagenen Knien nach Hause kommen. Dies ist ganz typisch für die Feuer-Zeichen, zu denen Schütze gehört (siehe *Einführung*). Es wird nicht ganz leicht sein, ihn zur Vorsicht zu mahnen – wenn Sie nicht Grund zu der Annahme haben, daß er zu der ersten Merkur-Gruppe unter *Die drei Arten zu denken* gehört.

Sie stoßen auf beträchtliche Probleme, wenn er unter den normalen Kinderkrankheiten leidet, denn er ist kein sehr braver Patient. Wenn es ihm nicht ganz miserabel geht, kann man ihn praktisch nicht im Bett halten – ich kann Ihnen nur empfehlen, dafür zu sorgen, daß sein Zimmer genau die richtige Temperatur hat (vergessen Sie nicht, daß er frische Luft braucht!); dann kann er in einem sehr leichten, aber warmen Jäckchen herumtollen, statt die ganze Zeit im Bett zu bleiben (natürlich unter der Voraussetzung, daß der Arzt es erlaubt!). Wenn er gesund ist, wird er nie Schlafen gehen wollen – wenn er aber dann zu Bett geht, schläft er gut.

Wenn der junge Schütze eine Pausenmahlzeit mit in die Schule nehmen möchte, werden ihm Dörrobst und Nüsse guttun (vielleicht mit Joghurt-Überzug); bringen Sie ihm also bei, besser am Naturkostladen als am Süßigkeitenstand haltzumachen – wenn das möglich ist. Gewiß wird es ihn nach großen Kuchen und Gebäck verlangen – besonders, wenn es eher würzig und pikant, und nicht süß und sahnig ist –, aber das sind ebenfalls Dickmacher. Dörrobst ist vermutlich die beste Alternative, auch wenn Sie dazu einiges an Überredungskunst aufwenden müssen!

Im Grunde haben Sie viel Glück mit einem Schütze-Kind, denn um dessen Gesundheit brauchen Sie sich kaum Sorgen zu machen; es ist weniger krankheitsanfällig als viele andere. Erkrankungen, die durch Spannung oder Kummer ausgelöst sind, oder eine Tendenz zu psychosomatischen Krankheiten brauchen Sie nicht zu befürchten. Das einzige ernste Problem könnten die Folgen des risikofreudigen, leichtsinnigen Verhaltens Ihres Schützen werden.

Die ersten fünf Jahre

Ihr kleiner Schütze wird schon sehr früh sitzen und seine Umgebung wahrnehmen können. Sein erstes Lächeln wird Sie vermutlich eine Woche früher beglücken, als Sie damit rechnen, und bevor Sie wissen, wie Ihnen geschieht, wird er anfangen zu krabbeln und schließlich gehen.

Denken Sie daran, daß er von Natur aus das Abenteuer liebt, deshalb ist es – wie bei einigen anderen Tierkreiszeichen – besonders wichtig, ihn vor Unfällen zu schützen. Alle guten Eltern haben Absperrgitter vor Treppen oder an anderen gefährlichen Stellen angebracht; ich kann Ihnen nur empfehlen, solche Maßnahmen schon gründlich zu organisieren – lange Zeit, bevor sie notwendig scheinen.

Manchmal sind Schützen überaktiv; auch wenn sie keine Probleme mit zuviel Spannung haben, fällt es ihnen sehr schwer zu entspannen. Versuchen Sie, liebe Großeltern und Tanten zu überreden, ihnen zu Geburtstagen, an Weihnachten oder anderen Festen interessantes und forderndes Spielzeug zu schenken, das ihre Aufmerksamkeit ganz in Anspruch nimmt und ihnen hilft, einiges von ihrer ungeheuren Nerven- und körperlichen Energie zu verbrauchen.

Das lebhafte Denken des Schützen muß ebenfalls beschäftigt werden; hier haben wir es mit einem Kind zu tun, das schon lesen will, bevor es in die Schule kommt. Scheuen Sie sich nicht, ihm Buchstaben und Ziffern beizubringen, sobald seine Aufmerksamkeit sich dafür öffnet. ABC-Fibeln und Bilderbücher werden auf besondere Beliebtheit stoßen. Da der Schütze ein zärtliches und liebevolles Kind ist – erinnern Sie sich an meine Bemerkung über Schmusetiere –, mag er besonders wollige Tiere.

Sein Spielverhalten kann sehr unstet sein, achten Sie darauf. Langeweile und Unruhe können sich später oft zu recht ernsten Problemen entwickeln. Der Schütze ist ein äußerst vielseitiges Zeichen, und vielleicht stellen Sie fest, daß Ihr junger Schütze sich mit mehr als einer Sache gleichzeitig beschäftigt. Das ist an sich nicht schlecht. Wenn er aber – und das gilt schon von klein auf – sagt, daß er von etwas genug habe, dann hat er *wirklich* genug. Dann ist es an der Zeit, seine Aufmerksamkeit abzulenken, vielleicht auf eine körperlich anstrengende Tätigkeit oder, wenn er gerade umhergerannt war, auf etwas Ruhigeres, das sein Denken übt.

Wenn er Fragen stellt, verlangt er nicht eine umfassende und detaillierte Antwort. Er akzeptiert, was Sie sagen, geht der Sache dann selbst nach und erweitert sein Wissen durch eigene Anstrengungen. Natürlich ist das sehr erstrebenswert, und Sie sollten es unterstützen. Regen Sie ihn auch zur Diskussion an, die sein (wohl ohnehin glänzendes) intellektuelles Potential fordern wird.

Er wird mehr als bereitwillig, ja sogar sehr erpicht darauf sein, sich einer Spielgruppe anzuschließen. Sie wird ihm Spaß machen, und wenn er sich dort eingewöhnt hat – was vermutlich fünf Minuten nach Betreten des Raumes erreicht sein dürfte –, werden Sie sehen, daß er auf andere Kinder zugeht und sie vermutlich zum Lachen bringt, wenn sein ausgeprägter Sinn für Humor schon früh zum Vorschein kommt.

Wenn Sie ihn disziplinieren müssen, dann appellieren Sie an seinen Sinn für Logik. Wenn er ungezogen ist, ist das vermutlich eher aus Gedankenlosigkeit als aus Rachsucht geschehen; Sie können ihn auf nette, einfache, offene Art korrigieren, denn er ist grundsätzlich aufrichtig. Kommen Sie immer geradewegs zur Sache, und wenn Sie ihm drohen, dann sorgen Sie dafür, das Angedrohte auch auszuführen, wenn er sich erneut schlecht verhält.

Schulzeit

Über die Aussicht, die Schule besuchen zu dürfen, wird der junge Schütze vor Freude erregt sein wie über jeden anderen Aspekt des Lebens.

Er hat an der Schule vermutlich viel mehr Freude als die Angehörigen der meisten anderen Tierkreiszeichen; wenn es Probleme gibt, wird es wohl daran liegen, daß er die Dinge nicht genügend ernst nimmt. Von Zeit zu Zeit kann es zu Enttäuschungen kommen, weil er sich im Unterricht langweilt, den er sich lebendiger und unterhaltsamer vorgestellt hatte. Wenn und falls dies geschieht, ist es wohl nicht so sehr sein Fehler als der des Lehrers, der ihn vermutlich nicht anregt. Der junge Schütze ist in der Klasse einfach nicht genügend gefordert, sein Denken wird nicht in die Pflicht genommen. Wenn Sie an der Situation in der Schule nicht viel ändern können, dann versuchen Sie wenigstens, sie zu Hause auszugleichen.

Der Übergang vom Kindergarten zur Vorschule sollte leicht genug fallen, aber Sie könnten auf ein Problem stoßen, wenn Sie ihren jungen Schützen in die Schuluniform stecken müssen – vor allem, wenn der anfängliche Stolz, »erwachsener« zu sein, seinen Reiz verloren hat! Beide Geschlechter haben eine deutliche Abneigung gegen Konformität und Reglementierung und werden nicht froh sein, so auszusehen wie alle anderen auch. Sowie sie aus der Schule nach Hause kommen, stürmen sie auf ihr Zimmer und ziehen ihre Uniform aus, wobei sie besonders darauf achten, die Krawatte *nicht* aufzuknoten. Der Knoten kann durchaus ein Schuljahr lang halten.

Ein enges oder düsteres Klassenzimmer wird der Schütze auf jeden Fall klaustrophobisch hassen; in stickiger, überfüllter Atmosphäre wird er sehr gereizt. Es bleibt ihm nichts anderes übrig, als die Tatsache akzeptieren zu lernen, daß solche Umstände manchmal unvermeidlich sind. Er muß versuchen, die äußeren Umstände zu vergessen und sich auf das Unterrichtsthema zu konzentrieren und die Freiheit, die seinen Gedanken dann immer noch bleibt.

Wenn Prüfungen auf sie zukommen, sind Schützen sehr leicht versucht, die ganze Sache einfach zu ignorieren – oft genug sind die Götter auf ihrer Seite. Wenn sie bei einer Gelegenheit am Abend vor der Prüfung angestrengt büffeln und die Fragen am nächsten Morgen zufällig zu dem Thema passen, das sie sich rasch angepaukt haben, dann halten sie das für ein unveränderliches Gesetz des Schullebens und müssen vielleicht mit Lehrgeld in der Währung schlechter Zensuren dafür bezahlen, daß dem *nicht* so ist! Wenn Sie Ihren Schützen ermutigen können, rechtzeitig zusätzliche Zeit für die Vorbereitungen einzuplanen, dann tun Sie das auf jeden Fall – aber es dürfte nicht besonders leicht sein.

Zu den interessantesten Talenten eines Schützen gehört eine Begabung für Sprachen. Spornen Sie ihn an, schon im frühesten Alter zu lernen. Wenn Sie Ihren Urlaub im Ausland verbringen, wenn er gerade erst sprechen gelernt hat, ist es ein Schritt in die richtige Richtung, ihm beizubringen, »bitte« und »danke« in der Sprache Ihres Urlaubslandes zu sagen. Möglicherweise genügt das schon, um sein Interesse zu wecken. Auch dieses Talent wäre später eventuell als Ausgangspunkt für einen Berufsweg in Betracht zu ziehen.

Vielleicht stellt sich eine Liebe zur Literatur heraus, auch eine gute Begabung für Aufsätze, Stilübungen, manchmal sogar Gedichte. Kinder dieses Zeichens neigen mehr zu den künstlerischen als zu den naturwissenschaftlichen Unterrichtsfächern. Eine Ausnahme bildet nur der Schütze in der dritten Merkur-Gruppe (siehe *Die drei Arten zu denken).* Seine Phantasie ist lebhaft, und Sie werden dies bestimmt erkennen, wenn er Kurzgeschichten schreibt. Auch die Bilder, die er malt, werden aller Wahrscheinlichkeit nach bunt sein, mit leuchtenden Blumen und der Sonne in der Mitte, vielleicht mit einer lieblichen Hügellandschaft darunter. (Es ist übrigens eine interessante psychologische Tatsache: Wenn Kinder auf ihren Bildern die Sonne weglassen, ist dies oft ein Anzeichen dafür, daß sie über etwas unglücklich sind; dies gilt in besonderem Maße für Schütze- und Löwe-Geborene.)

Sein Bedürfnis nach Herausforderung kann zu einem ausgeprägten Konkurrenz-Geist führen. Aber es geht ihm eher um den Weg zum Ziel als dann um das Geleistete. Wenn ein Ziel einmal erreicht ist, ruht der Schütze sich kaum auf seinen Lorbeeren aus. Er wird eher fragen: »Das habe ich geschafft – was kommt jetzt dran?« Von dieser Art von Befriedigung findet er mehr im Bereich der Leichtathletik als bei anstrengenden Mannschaftsspielen, auch wenn ich damit nicht andeuten will, daß er diese nicht ebenso genießen wird.

Wie bei allen Kindern wird auch beim Schützen die Einstellung zur Schule sehr von der Haltung der Lehrer beeinflußt, denen er dort begegnet. Er wird nicht zögern, sie zu kritisieren, wenn er denkt, daß er intellektuell auf den Arm oder nicht ernst genommen wird – und er wird es Ihnen gewiß sagen, wenn er denkt, daß bei einem bestimmen Lehrer etwas fehlt. Er macht vielleicht mehr als die meisten anderen Kinder sprunghaft Fortschritte, wenn er mit einfühlsamen und anregenden Lehrern arbeiten kann. Wenn er keinen befriedigenden

Kontakt mit ihnen bekommt, fühlt er sich gänzlich gelangweilt und wird sehr unruhig.

Hier haben wir einen Vertreter des Tierkreises, der offen und ehrlich ist. Wenn man den Schützen einer Missetat beschuldigt, werden Sie die Wahrheit herausfinden können. Ich für meinen Teil glaube nicht, daß Sie irgendwelche Bedenken zu haben brauchen, ob Sie ihm abnehmen können, was er Ihnen erzählt – wenn man eine gewisse Tendenz zur Übertreibung außer acht läßt. Wenn seine Darstelung einer kitzligen Situation von der Version anderer abweicht, können Sie ihm vermutlich voll Vertrauen glauben.

Das Leben außerhalb der Schule

Einen jungen Schützen, der nachmittags nach der Schule still dasitzt und nichts tut, kann man sich nur schwerlich vorstellen – es sei denn, der Fernseher ist angestellt, und er sieht sich eine Sendung über Tiere in freier Wildbahn, über ferne Länder oder ein spannendes historisches oder Western-Drama an. In diesem Falle ist es ja nicht so, daß er *nichts* tut, denn er nimmt alles in sich auf und hat das Gefühl, tatsächlich daran teilzunehmen und zu erleben, was er sieht.

Es wird gut sein, wenn Sie seinen Fernseh-Konsum begrenzen, damit er nicht zu lange stillsitzt. Bei manchen Kindern sollte man die körperliche Aktivität bremsen und ihnen damit helfen, sich zu entspannen; beim Schützen ist ein Wechsel der Aktivität die beste Entspannung. Seine Abneigung gegen klaustrophobisch wirkende, enge Räume habe ich erwähnt. Er wird sich zwar nicht darüber beklagen, lange Zeit im Hause zu sein, aber Sie sollten nicht vergessen, daß es besonders gut für ihn ist, sich draußen in der frischen Luft aufzuhalten, selbst wenn das Wetter sich nicht von der angenehmsten Seite zeigt. Vorausgesetzt, er ist gut verpackt, wird er sich kaum eine Erkältung holen, denn im großen und ganzen ist er recht robust und kann den Aufenthalt im Freien gut vertragen.

Mit seiner Abenteuerlust ist der Schütze für jede Art von Ausflügen und Expeditionen im Freien dankbar, ob im Rahmen der Familie oder mit der Jugend- oder Pfadfindergruppe. Es wird Anlässe geben, da Sie nicht anders können, als sich um ihn zu sorgen – das ist eine natürliche Tendenz bei Eltern –, und sein Wagemut wird ihn tatsächlich in schwierige Situationen bringen; sein Instinkt aber kann unterscheiden zwischen »gerade noch gefährlich genug« und »zu gefährlich, um es zu probieren«. Wenn er sein erstes Fahrrad bekommt, versuchen Sie ihn zu motivieren, Freude daran zu haben, es zu pflegen. Solange er sich davon nicht so faszinieren läßt, daß er den Drahtesel in sämtliche Einzelteile zerlegt und hinterher nicht mehr zusammensetzen kann, führt ihm ein solches Interesse die Notwendigkeit vor Augen, gewisse Sicherheitsmaßstäbe einzuhalten. Es erübrigt sich zu sagen, daß Sie für die verschiedenen Sportarten, in denen er sich engagiert, schützende Kleidung zur Verfügung stellen sollten. Wenn dies sehr aufwendig ist, empfehlen Sie ihm, es sich zu Geburtstag oder Weihnachten zu wünschen.

Wenn Sie schon Schilderungen der Charakteristika des Tierkreiszeichens Schütze gelesen haben, haben Sie zweifellos gemerkt, daß viele Astrologen sagen, Schützen liebten Pferde und das Reiten; bei vielen von ihnen trifft dies tatsächlich zu. Wenn Ihr Schütze-Sohn oder Ihre Schütze-Tochter Ponys liebt, sollten Sie erkennen, daß eine solche Leidenschaft sehr wichtig für ihn/sie ist. Reitunterricht ist zwar oft sehr teuer, doch sollten Sie alles tun, was Ihnen möglich ist, um einige Reitstunden für Ihr Kind zu arrangieren. Möglicherweise kann es sich das Geld dafür durch Hilfsarbeiten im Stall verdienen oder auch einen anderen Job finden, um sich auch die notwendigen Ausrüstungsstücke anzuschaffen.

Schützen sind nicht besonders geduldig, und ihre Hobbys sollten schnelle Resultate zeitigen: Sie erweisen Ihrem Schützen einen Dienst, wenn Sie ihn ermutigen – zumindest bei einigen seiner Aktivitäten –, etwas langsamer und sorgfältiger vorzugehen; er neigt dazu, Einzelheiten zu ignorieren.

Vorbereitung fürs Leben

Das Verlangen nach Abwechslung wird für den Schützen nie wichtiger sein, als wenn er die Pubertät erreicht und ihm zum erstenmal auffällt, wie attraktiv doch so manche anderen Menschenwesen sind!

Die Sexualität ist für ihn eine Entdeckungsreise, und er ist sehr darauf erpicht, den Freunden von seinen Eroberungen und Erfahrungen zu erzählen. Mit seinem angeborenen Optimismus ist er davon überzeugt, daß er jederzeit ein Mädchen seiner Wahl einfangen könne, und wenn er merkt, daß das nicht unbedingt der Realität entspricht, zuckt er resigniert mit den Schultern und wendet seine Augen in eine andere Richtung. Schließlich sind die Kirschen in Nachbars Garten immer viel süßer ... (ein Motto, das zu Schütze-Geborenen sehr gut paßt, und besonders in bezug auf ihr Liebesleben).

Sobald Sie es für angebracht halten, können Sie ihn ermutigen, die Gesellschaft des anderen Geschlechtes auszuprobieren; es wird ihm helfen zu erkennen, daß es im Leben mehr gibt als Sex. Wenn er sich wirklich zum erstenmal verliebt, vernachlässigt er unter Umständen seine schulischen Pflichten. Das ist nichts Ungewöhnliches, aber höchstwahrscheinlich hört er, wenn Prüfungen nahen, eher auf Warnungen aus dem Munde seiner Freundin als auf Ihre Worte – vielleicht können Sie sich die Freundin »warmhalten«! Wenn sie tüchtiger gearbeitet hat und bessere Noten bekommt als er, spricht das sein Bedürfnis nach Herausforderung wieder an, und er wird wieder anfangen, sich mehr Mühe zu geben; es wird ein lustiges Tauziehen um schulische Leistungen geben. All dies gilt natürlich auch für Schütze-Mädchen – die aber generell mehr zum gewissenhaften Arbeiten neigen als Jungen, deshalb kommt es bei ihnen wohl seltener zu einer solchen Situation.

Die Sexualerziehung nimmt der junge Schütze glücklich auf und hat wohl keinerlei Probleme, ihren Inhalt zu verarbeiten; er scheut sich auch nicht, offene und forschende Fragen zu stellen. Es ist kaum zu erwarten, daß er von der Thematik in irgendeiner Phase seiner Entwicklung regelrecht besessen sein wird. Seine Einstellung ist vermutlich wohl ausgeglichen – wie seine offene Haltung zum Leben allgemein. Er wird ausprobieren wollen – wie jeder andere Jugendliche –, aber er wird frühe Beziehungen nicht allzu ernst nehmen. Manchmal ist es vielleicht notwendig, ihn darauf aufmerksam zu machen, daß andere Menschen bei weitem empfindlicher sind als er, und daß er – ob absichtlich oder nicht (vermutlich nicht) – den Partner mehr aufregen kann, als ihm bewußt ist, und sei es allein durch eine beiläufige Bemerkung, die ihm harmlos vorkam, aber den Partner hart getroffen hat.

Heranzuwachsen ist für den Schützen, der eine gemischte Schule besucht, ein völlig natürlicher Vorgang; Sie werden sehen, daß sich der Übergang vom Kind zum jungen Erwachsenen ganz geradlinig vollzieht. Beide Geschlechter werden durch die Veränderungen in ihrem Körper fasziniert, aber nicht erschreckt sein – auch wenn Sie Ihrer Schütze-Tochter vielleicht versichern müssen, daß die lästigen Perioden und vielleicht auch die Notwendigkeit, einen BH zu tragen, ihren persönlichen Stil nicht zu beeinträchtigen brauchen, nachdem sie womöglich als Kind immer ein rechter Wildfang gewesen ist. Ermutigen Sie sie, auf ihre sich entwickelnde Figur stolz zu sein, und erklären Sie ihr, daß ihre sportlichen Ambitionen nicht zu leiden haben; sich fit zu halten, ist für den Erwachsenen ein Teil des Lebensalltags.

Schützen sind von Natur aus Herdentiere; es ist also recht wahrscheinlich, daß sie sogar ihre erste Verabredung im Rahmen einer Gruppe arrangieren. Das paßt auch gut zu ihnen, denn es bietet einen zusätzlichen Reiz: Freundschaft *und* emotionale Beziehung – und schließlich macht in der Gruppe ja alles mehr Spaß. Wenn sie zusammen mit anderen Paaren einen Tag hinausfahren, können sie sich am Ziel immer noch aufteilen.

Zuweilen haben Sie bestimmt das Gefühl, alle Ihre Warnungen über die verschiedenen Gefahren, Stolpersteine und Fallen im Leben seien auf taube Ohren gestoßen. Sie müssen vielleicht hart sein, um sich Gehör zu verschaffen, denn Menschen unter dem Einfluß dieses Sonnenzeichens sind oft leichtsinnig, und es ist nicht immer einfach, an ihren gesunden Menschenverstand zu appellieren. Doch unterschätzen Sie ihren Verstand und ihre Logik; sie sind vielleicht nicht immer offenkundig, aber ein ernster Fehler oder Familienkrach bringt den Schützen gewöhnlich auf den rechten Weg zurück.

Weitere Ausbildung

Viele Astrologen behaupten, der Schütze sei der geborene Student unter den Tierkreiszeichen – das heißt, der ewige Student.

Fragen Sie einen erwachsenen Schützen nach seinen Plänen für den Herbst, und er wird fast immer einen Kurs, ein Seminar zu dem einen oder anderen Thema nennen. Wenn Ihr junger Schütze die Schule verläßt, können Sie ganz sicher sein, daß er zur Universität oder technischen Hochschule überwechselt oder eine Fachausbildung anfängt. Er wird jeden Augenblick genießen, und sowohl seine Studien- als auch die Freizeit werden ihm sehr viel Gewinn bringen. Die Jahre der Ausbildung machen auf ihn einen tieferen Eindruck als auf die meisten anderen Menschen.

Selbst wenn er das Glück hat, nach der Schule gleich mit der Arbeit anfangen zu können, wäre es gut, ihm vorzuschlagen, einen Abendkurs oder etwas ähnliches zu belegen, was ihm eine zusätzliche Qualifikation einbringen kann, die für seinen neuen Job von Vorteil sein wird. Dabei wird sein »ewiges« Bedürfnis befriedigt, gefordert zu sein, und selbst wenn der Kurs recht teuer ist, wird er sich auf lange Sicht gewiß sehr lohnen.

Die Offenheit des Schützen und sein weiter Horizont sind eine gute Voraussetzung für das Studentenleben. Mit seinem glänzenden Verständnis des gewählten Studienfaches wird er eine Herausforderung für seine Dozenten sein. Doch beim Auswendiglernen langweiliger Fakten und Einzelheiten muß er sich mehr anstrengen als die meisten Kommilitonen. Fakten und Daten kann er sich nicht leicht merken, und er haßt es, mit Dingen belästigt zu werden, die er als nebensächliche, überflüssige Details abtut. Seine intellektuelle Kapazität ist jedoch glänzend, und je mehr sie stimuliert wird, desto mehr leistet der Schütze-Student.

Ich muß Sie als Eltern jedoch warnen: Falls Ihr Schütze besonders sportbegeistert ist und einen Studienplatz ergattern kann, »verschwindet« er höchstwahrscheinlich in die eine oder andere Mannschaft und ist nur noch zu selten im Hörsaal anzutreffen. Manchmal schadet ihm das weniger, als man zunächst annehmen möchte – und es ist ja auch eine ansehnliche Auszeichnung, als Vertreter seiner Universität an einem Wettkampf teilzunehmen. Die manchmal recht wilden jungen Schützen bringen dann enttäuschende Prüfungsergebnisse nach Hause. Das bedeutet in der Regel, daß sie viel Lehrgeld bezahlen und die versäumte Arbeitszeit nachholen müssen. Sportliche Ehre ist natürlich kein Ersatz für einen akademischen Abschluß.

Eine andere astrologische Tradition behauptet, daß Schützen, die in der Jugend besonders wild waren, im Alter oft weise Philosophen werden, wenn ihre intellektuelle Seite die körperliche schließlich aus ihrer dominierenden Rolle drängt.

Zu Beginn seines Studiums wird der Schütze keine Zeit verlieren, sich den verschiedenen Gruppen anzuschließen und an den Veranstaltungen zu beteiligen, die sich anbieten. Weil er jeden Tag ganz ausleben möchte, können Sie sicher sein, daß er von einem Studium auch dann noch sehr profitiert, wenn er dazu neigt, gewisse Aspekte seiner Arbeit zu vernachlässigen.

Wenn es Ihnen gelang, Ihren Schützen bereits in der Schulzeit zu überreden, sich auf Prüfungen rechtzeitig und sinnvoll vorzubereiten, müssen Sie jetzt, da er die Universität besucht, vielleicht feststellen, daß Ihre Bemühungen in Vergessenheit zu geraten scheinen. Er ist wirklich der Typ, der sich erst in letzter Minute an die Arbeit macht. Dessen ungeachtet bringt er es oft fertig, glänzende Arbeiten abzuliefern; versuchen Sie sich also nicht zu viele Sorgen zu machen, wenn Sie erfahren, daß er selbst in der Woche vor den Semesterabschlußprüfungen noch von Party zu Party eilt, vom Sportplatz zum Theater.

Die manchem Schützen angeborene Begabung für Sprachen kann schon in der Schulzeit zum Vorschein kommen; eine weitere Entfaltung dieses Talentes im Sinne eines Sprachenstudiums hat viel für sich. So mancher Schütze zeichnet sich auf sprachlichem Gebiet aus, viele studieren auch Jura. Darüber hinaus assoziiert man dieses Tierkreiszeichen mit der Beschäftigung mit religiösen Themen, und tatsächlich belegen zahlreiche Schützen Theologie.

Trotz der Anziehungskraft des Sportplatzes ist Schütze wohl das ideale Zeichen für einen Studenten! Mein bester Rat an Eltern eines Schütze-Geborenen ist daher: Unterstützen Sie ihn – ob er an der Universität, an der Pädagogischen oder der Technischen Hochschule studiert oder einfach in einer Berufsschule lernt. Verlassen Sie sich darauf, daß er alles nutzt, was ihm gelehrt wird. Lassen Sie ihn studieren und, warten Sie die Ergebnisse ab!

Arbeitslosigkeit: Spannung und Belastung

Es ist wahr: Schützen sind oft Optimisten; manchmal aber neigen sie zu blindem Optimismus.

Daß der Schütze-Geborene den Mut völlig verliert, wenn er keine Arbeit finden kann, ist unwahrscheinlich. Er hat immer Hoffnung, und solange er potentielle Arbeitgeber bedrängen kann, sich um Stellen bewirbt, zu Vorstellungsgesprächen geht und die Zeitungen nach Stellenangeboten durchkämmt, bleibt er einigermaßen optimistisch und bei Laune.

Doch fast unausweichlich kommt eine Zeit, da auch der Schütze länger arbeitslos ist, als einem vernünftig erscheinen mag; dann könnte auch er ein wenig ins Wanken geraten. Ihre Ermutigung und Unterstützung wird ihm in dieser Situation enorm helfen. Denken Sie an seine Begabung zum Studium, die ihm gewiß Freude bereitet. Es ist zweifellos das beste, wenn er seine freie Zeit nutzt, um sich mehr Wissen anzueignen, weitere Qualifikationen zu erwerben oder sich mit etwas zu beschäftigen, das ihm ein willkommenes neues Hobby wird. Über Fahrstunden wird er sich besonders freuen – oder ein Fahrertraining, wenn er seinen Führerschein bereits in der Tasche hat. Solche Kurse sind oft erstaunlich günstig und für den Schützen, der so gerne Risiken eingeht, sehr zu empfehlen.

Auch die Arbeit im sozialen Bereich – etwa in der Entwicklungshilfe – kann ihn reizen, und wenn sie ihm ermöglicht, ins Ausland zu reisen, ist es noch besser. Er wird auch jeden Job begrüßen, bei dem er mit Besuchern aus Übersee zusammenarbeiten kann.

Vielleicht ist es nötig, daß Sie die Gestaltung seines Lebenslaufs kontrollieren und seine Bewerbungsschreiben durchsehen, die er an mögliche Arbeitgeber verschickt. Sie wecken unter Umständen den falschen Eindruck, denn der Schütze achtet nicht auf Details, und die äußere Form solcher Briefe läßt oft sehr zu wünschen übrig. Gleiches gilt, wenn er zu einem Bewerbungsgespräch vorstellig wird; er kümmert sich oft nicht um solche »Nebensächlichkeiten« wie ein ordentliches und angenehmes Äußeres und vergißt dabei, daß andere Menschen andere Ansichten haben könnten. Doch selbst wenn viele Bewerber um eine angebotene Stelle konkurrieren, kommen ihm seine herrliche Begeisterung und seine lebhafte Art, sich zu äußern, wohl zustatten.

Der Schütze verlangt zwar immer nach neuen Erfahrungen, doch bevor er anfängt, mit Drogen zu experimentieren, muß er in einer sehr verzweifelten Situation stecken. Er raucht wohl hin und wieder etwas zuviel, trinkt auch gelegentlich mehr Wein oder Bier, als gut für ihn ist – aber irgendwie (vielleicht aufgrund seiner angeborenen Lebensfreude) ist ihm die Vorstellung des Drogenkonsums besonders zuwider.

Wenn ein Schütze aber mit Drogen in Berührung kommt, wird es ihm sehr schwerfallen, von ihnen loszukommen. Er ist so offen für neue Erfahrungen, daß der Gedanke ihm unvorstellbar erscheint, die Tür vor etwas zu verschließen, das ihm, oberflächlich betrachtet, eine neue, bunte Wahrnehmungswelt bietet. Doch wenn er seine Aufmerksamkeit einmal auf die Folgen der Drogensucht gerichtet hat, kann er deren Schrecken deutlich erkennen; der Gedanke, daß seine Intelligenz in Mitleidenschaft gezogen wird, belastet ihn dabei besonders schwer. Er war vermutlich ein fähiger Sportler und denkt nicht gerne an die Schäden, die die Drogen dem Körper zufügen. Daher ist auch nicht damit zu rechnen, daß er Hormone einnimmt, um seine Leistungsfähigkeit zu steigern. Der beste Weg, ihm zu helfen, wird sein, ihn zu überzeugen, daß es immer noch eine schöne, lichte Welt gibt, die auf ihn wartet, wenn er mit der Sucht Schluß gemacht hat; stärken Sie seinen Optimismus und seine Hoffnung, und er wird den Weg zum Entzug beschreiten.

Interessen und Freizeit-Aktivität

Der Schütze hat im allgemeinen keine Probleme, sich freundschaftlicher Beziehungen zum anderen Geschlecht zu erfreuen; seine Vorliebe, mit einer Clique von Freunden unterwegs zu sein, wird länger anhalten als bei den meisten anderen Jugendlichen. Darüber hinaus hat auch jede Liebesaffäre einen starken freundschaftlichen Aspekt; der lebendige intellektuelle Austausch ist für die Partnerschaft eines Schützen wichtig.

Jede freie Stunde wird er mit seinen vielfältigen Interessen ausfüllen, die vom Sport über die Kunst bis zu intellektuellen Beschäftigungen reichen. Früher hieß es, der Schütze habe eine starke Beziehung zur Jagd. Nun, gewiß hat er einen Jagdinstinkt, der sich heute aber gewöhnlich in der Jagd nach Sonderangeboten äußert; der Besuch im Trödel- oder Dritte-Welt-Laden wird fast zur festen Einrichtung. Wir dürfen jedoch nicht vergessen, daß sich ähnliche Jagdinstinkte in der Verfolgung von Angehörigen des anderen Geschlechts zeigen können – und in Herzensaffären ist der Jagd-Aspekt für den Schützen genauso aufregend wie schließlich die Eroberung.

Viele Schützen lieben Bücher, und ihre Besuche beim Trödler resultieren oft in einer umfangreichen und billigen Sammlung von Büchern aus zweiter Hand, mit Bänden über Reisen in ferne Länder, Übersetzungen und Geschichten von hohem Abenteuerwert darunter.

Manche Schützen haben ein Faible für das Restaurieren und sind glücklich, wenn sie alte Uhren in Gang bringen oder zerbrochenes Spielzeug reparieren können; andere basteln gerne an Oldtimer-Automobilen oder Motorrädern. Doch bei diesen Beschäftigungen müssen sie Geduld lernen und sich mit Details abgeben, um die sie sich normalerweise nie kümmern würden.

Das Leben im Freien spielt für die Angehörigen dieses Zeichens eine große Rolle; viele von ihnen empfinden besonderes Vergnügen bei der Arbeit mit Tieren, sei es auf einem Bauernhof oder in einem Naturschutzgebiet. Eine Safari und die Beobachtung des Verhaltens wilder Tiere wird ihnen ebenfalls viel Freude bereiten. Wenn sie keine Gelegenheit dazu haben, ist vermutlich jeder andere Kontakt mit Tieren ein guter Ersatz – zum Beispiel die sehr beliebte Hundezucht.

Der junge Schütze wird von einem Jahr Abstand zwischen Schule und Universität in besonderem Maße profitieren und so weit verreisen, wie es in seinem Alter möglich ist. Machen Sie sich keine Sorgen, wenn er Ihnen diesen Wunsch mitteilt; was er an Erfahrung gewinnt, wird Ihre Sorgen aufwiegen, denn er wird mehr Wissen und Erfahrung sammeln als aus seiner formalen Ausbildung.

Es ist gut möglich, daß sich Ihr junger Schütze einer religiösen Sekte oder Glaubensgemeinschaft anschließt; achten Sie auf entsprechende Indizien, denn es könnte gefährlich werden. Auch wenn es ihm an gesundem Menschenverstand und Charakterstärke nicht mangelt, könnte es schwierig werden, wenn er seinen Fehler erkennt und zur Familie zurückkehren will.

Im allgemeinen machen sich Schützen nicht viele Gedanken um ihre äußere Erscheinung, sie kommen meist recht leger daher. Sollte Ihre Tochter aber verkünden, daß sie für einen besonderen Anlaß ein Abendkleid braucht, dann raten Sie ihr, etwas zu wählen, das weich und bequem ist und ihre Bewegungen nicht einschränkt. Korsetts und steife Röcke sind nichts für eine Schützin; ein weiter, reinseidener Rock mit hübscher Bluse oder Top dagegen wirkt sehr vorteilhaft, und die Trägerin fühlt sich darin wohl. Wenn ein Schütze aus irgendeinem Grunde formell gekleidet sein muß, werden Sie eine Gelegenheit haben, aufrichtig sagen zu können, daß er glänzend darin aussieht.

Früher oder später wird der Schütze sich vermutlich mit der Leitung eines Clubs oder Vereins befassen; als Vorstandsmitglied ist er vielseitig und kann mit seiner ansteckenden Begeisterung bestimmt einiges in Bewegung bringen und andere Vorstandsmitglieder anspornen, etwas zu leisten. Er hat überhaupt ein gutes Gespür für Gerechtigkeit und Fairneß; das Amt eines Vorsitzenden wird seiner Beliebtheit keinen Abbruch tun. Doch er braucht eine tüchtige und arbeitswillige Sekretärin, die die lästige Korrespondenz erledigt und Stürme im Wasserglas stillt, die wohl immer wieder ausbrechen!

Möglicherweise geht er gerne zu Rennen oder auch ins Kasino. Einen Tag im Kreise guter Freunde auf der Rennbahn zu verbringen, kann natürlich viel Spaß bereiten – aber wenn Sie merken, daß es ihm zur Gewohnheit wird, oder daß er vielleicht zu häufig ins Wettbüro geht, sollten Sie alles in Ihrer Macht stehende unternehmen, um ihm das auszureden und ihn davon abzubringen. Der Schütze ist oft eine ausgeprägte Spielernatur, was zuweilen zu einem ernsten Problem werden kann. Er genießt das Risiko und scheint sich der Verluste gar nicht bewußt zu sein; selbst wenn ihn Fortuna unverkennbar im Stich gelassen hat, fällt es ihm schwer aufzuhören. Zum Glück schlummert der Spielerinstinkt bei den meisten Schützen, aber für jene, die er beherrscht, kann er zur ernsten Besessenheit, zum schweren Problem werden.

Ideale Berufswege

Den Schützen finden wir in allen Sparten und Branchen, und eine Aufzählung aller Berufswege, die für ihn geeignet sind, ergäbe eine erstaunlich lange und abwechslungsreiche Liste.

Traditionell verbindet man dieses Tierkreiszeichen mit dem Gesetz, und zahlreiche Schützen arbeiten gerne als Anwälte und Rechtsberater. Aufgrund ihrer Liebe zur Sprache werden viele zu erfolgreichen Verlegern, andere sind als Lehrer gleichermaßen in ihrem Element. (Der mythische Kentaur, das Symbol des Tierkreiszeichens Schütze, war Lehrer und Weiser.) Am besten arbeiten sie mit älteren Schülern, sei es in der Oberstufe oder in der Erwachsenenbildung. Sie erwarten sehr viel von ihren Schülern und sind im Umgang mit jüngeren Jahrgangsstufen nicht immer besonders geduldig. Der Schütze-Professor, der seine intelligenten Studenten so dramatisch wie humorvoll unterrichtet, hat bestimmt seinen Spaß daran und fühlt sich ganz in seinem Element.

Eine andere astrologische Tradition assoziiert die Schützen mit Tieren, und es gibt in der Tat sehr viele Tierärzte unter ihnen. Diesen Beruf mag Ihr junger Schütze durchaus auch in Erwägung ziehen, wenn er von Natur aus gut mit Tieren umgehen kann und ihm an ihrem Wohlergehen gelegen ist. Auch die Verbindung mit fremden Ländern zeigt sich deutlich: viele Schützen arbeiten in der Reise- und Tourismus-Industrie, als Kuriere oder Fremdenführer; andere verbringen mehrere Jahre in Übersee. Viele sind im Export beschäftigt oder arbeiten in den Exportabteilungen von Firmen.

Ich kann nicht stark genug betonen, daß es für Angehörige dieses lebhaften Zeichens wichtig ist, ein gutes Verhältnis zu Fremdsprachen zu pflegen. Es wird sich in einer späteren Phase ihres Lebens, oft auch im Beruf, gewiß als sehr nützlich erweisen. Häufig wählt der Schütze eine Beschäftigung nur, weil sie ihm die Gelegenheit bietet, nach Übersee zu kommen und fremde Länder kennenzulernen. Er sollte sehr gründlich nachdenken, bevor er eine Stellung nur aus diesem Grunde annimmt – vor allem, wenn er zum Beispiel daran denkt, als Flugbegleiter oder als Steward auf einem Kreuzfahrschiff zu arbeiten. Natürlich wird er dabei viel reisen, aber es kann auch darauf hinauslaufen, daß er nur Hotelzimmer und Kabinen zu sehen bekommt, und auf fremde Länder nur einen kurzen Blick durchs Bullauge.

Man hört oft, daß Schützen die geborenen Philosophen des Tierkreises seien. Gewiß – in welchen Kreisen sie auch verkehren –, sie entwickeln oft eine bewundernswert ausgeglichene Lebensphilosophie, die ihnen besonders dann zustatten kommt, wenn sie es mit schwierigen Situationen oder mit Vorgesetzten zu tun haben, die weniger intelligent sind als sie selbst, oder die ihr Ego befriedigen, indem sie sich aufspielen.

Weil der Schütze aus jedem Erlebnis Erfahrung sammelt, wird er oft schon in relativ jungen Jahren weise. Seine Meinung und sein Rat sind selbst bei älteren und offenkundig klügeren Menschen gefragt; man wird auf ihn hören und ihn respektieren. Darüber ist selbst der Schütze gelegentlich überrascht und staunt, da er dazu neigt, die ganze Sache abzutun, als sei es nicht wichtig. Als seine Eltern sind Sie gewiß sehr stolz auf seine Fortschritte.

Es ist von größter Wichtigkeit, daß der Schütze, der es bereits zu etwas gebracht hat, die Möglichkeit erhält, Weiteres und Größeres zu erreichen. Wenn er in einem Beruf tätig ist, in dem sich seine Karriere ab einem bestimmten Punkt nicht weiter entfalten kann, langweilt er sich und wird schon unruhig, bevor er diesen Punkt erreicht – die überaus wichtige Herausforderung muß in seinem Leben immer geboten sein, damit er das Beste aus seiner Begabung machen kann.

Der Schütze liebt die Abwechslung, und manchmal wechselt er aus nicht nachvollziehbaren Gründen die Richtung – ähnlich dem Skorpion, seinem Nachbarn im Tierkreis. Er muß dabei vorsichtig sein, denn langfristig könnte er sich die Chancen verderben, weil er gute Gelegenheiten ungenutzt läßt. Es gibt Zeiten, da wir unsere Schütze-Freunde und –Lieben zu etwas Geduld aufrufen müssen, besonders wenn sie meinen, sie kämen in ihrer Karriere nicht so gut voran, wie sie sollten.

Wenn sie selbständig sind, verhilft ihnen ihre Begeisterung für das eigene Geschäft vermutlich zu einem guten Start. Weil eine ihrer Stärken im Bereich der Kommunikation liegt, fällt es ihnen nicht schwer, zukünftigen Kunden ihre Vorstellungen zu vermitteln und rasch bekannt zu werden. Aufgrund ihrer Tendenz, finanzielle Risiken einzugehen, besteht immer die Gefahr, daß sie zuviel investieren oder vielleicht zuviel Geld aufnehmen und zu groß einsteigen. Deshalb ist es eine gute Idee, mit einem langsameren, steteren und praktischeren Geschäftspartner zusammenzuarbeiten.

Reisen

Das Zeichen Schütze wird traditionell mit Reisen assoziiert, und man wird kaum einen Schütze-Geborenen finden, der es nicht genießt, aus irgendeinem Grund zu verreisen!

Ihr Schütze-Kind unternimmt vermutlich schon bald seine eigenen kleinen Ausflüge, möglicherweise gemeinsam mit Freunden. Wenn später seine Schule eine Exkursion oder eine Klassenfahrt anbietet – zum Beispiel aufs Land oder, noch besser, ins Ausland –, ist er einer der ersten, die ihre Eltern bedrängen, ihnen die Teilnahme zu erlauben; er wird Sie auf die freundlichste, liebevollste Weise »bearbeiten«, bis Sie einverstanden sind. Sie brauchen sich nicht zu sorgen, ob er die Reise bewältigt – er wird es, und die Freude am Reisen wird ihm die Kraft geben, notfalls auch härtere Umstände zu ertragen. Lange Camping-Ferien im spartanischsten Zeltlager wird er einem Kurzurlaub im Luxushotel immer vorziehen. (Er kann sich auch mit fast jedem klimatischen Extrem gut arrangieren.)

Der »Tapetenwechsel« wird ihn so beglücken und faszinieren, daß er möglicherweise unachtsam wird – nicht gerade in bezug auf das eigene Wohlergehen und Leben, aber gewiß auf Taschen und Gepäck. Er ist genau der Typ, der begeistert zum Abteilfenster stürzt und dabei seinen Paß auf dem Sitz liegen läßt, so daß ihn ein vorbeikommender Bösewicht entdecken und einstecken kann.

Erlauben Sie Ihrem Schützen, sich an der Wahl des Urlaubsortes und an der Planung der Reiseroute zu beteiligen. Er wird mit Hingabe die Fahr- und Flugpläne wälzen und eine Verkehrsverbindung austüfteln, die Sie genau zur rechten Zeit an Ihr Ziel bringen wird. Falls Sie mit dem eigenen Wagen in die Ferien fahren wollen, setzen Sie ihren Schützen möglichst frühzeitig davon in Kenntnis; so kann er viele Abende damit verbringen, über die Karten von Spanien oder Frankreich gebeugt Entfernungen zu messen und zu erkunden, welchen Grenzübergang Sie am besten benutzen, und wie Sie am schnellsten zum Ziel gelangen, ohne durch die großen Städte fahren zu müssen. Vergessen Sie jedoch nicht, die Routen zu kontrollieren, denn wenn Sie erst einmal im Fahrzeug sitzen und unterwegs sind, wird er Ihnen vom Rücksitz aus Abkürzungen vorschlagen, die Sie womöglich in Einbahnstraßen, Feldwege oder über Berg und Tal führen; sein Eifer ist oft größer als die Überlegung und sorgfältige Planung!

Wenn die Fahrt zu Ende ist, und Sie sich schließlich im Hotel einquartiert haben, scheint die Reise für den Schützen erst richtig anzufangen; er fängt an, sich alle möglichen Touren in der näheren Umgebung auszudenken. Das soll er ruhig tun; Sie können Ihm – wenn er alt genug ist – gegebenenfalls erklären, daß er mit seinen Plänen allein ist. Wenn Sie versuchen, ihn unter Aufsicht und »an der Leine« zu halten, kommt es unvermeidlich zum Krach; wenn der Schütze nicht freien Auslauf hat, wird er sehr unruhig, besonders wenn es »überhaupt nichts zu *tun* gibt«. Ein Urlaub mit einem ruhelosen Schützen ist für niemanden ein Vergnügen – solange Sie nicht entspannen und ihm die Freiheit gewähren können, sich auf eigene Faust zu amüsieren – und das bedeutet, pausenlos in Bewegung zu sein!

Motivieren Sie ihn, etwas von der Sprache des Urlaubslandes zu lernen – und sei es nur so viel, daß er nach der Richtung fragen kann, wenn er mit einem geliehenen Fahrrad unterwegs ist, oder sich erkundigen kann, wann und wo er bei einer Busfahrt umsteigen muß.

Schützen als Geschwister

Sobald das Geschwisterchen sitzen und aufpassen kann, wird Ihr Schütze die Lehrer-Rolle übernehmen, ihm Bilderbücher und Spiele zeigen und beibringen, wie man zählt.

Weil er nicht nachtragend, sondern tolerant und offen ist, werden die Geschwister nicht zu oft unter Wutanfällen oder schlechtem Benehmen des Schützen zu leiden haben. Manche Kinder kehren gegenüber jüngeren Geschwistern zu früheren Verhaltensmustern zurück; Ihr Schütze freilich wird wohl das Gegenteil tun und älter erscheinen, als er wirklich ist. Den Umgang mit dem Kleineren betrachtet er als eine Herausforderung, einen guten Anlaß zu Begeisterung und Freude.

Sie sollten sehr vorsichtig sein, wenn Sie Ihre Kinder unbeaufsichtigt zusammen lassen, denn der kleine Schütze wird nur allzu oft davon ausgehen, daß das Baby alles kann, was er selbst vollbringt – und so hebt er es aus dem Kinderwagen und muntert es auf zu krabbeln oder zu laufen, bevor es überhaupt dazu fähig ist! Es ist klar, daß so eine Situation gefährlich werden kann, nicht nur für das Baby, sondern auch für den Schützen, der sich beim Herumschleppen des kleinen Geschwisterchens übernimmt.

Weil er so gutwillig ist, wird er die Mitteilung, daß ein Schwesterchen oder Brüderchen unterwegs ist, gut aufnehmen; wann Sie ihn davon unterrichten, müssen Sie selbst entscheiden. Vergessen Sie nicht, daß Geduld nicht die Stärke des Schützen ist; wenn er erst einmal von dem erwarteten Familienzuwachs weiß, rechnet er damit, daß dieser umgehend geliefert wird! Vielleicht ist es also besser, mit der Ankündigung noch einige Zeit zu warten. Der Schütze ist offen und aufgeschlossen, Sie können also davon ausgehen, daß er die Neuigkeit an die anderen Familienmitglieder oder an Freunde weitergibt, bevor Ihnen selbst das recht ist; vielleicht weihen Sie ihn auch aus diesem Grund erst später ein.

Wenn er das jüngere Kind ist, wird er seine älteren Geschwister zweifellos zur Aktivität antreiben; sollten diese sich als etwas zurückhaltend oder scheu erweisen, kommen Probleme auf Sie zu, weil der kräftige, extravertierte Schütze leicht das stillere, in sich gekehrte Familienmitglied verdrängt. Aber da er nicht egoistisch und für logische Argumentation immer zugänglich ist, sollte er es verstehen, wenn Sie ihm erklären, daß die Menschen verschieden sind, und ihn auffordern, sanfter und toleranter gegenüber seinen weniger extravertierten Geschwistern zu sein.

Vermutlich stellen Sie fest, daß Ihr Schütze froh ist, wenn Bruder oder Schwester die gleiche Schule besuchen. Möglicherweise wird es viel freundschaftliche Rivalität zwischen ihnen geben, besonders wenn sie ihre Stärken in unterschiedlichen Fächern haben. Das kann für beide Kinder ein Ansporn sein, aber auch hier ist es wieder überaus wichtig, darauf hinzuweisen, daß alle Menschen verschieden sind. Die Fächer, die dem Schützen langweilig vorkommen, können Bruder oder Schwester gleichwohl faszinieren – es ist also nicht nötig zu grollen, weil der andere sich für Algebra begeistert, während er es für beudeutungslosen Unsinn hält. Sie müssen ihn vielleicht auch darauf aufmerksam machen, daß Menschen sich auch im Arbeitstempo unterscheiden, und daß er nicht ungeduldig werden sollte, wenn Bruder oder Schwester zu den Hausaufgaben länger brauchen als er selbst – oder bereits nach der halben Zeit fertig sind.

Wenn die Kinder ein Zimmer teilen müssen, sollten Sie den Schützen dazu bringen, daß er seine Habe ordentlich verstaut. Er glaubt nur zu gerne, daß der Fußboden der rechte Platz für alle Sachen sei – denn da ist alles leicht zu finden! Am besten arbeiten Sie einen genauen Dienstplan aus, der eindeutig festlegt, wer an welchem Tage das Zimmer aufzuräumen hat. Wenn es noch wie ein Schweinestall aussieht, nachdem der Schütze angeblich seine Pflicht getan hat, können Sie und der betroffene Zimmergenosse ihn dann unmißverständlich zur Ordnung rufen!

Für einen Schützen ist es besonders gut, für die Versorgung eines Haustiers mitverantwortlich zu sein. Er hat bestimmt bald zuviel davon, sich darum zu kümmern, deshalb sagte ich *mit*-verantwortlich. Es hat nicht viel Sinn, ihm einen Hamster zu schenken, wenn Sie selbst nicht bereit sind, seinen Käfig von Zeit zu Zeit zu säubern – andererseits kann ein gemeinsames Haustier eine glänzende Möglichkeit sein, die Beziehung Ihres Schützen zu seinen Geschwistern zu festigen. Es wird zwar hin und wieder lautstarke Auseinandersetzungen geben, wer nun an der Reihe sei, den Hund auszuführen oder das Wasser im Aquarium zu wechseln, aber der angeborene Gerechtigkeitssinn des Schützen und seine Fähigkeit zur vernünftigen Einsicht sollten gefördert werden, auch seine Rücksichtnahme auf die Geschwister.

Schützen als Eltern

Vorsicht! Sie sind optimistisch, leichtsinnig und genießen ein lebhaftes Sexualleben; dabei schlagen sie gerne alle Vorsichtsmaßnahmen in den Wind. Wenn Sie dieses Buch gekauft haben, erwarten Sie vermutlich ein Kind, oder Sie sind bereits Eltern – aber falls Sie Ihre Nachkommenschaft eigentlich nicht geplant hatten, sollten Sie beim nächstenmal besser acht geben oder darauf bestehen, daß Ihr Partner die Verantwortung übernimmt.

Doch als Eltern können Sie wunderbar sein, und in bezug auf Ihre Elternrolle so enthusiastisch und optimistisch wie bei allem im Leben. Eine goldene Regel aber sollten besonders die Schütze-Frauen beachten, und das kann ich Ihnen nicht dringend genug empfehlen: Weil Sie ein gutes Herz haben und Abwechslung brauchen – ungeachtet der Tatsache, daß das Aufziehen eines Kindes an sich natürlich interessant und fordernd ist –, ist es absolut notwendig, daß Sie jede Woche zumindest einige Stunden für sich haben, ohne die Kinder. Wenn Sie sich das nicht einrichten, stagnieren Sie, und die Ruhelosigkeit des Schützen wird zum Problem. Obwohl Sie Ihre Kinder über alles lieben und den Wunsch haben, daß sie sich so rasch wie möglich entwickeln, wird ihre anfangs natürlich beschränkte Konversationsmöglichkeit Sie langweilen und frustrieren. Deshalb ist der Kontakt zur Außenwelt – möglichst auch außerhalb Ihrer vier Wände – für Sie so wichtig; Sie müssen sich wirklich bei etwas engagieren können, das Sie fasziniert und Ihren Geist stimuliert – vielleicht etwas, das Sie auf lange Zeit beschäftigen wird, zum Beispiel ein Abendkurs oder ähnliches. Wenn Sie die Möglichkeit nutzen, Ihren intellektuellen Bestrebungen Ausdruck zu verleihen, zählen Sie zu den besten Eltern, die man im ganzen Tierkreis finden kann. Schütze-Vätern wird sich dieses Problem im allgemeinen kaum stellen, es sei denn, Sie sind Alleinerzieher oder vielleicht arbeitslos, und die Mutter der Kinder ist den größten Teil des Tages außer Hauses erwerbstätig, während Sie die Kinder versorgen.

Der Schütze verfügt über eine hervorragende, konstruktive Einstellung zu seinen Kindern; er behandelt sie als Gleichberechtigte und hat keine Schwierigkeiten, sich für ihre Interessen zu engagieren. Dies liegt natürlich an der Anpassungsfähigkeit seines Tierkreiszeichens. Auch der Generationsunterschied sollte kein ernstliches Problem darstellen, denn Sie werden viel Spaß dabei haben zu entdecken, was Ihre Kinder und ihre Altersgenossen denken und tun. Weil Sie selbst ein großes Interessenspektrum besitzen, werden Sie Ihre Kinder von Zeit zu Zeit mit neuen Ideen fast verblüffen. Erwarten Sie nicht, daß sie sich mit Begeisterung auf alle Ihre Vorschläge stürzen – und seien Sie nicht ungeduldig, wenn ihr Vorankommen sich nicht so rasch vollzieht, wie Sie es wünschten. Nicht jeder arbeitet und denkt so schnell wie Sie! Um ihnen optimal zu helfen, werden Sie manches vielleicht ausführlicher und detaillierter erklären und mehr Geduld aufbringen müssen, als Ihnen anfangs vorschwebte.

Solange die Schütze-Mutter ihre eigenen Interessen aufrechterhalten kann, wird sie – wie der Schütze-Vater – die freien Stunden genießen, die sie mit den Kindern verbringt. An Ideen für Ausflüge und kleine Unternehmungen – zum Beispiel in den Freizeitpark oder zu Sportveranstaltungen – wird es Ihnen nicht mangeln. Versuchen Sie, ein ausgewogenes Programm zu erreichen. Arrangieren Sie Besuche in Kunstgalerien, Museen und historisch interessanten Sehenswürdigkeiten – im eigenen wie im Interesse Ihrer Kinder. Ihre Faszination sollte ansteckend wirken, und je vielseitiger Sie Ihre Kinder unterhalten, desto rascher werden Sie herausfinden, wo ihre wirklichen Interessen liegen; dann können Sie natürlich spezieller auswählen und darauf eingehen.

Über die Frage, welche Schule Ihre Kinder besuchen sollten, diskutieren Sie vermutlich länger als die meisten Eltern (siehe Abschnitt *Schulzeit*). Sollten Sie Ihr schwerverdientes Geld in eine Privatschule investieren oder die Kinder für die staatliche Schule anmelden und das Geld für eine Spezialausbildung außerhalb des Unterrichts aufheben oder für einen Bildungsurlaub im Ausland sparen? Es ist gut möglich, daß Sie sich für letzteres entscheiden. Aber wenn Ihre Kinder erst in die Schule gehen, werden Sie als Eltern Ihr Mitspracherecht als Elternvertreter sehr in Anspruch nehmen. Bei Veranstaltungen zugunsten der Schule nehmen viele Schütze-Eltern die zusätzliche Mühe kleiner Darbietungen am Rande des Programms auf sich, um das Spendenaufkommen zu steigern. Gerne organisieren Sie auch Besuchsfahrten für die Kinder oder besondere Attraktionen in der Ferienzeit.

Fallbeispiel

Robert – Sonne und Merkur in Schütze, Venus in Steinbock; Merkur-Gruppe 2, Venus-Gruppe 4

Aus dem Gutachten: Ich denke, Sie haben ein bemerkenswertes Talent zum Steuerberater, das in einem entsprechenden Beruf gut zum Einsatz käme. Aber über Ihre beruflichen Möglichkeiten gibt es noch viel mehr zu sagen. Vielleicht wäre die Steuerberatung langfristig nur noch ein Selbstzweck: Sie haben zwar gewiß Spaß an dieser Arbeit, suchen aber im Laufe der Jahre vielleicht ein anderes, breiteres Betätigungsfeld, in dem Ihnen das Rechnungswesen als solide Grundlage und als Ausgangspunkt für eine aussichtsreichere Karriere dient, die Ihnen mehr Möglichkeiten bietet.

Sie werden vielleicht feststellen, daß Ihr Berufsweg nie lange Zeit statisch bleibt. Ohne zu dogmatisch oder gar fatalistisch sein zu wollen, möchte ich sagen, daß sie im Laufe Ihres Arbeitslebens wahrscheinlich einige recht bedeutsame Richtungsänderungen vornehmen werden; es ist nicht ganz auszuschließen, daß manche davon recht drastisch sein werden. Das ist weitgehend ein Teil Ihres Lebens – und es ist ein positives Zeichen. Doch möchte ich Sie warnen vor einem Denkmuster in Ihnen, das nie den Verdacht los wird, daß auf der anderen Seite (gleichgültig, auf welcher Sie sich gerade befinden) alles besser sei! Gefordert zu sein, ist sehr wichtig für Sie, und Sie fühlen sich von neuen Projekten wohl sehr stark angezogen und freuen sich immer auf das, was Sie als nächstes tun wollen, wohin Sie als nächstes gelangen ...

Sollten Sie diesen Persönlichkeitsaspekt Ihre Entscheidungen und Emotionen bestimmen lassen, könnte es Ihnen passieren, daß Sie Veränderungen nur um der Abwechslung wegen vornehmen, was bestimmt kein positiver Weg ist, Ihren glänzenden Fortschritts-Möglichkeiten Ausdruck zu verleihen.

Kommentar: Als ich dieses Gutachten schrieb, hatte Robert sich gerade für einen Paukkurs angemeldet, um seine Mathematiknote fürs Abitur zu verbessern. Der Auszug spricht für sich selbst. Jeder Schütze, der eine konventionelle und vorhersagbare Karriere plant (um wieder dieses Wort zu gebrauchen), muß sich überlegen, ob sie ihn genügend fordert, oder ob sich, wenn man erst einmal »eingestiegen« ist, Unruhe und Unzufriedenheit einschleichen können. In diesem Falle sprachen die Venus in Steinbock (Venus-Gruppe 4) und andere Elemente seines Geburtshoroskops für Roberts Sinn für Geschäft und Geld.

Das Sonnenzeichen regiert:

Staaten und Länder: Arabien, Australien, Chile, Jugoslawien, Madagaskar, Pakistan, Provence, Spanien, Toskana, Ungarn, Vatikan-Stadt

Städte: Avignon, Bradford, Budapest, Köln, Neapel, Nottingham, Ohio, Sheffield, Singapur, Stuttgart, Toledo (Spanien *und* USA), Toronto

Bäume: Birke, Eiche, Esche, Kastanie, Linde, Maulbeerbaum

Blumen und Heilpflanzen: Ampfer, Balsam, Borretsch, Disteln, Gartennelken, Heidelbeere, Löwenzahn, Moose, Salbei, Zimt, Nelken

Nahrungsmittel: Lauch, Spargel, Tomaten, Zwiebeln

Biochemische Salze: Silicea, Kalium chloratum

Tiere: Pferde, Jagdwild

Stein: Topas

Metall: Zinn

Farbe: dunkelblau, purpur

Steinbock

(22. Dezember bis 20. Januar) ein feminines Zeichen

Allgemeine Charakteristika

Das Leben ist vermutlich schon in sehr jungen Jahren eine ernste Realität für Ihren Steinbock, der sich auch selbst äußerst ernst nimmt. Er ist zum Beispiel nie einfach kindlich-neugierig, sondern hat immer seine eigenen, sehr wichtigen Gründe für die Fragen, die er stellt.

Selbst wenn er noch sehr jung ist, wird er schon erstaunlich erwachsen wirken – man spricht von einem »altklugen« Kind – und den Eindruck vermitteln, schon vor seiner Geburt sehr viel über das Leben gelernt zu haben. Zuweilen neigt er dazu, sich selbst viel zu ernst zu nehmen. Es ist wichtig, daß Sie dann an seinen angeborenen, etwas ausgefallenen Sinn für Humor appellieren, eines der erfreulichsten Charakteristika des Steinbocks, das – ebenso wie die ernsthafte Lebenseinstellung – schon sehr früh hervortreten wird.

Es wird ein sehr nüchternes Kind sein, das sein Wissen auf äußerst logische und praktische Weise sammelt. Wahrscheinlich besitzt er ein blendendes Gedächtnis, und es wird kaum nötig sein, daß Sie ihm etwas öfter als einmal sagen.

Die meisten Steinböcke sind konventionell und wünschen gewiß, daß sich jedermann formell und anständig verhält – soweit, daß es notwendig werden könnte, ihnen hin und wieder zu erklären, daß das wirkliche Leben sich nicht immer und ganz nach dem Buchstaben ihres steifen Gesetzes richtet.

Sie werden sehen, daß Ihr Steinbock Disziplin problem- und kommentarlos akzeptiert; wenn *er* aber einmal etwas mißbilligt, können Sie sich darauf verlassen, daß *Sie* davon erfahren werden – das Murren des Steinbocks ist berüchtigt.

Nach all dem dürfen wir aber nicht vergessen, daß Steinböcke auch »verrückte Bergziegen« sein können, die ihre eigenen Leistungen und Errungenschaften besonders genießen, das Leben lieben und außerordentlich ehrgeizig sind. Sie gehören zu den Schwerarbeitern im Tierkreis; viele von ihnen fangen ganz unten an und bringen es sehr weit.

Es kann sein, daß es Ihrem jungen Steinbock an Selbstvertrauen mangelt. Doch er hat sehr wohl die Kapazität, sehr selbstbewußt zu sein, wenngleich diese positive Seite seines Wesens behutsam genährt und entfaltet werden muß. Wenn er bei einer Prüfung durchfällt, wird er sich selbst dafür zürnen, und seine Einstellung wird sehr pessimistisch. Erinnern Sie ihn in solchen Fällen an alles, was er bisher erreicht hat, und übertreiben Sie dabei ruhig etwas, wenn es sinnvoll erscheint. Der Steinbock macht am besten langsame, aber stete Fortschritte; versuchen Sie nichts zu erzwingen, sondern betrachten Sie den Prozeß als Ganzes, als einen Weg, auf dem Sie sanft, aber bestimmt hinter ihm hergehen, ihm zu jedem Schritt Mut machen und die Freiheit lassen, ihn selbst zu tun.

Ihr Kind wird äußerst zuverlässig sein und sein Leben gerne innerhalb einer gleichmäßigen Routine erfüllen, die sein Bedürfnis nach Sicherheit beantwortet. Es könnte fast ein wenig routine-süchtig werden, deshalb ist es gut, wenn der Steinbock hin und wieder plötzlich aus dem Gleis geworfen wird; Sie können ein wenig nachhelfen, indem Sie ihn schon in jungen Jahren mit Überraschungen konfrontieren. Er wird nicht immer dankbar dafür sein oder es genießen können, aber schließlich ist das Leben auch nicht bis ins letzte berechenbar, und dieser Tatsache muß er sich bewußt werden.

Vermutlich haben Sie eine recht moderne Einstellung und Ansichten über die Kindererziehung, die dem allgemeinen Denken Ihrer Zeit voraus sind. Wenn Ihr Kind aber unter dem Einfluß des Zeichens Steinbock geboren ist, wird die Situation etwas schwierig, weil es fast mit Sicherheit sehr konventionell orientiert ist und eine ganz andere Einstellung zum Leben hat als Sie. Das sollten Sie in Betracht ziehen, wenn Sie in seinen ersten Kindheitsjahren wichtige und weitreichende Entscheidungen für ihn fällen müssen.

Es ist sehr wichtig, daß der Steinbock in Bewegung bleibt; manchmal kann seine körperliche Energie fast auf Null absinken, und sein Stoffwechsel ist zuweilen etwas träge. Es wird Ihrem Kind überhaupt nicht schaden, wenn es einen recht langen Schulweg zu Fuß gehen muß.

Die Angehörigen dieses Zeichens sind im großen und ganzen »vorsichtig« mit dem Geld; wenn Sie Anzeichen für Übertriebene Vorsicht oder gar Geiz feststellen, so wirken Sie dem entgegen – ermutigen Sie Ihren kleinen Steinbock, auch einmal etwas für einen karitativen Zweck zu spenden. Damit können Sie ihn auf eine Weise beeinflussen, die ihm hoffentlich helfen wird, als

Erwachsener nicht zu sehr am Geld zu hängen. Einen guten Geschäftssinn hat er bestimmt, und das ist schön; aber vielleicht müssen Sie ihn lehren, daß schwer verdientes Geld auch mit Freude ausgegeben, und nicht nur angelegt oder auf der Bank deponiert werden sollte.

Ich glaube nicht, daß Sie auf Probleme stoßen werden, wenn Sie Ihr Kind vor der Gefahr warnen müssen, mit Fremden zu sprechen; der Steinbock wird von Natur aus selbst von Verwandten und möglichen Freunden recht distanziert und abgerückt sein, wird auf Ihre mit Bedacht gewählten Worte aber sehr gut ansprechen.

Weil er sehr konventionell ist, erfüllt es ihn wahrscheinlich mit großem Stolz, eine Schuluniform tragen zu dürfen – möglicherweise will er sie auch in der Freizeit nicht ablegen! Sie werden sehen, daß ihm die dunkleren Farben sehr gut stehen, sollten ihm aber auch nahelegen, in der Freizeit hellere Pastelltöne zu tragen – vielleicht ein blasses Blau oder Grün. Die Steinbock-Knaben werden in Wollpullovern freundlicher Farbe ebenfalls gut aussehen und sie gerne tragen.

Das Wichtigste bei der Erziehung eines Steinbocks ist vielleicht, seine Tendenz im Auge zu behalten, außerordentlich ehrgeizig zu sein – oder sich übervorsichtig in bezug auf Dinge zu zeigen, die auch nur im entferntesten schwierig erscheinen. Es wird Ihnen vermutlich nicht schwerfallen herauszufinden, zu welcher Kategorie Ihr Kind gehört. Wenn es ehrgeizig ist, haben Sie Glück. Ihre Elternrolle ist aufregend – und, wer weiß, vielleicht müssen Sie Ihren Sprößling auch einmal ein wenig bremsen. Wenn er aber ängstlich ist und einfach vor sich hin leben möchte, ohne sich viel anzustrengen, sollten Sie erkennen, daß dahinter nicht Faulheit steckt, sondern ein Mangel an Vertrauen in sich und seine Kräfte.

Menschen, deren Sonne zur Zeit der Geburt im Zeichen Steinbock stand, sind meist nicht besonders emotional veranlagt (aber lesen Sie Einzelheiten im Abschnitt *Die fünf Arten zu lieben* nach, denn wie sie ihre Zuneigung äußern, kann unterschiedlich sein). Sie sind generell zurückhaltend und zeigen ihre Gefühle nur zögernd. Das ist natürlich in keinem Lebensbereich ein Vorteil, und so wird es gut sein, wenn Sie Ihren Steinbock schon früh ermutigen auszusprechen, was er wirklich fühlt, und seine Sorgen und Probleme nicht anzustauen, wie unbedeutend sie ihm auch vorkommen. Spornen Sie ihn an, sein Leben zu genießen und Spaß zu haben, und wenn er verschlossen ist, denken Sie daran, daß er lernen muß, sich hin und wieder auch einmal zu öffnen und aus sich herauszugehen.

Die drei Arten zu denken

Aufgrund des Einflusses von Merkur (siehe S. 22) arbeitet das Denken des Steinbocks vor allem auf eine von drei Arten:

1) Die erste Gruppe zeigt ohne Zweifel einen recht untypischen Optimismus und Enthusiasmus. Sie freut sich, gefordert zu werden, und verbindet ihren Steinbock-Ehrgeiz mit einer positiven Lebenseinstellung und Weitblick.

2) In der zweiten Gruppe stoßen wir auf die ernsthaften, konstruktiven Denker. Kinder dieser Kategorie haben es in der Schule anfänglich schwer. Man muß ihnen die Möglichkeit lassen, sich im eigenen Tempo zu entfalten, und sollte sie ermutigen, nicht antreiben.

3) In der dritten Gruppe finden sich auffallend originelle Steinböcke, manchmal aber auch Konflikte zwischen der äußeren Form der konventionellen Persönlichkeit und einem Verlangen, sehr unkonventionell zu handeln. Die Interaktion kann problematisch sein. Auch hier haben wir wissenschaftliche Tüchtigkeit.

Die fünf Arten zu lieben

Aufgrund des Einflusses von Venus (siehe S. 22) tendieren Steinböcke dazu, ihre Zuneigung auf eine von fünf Arten auszudrücken:

1) Die erste Gruppe kennzeichnet eine hohe Emotionalität und starke Leidenschaftlichkeit. Diese Steinböcke werden sehr tief lieben – auch wenn Eifersucht manchmal ihre Beziehungen beeinträchtigen kann. Sie müssen lernen, ihre Emotionen nicht zu unterdrücken oder aus nur ihnen bekannten Gründen das Ausleben ihrer Sexualität zu hemmen.

2) Ein überraschend leutseliger, flirt-freudiger Zug ist typisch für die zweite Gruppe. Diese Steinböcke genießen zahlreiche Beziehungen und sind vielleicht nicht ganz so treu wie die meisten anderen. In der Regel bereitet ihnen das Leben viel Vergnügen, mit dem Geld geizen sie nicht.

3) Die Vertreter der dritten Gruppe sind äußerst treu und loyal gegenüber ihrem Partner; viele begegnen einer einzigen großen Liebe im Laufe ihres Lebens. Manchmal haben sie leichte Schwierigkeiten, ihre wahren Gefühle zu

äußern, die sie von einer tiefen Erfüllung in einer Liebesbeziehung trennen. Manche wählen einen älteren Partner.

4) Für die Angehörigen der vierten Gruppe ist Eigenständigkeit extrem wichtig. Oft sind sie dynamisch und üben eine magnetische Anziehungskraft auf das andere Geschlecht aus. Sie entfalten einen individuellen Lebensstil und »opfern« ihn nur äußerst ungern für eine Ehe oder feste Partnerschaft.

5) Die Steinböcke der fünften Gruppe sind wunderbar freundlich, liebevoll und zärtlich. Ihre Emotionalität ist ausgeprägt, aber sie neigen oft zu der Annahme, einem künftigen Partner nur wenig bieten zu können. Sie müssen in diesem Bereich ihres Lebens Selbstvertrauen entwickeln und lernen, daß sie viel zu geben haben.

Gesundheit und Ernährung

Das Zeichen Steinbock regiert Knie und Schienbeine; Sie können also damit rechnen, daß sich Ihr Kind, wenn es die Welt zu erforschen beginnt, öfter die Knie aufschürft und die Schienbeine anstößt als andere Kinder seines Alters.

Der Körperbau des Steinbocks ist gewöhnlich kräftig und drahtig. Es ist sehr wichtig, daß er in Bewegung gehalten wird, denn die Gelenke, die ebenfalls der Regentschaft dieses Tierkreiszeichens unterstehen, zeigen im Alter eine unzweifelhaft höhere Anfälligkeit für Rheumatismus und Arthritis; selbst der junge Steinbock ist davon nicht ausgenommen und klagt manchmal über schmerzende Beine und Gelenkbeschwerden.

Angesichts dieser Disposition sollte man annehmen, daß er kühles Wetter nicht besonders gut verträgt, aber meistens trifft eher das Gegenteil zu: er blüht auf in der Kälte und läßt die Flügel hängen, wenn es ihm zu warm oder zu feucht wird.

Der Steinbock gehört zu jenen Tierkreiszeichen, die sich sehr viel sorgen; Sie werden vermutlich bald entdecken, daß seine Einstellung lange nicht so optimistisch ist, wie Sie es gerne wünschten. Wenn er bekümmert ist, ändert sich sein Gesichtsausdruck, und er wird recht still. Vielleicht fehlt es ihm an Selbstvertrauen; schon dies allein kann ihn belasten und zu Verdauungsstörungen oder undefinierbaren Leibschmerzen führen. Solche Beschwerden treten meist während der Schulzeit auf, wenn die eigentliche Ursache Kummer wegen einer Hausaufgabe oder anderer schulischer Gegebenheiten ist.

Den meisten Steinböcken tut eine umfassende, einfache Diät gut. Sie lieben oft herzhafte Gerichte wie Braten und Eintöpfe, vielleicht auch Fischmahlzeiten. Wie ihre Persönlichkeit, so ist auch der Geschmack beim Essen überwiegend konventionell. Sie werden Schwierigkeiten zu überwinden haben, wenn Sie Ihr Kind überreden möchten, ein neues Gericht oder überhaupt ungewöhnliche Speisen zu probieren. Wenn es gar zu wählerisch ist, versuchen Sie es zu bewegen, Nüsse und Körner zu essen; das ist besonders gut, da es viel Ballaststoffe, Kalzium und Eiweiß enthält, die den Energienachschub sichern.

Es wird sich lohnen, Ihren Steinbock anzuhalten, seine Haut gut zu pflegen. Sie ist vermutlich sehr zart und sollte schon in jungen Jahren mit einer leichten Feuchtigkeitscreme geschützt werden. Zarte Haut hat jedes Mädchen gerne, und wenn sie sorgfältig gepflegt wird, altert sie nicht so rasch. Bei weiblichen und männlichen Steinböcken ist die Haut oft besonders empfindlich und sollte vor starker Sonnenbestrahlung gut geschützt werden. Es ist auch sehr wichtig, sie sorgfältig zu reinigen, sonst entwickeln sich überdurchschnittlich viele Mitesser und ähnliche Schönheitsfehler. Es ist selbstverständlich, daß Sie mit Ihren Kindern regelmäßig zum Zahnarzt gehen. Für einen Steinbock ist es besonders wichtig; er hat entweder ein fabelhaftes Gebiß (was der Zahnarzt Ihnen und ihm bestätigen wird) oder überdurchschnittlich viele Probleme, die natürlich möglichst frühzeitig entdeckt und behandelt werden sollten. Es liegt auf der Hand, daß gerade Steinbock-Kinder so wenig wie möglich Schokolade und andere Süßigkeiten verzehren dürfen. Als Zwischenmahlzeiten bieten sich an: Erdnüsse und frisches Obst, Äpfel, Birnen und Bananen – gelegentlich auch eine rohe Möhre oder anderes Gemüse –; sie werden ihnen gewiß schmecken.

In mancher Hinsicht wird Ihr Steinböckchen es genießen, im Bett bleiben zu müssen, wenn es unter einer der üblichen Kinderkrankheiten leidet. Es bekommt mehr Zuwendung und fühlt sich deshalb wichtiger; da es von Natur geduldig ist, besteht keine Gefahr, daß die Langeweile es unruhig werden läßt. Bilderbücher oder, wenn der Patient schon lesen kann, gute Geschichtenbücher, sind ein willkommener Zeitvertreib.

Wenn Ihr Kind eine Phase hat, in der es nicht gut schläft, wird die Ursache höchstwahrscheinlich ein Kummer sein, der es bedrückt. Denken Sie daran, gerade wenn es nicht darüber spricht. Vielleicht hat ein Mitschüler oder ein Lehrer mit einer Bemerkung seinen Stolz verletzt, oder der Steinbock ist zu Unrecht gerügt worden? Haben *Sie* ihm vielleicht einmal das Nachsehen gegeben? Sie müssen an die Wurzel des Problems gelangen. Vielleicht braucht er ein wenig zusätzliche Streicheleinheiten, damit sein Selbstvertrauen wiederhergestellt wird, und er wieder friedlich schlummern kann.

Achten Sie schließlich darauf, daß er regelmäßig Bewegung und regelmäßige Mahlzeiten bekommt; beim Steinbock lassen sich viele Probleme durch konsequente Routine lösen.

Die ersten fünf Jahre

Ihr Steinbock wird schon als Kind das Leben sehr ernst nehmen und sehr reife Ansichten äußern.

In vielen Dingen wird er sich musterhaft verhalten, Disziplin akzeptieren und mit Freude jede regelmäßige Aufgabe erfüllen, die Sie ihm anvertrauen. Es ist sehr gut, ihm schon früh die Verantwortung für eine bestimmte Arbeit zu übertragen, denn es stärkt sein Selbstvertrauen und beweist Ihnen, daß Ihr Kind äußerst zuverlässig und vertrauenswürdig ist. Wenn Sie es bei guter Leistung loben und ihm empfehlen, etwas Anspruchsvolleres zu versuchen, spricht sein angeborener Ehrgeiz dankbar darauf an.

Weil der Steinbock im Grunde ein recht ernstes Kind ist, sollten Sie ihm helfen, Spaß und Vergnügen genießen zu lernen. Bei den meisten Kindern ist es notwendig, die Zeit zu begrenzen, die sie mit der Betrachtung von seichten Zeichentrickfilmen vor dem Fernseher verbringen dürfen. Den Steinbock aber können sie anregen, vor allem, wenn Sie mit ihm gemeinsam fernsehen und er feststellen kann, daß Fröhlichkeit und Offenheit für Spaß keine Zeitverschwendung sind.

Es ist nie zu früh, um einem Steinbock Bücher und Kinderinstrumente zu schenken; er liest gerne, und je früher er sich mit dem gedruckten Wort anfreundet, desto besser. Seine ersten Bücher sollten die Phantasie anregen, nicht nur sein praktisches Wissen erweitern. Die praktische Seite seiner Persönlichkeit holt sich automatisch, was sie braucht, während die Phantasie ein wenig Nachhilfe vertragen kann. Besser als Bücher mit mittelmäßigen Illustrationen alltäglicher Dinge und Ereignisse sind Abenteuer-Bilderbücher mit phantasievollen Illustrationen, vielleicht einige ansprechende Darstellungen von Elfen, Feen und anderen »übernatürlichen« Dingen. Berücksichtigen Sie auch die Anregung der Phantasie Ihres Kindes, wenn Sie sich überlegen, welche regelmäßige Aufgabe Sie ihm zuteilen möchten; eine rasch wachsende Pflanze zu gießen, wäre ideal, denn da könnte es die Veränderung und das Wachstum wahrnehmen und beobachten.

Steinbock ist ein Erde-Zeichen (siehe *Einführung).* Denken Sie daran, daß manche Menschen, die unter dem Einfluß dieses Elements geboren sind, dazu neigen, buchstäblich zu irdisch-nüchtern, zu praktisch zu sein. Um dieser Tendenz zu begegnen, ist es besonders in den frühen, prägenden Lebensjahren gut, dem Kind zu helfen, auch für die leichtere, heitere Seite des Lebens dankbar zu sein und seine Phantasie anzuregen. Mit anderen Worten: Tun Sie alles, um die zuweilen etwas fade, »muffig« wirkende Persönlichkeit zu beleben.

Wenn das Steinböcklein in den Kindergarten kommt, werden Sie möglichererweise feststellen, daß es während der ersten Wochen in seiner Entwicklung einen Schritt zurück zu gehen scheint. Die Ursache ist die Veränderung des gewohnten Tagesablaufs; zudem fühlt sich Ihr Kind vielleicht ein wenig unsicher, weil es zum ersten Mal von zu Hause fort ist. Folgen Sie nicht Ihrem ersten Impuls, die Kleine gleich wieder aus der Gruppe zu nehmen und heimzuholen; die Spielgruppe ist genau das Richtige für sie. Gewiß können Sie ihr ausmalen, wieviel Spaß sie mit den anderen Kindern erlebt – und daß sie dort in der Tat mehr und möglicherweise großartigeres Spielzeug zur Verfügung hat. Was generell bei Kindern zu empfehlen ist, die sich etwas scheuen, in den Kindergarten zu gehen, gilt auch hier: Versuchen Sie es einzurichten, daß sie einige Kinder aus der Gruppe schon vorher kennenlernt, um das Eis zu brechen.

Schulzeit

Der Kindergartenbesuch war gewiß ein Vorteil für Ihren Steinbock, denn nun hat er bereits erlebt, wie es ist, für eine absehbare Zeit von Ihnen getrennt und mit anderen Kindern zusammen der Sorge eines Fremden anvertraut zu sein.

Wenn Ihnen auffällt, daß er dazu neigt, ein kleiner Einzelgänger zu sein, lassen Sie sich darüber keine grauen Haare wachsen. Steinböcke sind sehr loyal, und wenn einmal eine Freundschaft entsteht, wird sie aller Wahrscheinlichkeit nach sehr lange Bestand haben. Dies gilt für das Kind ebenso wie für den erwachsenen Steinbock.

In einer konventionellen Schule, in der auf ein vernünftiges Maß an Disziplin geachtet wird, fühlt der Steinbock sich geborgen und kann gedeihen. Doch es mag auch geschehen, daß er sich fast zu skrupelhaft mit ethischen Fragen – was ist richtig, was ist falsch? – beschäftigt. So gut eine konventionelle Schule auch sein mag, ist es doch notwendig, daß das Kind hin und wieder aus sich herausgeht (und sei es mit Nachhilfe!) und sich kindlich-ungestüm zeigt. Es hat bestimmt viel Freude an Leichtathletik und Sport, und kann in diesen Fächern seinem angeborenen Konkurrenz-Geist Ausdruck verleihen. Ermutigen Sie Ihren Steinbock, sich in diesem hervorragend geeigneten Bereich auszutoben und zu entspannen, und so einen Ausgleich für seine vorwiegend ernstere Aktivität zu schaffen.

In der Schule wird er eher allmähliche als brillante Fortschritte machen, denn er arbeitet sich von Natur aus gründlich voran und macht keine großen Sprünge. Die Schularbeit nimmt er sehr ernst, und seine Hefte sind vorbildlich sauber geführt. Wenn er einmal eine Phase hat, in der er »Ist doch mir egal!« oder »Laß mich in Ruhe!« sagt oder einfach genug hat, liegt dahinter wahrscheinlich ein Problem, über das er nicht gerne sprechen will. Seine Einstellung zu schulischen Schwierigkeiten wird wohl vom jeweiligen Mars-Einfluß gefärbt sein.

Wie Sie darauf eingehen, sollte seiner Wesensart angepaßt sein; versuchen Sie herauszufinden, zu welcher Gruppe er gehört. Was auch die Ursache sein mag, Sie sollten auf mögliche Einbußen an Selbstvertrauen achten; vermutlich ist Ihr Steinbock empfindlicher, als Ihnen klar ist, und Sie werden ihm sehr viel Rückenstärkung und Geborgenheit vermitteln müssen, bis er wieder ausgeglichen ist. Abgesehen davon braucht ein Steinbock auch gelegentlich seinen Genuß am Schmollen und Murren; Sie sollten ihn zwar grundsätzlich ernstnehmen, aber es wird auch Fälle geben, in denen er ohne Anlaß brummelt und schimpft.

Ich denke, es wird nicht schwierig sein, Ihren Steinbock zu überreden, daß er sich auf Prüfungen rechtzeitig und gut vorbereitet; er wird systematisch festgestellt haben, was er üben muß, und äußerst ehrgeizig arbeiten, obwohl er bei dem Gedanken an die Prüfung etwas ängstlich ist. Mit gesundem Selbstvertrauen wird sein Ehrgeiz ihm ein wichtiger Ansporn zum Erfolg sein. Wenn er sehr lernbegierig und fleißig ist, ist es gewiß gut, ihn von Zeit zu Zeit aufzufordern, eine kurze Pause einzulegen; vielleicht organisieren Sie eine kleine Ablenkung (einen Kino- oder Konzert-Besuch), damit er nicht zuviel paukt. Manchmal fällt es ihm schwer zu entspannen, und er braucht Hilfe, um abschalten und einschlafen zu können – oder nicht bis tief in die Nacht hinein zu lesen.

Wenn Ihr Schulkind am Endes des Schuljahrs wieder etwas besser ist als nach dem vorangegangenen Zeugnis, können Sie sich freuen; dieser allmähliche Fortschritt bedeutet, daß es Selbstvertrauen gewinnt und das Gelernte auf die richtige Weise anwendet. Belohnen Sie die guten Noten – auch wenn Sie etwas enttäuscht sind, daß sie nicht besser ausfielen. Vergessen Sie nicht, daß sich Ihr Steinbock während der Schulferien entspannen, des Lebens freuen und Spaß haben soll – vielleicht auch einen Tapetenwechsel.

Falls sich die Frage eines Internats stellt, wird dies nicht unbedingt ein Nachteil für den Steinbock sein, auch wenn es ihm nicht ganz leicht fallen wird, ständig zusammen mit vielen anderen Kindern »eingesperrt« zu sein. Das Problem mag die fehlende Privatsphäre sein, denn der Steinbock ist meist ein recht selbständiger Mensch, der nicht immer mit anderen Menschen zusammen sein will. Doch das Internatsklima wird ihn ein wenig aus der Reserve locken, und wenn er sich daran gewöhnt hat, könnte er sich durchaus zu einer »verrückten Bergziege« entwickeln, mitternächtliche Feste im Schlafsaal organisieren helfen und ein sehr gefragtes Mitglied der Hockey-Mannschaft oder des Schulorchesters werden.

Weil er Verantwortung tragen kann, besteht die Chance, daß er zum Schulsprecher gewählt wird, zumindest aber zum Vertrauensschüler. Dieser Rolle wird er völlig gerecht, auch wenn sie eine gewisse Distanz zu den Mitschülern mit sich bringen kann, was unerfreulich ist. Steinböcke können eine einsame Spitzenposition wohl besser bewältigen als alle anderen, und wenn sie Autoritätsperson sind, sollte man ihnen immer wieder vor Augen halten, wie wichtig es ist, ihren herrlichen Sinn für Humor nicht zu vergessen, besonders wenn sie von ihrer Autorität Gebrauch machen müssen. Andernfalls verlieren sie Freunde und schließlich den Respekt, weil man sie für unnahbar und »abgehoben« hält.

Das Leben außerhalb der Schule

Bei der Überlegung, wie Ihr junger Steinbock seine Freizeit ausfüllen soll, gilt es zwei wichtige Faktoren zu beachten: Er sollte sich an Aktivitäten beteiligen, die viel körperliche Bewegung verlangen, und was er tut, sollte seinen Ehrgeiz wecken und ihm die Möglichkeit geben, etwas zu erreichen. Die Herausforderung und das Erreichen von Zielen sind wichtig für ihn.

Ideal ist die Mitgliedschaft in einem Sportverein; ob man dabei Mannschaftsspiele pflegt oder Ausflüge unternimmt (vielleicht Bergsteigen), kann er selbst wählen. Später wird er sich freuen, wenn er die Gelegenheit erhält, Skifahren zu lernen; viele Steinböcke haben Spaß am Wintersport. Wenn die Schule eine Ausflugsfahrt anbietet, die in abgelegene Gebiete eines möglichst fremden Landes führt, wäre es eine hervorragende Idee, ihn dazu anzumelden. Auch wenn solche Reisen teuer sind, wird der Aufwand sich lohnen.

Vielleicht stellen Sie fest, daß Ihr Kind von Natur aus musikalisch ist. Wenn es um Unterricht bittet, sollten Sie das nicht als eine vorübergehende Laune abtun, denn Steinböcke spielen im Tierkreis der Musik oft die erste Geige. Mitglied im Jugendchor oder -orchester zu sein, bringt ihm sehr viel; wenn es sich dabei nicht um eine Schul-Formation handelt, ist es noch besser, weil er dann mit Kindern verschiedener Herkunft zusammenkommt, die er noch nicht kennt. Übrigens klettern Steinböcke oft auch die gesellschaftliche Karriereleiter empor und zeigen in manchen Fällen einen gewissen Snobismus. Geben Sie acht auf diese unliebsame Eigenart, und versuchen Sie, ihr schon in jungen Jahren entgegenzuwirken – vielleicht, indem Sie dafür sorgen, daß Ihr Kind Gleichaltrige kennenlernt, die vergleichsweise benachteiligt sind. (Aus diesem Grund ist es sehr zu begrüßen, wenn es sich einer Gruppe anschließt, deren Mitglieder überwiegend aus katholischen Häusern stammen.)

Selbst wenn Ihr Steinbock kein Interesse am Singen und Konzertieren zeigt, wird er wahrscheinlich gerne Musik hören; sie können ihm helfen, sich geschmacklich nicht zu begrenzen – und er wird wohl klassische und Popmusik gleichermaßen akzeptieren.

Im handwerklichen Bereich kommt das »Erde«-Element wieder zum Tragen. Viele Steinböcke gärtnern liebend gerne. Manche pflanzen exotische Gemüsearten; auf diese Weise kommen Sie zu günstigen Spargeln. Wenn es eine Gelegenheit gibt, bei einer Gärtnerei auszuhelfen, wird das Ihrem Steinbock bestimmt willkommen (und vielleicht auch einträglich) sein. Wie für seine Geschwister in den Erde-Zeichen Stier und Jungfrau, ist die Arbeit mit natürlichen Materialien auch für den Steinbock psychologisch zu begrüßen. Möglicherweise wird er einmal Töpfer, Weber, Bildhauer oder Holzschnitzer. Auch das Modellieren wird ihm Freude bereiten.

Wenn Sie Ihren jungen Steinbock in die *Financial Times* oder einen Geschäftsbericht vertieft antreffen, stellt er sich wahrscheinlich bereits vor, Direktor einer großen Firma zu sein. Schön! Offenbar ist er ehrgeizig und will an die Spitze. Vielleicht regen Sie liebe Großeltern an, ihm ein wenig Kapital zur Verfügung zu stellen, so daß er im ganz Kleinen schon anfangen kann, Börse zu spielen – die Aktien sind in kleinen Stückzahlen für Pfennigbeträge erhältlich.

Vorbereitung fürs Leben

Obwohl sie schon in jungen Jahren eine erstaunliche Reife in puncto Verstand und Verhalten an den Tag legen, entwickeln sich viele Steinböcke im Emotionalen nur langsam.

Sich ihrer körperlichen Entwicklung und sexueller Empfindungen und Bedürfnisse immer bewußter zu werden, kann für manche recht beängstigend sein; sie brauchen mehr Hilfe und Geleit durch die Pubertät als ihre Altersgenossen. Lesen Sie den Abschnitt *Die fünf Arten zu lieben* und überlegen Sie, zu welchem der fünf Typen Ihr Steinbock wohl gehört, denn jeder muß anders behandelt werden.

Wenn ein Steinbock sich verliebt, erfaßt dies sein ganzes Wesen, und er erweist sich als wunderbar treuer Partner. Seine Einstellung zur Sexualität ist äußerst verantwortungsvoll, und er wird auf eine gute Sexualerziehung gut ansprechen. Doch wenn es gilt, das theoretische Wissen in die Praxis zu übertragen, werden ihn sehr wahrscheinlich gewisse Hemmungen und Scheu bremsen und verkrampfen. Möglicherweise dauert es bei ihm um einiges länger als bei Vertretern anderer Tierkreiszeichen, bis er in einer emotionalen und sexuellen Beziehung erfüllenden Ausdruck und Befriedigung findet.

Seine Einstellung zum Aufwachsen ist ganz interessant: Von Kindheit an hat er sich vermutlich nie anders als erwachsen gefühlt. Sich zu verabreden, ist für ihn selbstverständlich, und wenn Fräulein Steinbock zum ersten Mal zu einem Rendezvous geht, vermittelt sie den Eindruck einer erfahrenen Frau von Welt; hinter diesem Schein jedoch ist sie ein verletzliches Mädchen. Der Umgang mit dem anderen Geschlecht wird ihr leichter fallen, wenn sie eine gemischte Schule besucht hatte – aber dieser Vorteil hat auch seine Kehrseite: Sie ist es so gewohnt, Jungen als Kameraden oder Freunde um sich zu haben, daß ihr der Schritt von der Freundschaft zu Liebe und Sex fast unmöglich scheint.

Aus verschiedenen Gründen findet sie ihren ersten Freund vielleicht mit fünfzehn, sechzehn Jahren und meint, ihm bis ins hohe Alter treu sein zu müssen; zu spät erkennt sie dann, daß es ganz gut ist, etwas mehr Erfahrungen zu sammeln, bevor man sich für ein ganzes Leben bindet. Es wäre gut, sie zu ermutigen, sich mit einer Freundesgruppe von etwa einem halben Dutzend Personen zu umgeben. Dies wird ihrer Tendenz zum Einzelgänger entgegenwirken; als Teil einer Gruppe hat sie auch gute Chancen, mit mehr als nur einem Partner Erfahrungen zu gewinnen.

Sie wird immer eine Tendenz haben, zu ihrem Partner aufblicken zu wollen. Das ist gut, denn wenn er noch akademischer orientiert ist als sie – oder mehr Geld verdient –, wird sie ganz natürlich zumindest seinem Maßstab gerecht werden. Aber Sie als Eltern werden möglicherweise sehr viel guten Rat geben und reichlich offene Gespräche führen müssen, wenn sie einen Partner wählt, der beträchtlich älter ist; dazu neigen Angehörige dieses Tierkreiszeichens. (Denken Sie daran, daß ich nicht nur von weiblichen Steinböcken spreche; auch die Männer dieses Zeichens suchen gerne die Reife in ihrer Partnerin.) Zweifellos wird sie argumentieren, das Alter spiele keine Rolle. Das mag anfänglich so sein, aber die Probleme treten meist später hervor.

Wahrscheinlich beansprucht Ihr Steinbock sehr viel Freundschaftlichkeit in seinen/ihren emotionalen Beziehungen; es bleibt nicht bei dem Bedürfnis nach harmonischer Verbundenheit, sondern die Partner sollten zusammenarbeiten, um sich ein schönes Leben aufzubauen. Oft spielt der materielle Erfolg eine sehr wichtige Rolle; eine Arbeits-Partnerschaft in der Ehe erweist sich gewöhnlich als erfolgreich. Wenn der künftige Partner des Steinbocks keinen Ehrgeiz hat, muß dieser lernen, ihn mit all seinem in die Zukunft gerichteten Streben anzustecken und anzuspornen, aus sich und seinen Talenten so viel zu machen, wie ihm möglich ist – und er muß einsehen, daß es nichts bringt, sich mit einem »Bremsklotz« zu verbinden. Falls nämlich die Beziehung über kurz oder lang ihren Glanz verliert, wird aus seiner Tendenz zum Murren aller Wahrscheinlichkeit nach ein dauerndes Klagen – vielleicht nicht ohne guten Grund, aber es wird nicht zum häuslichen Frieden und Glück beitragen. Bei der Wahl eines Partners sollte der Steinbock sich immer fragen: »Hat er gute Möglichkeiten?« Kann er diese Frage mit Ja beantworten, werden aus einem praktischen, vernünftigen Anfang Vertrauen und Loyalität wachsen, die schließlich zu einem erfüllten und sicheren Ausdruck der Liebe führen.

Weitere Ausbildung

Ein Steinbock, der in der Schulzeit regelmäßig und ordentlich gearbeitet hat, wird es im Studium nicht anders halten.

Nun nehmen Sie an, daß dies für alle Tierkreiszeichen gelte – das trifft aber nicht unbedingt zu: viele junge Leute sind so froh, die Schule hinter sich zu haben, daß sie das studentische Leben als eine Befreiung von der Verpflichtung zur Arbeit betrachten. Manche Steinböcke laufen Gefahr, auch das Leben an der Universität zu ernst zu nehmen, doch es bleibt zu hoffen, daß sie sich, wenn sie sich an die neue Routine gewöhnen, auch an den gesellschaftlichen Aspekten des Studentenlebens beteiligen und die Arbeit durch ein wenig Spaß und Vergnügen auflockern – vielleicht mehr, als sie erwartet hatten.

Fräulein Steinbock ist vermutlich eine gewissenhafte Studentin und gibt sich sehr Mühe für ihre Arbeiten und Forschungen. Bei Vorlesungen und Diskussionen jedoch hat sie von Zeit zu Zeit das Gefühl, nur wenig oder nichts beitragen zu können, und beteiligt sich deshalb nur zögernd an Debatten und Streitgesprächen. In dem Maße, in dem aber ihr Selbstvertrauen zunimmt, wird sich diese Haltung wandeln. Wenn sie eine Begabung für die Politik besitzt, wird sich dieses Talent in Diskussionen bewähren, und man wird mit ihr rechnen müssen. Ihr außergewöhnlicher Sinn für Humor ist hier von Vorteil, und Sie werden erfahren, daß sie sich an Amateurtheater-Aufführungen an der Universität beteiligt – möglicherweise schreibt sie satirische Sketche und übernimmt einen Part bei der Darbietung.

Theoretisch sollte sie ihr Geld sehr gut einteilen können, aber wir dürfen nie die Steinbock-Tendenz zum gesellschaftlichen Aufstieg vergessen. Es werden Zeiten kommen, wo sie ein wenig angeben möchte und eher zuviel ausgibt, um Menschen zu unterhalten, die ihr etwas bedeuten, oder um Studenten ärmerer Herkunft einzuladen, mit denen sie sich solidarisiert. Daß dies ein kostspieliger Zeitvertreib werden kann, liegt auf der Hand; gemessen an den Erwartungen der Steinbock-Studentin, rentiert er sich auch selten. Wenn diese sich dann beklagt, daß sie all ihr Geld ausgegeben habe und nun von »Junkfood« leben müsse, steht als Ursache hinter dieser Situation meist, daß sie sich für eher törichte Dinge finanziell übernommen hat.

Wie ich bereits bemerkte (siehe *Schulzeit),* hat sie vermutlich eine sehr vernünftige Vorstellung von den nötigen Prüfungsvorbereitungen, und so wird es für sie nicht schwierig sein, ihre Zeit fürs Lernen und Studieren einzuteilen und sich nicht durch aufregendere Aktivitäten ablenken zu lassen. Wie sie vorankommt, hängt von der Haltung ihrer Dozenten und Professoren zu ihr ab; sie werden sie entweder fördern oder fallen lassen. Wenn sie ein gesundes Selbstwertgefühl hat und einen Lehrer, der sich bitter und ironisch gibt, weiß sie genau, wie sie kontern kann; der Zusammenstoß kann sie zu großen Anstrengungen anregen. Wenn sie aber ängstlich und nervös ist, könnte derselbe Dozent ihre Leistungsfähigkeit mit seinem Verhalten beeinträchtigen, und sie müßte sich in einer anderen Richtung nach Inspiration umsehen. Wenn sie bei den Eltern wohnt und zu Hause arbeitet, versuchen Sie dafür zu sorgen, daß sie sich auch Freizeit nimmt, um nicht nur zu lernen, sondern auch Spaß und Abwechslung zu haben. Eine ausgewogene Zeiteinteilung ist wichtig, denn die Studentin kann zu beiden Extremen neigen: Entweder arbeitet sie zuviel und »spielt« zu wenig, oder sie nimmt das Studium auf die leichte Schulter (wenn ihr die gesellschaftlichen Annehmlichkeiten des Studentenlebens besonders zusagen). Wahrscheinlich wird sie Lehrgeld bezahlen müssen; gescheiterte Prüfungen oder schlechte Examensnoten ziehen ihren Stolz in Mitleidenschaft.

Manche Steinböcke pflegten während ihrer ganzen Schulzeit ein besonderes Interesse neben der Schule; zum Teil als fesselndes Hobby. Wenn Ihr Steinbock hingebungsvoll einer solchen Leidenschaft nachgeht, kann es sich durchaus fügen, daß später ein Beruf daraus wird. Wenn er zum Beispiel jahrelang Flötenunterricht hatte und gute Fertigkeiten entwickelte, sollte man ein Studium an der Musikhochschule nicht völlig außer acht lassen, selbst wenn der Beruf des Musikers auf den ersten Blick nicht den Vorstellungen eines ehrgeizigen Steinbocks entspricht. Er könnte gleichwohl eine Aufgabe in einem Symphonie-Orchester finden, wenn Ausbildung und Studium abgeschlossen sind, vielleicht sogar eine Solisten-Karriere anstreben. Für einen Steinbock ist es besonders gut, einem solchen Weg zu folgen; auch auf diese sehr wichtige Weise kann er seine angeborene Zuverlässigkeit und Treue – in diesem Falle zu einer Beschäftigung oder einem Thema statt zu einer Person – leben und möglicherweise zu einer festen Beziehung und zum Ziel seines Ehrgeizes gelangen. Was könnte er sich mehr wünschen?

Arbeitslosigkeit: Spannung und Belastung

Der junge, arbeitslose Steinbock sollte angehalten werden, seine Situation völlig rational und geschäftsmäßig zu betrachten.

Sie sollten ihm jederzeit moralische Unterstützung geben, denn wenn die Zeit vergeht und nur wenig oder gar keine Reaktion von möglichen Arbeitgebern zu verzeichnen ist, wird sich Verzagtheit einschleichen, tiefer und schlimmer als bei den meisten anderen Tierkreiszeichen. »Ich bin für überhaupt nichts gut«, wird zur stehenden Rede.

Was er früher erreicht hat, bedeutet dem Steinbock viel, und daran zu denken, gibt ihm neuen Mut. Sorgen Sie also dafür, daß er jeden seiner bisherigen Triumphe in seinen Lebenslauf aufnimmt, auch wenn ihm manche davon unbedeutend vorkommen. Vielleicht ist er der Ansicht, daß einige Dinge es nicht wert seien, in den Bewerbungsunterlagen aufgeführt zu werden, weil sich kein Arbeitgeber dafür interessiere, aber Sie müssen ihn davon überzeugen, daß es nicht so ist. Außerdem wird ihm durch die Auflistung seiner bisherigen Erfolge vor Augen geführt, daß er bereits etwas geleistet hat, und diese Erinnerung bildet einen gewissen Schutz vor der Resignation.

Wenn man den Steinbock überreden kann, aus sich herauszugehen und sich in einem günstigen Licht zu zeigen, wächst seine Chance, einen potentiellen Arbeitgeber beim Vorstellungsgespräch zu beeindrucken; er wird erkennen, wie praktisch, logisch und vernünftig der Bewerber denkt. Doch im großen und ganzen brauchen Sie nichts zu befürchten, wenn Ihr Steinbock zu einem Bewerbungstermin geht, denn er wird darauf achten, daß er sich der Situation entsprechend zeigt. Seine Arbeit ordentlich zu tun, ist für jeden Steinbock wichtig.

Aufgrund seiner Neigung sich zu sorgen, könnte es ihm schwerfallen, sich zu entspannen. Achten Sie darauf, daß er nicht anfängt, das Interesse an seinen Hobbys oder Freizeitaktivitäten zu verlieren – er muß seiner sportlichen Betätigung weiterhin nachgehen, braucht aber auch ein wenig Frieden und Stille, wie auch immer er dazu gelangt. Er gehört zu den Vertretern jener Tierkreiszeichen, die eine leichte Tendenz zeigen, sich zurückziehen zu wollen, wenn sie sich nicht so gut fühlen; spornen Sie ihn zu regelmäßiger Aktivität und Stellensuche an, vor allem, wenn Sie merken, daß er morgens immer später aufsteht. Länger im Bett liegen zu bleiben, kann bedeuten, daß er sich innerlich von seinem Problem distanziert. Die richtige Einstellung wäre dagegen, sich regelmäßig und unnachgiebig um seine Lösung zu bemühen. Man kann Zeiten festlegen, um in die Bibliothek zu gehen und dort die Zeitungen nach Stellenangeboten durchzusehen, um Bewerbungsbriefe zu schreiben, um sich zu entspannen und so weiter.

In mancher Hinsicht ist beim Steinbock die Wahrscheinlichkeit, daß er in den Drogenkonsum abgleitet, geringer als bei den meisten anderen Menschen. Abgesehen von allen anderen Argumenten wird ihn schockieren, welch hohe Geldbeträge für das Zeug bezahlt werden müssen! Gewiß, wird er sich sagen, gibt es noch produktivere Möglichkeiten, Geld zum Fenster hinauszuwerfen. Wenn Sie jedoch den Verdacht haben, daß er an Drogen geraten ist, dann lassen Sie sich beraten, wie dieses Problem zu handhaben ist. Es könnte leider auch bedeuten, offizielle Stellen aufzusuchen und um professionelle ärztliche Hilfe zu bitten. Dieser Schritt erscheint zwar unangenehm, aber auf einen starken Schock reagiert der Steinbock am besten. Daß plötzlich ein Arzt, ein Sozialarbeiter oder gar die Polizei auftaucht, könnte schon ausreichen, um ihn aus seiner üblen Routine zu werfen, der er nur verfallen ist, weil er all sein Selbstvertrauen verloren hatte. Denken Sie daran, daß seine Familie ihm sehr wichtig ist, und die Erkenntnis, daß er Sie sehr enttäuscht und sich nicht loyal verhalten hat, wird ihn sehr nachhaltig beeindrucken.

Wenn er jemanden in Ihrem Bekanntenkreis besonders schätzt, könnten Sie diese Person um Hilfe bitten – sehr wahrscheinlich wird es Wunder wirken, besonders wenn der Helfer viel älter als Ihr junger Steinbock ist.

Interessen und Freizeit-Aktivität

Nur Arbeit und kein Spiel – da wird das Steinböckchen ein langweiliges Mädchen. Erinnern Sie sie von Zeit zu Zeit daran, besonders wenn sie ihre Arbeit so genießt, daß sie sich selbst nach der Arbeitszeit kaum von ihr trennen kann.

Sie wird hoffentlich erkennen, daß das Leben gleichermaßen genossen wie gewinnbringend genutzt werden sollte, und sie wenigstens hin und wieder die Steinbock-typische »verrückte Bergziege« sein sollte. Wie alle anderen Tierkreiszeichen, muß auch sie auf ein gutes Gleichgewicht zwischen Arbeit und Spiel bedacht sein.

Ihr Freundeskreis ist kaum sehr groß, und sie unterscheidet bestimmt genau zwischen echten Freunden und bloßen Bekannten. Sie werden es kaum erleben, daß sie (auch in jungen Jahren) bei einem Spaziergang vorstellt: »Da, Mami, das ist meine neue Freundin … ich habe sie erst vorhin kennengelernt!« Der Steinbock knüpft freundschaftliche Bande zu Männern wie Frauen nur sehr behutsam. Wenn aber – vielleicht aufgrund dieser anfänglichen Vorsicht – eine Freundschaft einmal gefestigt ist, wird sie ein Leben lang bestehen.

Falls Fräulein Steinbock während der Schulzeit musikalisches Interesse zeigte – sei es ausübend oder lauschend –, wird dieses ihr vermutlich bis zum

Lebensende Freude bereiten. Immer wenn sie daran denkt, ein neues Hobby zu beginnen oder sich zu einem Kurs anzumelden, könnte sie das Erlernen eines neuen Musikinstrumentes oder einen Kurs mit musikalischer Thematik in Betracht ziehen. Natürlich merkt sie, daß es ihr als Teenager oder Twen viel schwerer fällt, ein ihr bis dahin völlig unbekanntes Instrument zu spielen; trotzdem kann es ihr sehr viel Vergnügen bereiten.

Aktivitäten im Freien sollten zum festen Bestandteil ihrer Freizeit werden. Vielleicht wird sie Mitglied eines Wandervereins, denn sie geht gerne auf Wanderschaft. Wir dürfen auch nicht vergessen, daß die meisten Steinböcke – wie die mit ihrem Sonnenzeichen assoziierten Tiere – die Berge lieben, sowohl als Landschaft als auch zum Erklettern; Bergsteigen und Bergwanderungen gehören zu ihren liebsten Hobbys. Der Steinbock hat von Natur aus eine Affinität zur Erde und natürlichen Materialien. Wenn er beim Töpfern oder Handarbeiten gute Leistungen erzielt hat, könnte er auf solche Betätigungsfelder auch später wieder zurückgreifen.

Was die Mode anbelangt, so steht männlichen wie weiblichen Steinböcken formelle Kleidung am besten – was auch immer »formell« in ihrer Generation bedeutet. Steinbock-Frauen sind bekannt für ihre wohlgeformten Beine; das adrette schwarze Kostüm mit etwa knielangem Rock wirkt bei einer jungen Steinbock-Dame wahrscheinlich besonders elegant und attraktiv – speziell bei einem Bewerbungsgespräch oder wenn sie für eine Bank oder andere Institution arbeitet, in der Wert auf formelle Kleidung gelegt wird. Auch die männlichen Steinböcke sehen in Anzügen gut aus. In der Freizeit fühlen sich alle Steinböcke in Textilien aus Naturfasern am wohlsten; sie haben eine Vorliebe für Wolle. Ein typisches Statussymbol der Vertreter dieses Tierkreiszeichens ist übrigens ein schöner – und zweifellos teurer – Kaschmir-Pullover (aus der Wolle von Kaschmir-*Ziegen!*).

Steinböcke interessieren sich in der Regel aktiv für die Angelegenheiten der Gemeinschaft, manchmal gehen sie auch in die Kommunalpolitik; sie stellen sich als Kandidaten für den Stadtrat zur Verfügung, unterstützen die Wahlen oder tragen in beratenden Funktionen zum Gemeinwohl bei. Die Arbeit in einem Ausschuß bereitet ihnen Freude, und wenn sie zu einer Gruppe oder Gesellschaft gehören, die mit einem Zweck zusammenkommt, der einem ihrer Interessen entspricht, werden sich Zeit und Energie, die sie im Dienste eines Ausschusses oder Unterausschusses verbringen, für sie lohnen; ihre Anstrengungen werden nicht unbemerkt bleiben. Steinböcke und Löwen leisten in solchen Situationen Hervorragendes und werden oft zum Vorsitzenden gewählt.

Gelegentlich neigt man dazu, den Steinbock wegen seiner gesellschaftlichen

Aktivität zu hänseln; sie ist in seiner Entschlossenheit begründet, die soziale Leiter emporzusteigen. Wenn man bei ihm zum Abendessen eingeladen ist, trifft man mit einiger Wahrscheinlichkeit des Gastgebers Chef oder dessen Sohn oder Tochter an, und so mancher Gast besitzt wohl erheblich mehr Geld als der Einladende. Doch jeder wird den schönen Abend genießen, der Steinbock holt die besten Weine aus dem Keller und läßt sich auch das Menü viel kosten. Bei anderen Gelegenheiten investiert er in der Küche lieber Zeit als Geld, kauft vielleicht günstigere Fleischsorten und verbringt Ewigkeiten mit Kochen und Zubereitung.

Wenn der Steinbock sich ein Haustier zulegt, werden ihn strahlende Augen oder ein weiches Fell kaum beeindrucken. Er will vielmehr etwas zum Vorzeigen. Es muß schlank, attraktiv und elegant sein – aber das heißt nicht, daß er sein Tier nicht versorgen oder lieben wird. Sie werden sich verstehen: der Steinbock wird sich kaum überschwenglich gefühlvoll oder sentimental zärtlich geben, sondern die Verbindung wird auf Vertrauen, Loyalität, Freundschaft und Verständnis basieren. Besonders wenn der Steinbock allein lebt, ist es psychologisch sehr zu empfehlen, daß er sich ein Haustier hält; es wird seiner Neigung zum Alleinsein etwas entgegenwirken. Wenn er erst nach vielen Stunden von der Arbeit nach Hause kommt, empfiehlt sich natürlich eine Katze.

Ideale Berufswege

Entweder kann der Steinbock alles haben – oder er scheint nicht in der Lage, überhaupt etwas zu erreichen!

Doch selbst der erfolgreichste Steinbock kann zuweilen in Pessimismus abgleiten. Vermutlich ist sein Weg zum Erfolg ein langer, steiler Aufstieg; dann kommt er vielleicht ganz überraschend auf ein Plateau – und vergißt alle Anstrengungen, die hinter ihm liegen, fühlt sich unausgefüllt und kann den Erfolg, auf den er stieß, gar nicht annehmen.

Sicherheit ist etwas Wichtiges für ihn, und so fühlt er sich vor allem in Berufen geborgen, die am wenigsten von Aussterben, Konkurs oder komplizierten Firmenübernahmen bedroht sind.

In einer geschäftigen Atmosphäre kann er gut arbeiten, sollte also keine Probleme haben, wenn er das Büro mit einem Kollegen teilt; er hat die Fähigkeit, sich gegen die Umwelt abzuschließen. Wie ich bereits im Abschnitt *Schulzeit* bemerkte, ist sein bester Weg zum Erfolg der allmähliche Aufstieg. Wenn er ehrgeizig arbeitet, kommt er voran. Er kann gut eine Position ausfüllen und bewältigen, in der er, von Freunden und Kollegen distanziert, an der Spitze steht und Entscheidungen allein zu fällen hat. Er nimmt es nicht übel, wenn heikle Aufgaben schließlich auf seinen Schreibtisch gelangen. Verantwortung zu tragen, ist für ihn gut, auch wenn er sie oft als schwere Belastung empfindet, auf die er verzichten könnte. Sein Partner kann die Last nur mittragen, indem er ihm taktvoll Mut macht.

Wenn ein Steinbock in einer Gruppe arbeitet, wird er gewiß seinen Teil leisten, und das Team als ganzes wird gut vorankommen. Ist er aber befördert worden, schenkt er den Ansichten von Untergebenen möglicherweise nicht mehr viel Aufmerksamkeit – er hat leichte Tendenz zu Selbstherrlichkeit. Davor sollte er sich immer hüten. Er ist sehr konventionell, und auch wenn es nicht immer das beste ist, beim geringsten Anlaß neue Gedanken aufzunehmen, zeigt er doch die Neigung, möglicherweise innovative und fortschrittliche Vorschläge zu ignorieren, die zu vorteilhaften Resultaten führen würden.

Viele Steinböcke arbeiten als Beamte, als Städteplaner, Immobilienmakler und -Verwalter. Auch die Landwirtschaft hat für manche ihren Reiz. Mit naturwissenschaftlicher Begabung haben sie unter Umständen viel mit Mathematik zu tun oder erweisen sich als erfolgreiche Geographie-Lehrer oder Geologie-Dozenten. Auch das Baugewerbe und die mit ihm verbundenen Berufssparten sind so manchem Steinbock ein erfreuliches Betätigungsfeld.

Viele Steinböcke arbeiten in Berufen, die sie langweilen, weil sich viele Aufgaben wiederholen. »Wenn ich nur die Chance hätte, hier auszusteigen ...«, klagen sie oft. Aber ein »sicherer« Arbeitsplatz ist leider meistens ein wenig langweilig – und genau mit der Art von Pflichten verbunden, die dem Temperament des Steinbocks liegen. Wer sich in dieser Situation befindet, sollte wenigstens dafür sorgen, daß er seine Freizeit lohnend nutzt, vielleicht einem schöpferischen, philosophischen oder esoterischen Interesse nachgeht; dann wird sein Geist und Denken durch die Unterforderung des faden Berufsalltags nicht beeinträchtigt.

Steinböcke, die den Lehrerberuf ergriffen haben, werden oft zum Schulleiter ernannt. Mit dieser Aufgabe ist in der Regel sehr viel Verwaltungsarbeit verbunden, die Unterrichtszeit wird reduziert. In dieser Situation muß der einzelne entscheiden, ob persönlicher Ehrgeiz oder das Bedürfnis nach zusätzlicher Sicherheit die Freude am Unterrichten tatsächlich aufwiegen. Die Entscheidung ist nicht einfach, und der Steinbock wird seinen Schülern fehlen, aber seine Einstellung zur Schule und seine Gabe, Verantwortung zu tragen, wird ihm gut zustatten kommen, wenn er die Ernennung annimmt.

Wenn sich ein Steinbock von der Medizin angezogen fühlt, sollten ihn Bereiche wie die Zahnheilkunde, Physiotherapie, Orthopädie und Osteopathie besonders ansprechen. Auch die Beschäftigung mit rheumatisch-arthritischen Erkrankungen wird ihn faszinieren.

Wir haben bereits die Möglichkeit besprochen, daß der Steinbock sein eigenes Geschäft gründet, ganz klein anfängt und es schließlich zu einer gutgehenden Firma bringt. Die Idee eines Selfmademan verwirklichen viele Steinböcke. Sie können von ihrer Arbeit geradezu besessen sein – zum Nachteil alles/aller anderen, denn ein ambitionierter Steinbock macht erst vor dem Himmel halt. Mit Ehrgeiz können wir Macht verknüpfen. Leider begeistern sich einige Steinböcke für eine einflußreiche Position nur um der Macht willen; dann können sie äußerst rücksichtslos handeln. Auch wenn diese nur eine Minderheit bilden, sollten alle erfolgreichen Steinböcke sich daran erinnern, wie das Leben früher war, als sie selbst noch ganz am Anfang ihrer Karriere standen; dann können sie sich leichter in jene einfühlen, die noch nicht so hoch aufgestiegen sind.

Reisen

Sie sollten Ihren kleinen Steinbock schon sehr früh über Ihre Ferienpläne informieren, denn er ist vermutlich etwas ängstlich, wenn er daran denkt, zu verreisen und die vertraute Umgebung zu verlassen.

Doch wenn Sie ihn ins Vertrauen ziehen, ihm die Prospekte und Bilder von Hotel und Ferienort zeigen, wird es ihn fesseln, und er verliert seine Ängstlichkeit vor dem, was da auf ihn zukommen mag.

Wahrscheinlich läßt er sich von ihrer Begeisterung anstecken, und Ihr Vorausplanen wird sich in seinen Vorbereitungen widerspiegeln. Regen Sie ihn an, sich genau zu entscheiden, was er mit auf die Reise nehmen will: ein gutes, dikkes Buch mit spannenden Geschichten ist ideal – besonders, wenn Sie eine weite, langweilige Flugreise vor sich haben; ein Notizbuch oder einen Skizzenblock, das Tagebuch, wenn er eines führt – vielleicht ist der Urlaub eine gute Gelegenheit, damit zu beginnen? – und einen kleinen Beutel, den man mit einer Schnur zuziehen kann, um darin Souvenirs und Andenken zu verstauen. Vermutlich wird Ihr Kind Steine, Muscheln und andere äußerlich wertlose Kostbarkeiten sammeln. Der Beutel ist wichtig; andernfalls werden so viele Schätze zusammengetragen, daß jedes Ihrer Gepäckstücke damit aufgefüllt wird!

Seen und Berge werden dem Steinbock zweifellos gefallen, Urlaubsorte in entsprechender Umgebung sind also ideal. Seine zarte Haut kann die Sonne nur schwer vertragen – das hat der Steinbock mit seinen Krebs-Geschwistern im Tierkreis gemein –, denken Sie also an eine Sonnencreme mit hohem Lichtschutzfaktor, selbst wenn er von Natur aus recht dunkle Haut hat. Achten Sie auch darauf, daß er sich nicht überhitzt, denn unter der Erschöpfung durch Hitze wird er mehr leiden als andere Kinder.

Eine andere, ungewohnte Speisekarte sollte kein Anlaß zu Sorgen sein, wenn man den Steinbock erst einmal überredet hat, von dem fremdartigen Gericht zu kosten, das ihm serviert wird; besonders Fisch-Mahlzeiten wird er genießen. Seien Sie nicht zu unnachgiebig, wenn Ihr Kind sagt, der Anblick einer Speise gefalle ihm nicht; seine Intuition kommt ihm besonders beim Essen gut zustatten.

Mit Fräulein Steinbock in den Ferien zu verreisen, bietet Ihnen eine gute Gelegenheit, ihr Selbstbewußtsein ein wenig zu fördern. Sie mag zwar im allgemeinen im Umgang mit anderen Kindern etwas scheu sein, erzählt ihnen aber nach der Rückkehr bestimmt gerne, was sie erlebt hat, besonders wenn es etwas Außergewöhnliches war. Wir dürfen nicht vergessen: wenn sie ein oder zwei spezielle Freundinnen hat, könnte sie sie vermissen, solange sie unterwegs ist. Ist sie normalerweise recht zurückhaltend und geht kaum auf Menschen zu, die sie nicht kennt, können Sie sie in den Ferien dazu ermutigen; vielleicht fällt es ihr dann etwas leichter.

Steinböcke lieben Traditionen und die Vergangenheit. Besuche und Besichtigungen großer Kathedralen, Paläste und aufregender Ruinen oder archäologischer Fundstätten werden sie faszinieren, besonders wenn Sie ihnen Sagen und Geschichten aus der Gegend erzählen oder von historischen Ereignissen zu berichten wissen, die hier stattfanden. Ein Urlaub am Meer bietet dem Kind eine gute Gelegenheit, seine Schwimmkünste zu vervollkommnen.

Steinböcke als Geschwister

Wenn ein kleiner Steinbock erfährt, daß die Geburt eines Brüderchens oder Schwesterchens bevorsteht, wird er seine Rolle in der Angelegenheit sehr ernst nehmen und sich als ideales Geschwisterchen erweisen.

Wenn er sich aus irgendeinem Grunde benachteiligt fühlt, wird er den Neuankömmling einfach ignorieren; seine Zuverlässigkeit und sein Verantwortungsbewußtsein entfalten sich unter solchen Umständen gewöhnlich rasch. An seinen Stolz können Sie jederzeit appellieren und vorschlagen, daß er als älterer im Verhalten mit gutem Beispiel vorausgehen sollte; heben Sie immer hervor, daß er älter ist, und wie sehr Sie ihm vertrauen; er wird sein Bestes tun, um eine liebevolle Verbindung zwischen sich und dem Baby aufzubauen – eine Beziehung, die ein Leben lang bestehen wird.

Möglicherweise entwickelt sich eine gewisse Rivalität. Achten Sie darauf, daß sie sich in einem gesunden Rahmen bewegt; die Kinder sollten sowohl gemeinsame als auch eigene Interessen haben. In der Regel ergibt es sich in Familien so, aber bei einem Steinbock ist es vielleicht wichtiger als bei anderen. Wenn nämlich das jüngere Kind ihn überholt, fühlt er sich unfähig und verliert sein Selbstvertrauen. Auch in dieser Situation könnten Sie die Klage hören: »Ich bin für überhaupt nichts gut!«

Jeder Steinbock hat von Natur aus einen liebevollen, fürsorglichen Zug. Versuchen Sie, ihn schon vor der Geburt des erwarteten Geschwisterchens anzusprechen und bitten Sie ihn, Ihnen nach Kräften zu helfen. Es wird ihm bestimmt Freude bereiten, und wenn das Baby dann da ist, sollte es leichter sein, seine Zuneigung auch auf den Neuankömmling auszudehnen.

Wenn Ihr Steinbock das zweite oder dritte Kind ist, hängt viel davon ab, ob er zum ehrgeizigen, selbstsicheren Typ gehört oder scheu und zurückgezogen ist (Sie haben vermutlich bereits gemerkt, daß die Angehörigen dieses Tierkreiszeichens entweder zur einen oder zur anderen Kategorie neigen). Die erste Gruppe bilden Kinder, die schon von klein an ihre jüngeren Geschwister zur Aktivität anspornen und sie herausfordern, mit ihnen Schritt zu halten. Bei einem Mangel an Selbstvertrauen jedoch werden Sie eher eine Neigung beobachten, in negative Verhaltensmuster wie Nägelkauen oder Daumenlutschen abzugleiten. Wenn andere Familienmitglieder das Sagen haben, kann Ihr Steinbock auch sehr still werden. Achten Sie auf solche Entwicklungen; je früher sie korrigiert werden, desto besser. Wenn Sie Schwierigkeiten haben, die Angelegenheit zu harmonisieren, sollten Sie professionelle Hilfe in Anspruch nehmen, sei es von Ihrem Arzt oder von einem auf Kinder spezialisierten Therapeuten.

Die Familie ist für den Steinbock sehr wichtig; sollten er und Bruder oder Schwester die gleiche Schule besuchen, werden Sie erfahren, daß die häuslichen Auseinandersetzungen auf dem Schulhof vergessen scheinen und der Steinbock sich in jeder Situation hinter sein Geschwisterchen stellt. Er weiß instinktiv, daß dies seine Pflicht ist – alle Steinböcke haben ein stark ausgeprägtes Pflichtgefühl und eine Liebe zur Familie.

Wenn Ihr Steinbock sein Zimmer teilen muß, erweist er sich vermutlich als das ordentlichere Kind. Wenn Sie feststellen, daß er dazu neigt, für beide Kinder aufzuräumen, stellen Sie einen »Dienstplan« auf, der regelt, daß beide Geschwister ihren gerechten Anteil der nötigen Arbeit zugeteilt bekommen. In Anbetracht der Tatsache, daß Steinböcke zu den musikalischsten Tierkreisezeichen gehören, läßt sich vorhersehen, daß es Probleme geben könnte, wenn er ein Instrument erlernt und fleißig üben wird – Bruder oder Schwester aber den »Lärm« nicht aushalten können. Um dieses Problem zu lösen, sollten Sie am besten eine Familienkonferenz einberufen. Sie werden sich auch darauf einigen müssen, wo in dem gemeinsamen Zimmer das Instrument aufbewahrt wird (bei einer Blockflöte gewiß kein Problem; beim Kontrabaß wird es schwieriger!).

Wenn Sie Ihren Steinbock bitten, Bruder oder Schwester zu helfen, wird dies seinem Selbstwertgefühl sehr zuträglich sein, besonders, wenn er das jüngere Kind ist und es sich womöglich um eine Hausaufgabe handelt, die dem Steinbock leichter fällt, Bruder oder Schwester aber vor Probleme stellt. Es wird ihm helfen, seine angeborene Geduld zu üben und selbst zu erkennen, daß auch andere Menschen Schwierigkeiten bewältigen müssen. Jede Beschäftigung oder Aktivität, die ihm eine Gelegenheit bietet, Liebe und Zuneigung gegenüber seinen Mitmenschen zu äußern, ist besonders zu empfehlen. Die Bedürfnisse der übrigen Familienmitglieder zu erkennen und ihnen beizustehen, ist ein erster Schritt; auch das Miteinander-Teilen von teuren Büchern und Spielzeug, kleine Geschenke und später vor allem das Babysitten sind weitere glänzende Möglichkeiten.

Steinböcke als Eltern

Die Familientraditionen fortzuführen, ist vermutlich wichtig für Sie. Wahrscheinlich haben Sie mit Ihrem Partner über dieses Thema mehr gesprochen als über vieles andere, als Sie beschlossen, eine feste Beziehung mit ihm aufzubauen.

Gemeinsam haben Sie die Ankunft Ihrer Kinder sorgfältig geplant und sich überlegt, in welchen Abständen sie geboren werden sollten, damit Sie sie genau so versorgen und erziehen können, wie es Ihnen vorschwebte.

Die Familientradition liegt Ihnen also sehr am Herzen – wie auch alle anderen, allgemein akzeptierten und konventionellen Vorstellungen vom Leben. Da Sie in vielen Lebensbereichen ehrgeizig sind, werden Sie auch Ehrgeiz für Ihre Kinder haben. Aber seien Sie vorsichtig: manchmal treiben Sie sie vielleicht etwas zu heftig an und kommen ihnen wie ein gestrenger Zuchtmeister vor – auch wenn Sie (mit dem Vorsatz, das Beste aus ihren Möglichkeiten zu machen) Ihre Kinder nur motivieren und anspornen, aber nicht drängen und treiben wollen.

Sie arbeiten am besten innerhalb einer festen Routine und Disziplin. Während Vertreter anderer Tierkreiszeichen es vielleicht für altmodisch halten, einen »Plan« zu erstellen und die Kinder anzuhalten, sich mit Arbeit und Spiel danach zu richten, kann es diesen durchaus gut tun zu lernen, die Zeit klug einzuteilen und zu entdecken, daß das Leben aufregender sein kann, wenn man es so arrangiert, daß man so viele Aktivitäten einplanen kann, wie man wünscht.

Manchmal ist es wichtig für Steinbock-Eltern, daß sie sich selbst sehr ernst betrachten und sich einige heikle Fragen stellen. Am wichtigsten ist diese: »Verbringe ich genügend Zeit mit meinen Kindern?« Vielleicht haben Sie mit ihrer Arbeit soviel zu tun (mit dem glänzenden Beweggrund, mehr Geld zu verdienen, um es für die Kinder ausgeben zu können), daß Sie ihnen nicht genug Zeit schenken – Zeit für die Freude, einfach mit Ihnen zusammen zu sein und Spaß zu haben; Zeit, um mit ihnen hinauszufahren und nur in den Wald oder Park oder aufs Land zu gehen. Natürlich ist es exzellent, wenn Kinder das Vorrecht genießen dürfen, daß ihre Eltern sich eine teure Privatschule leisten können (wenn dies angebracht ist). Je mehr Geld Sie verdienen können, desto realistischer ist es auch, die Kinder anzuregen, Fertigkeiten zu entwickeln, die spezieller Ausbildungen bedürfen (zum Beispiel Tanz, Ballett oder Musik), aber seien sie vorsichtig, daß Sie nicht in gewissem Sinne Ihre Kinder kaufen, indem Sie ihnen all diese Möglichkeiten und Privilegien bezahlen. Achten Sie darauf, daß Sie sich durch Ihr Engagement in der eigenen Karriere und Ihre Begeisterung, Geld zu verdienen, nicht von Ihren Kindern entfernen, die allmählich die Empfindung entwickeln, daß diese Beschäftigung etwas ist, das sie von Ihnen trennt. Denken Sie sorgfältig darüber nach – vielleicht haben Sie diesen Kurs gewählt, weil es Ihnen schwerfällt, spontan herzlich und zärtlich zu sein?

Ich erwähnte bereits, daß Steinbock ein konventionelles Zeichen ist. Das heißt, daß Sie Zugeständnisse machen müssen, besonders wenn Ihre Kinder in die Pubertät kommen und anfangen, sich ihre eigenen Meinungen zu bilden, sich ihre eigenen Ziele zu formulieren (die weitgehend mit denen ihrer Altersgenossen übereinstimmen werden). Achten Sie unbedingt darauf, daß Sie (und Ihre Kinder) unter dem Generationenunterschied nicht leiden müssen. Üben Sie bewußt Toleranz und Nachsicht, und tun Sie, was Sie können, um aufgeschlossener zu werden und eine Brücke schlagen zu können zum Denken Ihrer Kinder. Dies ist besonders wichtig, wenn sie pauschale Angaben darüber machen, wie sie leben wollen und wie ihre Welt aussehen würde; ihre Meinungen werden Ihnen oft sehr fremd vorkommen. Und vergessen Sie nicht, daß Ihr trockener, ausgefallener Sinn für Humor eine unschätzbare Hilfe sein kann und Ihnen vielleicht überhaupt erst ermöglicht, solche Situationen zu bewältigen.

Sich aktiv an den Lehrer-Eltern-Treffen der Schule zu beteiligen, ist ein weiterer Weg, sich mehr mit dem Leben Ihrer Kinder zu befassen. Sie haben ein besonderes Talent zur Buchführung und zur Planung ehrgeiziger Projekte, um Spenden einzunehmen. Sie werden sich kaum scheuen, Ihre Meinung zu äußern und der Schulleitung die Ansichten anderer Eltern zu vermitteln. Wenn sie in Ihrem Beruf die Spitze der Karriereleiter bereits erreicht haben oder kurz vor diesem Ziel stehen, können Sie sich sehr gut in die Situation und Problematik eines Schulleiters einfühlen und werden ihm bestimmt eine gute Verbindungsperson sein.

Zum Schluß noch einen Rat, der gewiß nicht für alle Steinbock-Geborenen gilt, bei einigen aber angebracht ist: Gehen Sie von Zeit zu Zeit einmal aus sich heraus, genießen Sie den Spaß mit Ihren Kindern, und vergessen Sie dabei völlig ihre materiellen Probleme und Ihre Arbeitsbelastung.

Fallbeispiel

David – Sonne in Steinbock, Merkur in Schütze, Venus in Skorpion; Merkur-Gruppe 1, Venus-Gruppe 1

Aus dem Gutachten: Wenn David sich in den Kopf gesetzt hat, die Musik zu seinem Hauptberuf zu machen, sollte man ihm das erlauben. Er besitzt Ehrgeiz, Ausdauer, Originalität und die Inspiration, Erfolge zu erzielen. Was noch wichtiger ist: Er kann das Praktische mit dem Inspirierten verbinden und so erreichen, was er tun will. Er hat einen Sinn für Ästhetik, aber auch die Fähigkeit, ihr kontrolliert und konstruktiv Ausdruck zu verleihen.

Kommentar: Als Davids Mutter sich an mich wandte, war ihr Sohn einundzwanzig Jahre alt. Als sehr praktisch orientierte Frau machte sie sich Sorgen, daß eine so unsichere Karriere wie die des Berufsmusikers erfolglos bleiben würde. Aus dem Horoskop Davids waren sehr ausgeprägte musikalische Talente zu erkennen, aber auch herrlich praktische und realistische Eigenschaften, die er, wie sich später ergab, von ihr geerbt hatte. (Ich erstellte auch das Horoskop für die Mutter.) Inzwischen ist er ein sehr erfolgreicher Berufsmusiker.

Das Sonnenzeichen regiert:

Staaten und Länder: Afghanistan, Albanien, Antarktis, Bulgarien, Indien, Küstenstreifen Jugoslawiens, Litauen, Makedonien, Mexiko, Orkney- u. Shetland-Inseln, Sachsen, Thrakien

Städte: Brüssel, Constanta, Delhi, Gent, Mexico, Oxford, Port Said; die Verwaltungszentren aller Hauptstädte

Bäume: Eibe, Espe, Kiefer, Pappel, Ulme

Blumen und Heilpflanzen: Amarant, Beinwell, Bilsenkraut, Eisenhut, Mispelstrauch, Quitte, Schierling, Stiefmütterchen, Tollkirsche, Zwiebel

Nahrungsmittel: alle Fleischsorten; Malz; Stärkehaltiges

Biochemische Salze: Calcium phosphoricum, Calcium fluoratum

Tiere: Ziegen, alle Paarhufer

Stein: Türkis, Amethyst

Metall: Blei (für Schmuck: Silber)

Farbe: schwarz, grau, dunkelbraun, dunkelgrün

Wassermann

(21. Januar bis 18. Februar) ein maskulines Zeichen

Allgemeine Charakteristika

Ihr Wassermann-Kind wird so hell und sonnig sein wie ein klarer, frischer Wintermorgen, an dem die Sonnenstrahlen auf dem überfrorenen Schnee glitzern. Es ist lebhaft, intelligent und bereit, alles anzuhören, was Sie sagen. Sie werden aber auch feststellen, daß der Wassermann bereits in sehr jungen Jahren bemerkenswert starrköpfig ist!

Wassermänner sind überaus freundlich und sehr lieb, aber *äußerst* unabhängig; manchen ist ihr Bedürfnis nach Eigenständigkeit so wichtig, daß sie selbst gegenüber denen, die sie lieben, auf Distanz gehen. Der junge Wassermann wird gut auf Ihre Anweisungen und Ermutigung ansprechen, aber es wird immer einen Teil von ihm geben, der »ganz privat« bleibt und wohl für kaum jemanden zu erreichen ist. Bald schon wird er einen ausgeprägten Gerechtigkeitssinn entwickeln und darauf pochen, daß Recht geschieht. Benachteiligte zu unterstützen, ist eine typische Wassermann-Aktivität, und so wird auch Ihr Kind immer daran interessiert sein, Diskussionen über die sozialen Fragen der Zeit zu lauschen. Schon in jungen Jahren wird er sich aber nicht damit bescheiden, nur zuzuhören, sondern zur Tat schreiten, sowie er von einem Unrecht erfährt – nicht weil er sich emotional angesprochen oder bewegt fühlt, und ganz gewiß nicht, weil er rührselig ist, sondern weil er die Notwendigkeit eines festen Rahmens sozialer Gerechtigkeit und fairen Verhaltens erkennt – und dieser muß von jedermann unterstützt werden, um zu funktionieren. Diese Art von Verhalten ist in der Tat sehr charakteristisch, und Sie werden es in der einen oder anderen Spielart bei jedem Wassermann und zeit seines Lebens beobachten können.

Die Neigung zu Eigensinn und Sturheit, die ich bereits erwähnte, ist eine der schlimmsten Schwächen des Wassermanns. Wassermann ist ein dem Element Luft zugeordnetes Zeichen (siehe *Einführung),* von Verstandes- und intellektuellem Denken überzeugt; aber es ist auch eines der fixen Zeichen (siehe *Einführung).* Beide Einflüsse widersprechen einander im Grunde – und Sie werden sehen, daß Ihr kleiner Wassermann bei einer Meinungsverschiedenheit sein Bestes tun wird, um Sie davon zu überzeugen, daß er seine Ansicht nur im Interesse des lieben Friedens in irgendeinem Punkt geändert habe; in Wirklichkeit aber wird er davon überzeugt bleiben, daß er recht hat. Der Wassermann wird aber niemals nur *denken,* er habe recht – nein: er *weiß* es!

Der Wassermann-Beeinflußte scheint immer eine gewisse Halsstarrigkeit an den Tag zu legen, und wenn Sie bei einer Auseinandersetzung in seinem Interesse erreichen wollen, daß er die Meinung ändert, ist es wohl am besten, sich seiner Ansicht anzuschließen, dabei aber nicht zu vergessen, deutlich alle Aspekte dieses Standpunktes hervorzuheben, die Ihnen *nicht* gefallen. Er wird Ihnen zustimmen, und weil Sie ihn nicht ausdrücklich aufgefordert haben, seine ursprüngliche Argumentation aufzugeben, wird er es nun glücklich selbst tun!

Wassermänner sind berüchtigt wegen ihrer Unberechenbarkeit. Sagen Sie etwas zu ihnen, und – ganz gleich, mit welcher Reaktion Sie rechnen – Sie werden das Gegenteil erleben. Tun Sie, was Sie können, um diese Tendenz zu korrigieren, solange Ihr Wassermann-Kind noch jung ist – später kann sie ernste Probleme verursachen und für andere Menschen äußerst lästig werden. Diese Neigung ist natürlich mit einer gewissen Exzentrizität verbunden. Wenn sie aber unter Kontrolle gebracht wurde, kann diese ganz liebenswert wirken; wenn es nicht gelang, wird sie vielen zum Ärgernis.

Unterschätzen Sie nie die Originalität eines Wassermanns. Rechnen Sie vielmehr überall mit ihr, und unterstützen Sie sie in jeder Hinsicht, denn diese Begabung birgt gewöhnlich große Möglichkeiten, die sich sehr vielfältig äußern können –besonders im kreativen und wissenschaftlichen Bereich.

Wassermann ist vielleicht das kontaktfreudigste, vertrauensvollste und argloseste Tierkreiszeichen überhaupt; er nimmt alles so, wie er es sieht. Dies kann natürlich sehr gefährlich werden, solange Ihr Wassermann-Sprößling noch jung ist – später allerdings auch noch –, und Sie sollten ihm schon recht zeitig und behutsam erklären, daß man sich vor Fremden in acht nehmen muß, denn Wassermänner sind mit am anfälligsten für Annäherungsversuche von Unbekannten, die mit Süßigkeiten locken – oder nur mit ein paar freundlichen Worten.

Wassermänner sind die Menschenfreunde im Tierkreis, und es wird nicht schwierig sein, Ihr Kind zu Großzügigkeit und Nächstenliebe zu ermutigen, selbst wenn es nur über wenig Taschengeld verfügt. Es ist immer gut für Kinder, eine aktive Rolle zu übernehmen und für wohltätige Zwecke zu *arbeiten,* statt nur zu spenden. Für Wassermänner ist es am besten, mit ihrer kreativen Begabung einen Beitrag zu leisten, sei es durch das Spielen eines Musikinstrumentes, durch einen Auftritt bei einer Theateraufführung oder einem Umzug, oder durch eine Bastelarbeit – statt nur Geld den Besitzer wechseln zu lassen.

So großzügig sie sich zeigen, sind sie doch vernünftig genug um zu wissen, daß es gut ist, ein wenig zusätzliches Geld zu haben, mit dem man schöne Dinge kaufen kann, die einem ins Auge stechen. Denken Sie aber daran, daß sie den glitzernden Schein lieben und zuweilen viel mehr für die schöne Schau als für praktische Dinge ausgeben. Helfen Sie ihnen, Qualität und Wert zu schätzen und von oberflächlichem Glanz zu unterscheiden. Ihrem Stolz können Sie jederzeit Nahrung geben, indem Sie das Taschengeld anheben – besonders, wenn sie etwas geleistet haben, zum Beispiel ein erfreuliches Prüfungsergebnis.

Ohne Zweifel ist der Wassermann der Inbegriff eines Individualisten, und höchstwahrscheinlich wird er die nötige Schuluniform von Herzen verabscheuen – was für jede andere Uniform ebenfalls gilt: sie macht ihn zu einem von vielen, und diese Vorstellung behagt ihm nicht im geringsten. Wie die Vertreter einiger anderer Tierkreiszeichen, wird er es kaum abwarten können, bis er sich zu Hause die Schuluniform vom Leib reißen und in die Kleidung stürzen kann, die er wirklich mag. Ich werde mich hüten, auch nur andeutungsweise zu empfehlen, was ein Wassermann, welchen Geschlechtes er auch sei, in der Freizeit tragen sollte: er würde auf der Stelle das Gegenteil tun. Aber ich denke, ein blasses Türkis wird ihm gefallen, denn es ist »seine« Farbe. Ich nenne es Wassermann-Blau, und es steht den meisten Wassermann-Geborenen sehr gut.

Es ist wichtig, darauf zu achten, daß Ihr Wassermann seine körperliche Energie gleichmäßig nutzt. Weil er in seinem Verhalten etwas unstet ist, kann es leicht geschehen, daß er manchmal überaktiv ist, im nächsten Augenblick aber wieder lethargisch. Er wird kaum denken, daß dies etwas bedeute, denn er liebt Tempowechsel, doch sein Stoffwechsel sollte am besten ausgeglichen bleiben – siehe auch unter *Gesundheit und Ernährung.*

Ihr Wassermann-Kind wird kaum heftige Wutanfälle präsentieren, kann aber leicht von einem Augenblick zum anderen und aus den überraschendsten Gründen sehr ärgerlich und mürrisch werden. Wenn dies passiert, versuchen Sie ihn auf jeden Fall zu beruhigen und appellieren Sie an seine Vernunft, um ihm zu zeigen, wie irrational sein Verhalten ist. Wenn solche Szenen sich regelmäßig wiederholen, ist das ein Anzeichen dafür, daß sein launischer und unberechenbarer Zug die Oberhand gewonnen hat. Nehmen Sie die Situation ernst, und bringen Sie ihn nötigenfalls zur Räson. Er sollte sich solche irrationalen Zornphasen nicht erlauben dürfen; es würde ihm im späteren Leben sehr zum Nachteil gereichen.

Die drei Arten zu denken

Aufgrund des Einflusses von Merkur (siehe S. 22) arbeitet das Denken des Wassermanns vor allem auf eine von drei Arten:

1) Die Angehörigen der ersten Gruppe sind äußerst praktisch und wohlüberlegt; Loyalität und Tradition sind ihnen wichtig. Sie können sorgfältig denken und sind gründlich, aber gehen Sie davon aus, daß der Wassermann in der Schule nur langsame (aber stete) Fortschritte macht.

2) In der zweiten Gruppe sind jene, die die Wassermann-typische Halsstarrigkeit und Exzentrik sehr ausgeprägt zeigen; auch eine Tendenz zur Widerspenstigkeit gehört dazu. Ihr lebhaftes Denken wird zu ihrer Originalität beitragen. Eine Neigung zur unangebrachten Dramatisierung von Situationen könnte zum Vorschein kommen. Die Sturheit des Wassermanns ist verstärkt.

3) Verschwommenes Denken kann die intellektuelle Kraft der dritten Gruppe leicht in Mitleidenschaft ziehen; sie ist aber phantasiereich und hat ein beträchtliches Potential, wenn diese Eigenschaft schöpferisch entfaltet werden kann. Geben Sie acht auf Vergeßlichkeit und Geistesabwesenheit.

Die fünf Arten zu lieben

Aufgrund des Einflusses von Venus (siehe S. 22) tendieren Wassermänner dazu, ihre Zuneigung auf eine von fünf Arten auszudrücken:

1) Die erste Gruppe ist leidenschaftlich und flirtet gerne. Mit ihrer wunderbar positiven und optimistischen Einstellung zur Liebe brauchen diese Wassermänner Eigenständigkeit innerhalb einer emotionalen Beziehung, und der intellektuelle Kontakt und Austausch ist unverzichtbar für sie. Eine Tendenz zu zweifachen Beziehungen kann zu Problemen führen.

2) Sie sind extrem loyal und zuverlässig, können jedoch manchmal ein wenig

kühl sein im Ausdruck ihrer Gefühle; wenn sie in einer Beziehung leben, sind sie sehr treue Partner. Manchmal wählen sie einen älteren Partner, oder heiraten vielleicht für Position oder Rang.

3) Die dritte Gruppe versammelt die bezauberndsten Wassermänner, die oft äußerst gut aussehen und eine große Anziehungskraft auf das andere Geschlecht ausüben. Aber sie haben eine Tendenz, von ihren Partnern Abstand zu halten und zögern oft, sich mit Leib und Seele an einen anderen Menschen zu binden.

4) In diese Gruppe gehören die zärtlichen, liebevollen und fürsorglichen Menschen, aber sie können Konflikte erleiden, wenn es zu entscheiden gilt, was wichtiger ist – eine Beziehung oder ihr Bedürfnis nach Unabhängigkeit. Ein bezaubernd sentimentaler Zug ist manchmal zu beobachten, und sie sind gewiß äußerst romantisch veranlagt.

5) Die letzte Gruppe im Zeichen Wassermann ist – wie die erste – leidenschaftlich und wird sich eines vitalen Liebeslebens erfreuen; sie sind enthusiastisch im Ausdruck. Aber auch hier haben wir ein sehr starkes Bedürfnis nach viel Unabhängigkeit. Wassermänner dieser Kategorie müssen daran denken, daß ihre Tendenz zum Egoismus rasch eine Beziehung beeinträchtigen kann.

Gesundheit und Ernährung

Eines der wichtigsten Mittel, Ihren kleinen Wassermann bei guter Gesundheit zu halten, ist dafür zu sorgen, daß er es warm hat – vor allem natürlich bei kühlem Wetter. Interessanterweise scheinen die meisten Angehörigen dieses Tierkreiszeichens den Winter zu genießen; sie sind viel im Freien, unternehmen ausgedehnte, rasche Spaziergänge (wenn das Wetter es zuläßt) oder beteiligen sich am Wintersport (für den sie oft ein Talent besitzen). Aber das Zeichen Wassermann regiert Kreislauf und Durchblutung, und ständig kalte Hände und Füße sind ein sicheres Anzeichen dafür, daß etwas nicht in Ordnung ist. Schon als Baby kann der Wassermann seine warme Bettwäsche von sich strampeln, wenn es ihm gelingt – er mag das Gewicht auf seinem Körperchen nicht und möchte sich frei bewegen. Besorgen Sie nach Möglichkeit sehr leichte Bettwäsche (Daunendecke) oder einen Babyschlafsack, in dem er noch ausreichend »Deckung« hat, wenn er es bewerkstelligen konnte, sich des Schlafanzuges zu entledigen.

Im Interesse des Kreislaufs ist es natürlich sehr wichtig, den Wassermann zu regelmäßiger Bewegung und Körperübungen anzuspornen – nicht zur Kräftigung der Muskeln, sondern als Ausdauertraining, denn das stärkt das Herz und fördert damit die Durchblutung. Angesichts der Tatsache, daß die meisten Wassermänner künstlerisch veranlagt sind, ist es durchaus möglich, daß sie – Jungen wie Mädchen – lieber die Eisbahn oder den Tanz- oder Ballettunterricht aufsuchen, was den zusätzlichen Vorteil bietet, die Sprunggelenke zu kräftigen, die ebenfalls von diesem Tierkreiszeichen regiert werden. Aus diesem Grunde sind sie etwas anfällig für Verletzungen und Verstauchungen; es ist grundsätzlich zu empfehlen, daß Sie Ihrem Kind Schuhe kaufen, die ihm guten Halt geben.

Weil der Wassermann ein so Logik-betontes Zeichen ist, können die von ihm Beeinflußten ihre Probleme gewöhnlich vernünftig in Angriff nehmen und machen sich deshalb nicht zuviel Sorgen darum. Doch sie stehen oft unter großer nervöser Spannung, die zu Zuckungen führen kann und es ihnen schwer macht, sich zu entspannen. Es ist wichtig, daß Sie daran denken, denn wenn sich Spannungen erst einmal ansammeln, sind sie gar nicht leicht zu lösen. Mit Problemen konfrontiert, kann sich der Wassermann – für sein Tierkreiszeichen eigentlich ganz untypisch – sehr verschlossen geben, und Sie müssen ihn ermutigen, über eventuelle Schwierigkeiten zu reden, damit Sie ihnen auf die Spur kommen können; wenn dies erreicht ist, kann er einiges von seiner Spannung loswerden. Das ist wirklich sehr wichtig, denn mancher nervösere, reizbarere Wassermann neigt zu Migräne.

Weil er von Hause aus so kontaktfreudig ist, läuft der Wassermann natürlich mehr Gefahr, sich Erkältungen und kleine Infektionen zuzulegen, als ein Kind, das viel für sich ist. Gegen seine Kontaktfreudigkeit werden Sie nichts einwenden können, aber eine Vitamin C-Kur wird nicht schaden, wenn Erkältungen in der Luft liegen.

Die Ernährung des Wassermanns sollte leicht sein und viel Salat enthalten, auch im Winter. Salate aus gekochtem Gemüse oder Ratatouille sind gut für ihn und sollten ihm auch gut schmecken. Doch der Wassermann ist oft recht wählerisch beim Essen, und es ist nicht auszuschließen, daß es gelegentlich zu einem Drama am Familientisch kommt, weil er sich plötzlich überlegt, daß er etwas von den angebotenen Speisen nicht mag. Lassen Sie sich sagen: Er ist nur eigensinnig! Mehr als die meisten anderen Kinder sollte er sich von dem Argument beeindrucken lassen, daß er seine Mahlzeit aufzuessen habe, wenn so viele Kinder ohne Essen auskommen müssen. Problematisch kann es nur werden, wenn seine Logik auf den Gedanken kommt, daß Sie seine Portion Reispudding am besten gleich verpacken und nach Äthiopien schikken. Was Sie auf diese Forderung antworten, sei Ihrer Schlagfertigkeit überlassen!

Auch Ihr Wassermann wird vermutlich gut schlafen, wenn sich vor dem Zubettgehen zuviel Aufregung vermeiden ließ und seine wechselhafte Energie nicht gerade auf dem Höhepunkt ist. Es ist wirklich wichtig, eine ausgewogene Routine einzurichten und dafür zu sorgen, daß der Wassermann eine Zeitlang körperlich aktiv ist, und dann einige Zeit mit intellektuelleren Beschäftigungen verbringt. Das jedoch ist schwerer zu erreichen, als es klingt – der Enthusiasmus des Wassermanns veranlaßt ihn eher, zu lange ohne Unterbrechung zu trainieren. Wenn er einem Hobby sitzend frönt, bleibt er auch zu lange in einer Position und verursacht sich Kopfschmerzen durch die zu lange Konzentration.

Da Wassermänner Individualisten sind, sollten Sie den Ihren ermutigen, bei den Zwischenmahlzeiten zu experimentieren – geben Sie ihm mal Cracker mit Krabbengeschmack, am nächsten Tag eine exotische Frucht, etwa Lychees oder Kiwi. Abgesehen von der Annehmlichkeit, daß es ihm schmeckt, wird er es auch genießen, solche Köstlichkeiten im Kindergarten oder in der Schulpause auszupacken; denn damit erweist er sich eindeutig als Individualist.

Die ersten fünf Jahre

Von allen Charakteristika dieses Tierkreiszeichens, die Sie schon von Beginn an beobachten können, wird Ihnen der Hang zur Eigenständigkeit zuerst auffallen. Natürlich sollten Sie alles tun, was Sie können, um ihn zu unterstützen und die interessante und phantasievolle Originalität Ihres Kindes zu entfalten.

Spielzeug, das seine Phantasie beflügelt – je einfacher es ist, desto besser! – wird sehr willkommen sein; wenn er etwas älter ist, können Sie ihn mit Puzzles bekannt machen und mit Spielzeug, bei dem er sich fragt »Wie funktioniert denn das?« Das fördert, was sich vielleicht eines Tages als wissenschaftliches Denken entpuppen wird. Über seine ersten Bücher freut der Wassermann sich bestimmt – sie sollten nicht nur »gedruckter Text« sein, sondern auch bunt, um die Phantasie des Kindes anzuregen.

Wahrscheinlich werden Sie gewisse Eigentümlichkeiten im Verhalten Ihres Wassermanns bemerken; beobachten Sie sie, denn von allen Kindern des Tierkreises ist der Wassermann das unberechenbarste. Das betrifft nicht nur seine Einstellung und die Art und Weise, wie er auf sein Spielzeug anspricht, sondern auch seine Eß- und Schlafgewohnheiten. Am einen Tag will er sich sofort nach dem Mittagessen zum Schläfchen niederlegen, am nächsten Tag ist er um

14 Uhr noch äußerst munter, zeigt sich aber dann um 16 Uhr bereit zu schlafen. Versuchen Sie, sich dadurch nicht in Ihrer Lebensart stören zu lassen, besonders wenn Sie am Abend ausgehen möchten und einen Babysitter organisiert haben. Weil Ihr Kind so kontaktfreudig ist, paßt es sich leicht anderen an, und ich glaube kaum, daß er sich ängstigt vor jemand, der ins Haus kommt, um sich um ihn zu kümmern.

Um sein Gefühl für Verantwortung zu entwickeln, lesen Sie noch einmal den Abschnitt *Die fünf Arten zu lieben* (siehe oben) durch, und versuchen Sie zu ermitteln, zu welcher Venus-Gruppe Ihr Kind gehört. Er ist zwar noch etwas zu jung dafür – und so ist es nicht ganz einfach –, aber wenn Sie meinen, er ist engagiert und vernünftig genug, kann der Wassermann durchaus die Katze füttern oder eine Zimmerpflanze oder eine Ecke des Gartens versorgen. Überlassen Sie es ihm, wie er seine Aufgabe erfüllt – aber kontrollieren Sie natürlich, was er leistet, damit die Katze weder kugelrund wird noch verhungern muß! Wenn er etwas zurückhaltend ist, wäre die Aufgabe, einen unbelebten Gegenstand zu pflegen oder zu reinigen, vermutlich eine bessere Idee.

Sie sollten darauf gefaßt sein, daß es nicht leicht sein wird, den Wassermann zu disziplinieren. Wenn es zu einem Zusammenstoß kommt, haben Sie jedoch zwei erfolgversprechende Möglichkeiten: Es ist zwecklos, dem Wassermann gegenüber emotional aufzutreten, aber Sie können ihn darauf aufmerksam machen, daß sein Verhalten Sie aufgebracht hat – daß Sie eine Familie sind und er als liebes, hilfreiches Kind ein verantwortungsvolles Mitglied sein muß und nicht das Familienleben durcheinanderbringen oder die Verbindung zwischen Ihnen beeinträchtigen darf. Versuchen Sie generell, logisch statt emotional vorzugehen.

Der Kindergarten sollte Ihrem Wassermann Spaß machen; er lernt viele Kinder kennen und berichtet Ihnen bestimmt, daß jedes von ihnen sein Freund sei! Der Reiz größeren, anspruchsvolleren Spielzeugs und des Zusammenseins mit Kindern, die vielleicht etwas älter und weiter entwickelt sind als er, wird hervorragend für ihn sein, Denken und Phantasie anregen, und ihm schließlich wohl zustatten kommen, wenn er die »richtige« Schule besuchen darf.

Schulzeit

Der Übergang vom Kindergarten zur Grundschule dürfte Ihrem Wassermann leichtfallen. Sollte er eigensinnig darauf bestehen, am zweiten Tag nicht mehr zur Schule gehen zu wollen, haben Sie einen harten Kampf vor sich, um ihn dazu zu bringen, in diesem Punkt etwas konventioneller zu denken!

Doch Sie können immer an seinen Zug zur Unabhängigkeit appellieren. »Jetzt bist du schon ein großer Junge, und du brauchst nicht mehr den ganzen Tag bei der Mama zu sein – es ist viel besser für dich, wenn du allein aus dem Haus gehst, etwas Neues lernst und mit deinen Freunden Spaß hast.« Versuchen Sie ihm zu erklären, daß er binnen weniger Tage selbst merken wird, daß die »Schule für große Jungen« viel interessanter und lustiger ist als der Kindergarten.

Wenn er keine Schwierigkeiten hatte, im Kindergartenalter Freundschaften zu schließen, wird er auch in der Schule seinem Tierkreiszeichen alle Ehre machen und zu den Gleichaltrigen lieb und kameradschaftlich sein – und schon bald wird die ganze Horde nach der Schule bei Ihnen in die Wohnung stürmen!

Was die Disziplin betrifft, so wird er gewiß versuchen, seine Lehrer »reinzulegen« und immer wieder auf die Probe zu stellen um herauszufinden, wieviel er sich erlauben darf. Nicht, daß er ein ungezogenes Kind wäre, aber er rebelliert von Natur aus gegen jede Art von Einschränkung und dagegen, gesagt zu bekommen, was er tun soll. Auch regelmäßige Arbeit ist vermutlich nicht, was er mag, und ein Stundenplan, der einen Teil seines Tagesablaufs berechenbar werden läßt, wird ihn entsetzlich langweilen. Ich denke nicht, daß dies auch für den Unterricht als solchen gilt, sondern vor allem der Tatsache, daß man sich jeden Tag jeder Woche zur gleichen Zeit im gleichen Raum versammeln muß.

So gesehen, spricht der Wassermann vermutlich besonders gut an auf eine Schule mit flexiblem Stundenplan und möglicherweise auch einer etwas freizügigeren Einstellung zu Disziplin und Arbeit allgemein. Das bedeutet jedoch nicht, daß man ihm die Zügel schleifen lassen sollte, und wenn Sie feststellen, daß er in der Schule nicht so gut vorankommt, wie er sollte, müssen Sie wirklich sehr streng mit ihm sein, denn in den meisten Wassermännern schlummern große Begabungen, die geweckt und entfaltet werden wollen.

Vielleicht der einzige Grund, aus dem Sie ihn unbedingt zu regelmäßiger, systematischer Arbeit anspornen müssen, sind bevorstehende Prüfungen. Er ist vielleicht etwas unbekümmert, aber seine Einstellung zur Arbeit hängt davon ab, zu welcher Merkur-Gruppe (siehe *Die drei Arten zu denken)* er gehört. Wenn er zur dritten Gruppe gehört, müssen Sie streng sein; finden Sie ihn in der zweiten Gruppe, gehen Sie Kompromisse ein und äußern Sie sich so logisch wie möglich; als Mitglied der ersten Gruppe ist er allgemein etwas ernsthafter, und das Problem entsteht vielleicht erst gar nicht.

Die schulischen Leistungen des Wassermanns sind oft recht wechselhaft. Auch dies hängt wiederum in gewissem Maße von seiner Art zu denken ab, aber seine Leistung ist generell unausgeglichen – zeitweise glänzende Fortschritte, dann wieder Phasen mit schwächeren Ergebnissen. Sorgen Sie sich nicht zu sehr, wenn er in den ersten Schuljahren nicht so gut vorankommt, wie Sie es sich vorgestellt hatten. Das ist häufig der Fall, und Sie werden vermutlich merken, daß er, wenn er ein paar Jahre älter ist, anfangen wird, sprunghaft Fortschritte zu machen.

Es gibt einen Bereich, in dem Sie seine Originalität unbedingt beschneiden müssen: wenn er Prüfungsfragen beantworten muß. Der Wassermann mit seiner freidenkerischen, originellen Art neigt stark dazu, seinen Prüfern mit eigenen Meinungen und interessanten Belanglosigkeiten imponieren zu wollen, statt die gewünschten Fakten zu liefern; vor dieser Tendenz sollten Sie und seine Lehrer ihn ständig aufs neue warnen.

Da der Kreislauf des Wassermanns beobachtet werden sollte, werden ihm alle sportlichen Betätigungen hilfreich sein. Ob und wie sehr oder wenig er den Schulsport genießen wird, ist schwer zu sagen, aber weil er aufgeschlossen ist, wird er zumindest eine Sportart finden, die ihm zusagt. Leichtathletik, schnelle Spiele wie Tennis und Badminton – später auch Squash – sind gute Möglichkeiten. Aber weil er eben ein Wassermann ist, kann er seine Begeisterung ebenso auf Fußball- oder Rugby-Spiel konzentrieren, oder er trainiert sich in Krickett – natürlich auf seine ganz eigene, höchst kreative und originelle Art!

Weil Faineß ihm viel bedeutet, wird er ein gutes Gespür für Richtig und Falsch entwickeln und sich als idealer Vertrauensschüler oder schließlich Schulsprecher erweisen. Er kann Verantwortung übernehmen und mit ihr vorwiegend so gut umgehen wie sein Nachbar im Tierkreis, der Steinbock. Doch wird der Wassermann viel zugänglicher sein als der etwas distanzierte Steinbock. Er ist nicht der »abgehobene«, einsame Chef, und wenn man ihn zum Vertrauensschüler ernennt, wird er jene besondere Verbundenheit nicht verlieren, die er im Laufe der Jahre zu seinen Klassenkameraden aufgebaut hat, sondern seine Verantwortung leichten Herzens und genau in dem Geist annehmen, den die Position verlangt. Natürlich muß er einen Weg finden, Eigensinn und Unberechenbarkeit des eigenen Charakters unter Kontrolle zu bringen, wenn er eine solche Verantwortung übernimmt – zumindest in bezug auf sein Verhalten und Denken in der Schule.

Wenn er ein Thema oder Projekt außerhalb des Lehrplanes wählen kann und mit einem Vorschlag ankommt, den Sie für närrisch halten, dann verurteilen Sie ihn nicht vorschnell – besonders, wenn es etwas Erfinderisches ist –; hier ist der Wassermann in seinem Element: er nimmt etwas Ausgefallenes auf und macht es sich zu eigen.

Das Leben außerhalb der Schule

Wenn Sie sich überlegen, was Ihren jungen Wassermann interessieren könnte, dann halten Sie sich an die goldene Regel: der Wassermann liebt die dunkle Vergangenheit und die ferne Zukunft! Wenn Sie dies beachten, heißt das natürlich, daß Sie ihn ins Deutsche Museum oder in ein archäologisches Museum mitnehmen, zu einer archäologischen Grabungsstätte oder in eine Ausstellung über Raumfahrt. Viele Kinder unserer Zeit interessieren sich brennend für Dinosaurier und andere ausgestorbene Tiere, und wenn Ihr Wassermann diesen Gedanken aufnimmt, wird er wahrscheinlich länger daran festhalten als seine Freunde. Vielleicht sammelt er auch gerne Steine und Kiesel und wird ganz aus dem Häuschen sein, wenn er eine Versteinerung entdeckt.

Im krassen Gegensatz hierzu wird er Science-fiction-Romane verschlingen und SF-Filme konsumieren, Modelle von Raumschiffen und den modernsten Flugzeugen basteln. Auch die Astronomie erfreut sich bei den Wassermännern großer Beliebtheit. Vielleicht interessieren Sie ihn dafür und zeigen ihm den Mond und die Planeten durch ein gutes Fernglas (viel besser als ein billiges Teleskop). Ein junger Mensch, der wie er in die Zukunft blickt, wird keine Schwierigkeiten haben, mit dem Computer umzugehen. Die meisten Kinder von heute finden es verhältnismäßig leicht, aber der junge Wassermann wird vermutlich selbst seinen Lehrern über den Gebrauch der Tastatur etwas sagen können, bevor er auch nur die Finger darauf gelegt hat. Angesichts dieser beiden Extreme sollte es wirklich nicht allzu kompliziert sein, Ihren jungen Wassermann zu unterhalten und zu bilden – und sich auf ihn zu verlassen, sich selbst in der Freizeit zu unterhalten und zu bilden.

Der Wassermann ist im Grunde ein Kommunikations-Mensch und schreibt vielleicht gerne Artikel für die Schülerzeitschrift oder richtet irgendeine Kommunikationsverbindung zu seinen Freunden ein – und wenn es nur ein Spielzeug-Telefon ist, bestehend aus zwei leeren Dosen, die durch eine Schnur miteinander verbunden sind! Seine angeborene Neugier wird für gute Kinderbücher nach der Art von »Wie funktioniert ... ?« dankbar sein, diese Anschaffung wird sich lohnen.

Sportliche Interessen außerhalb der Schule sind eine gute Idee, denn der Wassermann muß immer so aktiv wie möglich sein. Sehr häufig haben Angehörige dieses Zeichens ein Flair für Schauspiel und Theater und interessieren sich vielleicht für eine lokale Laientheatergruppierung – oder für Tanzgruppen (der moderne freie Tanz wird ihm besonders gefallen). Wie ich bereits erwähnte (siehe Abschnitt *Gesundheit und Ernährung)*, ist Wintersport gut für ihn, und er hat bestimmt seinen Spaß daran.

Vielleicht haben Sie einen zukünftigen Erfinder in der Familie? Üben Sie Nachsicht mit ihm, wenn übelste Gerüche aus seinem Zimmer dringen, während er mit seinem Chemiekasten experimentiert.

Die Mädchen im Zeichen Wassermann fühlen sich instinktiv von glänzenden, schimmernden Gegenständen angezogen und werden mit Freude Ketten aus durchsichtigen Plastikperlen oder anderen Glitzerdingen aufreihen – sie lieben den funkelnden Glanz. Oft haben sie ein ausgeprägtes modisches Empfinden und das größte Vergnügen am Anfertigen von hübschen Kleidchen für ihre Puppen. Später dann schneidern sie sich gekonnt glitzernde Schlager für ihre Partyauftritte. Wenn Ihre Tochter sich für Mode- oder Schmuck-Design interessiert, sollten Sie tun, was in Ihren Möglichkeiten steht, um sie zu ermutigen, diesem Hobby nachzugehen und sich gute Näh- oder handwerkliche Fertigkeiten anzueignen. Ein Kindheitsinteresse dieser Art kann sich – besonders bei Wassermann-Geborenen – zu einer lukrativen und äußerst lohnenden Karriere entfalten. Für Wassermänner beiderlei Geschlechts ist jede Begeisterung für etwas, das außerhalb des Normalen oder Gewöhnlichen liegt, eine herrliche Sache, und sollte immer beachtet und gefördert werden.

Vorbereitung fürs Leben

Jeder Wassermann, den ich kennengelernt habe, verkörperte etwas Spezielles, Individuelles in seiner/ihrer Lebensart.

Wenn Ihr Sohn oder Ihre Tochter allmählich heranwachsen und sich mit ihrer Persönlichkeit identifizieren, brauchen sie vermutlich ein wenig länger als ihre Altersgenossen, um durch die Gezeiten der Emotionalität zu gelangen und als echter Erwachsener aus ihnen hervorzukommen. Sie müssen nämlich für sich selbst genau herausfinden, welche Art von Lebensstil sie wollen. Machen Sie sich keine Sorgen, wenn sie sich nicht zur gleichen Zeit wie die meisten ihrer Klassenkameraden in eine feste Beziehung geben; sie sind heftigst selbständig und wollen diese Eigenständigkeit nicht einmal für jemanden aufgeben, für den sie sehr tiefe Gefühle hegen. Dies gilt übrigens für Wassermänner und »Wasserfrauen«.

Weil die Wassermänner sehr spezielle Bedürfnisse haben, ist es ganz gut, wenn sie länger als gewöhnlich brauchen, um einen Partner fürs Leben auszuwählen. Wenn sie sich ihm verbunden haben, sind sie treu. Meist ist einer der erfreulichsten Aspekte ihrer Beziehung die echte innere Verbundenheit und die Freundschaft mit dem geliebten Menschen.

Höchstwahrscheinlich wird Ihr junger Wassermann für das andere Geschlecht äußerst attraktiv sein, und wie alle jungen Leute wird er darauf erpicht sein, auch mit seiner Sexualität zu experimentieren. Sein Bedürfnis nach Selbständigkeit und Freiheit sollte man jedoch keinesfalls mit sexueller Promiskuität assoziieren; in dieser Hinsicht sind Sorgen fehl am Platze. Es ist nur noch wichtiger als bei anderen, daß der Wassermann alles kennengelernt und bekommen hat, bevor er sich bindet.

Doch nun sollten wir uns daran erinnern, daß viele Wassermänner äußerst romantisch sind und manchmal weit mehr als nur leicht verklärten Blickes daherkommen. Vielleicht sollten Sie auf diese Tendenz achtgeben, besonders wenn Ihr Wassermann zum ersten Mal verliebt ist. Versuchen Sie es, ohne seinen Enthusiasmus zu dämpfen, wie immer mit einem Appell an seinen angeborenen Sinn für Logik und Vernunft und an einen sehr nützlichen Persönlichkeitsaspekt, der für dieses Tierkreiszeichen typisch ist: die Fähigkeit, sich von seinen Problemen zu distanzieren und sie fast so zu betrachten, als beträfen sie einen anderen.

Das erste Anzeichen für das Nahen der Pubertät ist beim Wassermann eine Neugier auf alles, was er mit dem Erwachsensein assoziiert. Er wird anfangen, Fragen zu stellen, beispielsweise über Liebesszenen im Fernsehen, und wird sehr beharrlich nicht nur Sie befragen, sondern auch Freunde und Verwandte, die nicht viel älter sind als er selbst. Ich denke nicht, daß er zu sehr beeinflußt ist von dem, was Sie oder jemand anderes sagen. Er ist nicht leichtgläubig, wird aus Ihren Bemerkungen seine eigenen Schlüsse ziehen und selbst herausfinden, was alles bedeutet – und seine eigenen Reaktionen so registrieren, als wären sie die eines anderen. Das ist weitgehend die Einstellung des Wassermanns zur eigenen sexuellen Entwicklung; Jungen wie Mädchen gelangen auf diese Weise leicht zu einer sehr distanzierten und klinischen Haltung gegenüber den körperlichen Veränderungen in der Pubertät und Jugend. Ein wirklich gutes Buch, das diese einfach, aber sorgfältig detailliert beschreibt, ist wohl der beste Weg, sie über das Thema zu unterrichten; wenn Sie nicht selbst Wassermann sind, wird es Ihnen wohl kaum gelingen, alle Fragen genau so zu beantworten, wie es der Wassermann braucht.

Keines unter den zwölf Tierkreiszeichen profitiert so sehr von einer gemischten Schule (man möchte sagen: einem gemischten Internat!) wie der Wassermann. Dieser akzeptiert das andere Geschlecht als völlig gleichberechtigt; es sollte keine Phase der Verlegenheit geben, in der es Geheimnis und Peinlichkeit gibt, und ganz gewiß keine Diskriminierung.

Auch hier haben wir es mit einem Zeichen zu tun, das von Doppelrendezvous vermutlich profitieren wird – zum Teil, weil Wassermänner viel Freundschaftlichkeit innerhalb einer emotionalen Beziehung brauchen, was durch ein

Doppelrendezvous geboten wird, bei dem die Leidenschaft etwas gezügelt werden muß. Der Wassermann sollte sehr viel Spaß und Vergnügen bei seinen frühen romantischen Erlebnissen gewinnen, und wenn es eine Reihe davon gibt, ist das nur gut so, denn man kann wohl mit Recht sagen: je tiefer die freundschaftliche Verbindung und je mehr der Wassermann mit seinem Partner gemeinsam hat, desto stärker wird die Beziehung wohl werden. Sich mit einer Reihe von Freundinnen zu treffen, ist bei weitem besser, als sich zu sehr mit einer zu engagieren und in gewisser Weise zu binden – und dann zu spät zu entdecken, daß man im Grunde wenig Gemeinsamkeiten besitzt.

In den Jugendjahren Ihres Wassermanns sollten Sie den Abschnitt *Die fünf Arten zu lieben* noch einmal aufmerksam lesen; in technischer Hinsicht ist der Einfluß des Planeten Venus in diesem Lebensbereich besonders relevant.

Weitere Ausbildung

Die Aussicht, von der Schule auf Hochschule oder Universität überzuwechseln, wird Ihren Wassermann reizen und begeistern. Er ist bestimmt bereit, die weitere Ausbildung anzupacken und wird mit mächtigen Schritten auf seine persönliche Unabhängigkeit in größtmöglicher Sicherheit zugehen.

Jetzt kommt der Lebensabschnitt, in dem vielleicht mehr als bei den Vertretern aller anderen Tierkreiszeichen die eigenen Meinungen und Lebenseinstellungen geprägt werden. Es ist gut möglich, daß der Wassermann in seiner Studentenzeit seinen Altersgenossen in Vorstellungen und den Dingen, die ihm etwas bedeuten, weit voraus ist. Doch es ist eine Tatsache, daß er, der seiner Generation mit seinen Ansichten und Lebenseinstellung in mancher Hinsicht voraus war, in einzigartiger Weise dazu neigt, an diesen für den Rest seines Lebens festzuhalten. Wenn er wesentlich älter ist, stößt er dann auf enorme Schwierigkeiten, sich den fortgeschrittenen Zeitläufen anzupassen; die Zeit und Entwicklung bleiben nicht stehen.

Sich an das Leben als Student zu gewöhnen, fällt ihm nicht schwer. Sein Bekanntenkreis wird sich mächtig erweitern, die Reihe seiner nicht-universitären Aktivitäten ebenfalls. In bezug auf das Studium neigt er etwas zur Selbstüberschätzung und glaubt, mehr zu wissen, als er tatsächlich weiß. Wenn Prüfungen bevorstehen, bereitet er sich manchmal nicht so gründlich vor, wie es eigentlich notwendig wäre. Achten Sie auf diese Tendenz, lesen Sie auch noch einmal den Abschnitt *Die drei Arten zu denken*; wenn er in der Schule regelmäßig gearbeitet und sich allmählich emporgeschafft hatte, versuchen Sie zu erreichen, daß er sich diese Routine wieder angewöhnt.

Wenn er junge und enthusiastische Tutoren hat, wird er sie gewiß als Gleiche anerkennen. Im allgemeinen ist er nicht der Typ, der seinen Lehrern automatisch Respekt entgegenbringt. Das ist im Grunde eine gute Sache, denn eines der festen Prinzipien des Wassermanns lautet: »Alle Menschen sind gleich, in der Persönlichkeit, wenn nicht auch im Wissen.« Nicht, daß er respektlos wäre, aber er wird seine Tutoren bei jeder sich bietenden Gelegenheit auf die Probe stellen.

Wenn er während des Studiums bei den Eltern wohnt, wird er nach ein oder zwei Semestern vermutlich mitteilen, daß er mit einigen Freunden zusammen wohnen möchte. Vielleicht kommt Ihnen das ein wenig befremdlich vor, aber ich empfehle Ihnen, seine Entscheidung nicht als Familientragödie zu betrachten, sondern seinem Wunsch stattzugeben, das elterliche Nest zu verlassen. Wenn diese Situation aufkommt, ist er zu der Erkenntnis gelangt, daß er die größere Unabhängigkeit und Freiheit vertragen kann, und Sie sollten nicht versuchen, ihm einen Strich durch die Rechnung zu machen. Seien Sie sicher: er besitzt gewiß mehr gesunden Menschenverstand, als Sie erkennen. (Für die Eltern von Krebs-Geborenen ist diese Situation besonders schwierig.)

Die besten Fortschritte im Studium wird er machen können, wenn er angeregt wird, innerhalb der Grenzen seines Studienfachs zu experimentieren. Im allgemeinen ist es für einen Wassermann vorteilhafter, etwas selbst herauszufinden, als Informationen über die Erfahrungen anderer aufzunehmen, wie fachkundig diese anderen auch seien. Gleichgültig, wie sein Geist arbeitet: er ist wissensdurstig, unersättlich auf der Suche nach neuen Erfahrungen, besonders solange er jung und formbar ist.

Wenn Sie den Eindruck haben, daß er nicht genug aus dem Haus kommt und mehr frische Luft nötig hat, schlagen Sie ihm vor, sich auf seine früheren sportlichen Interessen zu besinnen oder sich zumindest einem Verein an der Universität anzuschließen, der es ihm ermöglicht, an einem preiswerten Skiurlaub teilzunehmen, Ausflüge oder Expeditionen mitzuerleben. Für eine abenteuerliche Reise in eine abgelegene Gegend ist der Wassermann besonders dankbar.

Es kann passieren, daß der Wassermann während des Studiums oder der Ausbildung plötzlich beschließt, daß er all seine Zeit einer Sache widmen will, die ihn schon seit Jahren beschäftigt hatte, wenngleich nur als Hobby. Was also bisher nur ein spannendes Interesse gewesen ist, mag nun zum Beruf, zur Karriere werden. Versuchen Sie sich dem nicht entgegenzustellen, denn er wird sich seinen Plan ausgiebig überlegt haben. Jede plumpe Opposition provoziert nur seinen Eigensinn, und er vergeudet emotionale Energie im Kampf mit Ihnen – Energie, die viel besser zu nutzen wäre in der Entfaltung des Interesses, das ihm jetzt am Herzen liegt. Entschlossenheit und ein Wassermann-typischer Zug, der fast als Brillanz zu bezeichnen ist, werden ihm helfen.

Arbeitslosigkeit: Spannung und Belastung

Wie bei den jungen Menschen unter dem Einfluß des gegenüberliegenden Zeichens, Löwe, wird es den Stolz und die Würde des Wassermanns sehr verletzen, wenn er seine Ausbildung abgeschlossen hat und ihn offenbar niemand beschäftigen will.

Er hat das innere Bedürfnis, diese Situation möglichst bald unter Kontrolle zu bringen und jeden vorstellbaren Weg zu beschreiten, um eine Arbeitsstelle zu finden; was er an Erfahrung und Fähigkeiten hat, präsentiert er zu seinem uneingeschränkten Vorteil bei jeder Gelegenheit. Es macht ihm Freude, einen ordentlichen und beeindruckenden Lebenslauf vorzubereiten; halten Sie ihn an, auf gutes Aussehen zu achten und seine Originalität einzusetzen, um ihn außergewöhnlich zu gestalten, so daß er unter den zahlreichen Lebensläufen auffällt, die nach einem Stellenangebot in der Zeitung auf den Schreibtisch eines Personalchefs kommen.

Der Wassermann will vermutlich einige Zeit mit Gleichaltrigen verbringen, die ebenfalls auf Arbeitssuche sind. Seine Zeit wird nicht vergeudet sein, denn wenn er vom Arbeitsamt und vom Zeitschriftenlesesaal der Bibliothek zurückkehrt, will er seine Aufmerksamkeit vermutlich einer dringenden Arbeit in der Gemeinde zuwenden – und kann seine Freunde geschickt zur Mithilfe anregen.

Wenn er eine Arbeitsbeschaffungsmaßnahme in Erwägung zieht, lockt ihn wahrscheinlich eine Arbeit, die ungewöhnlich und irgendwie besonders ist – je ausgefallener, desto besser. Selbst wenn keine Karriere daraus wird, profitiert er gewiß von der Erfahrung.

Möglicherweise fällt es ihm recht schwer sich zu entspannen, denn er wird all seine Zeit der Stellensuche widmen wollen; zuweilen ist er sehr angespannt und leidet vielleicht unter nervösen Kopfschmerzen. Eine Entspannungstechnik wird ihm helfen, wenn er unter Druck steht; sportliche Aktivität oder ein anderes Übungsprogramm sind gleichfalls zu empfehlen. Auf Yoga oder eine fernöstliche Technik, die körperliche mit mentaler Disziplin verknüpft, spricht er möglicherweise gut an.

Seine beste Methode, mit langen Tagen des Nichtstuns fertig zu werden, besteht darin, sie mit soviel Abwechslung wie möglich auszufüllen. Ermutigen Sie ihn, unternehmungslustig zu sein – auch wenn er Geld nicht für das wichtigste im Leben hält, gibt es ihm bestimmt Auftrieb, wenn er mit einem kleinen Geschäft Gewinne machen kann. Sehr wahrscheinlich fällt ihm etwas höchst Originelles und Außergewöhnliches ein, das zu planen und zu verwirklichen ihm viel Spaß bereitet.

Wenn ein Wassermann den Drogen verfällt, muß es aus dem reichlich törichten, aber modischen Grund geschehen sein, daß Menschen, die er für besonders »in« hält, ebenfalls Rauschgift konsumieren. Ist er einmal in die Falle getappt, wird es Ihnen sein angeborener Starrsinn schwer machen, ihn zum Entzug zu überreden. Sie müssen eine Möglichkeit finden, daß *er* zu diesem Entschluß gelangt. Wenn er die Entscheidung einmal getroffen hat, werden ihm seine Entschlossenheit und Logik helfen. Denken Sie an seine angeborene Fähigkeit, sich von Problemen zu distanzieren und sie kühl und objektiv zu betrachten; wenn Sie ihn dazu bringen können, haben Sie eine gute Chance, die Schlacht zu gewinnen. Sie können auch an seinen angeborenen Stolz appellieren. Da er es als entwürdigend empfindet, arbeitslos zu sein, sollte er auch genau spüren, wie die Drogen seine Selbstachtung zerstören. Der Anblick von Drogensüchtigen, die in entwürdigendes Elend geraten sind, wird ihn abschrecken – das Vorbild von Menschen, die er achtet, und die mit der Sucht Schluß gemacht haben, ist ebenfalls sehr wichtig.

Der Aspekt der Realitätsflucht durch die Droge ist beim Wassermann meines Erachtens nicht sehr wichtig; vermutlich bringt ihn eher die angeborene Neugier dazu, Drogen zu probieren – er will nicht aus der Welt fliehen. Die Droge, die gerade am populärsten ist, wird auch ihm am meisten zusagen.

Interessen und Freizeit-Aktivität

Wassermänner haben im allgemeinen einen sehr weiten Freundes- und Bekanntenkreis, den sie sich meist ihr Leben lang erhalten. Deshalb brauchen Sie aber nicht zu erwarten, leichten Zugang zum Privatleben eines Wassermanns zu finden, wie sehr Sie sich ihm auch freundschaftlich verbunden fühlen. Der Wassermann beansprucht sein Privatleben, an dem er zäher festhält als am besten Freund.

Sehr häufig geschieht es, daß der Wassermann seine Freunde ungewollt beleidigt, etwa durch eine völlig gedankenlose Bemerkung, jedenfalls aber ohne guten Grund. Es ist nur sehr schwer zu erfahren, warum dies so ist, aber es scheint sehr oft vorzukommen. Sollten Sie aber umgekehrt Hilfe brauchen, wird der Wassermann gewiß herbeieilen, Sie bereitwillig unterstützen und Ihnen großzügig seine Zeit und Energie schenken.

Bereits junge Wassermänner, deren Sexualität sich gerade zu regen beginnt, können Frauen als gleichberechtigt anerkennen und gute freundschaftliche Beziehungen mit ihnen unterhalten. Sie lieben es auch, mit einer eleganten Partnerin gesehen zu werden – vielleicht weil sie es genießen, die Neugier anderer zu wecken. Wenn aber die Partnerin romantische Gefühle und Engagement erwartet, wird sie leicht enttäuscht. Dann heißt es: »Danke für den schönen Abend, gute Nacht.« Sich emotional zu engagieren, kommt für den Wassermann nicht in Frage – andere Dinge sind wichtiger!

Gruppen, die ein gemeinsames Interesse teilen, ziehen ihn an; er ist sehr dankbar für den Ideenaustausch, für Informationen und gemeinsame Begeisterung. Wassermänner werden viel leisten, um die Entwicklung einer solchen Gruppe zu fördern. Als Mitglieder eines Vereinsvorstands sind sie ideal – vorausgesetzt, sie halten den Betrieb nicht mit ihrem Starrsinn auf. Teilen sie die Ansicht einer Minderheit, rebellieren sie gegen eine anders gefällte Entscheidung, bis jedermann am liebsten schreiend den Saal verließe. Doch ihre Fähigkeit, Dinge rational zu betrachten, wird ein großer Vorteil sein, und man kann ihnen bestimmte Aufgaben in dem vollen Vertrauen übertragen, daß sie verantwortungsvoll ausgeführt werden. Auch einen Unterausschuß kann der Wassermann zuverlässig und gut leiten, denn er kümmert sich gerne um eine vielleicht kleine, aber wichtige Facette eines Projekts und sorgt dafür, daß sie perfekt verwirklicht wird.

Wassermänner haben einen scharfen Blick für soziale Umstände, und es ist besonders gut für sie, wenn sie sich mit einer Arbeit beschäftigen, von der ihre Gemeinde oder ihr Wohnort profitieren können. Ermutigen Sie Ihren jungen Wassermann, sich an solchen Projekten zu beteiligen; er wird es sehr befriedigend finden und dem Gemeinwohl nützlich sein. Ältere Menschen werden von seiner lebhaften, strahlenden Persönlichkeit bezaubert sein.

Die Lieblings-Hobbys der Wassermänner zu nennen, ist fast unmöglich: sie scheinen ihre Begeisterung fast auf alles richten zu können. Aber wir finden zweifellos viele Vertretern dieses Zeichens, die mit Erfolg ihre eigene Bekleidung entwerfen – besonders die Mädchen spezialisieren sich auf blendende Kleider oder aufsehenerregende Roben, die an die Prachtgewänder der populären Fernsehserien erinnern. Andere sind von der Astronomie fasziniert und wollen ein eigenes Teleskop haben – und es gibt auch eine Vielzahl von Wassermännern, die sich als kompetente Astrologen hervortun; gerade die Angehörigen dieses Tierkreiszeichens sind von dieser Thematik besonders gefesselt. Oft haben Wassermänner eine Vorliebe fürs Theater und lassen sich den Theater- und Konzertbesuch zum Hobby werden, das sie so ernst verfolgen, wie ihr Etat es ihnen erlaubt. Viel Vergnügen kann ihnen auch die Mitwirkung in einer

Laientheatergruppe geben, sei es als Darsteller oder als Kostümbildner und Maler, wenn sie sich keine Rolle als Schauspieler vorstellen können. Viele Wassermänner begeistern sich für Oldtimer – Automobile und Krafträder –, die sie gerne instandsetzen, reparieren und pflegen.

Der Wassermann liebt die dunkle Vergangenheit und die ferne Zukunft – daran kann man sie erinnern, wenn sie nicht wissen, welchem Hobby sie nachgehen sollen. Einerseits finden wir im Zeichen Wassermann den jungen Archäologen, Geologen oder Paläontologen, andererseits den jungen Erfinder oder einen Science-Fiction-Fan und Raumfahrt-Begeisterten.

So manches köstliche Mahl wird am Tisch eines Wassermanns zu genießen sein. Erfindungsgabe und Talent folgen ihm auch in die Küche, in der er glänzend improvisiert; glücklich gibt er soviel aus, wie er sich leisten kann, um einen Wein oder kostspielige Zutaten zur Abrundung oder Verbesserung eines Gerichts zu erwerben. Oft bevorzugt er außergewöhnliche Speisen, etwa aus dem Osten, und kocht sie mit soviel Begabung wie ein chinesischer oder japanischer Chefkoch. Es ist gut für Wassermänner, ein Haustier zu besitzen – auch wenn sie es manchmal ablehnen, weil sie die damit verbundene Verantwortung scheuen, aber auch die Tatsache, daß Tiere sich hin und wieder in ihren festgelegten Tagesplan und damit in ihr Bedürfnis nach Unabhängigkeit einmischen können. Bevor sie ein Tier auswählen, sollten sie sich diesen Schritt sehr sorgfältig überlegen. Vielleicht nehmen sie ein Tier, das sie für »pflegeleicht« halten. Ideal wäre wohl ein hübscher, lebhafter Hund, denn ihn auszuführen, wäre nicht nur ein guter Einsatz für den Kreislauf des Besitzers, sondern würde vielleicht den Bekannten- und Freundeskreis erweitern, da Hundebesitzer einander immer etwas zu sagen haben.

Ideale Berufswege

Im allgemeinen kann der Wassermann sich in jeder Arbeitsumgebung betätigen – solange er nicht sehr feste Vorstellungen über bestimmte Aspekte der Arbeit hat: der militante Nichtraucher zum Beispiel würde sehr darunter leiden, in einem Raum arbeiten zu müssen, in dem geraucht wird. Wenn er längere Zeit sitzen muß, werden seine Gelenke vermutlich steif, und er bekommt Kreuzschmerzen. Er sollte also von Zeit zu Zeit aufstehen und sich bewegen – im übrigen möchte ich ihm empfehlen, sich auf die eine oder andere Weise einen Stuhl mit Rückenlehne zu beschaffen, da er wohl beobachten könnte, daß – abgesehen von seinen Kreislaufbeschwerden – seine Wirbelsäule mit zunehmendem Alter empfindlicher wird.

Ideal wäre ein Beruf, indem er seine logische, vernünftige Art, Probleme anzupacken, seinen Sinn für Fairneß und vor allem seine Originalität reichlich einsetzen kann. Er fühlt sich in seinem Element, wenn ihm gesagt wird, was er tun soll, und er die Aufgabe auf die ihm eigene Weise erfüllen kann. Es ist wichtig, daß er seine Vorgesetzten oder Arbeitgeber davon überzeugt, daß er vertrauenswürdig und zuverlässig ist. Wenn er zu eingeengt ist oder sich ständig beobachtet fühlt, lehnt er sich bestimmt auf und provoziert Schwierigkeiten, weil es ihm nur allzu leicht passiert, daß er seine Vorgesetzten verstimmt. Wenn diese erst einmal wissen, welche Fähigkeiten er besitzt, werden sie ihn zweifellos verstehen und seinen Wert erkennen; doch zunächst muß er sich in Geduld üben, um die Achtung zu verdienen, die ihm zusteht.

Wenn er so weit ist, sollte ihn nichts davon abhalten, sich weiter zu steigern, schließlich eine große Verantwortung anzunehmen und sie gut zu tragen. Sollte er eine einflußreiche Position erlangen, wird er sich nie distanziert geben, sondern immer bereit sein, sich die Vorstellungen seiner Kollegen anzuhören – selbst wenn ihm seine wassermännische Sturheit dabei im Wege steht.

Karrieremöglichkeiten – wie Hobbys – gibt es für den Wassermann zuhauf. Mit einer wissenschaftlichen Ausbildung wird er ein guter Experimentator, kann unter Umständen noch mehr erreichen, wenn es gilt, Forschungsarbeiten detailliert aufzuzeichnen. Er sollte sich von Intuition und Talent leiten lassen, sowohl in der Wissenschaft als auch in eher künstlerischen, schöpferischen Berufen. Der Wassermann, der sich im Bereich der schönen Künste betätigt, wird Brillanz beweisen, und es sollte ihm nicht schwerfallen, die Aufmerksamkeit der Kritiker und der Öffentlichkeit auf sich zu ziehen. Der junge Designer, der seine Ausbildung beendet hat, wird seine Abschlußarbeit mit soviel Bravour präsentieren, daß sie potentielle Arbeitgeber beeindrucken muß. Der junge Schauspieler gibt bei der Prüfung sein Bestes, und seine Leistung wird bemerkt. Wassermänner besitzen eine interessante, dynamische, magnetische Anziehungskraft, die ihnen im Berufs- und Privatleben sehr nützlich ist.

Wenn der Wassermann im Einzelhandel tätig ist, genießt er es, seine Verkaufskünste unter Beweis zu stellen. Die Verkäuferin in einer Boutique hat ihre Freude daran, ihr Verkaufsgespräch jedem einzelnen Kunden anzupassen; sie liebt die Phantasie, die in den Kleidungsstücken zum Ausdruck kommt, die sie verkauft, und die sie an so manches Bühnenkostüm oder an Seifenopern im Fernsehen erinnert. Mit der gleichen Einstellung wird sie auch außergewöhnliche oder spektakulär »schicke« Artikel für die Wohnung verkaufen.

Jeder Beruf, in dem Kunst und Wissenschaft zusammenkommen, ist ideal; die »Wasserfrau« betätigt sich gerne als Kosmetikerin, Make-up-Künstlerin oder Friseuse. Wer ein sehr hoch entwickeltes soziales Gewissen hat, findet eine Anstellung im sozialen Dienst oder bei einer karitativen Organisation lohnend. Er könnte sich als wichtige Inspirationsquelle für seine Kollegen erweisen und ist jenen, denen er dient, ein großer Trost. Weil er oft eine idealistische Einstellung hat, regt der Wassermann nicht nur andere an, großzügig zu geben, sondern erfährt selbst tiefe Befriedigung aus seiner Arbeit.

Entscheidet er sich für den Beruf des Lehrers, wird er vermutlich feststellen, daß er mit älteren Schülern besser umgehen kann als mit jüngeren. Sie sprechen auf jeden Fall gut auf ihn an, und er wird das Ziel verfolgen, ihren Geist zu schärfen und sie zu bilden. Weil Wassermänner sich für so viele verschiedene Dinge interessieren, für so viele Aspekte des Lebens, sind sie besonders geeignet, den Horizont junger Menschen zu erweitern. Ich habe immer das Gefühl, daß Myriel Sparks »Jean Brodie« der Inbegriff einer Wassermann-Lehrerin ist – mit ihren Fehlern ebenso wie mit ihren Tugenden!

Reisen

Schon in sehr jungen Jahren sind Wassermänner fasziniert von Orten mit langer Vorgeschichte. Sie lieben es, die Ruinen von Schlössern und Burgen zu erforschen und stellen sie sich erfüllt von Höflingen und dem Geräusch des Zusammenpralls rüstungsbewehrter Kämpfer vor.

Wassermänner brauchen viel Abwechslung. Sie wollen nicht zehn Jahre lang jeden Sommer an den gleichen Ferienort reisen und in demselben Hotel oder derselben Ferienwohnung die gleiche Routine vor sich wissen, die gleichen Sandburgen am selben Strand bauen. Sie wollen jeden Urlaub an einem anderen Ort verbringen – und nach Möglichkeit an einem außergewöhnlichen, »andersartigen« Ort, für den nicht in jedem Katalog grelle Reklame gemacht wird. Sie schätzen es besonders, Menschen kennenzulernen, die ein ganz anderes Leben als sie führen.

Wenn sie sich für die nächsten Ferien nicht begeistern, liegt dies entweder daran, daß er nach altbekanntem Muster sein soll, oder weil sie überhaupt keine Vorstellung davon haben. Wenn Sie ein neues Ferienziel ansteuern, ist es ein guter Gedanke, ihnen zahlreiche Fotos von dem Ort zu zeigen und zu erklären, was es dort zu sehen gibt; denken Sie daran, daß der Wassermann sich vor allem für die Geschichte interessiert. Sie können seine Phantasie leicht anregen, wenn sie ihm ein Buch besorgen, das ihm alles über die historischen Begebenheiten und archäologischen Funde vor Ort mitteilt.

Der Wassermann liebt das Fliegen, und so wird der Flug zum Ferienziel zu den besten Aspekten des ganzen Urlaubs gehören. Das Reisen an sich macht ihm im allgemeinen nichts aus, auch wenn er sich im Laufe einer langen Autofahrt langweilen kann, besonders wenn er das Autofahren mit regelmäßigen Besuchen bei langweiligen Verwandten assoziiert!

Mit großem Eifer stürzen sich Wassermänner auf die »andere« Speisekarte und sind bereit, alles – von Schnecken in Knoblauchsauce bis hin zu rohem Fisch – zu probieren. Auch wenn ihnen bei der bloßen Vorstellung graut, wird ihre unersättliche Neugier genügend Mut machen, um alles wenigstens einmal zu kosten. Schwere Mahlzeiten sind nicht sehr gut für sie, deshalb halte man die Ernährung so leicht wie möglich (siehe auch Abschnitt *Gesundheit und Ernährung*).

Regen sie den Abenteurergeist in Ihrem Wassermann an, und er wird gerne das Windsurfen oder Wasserski ausprobieren. Wenn er älter ist, wird seine Lust auf Abenteuer leicht Ihre Vorstellungen von dem, was erstrebenswert und sicher ist, übertreffen. Angesichts des wassermännischen Eigensinns müssen Sie sich vermutlich damit abfinden. Aber vielleicht können Sie seine Aufmerksamkeit ablenken – auf örtliche Handwerkstraditionen, deren Arbeiten ihn besonders interessieren, wenn er sie beobachten kann; er wird gerne zusehen und nach der Rückkehr zu Hause seine eigene Geschicklichkeit ausprobieren und sich von dem neuen Hobby faszinieren lassen.

Je fremdartiger und individueller das Souvenir ist, das ein Wassermann nach Hause bringt, desto besser wird es ihm gefallen. Manchmal neigt er auch – ganz untypisch – zu Artikeln aus der Massenproduktion, wenn sie nur genügend glitzern. Aber mit etwas Glück findet er etwas Originelleres und Preiswerteres – hübsche bunte Steine, Muscheln, Kiesel oder interessante Samen, die er in seinen Beutel packen kann.

Wassermann-Geschwister

Der kleine Wassermann ist sehr stolz auf sein Brüderchen oder Schwesterchen.

Vor der Geburt des Babys spielt er gerne den Arzt und stellt Ihnen alle möglichen Fragen – nicht nur, woher das Baby kommt, sondern auch, wie Sie sich fühlen und was Sie tun müssen, um sich zu schonen. Er hat zweifellos genügend mitgehört, um reichlich Material für seine beharrlichen und überraschend erwachsen anmutenden Bemerkungen bereit zu haben.

Wenn das jüngste Familienmitglied noch klein ist, wird er gewiß schnelle Fortschritte seiner Entwicklung aufweisen, doch Sie müssen achtgeben, denn er neigt dazu, das Baby herumzukommandieren und ihm viel mehr zuzutrauen, als es tatsächlich tun kann. Etwas später sollte dies eine interessante

Herausforderung für das Jüngere sein, aber wenn das Baby beispielsweise noch zu klein ist, um zu krabbeln oder zu gehen, ist die Einladung des Wassermanns, ihn zum Fußballspielen zu begleiten, vielleicht nicht die beste Idee. Da werden Sie viel und sorgfältig erklären müssen, um gar zu haarsträubende Situationen zu vermeiden.

Ich denke, daß der Wassermann in der Regel nicht eifersüchtig auf das jüngere Geschwisterchen ist; es entspricht nicht dem Charakter dieses Tierkreiszeichens, so zu reagieren. Wenn aber geschwisterliche Eifersucht aufkommt, wird der Wassermann Ihre Aufmerksamkeit von dem Kleinen auf sich lenken.

Es ist für alle Kinder gut, eine bestimmte Aufgabe anvertraut zu bekommen, wenn ein Baby in der Familie ist; und Ihr Wassermann wird damit meist auch zufrieden sein. Sollte er aus allein ihm bekannten Gründen plötzlich beschließen, nichts damit zu tun haben zu wollen, können Sie sich darauf verlassen, daß er damit seinen Protest anmeldet – vielleicht gegen das vermeintliche »Lieblingskind« –; nehmen Sie ihn auf die Seite und finden Sie die Ursache für sein Verhalten heraus. Möglicherweise ist sie viel komplizierter, als Sie angenommen haben. Wahrscheinlich erklärt er Ihnen, daß er es einfach langweilig finde, im Haushalt mitzuhelfen, und der eigentliche Grund seiner mangelhaften Kooperation kommt erst zum Vorschein, wenn Sie an seinen Gerechtigkeitssinn appellieren und ihm zu verstehen geben, daß Sie im Grunde gar nicht zu wissen brauchen, was ihn bedrückt, ihn aber nicht unfair behandeln wollten.

Im großen und ganzen – da der Wassermann ein selbständiges Kind ist –, werden Sie wohl feststellen, daß er es ganz zufrieden ist, mit seinen eigenen Sachen zu spielen, sein Leben auf eigene Weise zu leben, während Sie den notwendigen Verrichtungen zur Versorgung des kleineren Geschwisterchens nachgehen. Als Belohnung für sein gutes Betragen schenken Sie ihm am besten ein neues Spielzeug, das seine Phantasie anregt und ihm Freiraum für die eigene Kreativität läßt. Lassen Sie sich nicht davon abbringen, wenn Sie im Spielzeuggeschäft sehen, daß Artikel der Art, die Sie suchen, in dem Regal mit Spielzeug für größere Kinder angeboten wird; die Herausforderung durch ein neues »Erwachsenen«-Spiel wird dem Wassermann gut tun.

Ein Wassermann, der sich im Schatten älterer Geschwister nicht wohl fühlt, wird sich allen Ihren Vorschlägen stur widersetzen. Ganz plötzlich wird er Speisen nicht mehr mögen, die ihm bisher wohl geschmeckt hatten, und er wird ganz allgemein schwierig zu handhaben sein. Vielleicht sollten Sie zuerst mit dem älteren Kind oder den älteren Kindern sprechen, bevor Sie an Logik und Verstand des Wassermanns appellieren, die aus einer schwierigen Phase eher gestärkt hervorgehen.

Wenn er die gleiche Schule besucht wie seine Geschwister, wird sich seine angeborene Loyalität zur Familie – diesen Zug hat er mit dem Steinbock gemeinsam – gewiß bemerkbar machen, wenn ein Familienmitglied in die Klemme gerät oder einem verständnislosen Lehrer ausgesetzt ist. Sie können sich darauf verlassen, daß der kleine Wassermann dafür sorgen wird, daß Gerechtigkeit obsiegt – und wenn er deshalb einen kleinen Aufstand machen muß! Wenn Sie von ihm eine Erklärung benötigen über das, was in einem bestimmten Fall (zum Beispiel beim Streit mit einem Freund) tatsächlich geschehen ist, sollten Sie nicht vergessen, daß der Wassermann ehrlich und aufrichtig ist und Ihnen eine sehr zutreffende Schilderung des Zwischenfalls liefert – auf die Sie sich verlassen können, wenn – etwa mit den Eltern des Freundes – eine Auseinandersetzung auf Sie zukommt.

Wenn der Wassermann eine Zeitlang das Zimmer mit einem Geschwisterchen teilen muß, sollten theoretisch kaum Probleme auftreten – aber denken Sie daran: Er ist ein Individualist, und das zeigt sich schon sehr bald. Lassen Sie ihm seinen privaten Raum, den er als seinen eigenen bezeichnen darf und den niemand betritt. Und warum sollten Sie ihm kein Mitspracherecht einräumen, wenn sein Zimmer neu tapeziert oder gestrichen werden muß? Vielleicht hat er ein ganz interessantes, außergewöhnliches Farbmuster im Sinne.

Wassermann-Eltern

Bevor sie eine Familie gründen, besprechen Wassermänner die ganze Thematik meist sehr sorgfältig und gründlich. Sie wissen: Wenn das Baby erst da ist, ist es um die frühere Selbständigkeit geschehen.

Wassermann-Mütter gehören zu jenen, die wirklich pro Woche einige Stunden für sich brauchen, um ihren eigenen Interessen nachzugehen. Ich rate Ihnen, sich, sobald Sie sich von der Entbindung erholt haben, einen Weg zu ersinnen, dies zu arrangieren. Sie haben Ihren Kindern sehr viel zu bieten, auch wenn sie noch ganz klein sind, aber wenn Sie zulassen, daß Ihr Denken stagniert, und sich von der Langeweile des Alltags überwältigen lassen, wird ihre Begabung verkümmern – das geht auf Kosten der Kinder.

Wassermänner beiderlei Geschlechts sind herrlich anregende Eltern und sehr darauf bedacht, den Horizont ihrer Kinder so gründlich wie möglich zu erweitern. Sie wollen dafür sorgen, daß sie außerhalb der Schulzeit gut und vielseitig beschäftigt sind, und weil sie zu anderen Menschen fair und verständnisvoll sind, werden sie auch darauf achten, daß ihre Kinder ihren eigenen Interessen folgen, statt ihnen – wozu manche Eltern neigen – Ihre Hobbys aufzudrängen.

Lesen Sie noch einmal den Abschnitt *Die fünf Arten zu lieben* und bestimmen Sie, zu welcher Gruppe Sie gehören; die kurze Charakterisierung dort sollte Ihrer Art entsprechen, Ihrer Liebe zu den Kindern Ausdruck zu verleihen. Denken Sie sehr sorgfältig darüber nach; vielleicht müssen Sie so manches Mal Nachsicht üben. Wenn Sie zum Beispiel entscheiden, daß Sie zur zweiten oder dritten Kategorie gehören, haben Sie vermutlich die Tendenz, Ihren Kindern gegenüber recht kühl zu sein und sich vielleicht zuviel auf die Arbeit zu konzentrieren, um ihnen alle Annehmlichkeiten des Lebens zu bieten. Wenn Sie das Gefühl haben (und Ihr Partner dies bestätigt!), daß Sie zärtlicher und liebevoller sind, brauchen Sie in dieser Hinsicht weniger zu korrigieren, denn Sie haben selbst den Wunsch, Zeit mit Ihren Kindern zu verbringen, mit ihnen Spaß zu haben und zumindest vorübergehend berufliche oder finanzielle Probleme zu vergessen.

Sie müssen sich auch immer darüber im klaren sein, daß Sie insgesamt recht unkonventionell sind und reichlich Freiheit zum Selbstausdruck wollen. Möglicherweise braucht Ihr Nachwuchs eine strengere Disziplin, als Sie sie ihm vermitteln möchten, doch sie bietet ihm Sicherheit. Dies könnte beispielsweise eintreten, wenn ihr Kind ein kleiner Stier ist. Sie haben vielleicht das Gefühl, ihm bekäme eine liberale Schule gut, in der die Disziplin nur sehr lasch gehandhabt wird; in Wirklichkeit aber ist er viel konventioneller als Sie und möchte in einer ganz anderen Atmosphäre gleichmäßig vorankommen. Das ist für Sie vielleicht schwer zu schlucken, aber die Situation ist einer ernsthaften Überlegung wert, das versichere ich Ihnen.

Vielleicht haben Sie gelesen, daß Wassermänner vorausschauend und mit ihren Vorstellungen auf dem neuesten Stande sind – das heißt in der Tat, ihrer Zeit voraus. Wie Sie aber aus meinen Bemerkungen weiter oben erkannt haben, kommt es in manchen Fällen vor, daß an den in der Jugend entstandenen Vorstellungen zeitlebens zu starr festgehalten wird. Wenn Ihre Kinder heranwachsen und sich zu wichtigen Punkten ihre eigene Meinung bilden, sollten Sie nicht überrascht sein festzustellen, daß diese sich von der Ihren sehr unterscheidet – und daß Ihre Überzeugungen bei weitem nicht so zeitgemäß sind, wie Sie meinten. Vielleicht haben Sie den Kontakt verloren und sind jetzt sogar leicht schockiert über die Ansichten Ihrer Kinder. Während es in vieler Hinsicht kein Generationenproblem zwischen Wassermännern und ihren Kindern zu geben braucht, ist es leider nur allzu oft der Fall, daß diese Schwierigkeit entsteht und sogar noch problematischer wird als bei einigen anderen Tierkreiszeichen, bei denen sie eine gähnende Kluft zwischen den Generationen erwartet hätten! Gebrauchen Sie in einer solchen Situation Ihre Wassermann-Logik, statt stur an veralteten Vorstellungen zu kleben.

Sie sind vermutlich bestens geeignet für eine wirklich aktive und phantasiegetragene Rolle bei den Lehrer-Eltern-Treffen an der Schule Ihrer Kinder. Wenn Sie gebeten werden, eine leitende Stellung zu übernehmen, bringen Sie die ganze Gesellschaft vermutlich einen guten Schritt voran, weil es Ihnen gewiß nicht an originellen Ideen mangelt zur Förderung ihrer Entwicklung und für die Unterstützung, die Sie der Schule zugute kommen lassen kann. Wenn Sie einige Veranstaltungen organisieren können, bei denen nicht nur für die Schule, sondern auch für karitative Zwecke Spenden gesammelt werden und Eltern wie Kinder in die Aktivitäten einbezogen sind, werden Sie nicht nur Ihrer Schule und Gemeinde, sondern der Menschheit allgemein einen großen Dienst erweisen – und darum geht es schließlich, wenn man im Zeichen des Wassermanns geboren wurde.

Fallbeispiel

Philippa – Sonne, Merkur und Venus in Wassermann; Merkur-Gruppe 2, Venus-Gruppe 3

Aus dem Gutachten: Die Tatsache zu akzeptieren, daß eine Tochter eine sehr selbständige und freiheitsliebende Persönlichkeit ist, fällt einer Mutter nicht leicht, aber diese Tendenzen bei Philippa bedeuten nicht mittelmäßige Rebellion. Sie bedeuten vielmehr beste Qualität, und Philippa hat der Welt sehr viel zu bieten, daran brauchen Sie nicht zu zweifeln. Wenn sie eine Sache, Beruf oder Berufung annimmt, brauchen Sie sich nicht zu sorgen, daß sie die falsche Wahl getroffen haben könnte – wenn sie sich selbst dafür entschieden hat, wird es richtig für sie sein! Möglicherweise neigt sie zu unkonventionellen, ausgefallenen und außergewöhnlichen Interessen – das ist hervorragend für sie, und genau so sollte es sein. Ein negativer Charakterzug, auf den Sie besonders achten, den Sie nach Möglichkeit abbauen sollten, ist zuviel ausgesprochener Starrsinn. Dieser jedoch wird ausgeglichen durch ein großes Maß an Freundschaftlichkeit und durch humanitäre Instinkte, die in ihrer Persönlichkeit stark ausgeprägt sind.

Wenn sie heranwächst, werden Sie vielleicht bemerken, daß ihre Haltung zu Freunden recht distanziert ist. Sie wird sich über ihre Gesellschaft freuen, will sie aber als Freunde – und vertritt diese Einstellung möglicherweise ganz offen, wenn auch vielleicht etwas kühl, wenn es um emotionale Bande geht.

Dieses Vorgehen entspricht ihrem Charakter sehr, aber sie kann sich auch Hals über Kopf verlieben und ihre Gefühle und Ansichten in diesen Dingen sehr plötzlich ändern.

Kommentar: Philippas Gutachten entstand für ihre Mutter, kurz nachdem der Vater gestorben war. Damals war das Mädchen zehn Jahre alt; inzwischen ist sie über dreißig. Ihre Mutter berichtet, daß sie sich im besten Sinne zu einem echten Wassermann entwickelt hat – freundlich, nächstenlieb und sehr selbständig. Mit gezielter Hilfe der Mutter wurde aus der Wassermann-typischen Tendenz zur Sturheit Zielstrebigkeit. Ich erfuhr auch, daß ihre Einstellung zu Männern und Beziehungen genau meiner Beschreibung entsprach: Eine gescheiterte Verlobung bewältigte sie mit zwanzig Jahren sehr vernunftbetont und vertraute sich erst mit neunundzwanzig der Ehe an. Ihren Gatten liebt sie tief und erwartet zur Zeit ihr erstes Kind. Sie war immer ein recht zurückgezogener Mensch – wie man es unter den freundlichen, aber distanzierten Vertretern dieses rätselhaften Tierkreiszeichens so häufig antrifft.

Das Sonnenzeichen regiert:

Staaten und Länder: Abessinien, Iran, Israel, Polynesien, Schweden, Syrien, Türkei, UdSSR, Zypern

Städte: Bremen, Hamburg, Moskau, Salzburg

Bäume: Obstbäume

Blumen und Heilpflanzen: Akelei, Althee, Amarant, Artischocke, Beinwell, Bilsenkraut, Bohnen, Eisenhut, Erle, Fingerhut, Gänseblümchen, Gewürznelken, Holunder, Minze, Mispelstrauch, Mohn, Orchidee, Primel, Quitte, Roggen, Rose, Sauerampfer, Schierling, Spargel, Stiefmütterchen, Tollkirsche, Veilchen, Zwiebel

Nahrungsmittel: Äpfel; alle Getreide, besonders Weizen; alle Beeren; Trauben, Birnen; Gewürze

Biochemische Salze: Natrium muriaticum, Magnesium phosphoricum

Tiere: große Vögel, die weite Strecken fliegen

Stein: Amethyst, Aquamarin

Metall: Aluminium

Farbe: funkenblau, blaßtürkis

Fische

(19. Februar bis 20. März) ein feminines Zeichen

Allgemeine Charakteristika

Der junge Fisch ist emotional, freundlich, sozial engagiert, mitfühlend und besitzt eine sehr farbige Vorstellungsgabe. Er ist von Natur aus intuitiv, und Sie können sich in der Regel darauf verlassen, daß er recht hat, wenn er sagt, er »empfinde es einfach so«.

Sie sollten Ihren Fisch immer ermutigen, seine Phantasie auf schöpferische und positive Weise zu gebrauchen, denn wenn sie nicht auf diese Weise entfaltet wird, kann sie leicht trügerisch werden, und dann bekommen Sie alle möglichen sehr überzeugenden Geschichten zu hören, die leider – wie Sie später zu Ihrem Schrecken feststellen müssen – alles andere als wahr sind.

Sie sollten auch auf seine Tendenz zu Ausweichmanövern achten. Um diesem Zug entgegenzutreten, ist es wichtig, seine Antworten gründlich in Frage zu stellen, wenn es notwendig scheint. Versuchen Sie Ihr Kind zur Selbstkritik zu erziehen, damit es sich selbst mehr logisch und weniger intuitiv eine Meinung bilden kann, als es sonst geneigt wäre. Sie werden feststellen, daß dies ihm helfen wird, seinen Charakter zu stärken, der manchmal recht schwach sein kann. Der Fisch ist leichtgläubig und läßt sich nur zu leicht von anderen an der Nase herumführen. Sie sollten also auch bedacht sein, ihm beizubringen, selbst Überlegungen anzustellen. Tun Sie, was in Ihrer Macht steht, um ihm bei der Entwicklung größerer Entschlossenheit zu helfen. Nicht daß er nie eine Entscheidung träfe, aber er nimmt überaus empfindlich die Bedürfnisse anderer Menschen auf, will sie auf keinen Fall verletzen oder stören, und verlegt sich deshalb leicht auf das Hinausschieben. Wenn er sich erst einmal zu einer Richtung durchringt, wird er die schwächere Seite seiner Persönlichkeit unter Kontrolle bringen.

Vielleicht die größte Schwäche des Fisches ist die ausgeprägte Neigung zur Täuschung. Über den Vorwurf der Unehrlichkeit wäre er wohl sehr empört, erzählt aber weiterhin Notlügen, »tarnt« sie mit ein oder zwei »ganz normalen« Lügen, und findet sich am Ende in einer sehr schwierigen Lage, die nur mit Mühe zu lösen ist. Auf ähnliche Weise täuscht er sich auch selbst, und auch dies kann zu erheblichen Problemen führen, besonders im Leben des erwachsenen Fisches.

Er ist sehr emotional und hat sehr viel Liebe und Zuneigung zu verschenken. Als Kind ist er liebreizend, immer willig zu helfen und sogar die eigenen Interessen hintanzustellen, um zu anderen gut sein zu können – besonders zu Ihnen, den Eltern.

Die körperliche Energie des Fisches ist vermutlich nicht so stark; um dem abzuhelfen, sollten Sie ihn schon in jungen Jahren zum Schwimmen anregen. Denken Sie daran, daß Fische ein Wasser-Zeichen ist (siehe *Einführung*). Wie die beiden anderen »Wasser-Babys« im Tierkreis, Krebs und Skorpion, wird er körperlich und seelisch von der Teilnahme an Mutter-und-Baby-Schwimmkursen profitieren.

Der Fisch ist äußerst kreativ, hat manchmal aber überhaupt kein Selbstvertrauen; dies gilt natürlich nicht für alle jungen Fische. Loben Sie ihn und sein Werk über den grünen Klee, wenn er ein Bild gemalt oder vielleicht ein kleines Gedicht abgeschrieben hat; damit helfen Sie ihm sehr, mehr als jedem anderen Tierkreiszeichen. Auf diese Weise tragen Sie zum Aufbau seines Selbstvertrauens bei. Jedes Lob, jede Ermutigung wird zählen, andernfalls könnte seine hervorragende Begabung sich nicht entfalten, weil das Kind irgendwie die Idee hat, es sei zu nichts nütze, und jeder andere mache alles viel besser. Der Fisch kann sich sogar einbilden, daß alle anderen nicht nur schlauer, sondern auch hübscher seien. Wozu sollte er sich also überhaupt noch Mühe geben?

Es wird nicht einfach für Sie sein, den Fisch vor möglicherweise gefährlichen Fremden zu warnen, denn obwohl er vermutlich etwas schüchtern ist, ist er doch von Natur aus nicht argwöhnisch. Während Sie einerseits sein Selbstvertrauen aufbauen wollen, möchten Sie es andererseits nicht wieder untergraben. Das Beste wird wohl sein, ihm die Geschichte von Rotkäppchen vorzulesen. Märchen liebt er ohnehin sehr, und Sie können die Moral der Geschichte ein wenig erklären, nämlich daß der große böse Wolf am Leben ist und vielleicht ganz in der Nähe wohnt.

Fische ist vielleicht von allen zwölf Tierkreiszeichen am stärksten sozial engagiert, und wie das Nachbarzeichen Wassermann hat es einen ausgeprägten humanitären Zug. Sie werden wohl besonders darauf achten müssen, daß Ihr Kind mit seinem Taschengeld vorsichtig umgeht, sonst rinnt es ihm wie Sand zwischen den Fingern durch – aber *nicht,* weil er alles für sich selbst ausgibt. Im Gegenteil, er will viel zu viel für Geschenke an seine Freunde ausgeben (und gewiß einige phantasievolle und hübsche Dinge auswählen), und ganz entschieden dazu neigen, sich von rührseligen Geschichten beeindrucken zu lassen, Geld zu verleihen und nicht entschlossen genug zu sein, dafür zu sorgen, daß es ihm zurückgegeben wird. Und Zinsen verlangen? Niemals!

Wenn der Fisch gebeten wird, einen wohltätigen Zweck zu unterstützen, der ihn anspricht, dann fließt sein Herz über, und er ist ganz Gefühl. Er ist wunderbar freundlich und großzügig, ohne Zweifel – aber statt einfach all sein Geld zu verschenken, sollte er ermutigt werden, Dinge herzustellen, die sich für den guten Zweck verkaufen lassen, oder vielleicht ein kleines Schauspiel aufführen oder eine andere Darbietung zusammen mit seinen Freunden, so daß seine Phantasie und schöpferische Begabung genutzt und sein Selbstvertrauen gestärkt werden; außerdem kommt auf diese Weise vermutlich mehr Geld zusammen, als er bar hätte spenden können.

Wenn er geistesabwesend ist, verliert er auch einmal sein Turnzeug oder den Schal, oder er verleiht etwas an einen Freund, der die eigenen Sachen nicht mit sich hatte. Nehmen Sie es genau und denken Sie daran, an allen Gegenständen ein Namensschild zu befestigen. Ich bezweifle, daß Ihr Fisch seine Schuluniform gerne tragen wird; er wird viel eher dadurch gelangweilt sein, weil die Farben nicht fröhlich sind und seine Bewegungsfreiheit eingeschränkt wird. Ach, und dann noch diese Schuhe in der Schule!

In der Freizeit trägt er gerne Pastelltöne, besonders zart-grüne und glänzende Stoffe – Satin und weiche Seide – und Gewebe, in die Metallfäden eingearbeitet sind. Am liebsten schwebte das Fische-Mädchen in einem schönen Kostüm, Ballkleid oder im Ballettröckchen einher. Lassen Sie sie leichte Kleidung tragen, wenn es warm genug ist, und legen Sie jederzeit Wert auf Kleider, die ihre Bewegung so wenig wie möglich einschränken. Die Fische-Knaben werden glänzende, geschmeidige Anoraks und Turnhosen lieben. Beide gehen gerne barfuß, und das ist gar nicht übel, wenn es möglich und sicher ist. Haben Sie Parkett- oder Steinfußböden, sollten Sie wohl für einen überdurchschnittlich großen Vorrat an dicken Socken sorgen!

Übrigens werden Sie bald feststellen, daß Ihr junger Fisch gerne auf dem Fußboden sitzt und deshalb ein Schaffell oder einen Flokati sehr willkommen heißt.

Die drei Arten zu denken

Aufgrund des Einflusses von Merkur (siehe S. 22) arbeitet das Denken des Fischs vor allem auf eine von drei Arten:

1) Viele Fische sind erfinderisch und originell. Wenn Sie die Fülle ihrer Ideen verwirklichen, bringen sie es im Leben sehr weit, sei es in Kunst oder Wissenschaft. Doch die Angehörigen dieser Gruppe können auch recht eigensinnig und fixiert in ihren Meinungen sein. Eine gewisse Exzentrik mag auch vorliegen.

2) Fische der zweiten Gruppe zeigen einen bemerkenswerten Mangel an konstruktivem und praktischem Denkvermögen. Sie sollten von Intuition und sechstem Sinn Gebrauch machen, wenn sie Schlußfolgerungen ziehen und Entscheidungen fällen. Vergeßlichkeit kann zum ernsten Problem werden. Halten Sie sie an, sorgfältig und mit Checklisten zu arbeiten.

3) In der dritten Gruppe sind selbstbewußte, offene Denker, die sich sehr rasch entscheiden können und nicht zögern, ihre Meinung zu sagen. Sie sollten versuchen, die Fähigkeit zu entwickeln, Probleme wirklich im Detail zu betrachten und die Tendenz zu vermeiden, vom Regen in die Traufe zu geraten.

Die fünf Arten zu lieben

Aufgrund des Einflusses von Venus (siehe S. 22) tendieren Fische dazu, ihre Zuneigung auf eine von fünf Arten auszudrücken:

1) Wenn sie sich zum erstenmal verlieben, sind die Fische der ersten Venus-Gruppe vermutlich scheu und etwas ängstlich, erweisen sich aber als zuverlässige und treue Partner, wenn es ihnen gelungen ist, ihre angeborene Zurückhaltung zu überwinden, und zu lernen, sich in einer Partnerschaft zu entspannen und ihre Gefühle frei zu äußern. Ihren Partnern zu vertrauen, ist sehr wichtig für sie.

2) Für diese jungen Fische hängt der Himmel voller Geigen, und sie neigen dazu, ihren Beziehungen einen besonderen Zauber zu verleihen. Sie sind dynamisch attraktiv, zeigen sich jedoch zuweilen überraschend kühl und distanziert. Sie sollten sich davor hüten, ihre Geliebten an der Nase herumzuführen und dann im letzten Moment stehen zu lassen.

3) Fische der dritten Gruppe lieben sehr tief und leidenschaftlich, schweben aber manchmal in den siebten Himmel ab mit ihrer deutlichen Tendenz, über-romantisch zu sein. Es fällt ihnen nur allzu leicht, vor der Realität die Augen zu verschließen, wenn sie ihre künftigen Partner beurteilen. Selbsttäuschung kann verheerend sein.

4) In der vierten Gruppe sind Fische mit einer leidenschaftlichen, aber unkomplizierteren Einstellung zur Romantik. Weil sie sich sehr rasch ver- und entlieben können, wird der Weg der wahren Liebe nicht ohne Unebenheiten bleiben; aber auf sehr entschlossene Fische-Art gelangen sie zu vielen lohnenden Beziehungen.

5) Zur fünften Gruppe gehören jene, die äußerst herzlich und zärtlich, auch emotionell und sinnlich sind. Sie zeigen sich freigebig und gewinnen aus ihren Beziehungen sehr viel echte Freude. Ihr besitzergreifender Zug kann Eifersucht hervorrufen und ihre Beziehungen beeinträchtigen.

Gesundheit und Ernährung

Die gesundheitliche Konstitution der Fische ist wohl nicht ganz so robust wie die der Vertreter anderer Tierkreiszeichen. Der Fisch ist zwar kein Schwächling, aber äußere Einflüsse und wechselnde atmosphärische Verhältnisse – ganz zu schweigen von der Einstellung und »Ausstrahlung« anderer Menschen – kann ihn äußerst stark beeinflussen. Die Folge ist unter Umständen eine überraschend große Zahl psychosomatischer Erkrankungen.

Auch wenn sie es nicht zugeben, neigen Fische dazu, eine deutliche Tendenz zu verbergen, sich Sorgen zu machen. Das gelingt ihnen ganz gut, aber Sie werden es bald merken, wenn etwas nicht in Ordnung ist, denn ihr Kleiner wird entweder die Nahrungsaufnahme verweigern oder Leib- oder Kopfschmerzen bekommen. Wenn er zappelig und unruhig wird, ist das als Gefahrensignal zu betrachten. Um diese Situation zu vermeiden, müssen Sie ihn ermutigen, sich zu öffnen, über seine Probleme zu sprechen, sich der Realität zu stellen und die Situation als das zu erkennen, was sie wirklich ist – nicht nur als das, wofür er sie hält oder halten will. Seine Sorgen können zu Ängstlichkeit und Spannung führen. Helfen Sie ihm, sich zu entspannen, indem Sie seine Aufmerksamkeit auf sein Lieblingsspielzeug ablenken. Denken Sie daran, daß seine unglaubliche Phantasiebegabung sich in allen Lebensbereichen nicht nur zu seinen Gunsten, sondern auch gegen ihn auswirken kann.

Das Zeichen Fische regiert die Füße. Ihr Kind hat entweder sehr schöne

Füße, die mit oder ohne Schuhe oder Sandalen hübsch sind, oder die Füße sind Quelle aller möglichen Probleme. Seien Sie darauf gefaßt, beim Schuhkauf ein Drama zu erleben. Ich kann Ihnen nur empfehlen, sich einen wirklich gut ausgebildeten und professionellen Verkäufer zu suchen, der Sie berät und hilft. Kaufen Sie von Anfang an immer nur Markenschuhwerk, so teuer es auch ist. Kinder im Zeichen Fische können unter den Folgen schlecht passender Schuhe sehr leiden und leicht Hornhaut und Hammerzehen entwickeln. Wenn Ihr kleiner Fisch (Sohn oder Tochter) sich für Mode zu interessieren beginnt, wird er sich für die extremsten Schuhmodelle begeistern; Sie können ihn nur warnen. Gute Sandalen mit Fußbett sind sowohl für zu Hause als auch im Sommer für draußen zu empfehlen.

Junge Fische sollten sehr gut schlafen. Empfehlen Sie Ihrem Kind, sobald es schreiben kann, ein Traum-Tagebuch zu führen. An seine Träume wird es sich vermutlich leicht erinnern, und es ist eine sehr gute Übung, die nächtlichen Erlebnisse aufzuzeichnen. Wenn der Fisch sich mit ihnen beschäftigt, sie zu Geschichten oder Gedichten ausarbeitet, kann er mit seiner angeborenen Imagination umgehen und sie kreativ nutzen lernen.

Wenn das Fischlein an einer Kinderkrankheit leidet, ist es bestimmt ein recht fügsamer Patient. Sorgen Sie für einen guten Nachschub an Büchern mit Geschichten in erheiterndem, etwas ungewöhnlichem Stil. Im Tierkreiszeichen Fische waren schon immer die geborenen Dichter und Poesie-Liebhaber. Einfache Hobbys und Puzzles, die man im Bett zusammensetzen kann, lenken das kranke Kind von seinen Schmerzen und Leiden ab. Achten Sie auf Fieber, denn hierzu neigt es mehr als die Angehörigen vieler anderer Zeichen.

Vielleicht fällt Ihnen auf, daß Ihr kleiner Fisch Speisen bevorzugt, die zart und kremig sind. Das heißt nicht unbedingt, daß er nur Creme und Sahnetorten mag – aber eine kremige Suppe wird ihm lieber sein als Minestrone. Unter dem Einfluß des Zeichens Fische gedeiht man gerne und gut mit Fischgerichten. Joghurt und Molkereiprodukte sind gut geeignet, doch mancher Fisch legt sich schneller überschüssige Pfunde zu als die meisten anderen Tierkreiszeichen; wenn Sie den Eindruck haben, er liebt die süßen Leckereien zu sehr, müssen Sie anfangen, Kalorien zu zählen. Ein (vielleicht Diät-oder Mager-) Joghurt ist als Zwischenmahlzeit sehr zu empfehlen; auch Trauben, frische Pflaumen, Pfirsiche und Nektarinen werden Ihrem Kinde munden.

Ihr junger Fisch braucht gewiß sehr viel körperliche Bewegung, und vermutlich müssen Sie dafür sorgen, daß er sie auch bekommt. Weil er so sanft und empfindsam ist, gefällt ihm der grobe »Kollisions-Sport« in der Schule wohl kaum; körperlich und psychisch profitiert er aber enorm von Tanzen, Eis- oder Rollschuhlaufen. Wenn es sich einrichten läßt, spornen Sie Fische-

Sohn oder –Tochter schon so früh wie möglich an, an Tanz- oder Eislauf-Kursen teilzunehmen; das fördert ihre natürliche Anmut, gibt ihnen eine gute Grundlage an körperlichem Training und stärkt ihr Selbstvertrauen.

Die ersten fünf Jahre

Wenn Ihr kleiner Fisch mobil wird, müssen Sie bei jedem Schritt damit rechnen, auf ein Spielzeug zu treten – sie werden über den ganzen Fußboden verstreut sein, denn Ihr Kind läßt seine Habseligkeiten ganz unbekümmert überall herumliegen.

Fische-Kinder sind vielleicht einfacher zufriedenzustellen, was Spielzeug anbelangt, als Kinder unter dem Einfluß der anderen Tierkreiszeichen. Geben Sie ihnen einen Topfdeckel, und er verwandelt sich auf der Stelle in ein Raumschiff oder ein Becken, eine Zirkusarena oder einen Swimming-pool für die kleinsten Puppen. Wenn Sie sich kein teures Spielzeug leisten können, sorgen Sie sich nicht. Die Phantasie des Fisches wird Ihnen entgegenkommen. Was Sie ihm zum Spielen geben, sollte sorgfältig ausgewählt sein, um seine Phantasie anzuregen. Jedes Kind profitiert von solchen Gegenständen, der Fisch aber genießt und gebraucht sie in besonderem Maße. Im allgemeinen sind Fische nicht aggressiv (und werden später vielleicht sogar Pazifisten); Spielzeug-Forts, –Gewehre und –Soldaten sind bei ihnen vermutlich weniger beliebt als bei anderen Kindern. Besonders gerne spielen Fische mit Wasser und Sand!

In ganz jungen Jahren sprechen sie besonders gut auf Kinderreime und Tiergeschichten an – *Pu der Bär, Der kleine Bär,* usw. –, und sie schätzen wirklich phantasievolle, gute Illustrationen. Märchen lieben sie sehr. (Aschenputtel ist für meine Begriffe der typischste »Fisch« in der Märchenwelt!)

Sorgen Sie dafür, daß der junge Fisch sich zu Hause nützlich macht, auch wenn es völlig sinnlos wäre, ihn zu bitten etwas aufzuräumen; Unordentlichkeit ist für alle Fische der natürliche Zustand, und sie werden verwundert auf die Idee reagieren, daß etwas einen Platz hat, an den es gehört! Wenn er Ihnen aber bei anderen Haushaltspflichten hilft, fördert das seine praktische Begabung (die allerdings von Hause aus meist nicht seine Stärke ist). Der Waschtag macht dem Fische-Mädchen Spaß; Sie können ihr bestimmt ein paar Taschentücher anvertrauen, die sie separat waschen darf. Sie ist von Natur aus freundlich und liebevoll und sorgt gerne für ein Haustier. Für die Fische-Geborenen sind Goldfische (aber bitte in einem geräumigen Aquarium, nicht im Einmachglas!) natürlich eine besonders gute Idee, wenn Sie sich keinen Hund oder keine Katze halten können.

Wenn sie in den Kindergarten kommt, ist sie anfangs wohl ein wenig scheu, wird sich aber bald über all die Möglichkeiten freuen, die ihr zu Hause nicht zur Verfügung standen. Das Zusammensein mit anderen Kindern und die Abwechslung im Tagesablauf tragen dazu bei, die Anpassungsfähigkeit zu entfalten, die zu den herausragendsten Eigenschaften des Zeichens Fische gehört. Wenn sie sich an den Kindergartenbesuch gewöhnt hat, wird sie leicht von den Kindern beeinflußt, die um sie sind – hoffentlich zum Positiven!

Sie sollten daran denken, daß es nicht einfach ist, einen jungen Fisch zu disziplinieren; übermäßige Strenge kann sein empfindliches Selbstvertrauen leicht beeinträchtigen. Sie sollten Ihr Kind aber von Anfang an behutsam über Richtig und Falsch unterrichten und versuchen, es zu uneingeschränkter Aufrichtigkeit zu ermutigen. Etwas offen zu gestehen, wird nicht nur Sie weniger verletzen, sondern auch dem Kind das Leben erleichtern.

Schulzeit

Kaum hat sich Ihr Fisch in die erste Schulklasse eingewöhnt, werden Sie schon feststellen können, in welchen Fächern er wohl gute Leistungen erbringt. Die meisten Kinder sind in den einen Fächern besser, in anderen schlechter, beim Fisch jedoch wird die Trennungslinie sehr deutlich sein. Praktische Fächer werden ihn insgesamt eher langweilen, und er gibt sich gar keine Mühe aufzupassen. Unterrichtsfächer, die seine Phantasie reizen und fördern, werden ihn fesseln und einnehmen, und er ist gerne bereit, sich sehr anzustrengen.

Natürlich werden Sie versuchen müssen, Ihrem Fisch einzuprägen, daß man im Leben schwerlich ohne ein gewisses Mindestmaß an Kenntnissen in den praktischen Schulfächern auskommt; mit einigem Glück hat er vielleicht einen Lehrer, der seinen Enthusiasmus wecken kann, indem er ihm zeigt, daß Mathematik, Algebra und Geometrie auch ihre romantischen und phantasievollen Aspekte besitzen – wenngleich solche Lehrer leider nur selten zu finden sind. Die Geschichte (die er als Unterrichtsfach vermutlich gerne hat) kann sein Bewußtsein für die Ereignisse in der Welt öffnen, die man oft für interessante Vergleiche hernehmen kann.

Sie werden vermutlich bemerken, daß Ihr Fisch seine Lehrer entweder idealisiert oder in Furcht und Angst vor ihnen lebt; hoffentlich sind beide Möglichkeiten gut gemischt. Wenn seine Leistungsbereitschaft in einigen Fächern nachläßt, kann es wohl sein, daß der Lehrer den vorher guten Arbeitswillen durch eine ironische oder ungeduldige Bemerkung zunichte gemacht hat. Auf solche Dinge reagiert der Fisch mit dem Gefühl, nichts zu können, und seine

Arbeitsmoral leidet sehr darunter. Versuchen Sie den »Angreifer« zu bewegen, mehr Einfühlungsvermögen an den Tag zu legen – und auch solche Wunden kann die Zeit heilen.

Wenn Sie die Schule für Ihren Fisch selbst wählen können, sehen Sie sich nach einer Institution um, in der besonderes Gewicht auf schöpferischen Ausdruck gelegt, aber auch auf ein vernünftiges Maß an Disziplin geachtet wird, damit der Schüler seine Talente frei ausschöpfen kann, und zugleich das Gefühl der Sicherheit bekommt. Der Fisch muß wissen, wo er steht, wenn er Weisung annehmen und vorankommen soll.

Wenn Prüfungen bevorstehen, sollten Sie einen guten Zeitplan für die Vorbereitungen ausarbeiten. Es ist wichtig, daß Sie genau wissen, wieviel der Fisch arbeiten muß, denn Sie können sich nicht darauf verlassen, daß er nichts vergißt oder aufschiebt, und es wird Ihre Aufgabe sein, dafür zu sorgen, daß er fleißig lernt. Zum Glück geht es gewöhnlich darum, den Unterrichtsstoff eines Schuljahres oder Schulhalbjahres zu beherrschen, und die einzelnen Noten aus Schularbeiten spielen nur eine untergeordnete Rolle. Vergessen Sie das nicht, wenn Sie Ihrem Kind in seinem Schulleben helfen.

Es wird gewiß keinen Mangel an originellen, eigenen Ideen zeigen, und wenn es eine Sammelmappe oder eine Materialsammlung fertigstellen soll, wird es eine gewaltige Fülle von Material vorweisen – aber die Präsentation fällt eher schwach und unordentlich aus. Der Fisch versteht es einfach nicht, warum man den Menschen helfen muß, den Wald trotz der Bäume zu sehen, und legt viel mehr Wert auf Quantität als auf Qualität. Helfen Sie ihm beim Aussortieren und bei der sauberen und ansehnlichen Gestaltung seines Werks. Wenn er gerne malt und zeichnet, wird die Arbeit vermutlich mit Dekoration überladen sein und sieht dann zu nett, aber zu wenig nüchtern aus. Erklären Sie ihm, daß Sauberkeit und eine gewisse Professionalität die Prüfer beeindrucken wird und ihm helfen kann, etwaige Lücken zu überdecken, die bei der Materialsammlung versehentlich entstanden sein können.

Wenn er Freude am Schulsport hat, ist das sehr zu begrüßen, aber seien Sie darauf gefaßt, daß er ihn verachten wird – Fische mögen es nicht, angerempelt zu werden, und halten auch nichts von Wettkämpfen. Wenn überhaupt, wird ihnen das Schwimmen Spaß bereiten und sollte deshalb von klein auf unterstützt werden. Wenn Ihr Fisch auf sportlichem Gebiet Auszeichnungen erhält, handelt es sich vermutlich um eine Würdigung seiner schwimmerischen Leistungen – nicht weil er gerne Medaillen gewinnt, sondern weil das Schwimmen etwas ist, das er einfach besser kann als andere!

Wenn es an der Schule einen Chor, ein Orchester oder eine Theatergruppe gibt, wird der Fisch sich dafür interessieren und für eine Mitgliedschaft sehr dankbar sein; sie fördert seine kreative und künstlerische Begabung – und vielleicht stellen Sie fest, daß er mit Streichinstrumenten besonders gut umzugehen versteht.

Obwohl es wichtig ist, daß Kinder sich ihre Freunde selbst auswählen, sollten Eltern doch ein Auge darauf haben, mit welchen Kindern sie sich umgeben. Dies ist gerade für Eltern eines Fische-Kindes eine besonders wichtige Aufgabe, denn Fische sind sehr formbar und leicht zu beeindrucken, lassen sich leicht von stärkeren Persönlichkeiten (an der Nase herum und in die Irre) führen, und scheinen sich manchmal geradezu instinktiv die falschen Freunde auszusuchen. Wenn der Freund Ihres Kindes überschwenglich, lebhaft und extravertiert ist (ein Löwe oder Schütze zum Beispiel), kann sich dieser Kontakt sehr gut auswirken, denn der Fisch wird Enthusiasmus und Energie aufnehmen und zur Aktivität angespornt.

Manche Fische lassen sich besonders leicht schikanieren. Sie müssen lernen, in gewissem Maße auch mit den Grobheiten des Lebens umgehen zu können; sie zu verhätscheln, ist also keine gute Sache (außerdem mögen sie bei ihren Schilderungen auch ein wenig phantasieren). Dies ist ein heikler Punkt, und Sie sollten das Problem gewiß nicht ignorieren, wenn es sich stellt. Versuchen Sie behutsam, die Wahrheit herauszufinden, und setzen Sie sich nötigenfalls mit den Eltern des angeblichen Peinigers in Verbindung.

Das Leben außerhalb der Schule

Es wird Gelegenheiten geben, da Sie denken, Ihr kleiner Fisch sitze da und tue nichts. Er mag wohl diesen Anschein erwecken, aber ich versichere Ihnen, daß in seinem Kopf sehr viel Aktivität sein wird, denn er ist mit Tagträumen beschäftigt.

Tagträumen wird von anderen zuweilen bespöttelt, aber für den Fisch ist es wichtig, denn als großer Träumer im Tierkreis braucht er diese Anregung. Gleichwohl sollte man ihn ermutigen, nicht völlig in einer Phantasiewelt zu leben, sondern seine Phantasien im Spiel umzusetzen, sie zu zeichnen oder zu malen. (Es wird ihm helfen, alle möglichen Requisiten für vielfältige Kostümierungen zu sammeln.) Alle kreativen oder künstlerischen Hobbys sollten ihm Freude bereiten, und da er anderen Menschen liebend gerne hilft und sie umsorgt, werden Sie ihn hin und wieder beobachten können, wie er »Arzt« oder »Tierarzt« spielt.

Es wird interessant sein, die Fortschritte Ihres Kindes zu registrieren, wenn es einen Ballett- oder Musikunterricht besucht oder sich an einer Aktivität beteiligt, bei der es außerhalb der Schule betreut wird. In dem Maße, in dem es hier technische Fertigkeit und Gewandtheit entwickelt, wird auch sein Selbstvertrauen gestärkt. Wenn der Fisch eine Prüfung besteht, sollte er dafür belohnt werden; das ist eine zusätzliche Anerkennung seiner Leistung, und seine Freude, Ihnen zu gefallen, wird ihn zu weiteren Anstrengungen anspornen.

Vielleicht lernt Ihr Fische-Mädchen gerne Reiten. Mir ist klar, daß dies oft ein teures Hobby ist, aber es könnte sich als lohnende Investition erweisen. Sie wird es auch genießen, einfach mit Pferden zusammen zu sein – von dem Gefühl, auf ihrem Rücken zu sitzen, ganz zu schweigen.

Möglicherweise spielt die Religion für sie eine wichtige Rolle – wie auch immer Sie als Eltern dazu stehen; Aktivitäten mit und in kirchlichen Gruppen werden sie mehr beglücken, als Sie sich vorstellen. Fische sind allgemein nicht besonders abenteuerlustig, und Sie sollten das bedenken, wenn Sie Ihrem Kind helfen, eine Freizeitaktivität auszuwählen. Wenn es wirklich gerne schwimmt, lohnt es sich wohl zu erkunden, ob es in der Nähe eine Möglichkeit gibt, sich an einer Schwimmstaffel zu beteiligen; vielleicht käme auch ein Tauchtraining in Frage, das eines Tages zur Unterwasser-Forschung oder -Archäologie nützlich sein könnte.

Die meisten Fische haben intensive und lange währende Liebesaffären mit ihren Hobbys und Interessen, und wenn sie sich einmal für etwas entschieden haben, lassen sie sich von ihrer Passion noch viele Jahre lang faszinieren und begeistern. Das einzige, was ihnen den Mut nehmen und einen ernsten Rückschlag bedeuten kann, ist das Versagen in einer Prüfungssituation, oder daß jemand, der selbstsicherer ist, den Fisch verunsichert und sein Selbstvertrauen verletzt.

Fische-Mädchen wie -Knaben verbringen gerne soviel Zeit wie möglich auf oder an Fluß oder Meer; Boote und Schiffe erfreuen alle Wasser-Zeichen. Wenn Sie keine Wasserfläche in der Nähe haben, sollten Sie gelegentlich an Fluß, See oder Meer fahren; Ihr Fisch wird den Ausflug genießen und sich noch lange daran erinnern.

Vorbereitung fürs Leben

Der Besuch einer gemischten Schule ist ein guter Beitrag zur Vorbereitung fürs Leben, denn so werden viele »Geheimnisse« des anderen Geschlechts erst gar nicht entstehen.

Die Phantasie des Fisches macht in der Pubertät leicht Überstunden, und alle möglichen bizarren und wirklichkeitsfremden Vorstellungen über Liebe und Sexualität schwirren in seinem Kopf umher. Es ist also wichtig, daß Eltern und Lehrer eine wirklich pragmatische Haltung zur Sexualerziehung des Fisches beziehen, damit dieser überreichen Phantasie kein Freiraum bleibt!

Die romantische Grundhaltung ist bei beiden Geschlechtern sehr stark, auch eine gewisse Tendenz, in die Liebe verliebt zu sein. Zunächst werden Fische sich vermutlich in ihren Lieblings-Popstar oder einen anderen Künstler verlieben, und diese Phase dauert meist erheblich länger als bei Kindern anderer Tierkreiszeichen. Wenn es dann soweit ist, sich mit einem »echten« Jungen oder Mädchen zu verabreden, kommt eine ganz leichte Verschämtheit zum Vorschein. Sie wirkt einnehmend und bezaubernd, kann aber auch etwas außer Kontrolle geraten und den Partner ungeduldig werden lassen, wenn sie den Fisch körperlich hemmt. Die gleiche Schamhaftigkeit kann sich auch auf andere Weise äußern, denn mancher Fisch redet sich ein, er habe absolut nichts zu bieten, was für einen anderen Menschen attraktiv sein könnte. Das ist natürlich praktisch immer falsch, aber der Fisch hält es für zutreffend und kann sich damit in Wunschdenken flüchten (»Wenn ich nur hübsch wäre ... wenn ich doch schön wäre...«). Versuchen Sie Ihren jungen Fisch zu ermutigen, sich mit realistischem Blick zu betrachten, und heben Sie die Tatsache hervor, daß man in Gesellschaft von Angehörigen des anderen Geschlechts auch einfach unbeschwert Spaß haben kann – und vor allem, daß er erkennen muß, daß sein Partner vielleicht ebenfalls scheu und ängstlich ist; diese »Offenbarung« wird seine ängstlichen Befürchtungen vermutlich zum Verstummen bringen.

Sie sollten jetzt noch einmal den Abschnitt *Die fünf Arten zu lieben* durchlesen und versuchen festzustellen, zu welcher Kategorie Ihr Fisch gehört. Es kann Ihnen einen Anhaltspunkt geben, um seine Haltung besser zu verstehen. Unterstützen Sie die positiven Qualitäten, die ich erwähne, aber übersehen Sie nicht die negativen. Weil Fische nicht gerade zu den stärksten Zeichen im Tierkreis gehört, werden die Schwächen aller Wahrscheinlichkeit nach auf die eine oder andere Weise recht deutlich zum Vorschein kommen. (Der Einfluß des Planeten Venus wirkt beim Fisch sehr stark.)

Nachdem die eventuelle anfängliche Scheu überwunden ist und ungeachtet des Einflusses der Venus, sind Fische sehr daran interessiert, im sexuellen Bereich ihre Erfahrungen zu sammeln, denn sie erkennen ihn als ein Gebiet intensiver emotionaler Ausdrucksmöglichkeiten. Sie verlieben sich mit Haut und Haar, und das vermutlich recht häufig. Es wird Zeiten geben, da Ihr jugendlicher Fisch tief verletzt ist. Sie können ihn nur trösten und aufrichten; lauschen Sie aufmerksam auf alles, was er zu sagen hat, und denken Sie daran, daß er nur aus den Erfahrungen lernen kann, die er selbst erwirbt. Bei solchen Gelegenheiten können Sie ihn darauf hinweisen, daß er seine Lieben vielleicht durch die rosa Brille sieht, und versuchen, was in Ihrer Macht steht, um ihn zu ermutigen, nicht vorschnell eine definitive Liebeserklärung auszusprechen, und schon gar nicht eine feste Partnerschaft einzugehen, sondern sich Zeit zu lassen, damit seine und des Partners Gefühle reifen und sich beruhigen können. Das Zeichen Fische veranlaßt die von ihm Beeinflußten, Dinge zu dramatisieren – und dies gilt durchaus auch für ihre Beziehungen.

Die Einstellung des Fisches zur Liebe ist durch mehr als nur eine Spur Sentimentalität charakterisiert, und Fische beiderlei Geschlechts werden vermutlich überdurchschnittlich viele Geburts- und Namenstagskarten verschicken und alle möglichen Andenken, Liebesbriefe oder -gedichte sammeln – die zu schreiben sie übrigens besonders talentiert sind. Daß Ihr Fisch sich für die Liebe zu interessieren beginnt, bemerken Sie vielleicht daran, daß sie/er Liebespoesie liest und dann selbst verfaßt. Ob diese Briefe und Gedichte tatsächlich verschickt werden, steht auf einem anderen Blatt!

Die angeborene Schamhaftigkeit des Fisches sollte sie vor Schwierigkeiten bewahren, wenn Sex aktuell wird – es sei denn, sie ist in jemanden wirklich vernarrt, und ihr Verlangen, ihm gefällig zu sein, besiegt ihre sonst scheue Natur. Unter solchen Umständen begibt sie sich sehr leicht in Gefahr, vielleicht besonders in Gesellschaft älterer und erfahrenerer Personen. Eine gründliche Aufklärung ist auch hier unverzichtbar – das beste Verhütungsmittel ist Wissen!

Weitere Ausbildung

Der Übergang von der schulischen Disziplin in die freiere, erwachsenere Atmosphäre einer Universität oder anderen Ausbildungsstätte wird den Fisch durch die große Vielfalt von Angeboten und Möglichkeiten in Erstaunen versetzen.

So sehr er auch erpicht ist, sein gewähltes Fach zu studieren, muß der Fische-Student doch gewarnt werden: Da es so viele andere Interessen und Gelegenheiten gibt, könnte er sich nur zu leicht von der Arbeit ablenken lassen, und sein Studium würde darunter leiden.

Gerade an der Universität ist er anfänglich etwas verwirrt und könnte einige Zeit brauchen, um sich an die Umstellung zu gewöhnen; aber wenn er sich genau überlegt, was er eigentlich erreichen will, sollte er von der Atmosphäre und den mannigfachen Aktivitäten (sowie dem breiten Spektrum von Menschen, die daran beteiligt sind) außerhalb des Studiums sehr profitieren.

In mancher Hinsicht wird die Fische-Studentin auf die gleiche Art vorankommen wie in der Schulzeit. Wenn sie mit Dozenten und Tutoren zusammenarbeiten kann, die sie behutsam ermutigen und unterstützen, wird sie sowohl in die Arbeit als auch in sich selbst mehr Vertrauen entwickeln. Es gibt keinen Grund, daß sie ihr Studium nicht mit einer guten Examensnote abschließen sollte.

Es ist zu hoffen, daß sie bei der Wahl der Ausbildungsstätte daran denkt, eine ihrer geliebten Leidenschaften zu entfalten – vielleicht studiert sie gar Tanz oder Kunst –, aber wofür auch immer sie sich entscheidet: Sie dürfte außerordentlich erfolgreich sein, solange sie ein echtes Gefühl und Liebe zu ihrem Fach hat. Wenn sie jedoch gezwungen wurde, Studienfächer zu belegen, die ihr nicht liegen, wird sie leicht desillusioniert und verwirrt, und ihre Jahre an der Universität werden sich nicht so lohnen, wie es bei einer anderen Konstellation möglich gewesen wäre.

Sie sollte nach Möglichkeit versuchen, ihr Studium nicht auf halbem Wege abzubrechen und in einem anderen Fach von neuem zu beginnen. Manche Menschen können sich einem solchen Richtungswechsel zwar anpassen, aber der zusätzliche Druck, den er mit sich bringt, würde einen Fisch in besonderem Maße belasten und bekümmern.

Viele junge Leute haben ein Jahr Abstand zwischen Schule und Universität, bei einem Fisch könnte es sich als zweischneidige Angelegenheit erweisen. Einerseits ermöglicht ihm die freie Zeit, über die wichtigen Themen in seinem Leben nachzudenken; wenn er andererseits ziellos und ohne Disziplin lebt, kommt er vielleicht auf die Idee, es sich auch für alle Zukunft leicht machen zu können – und dazu mag der Entschluß gehören, sich erst gar nicht um einen Studienplatz zu bewerben.

Fische sind vermutlich in ihrem Element, wenn sie einen festen Plan für ihr Leben finden. Das bedeutet nicht unbedingt strenge Disziplin, die dafür sorgt, daß sie Tag für Tag zur gleichen Zeit immer der gleichen Beschäftigung nachgehen, doch sollten sie sich Ziele setzen. Wenn sie eine bestimmte Aufgabe zu erfüllen haben, sollten sie sich vornehmen, bis zu welchem Zeitpunkt sie erledigt sein muß. Diese Vorgehensweise ist für den Fische-Studenten besonders empfehlenswert, denn sie gewährleistet, daß Arbeiten termingerecht abgeliefert werden, Kurse am rechten Tag beendet sind, und daß er sich, wenn ein Examen bevorsteht, hoffentlich genügend vorbereitet hat, statt zu versuchen, die ganze Arbeit in die letzten vierundzwanzig Stunden zu quetschen. Wenn er sich im Laufe der Studienzeit solche guten Gewohnheiten aneignet, wird er die Belastungen und den Druck einer guten Karriere im späteren Leben besser handhaben können. Fische machen sich beispielsweise generell vor, sie würden am besten unter Zeitdruck arbeiten. Ich denke, daß sich in Wirklichkeit sehr viel unnötige Spannung und Sorge anhäufen kann, wenn ein Termin immer näher rückt. Es lohnt sich immer darüber nachzudenken, ob die Planung einer guten Zeiteinteilung und die Arbeit unter einer sorgsam organisierten Disziplin nicht der beste Weg ist, sich seinen Job zu sichern und voranzukommen.

Arbeitslosigkeit: Spannung und Belastung

Ein junger Fisch, der keine Arbeit findet, wird leicht entmutigt, und Sie müssen ihm bestimmt viel Mut machen, damit er sich weiterhin bemüht, eine Arbeitsstelle zu finden. Sein Selbstvertrauen muß ständig aufgebaut werden, und Sie müssen ihm immer auf den Fersen bleiben, damit er sich nicht aufgibt.

Es ist ungeheuer wichtig, daß der Fisch seinen Tag ausfüllt. Natürlich wird – oder sollte – es zur Routine werden, im Zeitschriftenlesesaal der Bibliothek die Stellenangebote der verschiedenen Zeitungen zu studieren, zur Arbeitsvermittlung zu gehen, Bewerbungsbriefe zu schreiben und so weiter, aber wenn der Arbeitslose das getan hat, sollte er sich weiter mit seinen bevorzugten Hobbys beschäftigen, damit ihm keine Zeit bleibt, herumzusitzen und sich selbst leid zu tun.

Ist er schöpferisch begabt, dürfte es kein Problem geben, und die beste Art, ihm finanziell zu helfen, ist vermutlich, ihm Arbeitsmaterial zu kaufen, damit er seinen Interessen nachgehen kann, oder vielleicht einen Abendkurs zu bezahlen (viele Angebote sind für Arbeitslose gratis!). Denken Sie an die Möglichkeit, daß sein Leben wohl nicht besonders geordnet ist; Sie sollten Bewerbungsschreiben und Lebensläufe sorgfältig kontrollieren. Wenn Ihr Fisch das Image des unordentlichen Romantikers vermittelt, sollte er besser zweimal über seine äußere Erscheinung nachdenken, bevor er zu einem Bewerbungstermin geht; vielleicht sollte er sich auch etwas formeller kleiden, als seinem sonstigen Geschmack entspricht. Ein junger Fische-Mann in dieser Situation wird vermutlich auch nicht daran denken, auf seine bequemsten Jeans und das abgetragene T-Shirt zu verzichten. Sie müssen ihn überreden.

Es ist wichtig, daß der arbeitslose Fisch auf dem laufenden bleibt über das, was aus seinen Freunden wird. Wenn er nicht zur Arbeit geht, zieht er sich gerne zurück und neigt dazu, seine Freunde zu »ächten«, besonders, wenn sie einen Arbeitsplatz gefunden haben. Es ist jedoch wichtig, daß er in Verbindung bleibt, denn durch die Freunde kann er von einer freien Stelle erfahren, die sein Problem lösen könnte. Abgesehen davon können Freunde eine nicht zu unterschätzende Quelle der Ermutigung sein, die ihm vielleicht helfen, den Mut nicht völlig sinken zu lassen.

Wir müssen immer bedenken, daß Fische selbst auf ärztlich verordnete Medikamente negativ reagieren können – und sie neigen immer dazu, einen leichten Ausweg aus schwierigen Situationen zu suchen. Diese beiden Tendenzen können sich als fatal erweisen, denn es kann dazu kommen, daß sie unter innerer Spannung zum Alkohol greifen oder zu Zigaretten, um sich zu entspannen. Im harmlosesten Falle rauchen Fische zuviel, und es fällt ihnen schwer, die Gewohnheit aufzugeben. Sollte Ihr junger Fisch sehr deprimiert werden, weil er keinen Job finden kann, sollten Sie unbedingt darauf achten, daß Ihnen kein Anzeichen dafür entgeht, daß er zum Drogenkonsumenten wird – es fängt an mit Nikotin und kann im Extremfall bis zu harten Drogen gehen.

Weil er von Natur aus so verschlossen ist, wird er mit viel Geschick und Erfolg jegliche Indizien verbergen oder verstecken; wenn Sie ihn zu aggressiv konfrontieren, wird er vermutlich seine Unschuld beteuern. Denken Sie an seine angeborene Neigung zum Romantisieren, um nicht zu sagen: zur Täuschung. Möglicherweise sagt er nicht die Wahrheit. Es ist nicht einfach, praktische Ratschläge für das Vorgehen in solchen Situationen zu geben. Ihr Fisch könnte auf die Hilfe und Unterstützung eines älteren Freundes oder Vertrauten gut ansprechen, den er schon längere Zeit kennt. Einer solchen Person könnte es gelingen, ihn zu erreichen, und ihm leichter zu helfen, als die nächsten Angehörigen. Den tatsächlichen Umfang des Problems zu erkennen – daß Drogen sein Leben beherrschen und für die ganze Familie eine große Belastung werden können –, wird wohl der wichtigste Ansporn sein, sich von der Sucht lösen zu wollen. Wenn es ihm erst einmal gelungen ist, wird er eine herrliche Hilfe für jene sein, die auf diesem Gebiet arbeiten, und andere sehr überzeugend davon abhalten, in die Falle zu tappen.

Interessen und Freizeit-Aktivität

Romantische Vorstellungen und starke Emotionen haben die Tendenz, einfache Bande der Freundschaft zum anderen Geschlecht zu behindern. Gemeinsame Interessen können Fräulein Fisch wohl mit einem männlichen Altersgenossen zusammenführen, aber wenn selbiger junge Mann nur *freundschaftlich* zu Ihrer Fische-Tochter sein will, muß er das von Anfang an unmißverständlich kundtun; dazu gehört viel Taktgefühl, und selbst mit diesem ist es nicht immer leicht.

Fische sind oft sehr wählerisch, was Freunde betrifft, und häufig brauchen sie einige Zeit, bis wirkliches Vertrauen aufgebaut ist. Wenn die Freundschaft dann einmal besteht, bedeutet sie ihnen sehr viel. Doch sie neigen dazu, den Kontakt zu verlieren – besonders, wenn man sich nicht häufig sieht –, denn sie sind keine großen Briefeschreiber und telefonieren auch kaum. Wenn man sich aber nach einer Zeit der Trennung wiedersieht, werden die freundschaftlichen Bande leicht aufs neue geknüpft, und das Leben geht weiter, als wäre es nie anders gewesen.

Fische werden sich an vielen verschiedenen Hobbys versuchen, und haben manchmal eine Tendenz, zu rasch das Handtuch zu werfen, wenn sie auf Schwierigkeiten stoßen. Es kann passieren, daß deshalb sehr viel glänzende Möglichkeiten und Talente ungenutzt bleiben. Was Verwandte und Freunde ihnen an Ermutigung geben können, damit sie einen eingeschlagenen Kurs nicht verlassen, bevor die ersten Schwierigkeiten überwunden sind, wird eine große Hilfe sein. Wenn der Fisch bei einer seiner Freizeitaktivitäten erst Tüchtiges leistet, ist die Chance groß, daß sich seine Tätigkeit zu einer lohnenden Einkommensquelle ausbauen läßt – aber er ist nicht gerade der beste Verkäufer im Tierkreis, und schon gar nicht, wenn es um den Verkauf der eigenen Arbeit geht; es ist besser, hinter den Kulissen zu arbeiten und zu produzieren, und den Verkauf einem extravertierten Freund zu überlassen.

Zu den lohnendsten Hobbys eines Fischs gehört die Fotografie; er hat ein gutes Auge für die Komposition eines Bildes, und ob er mit einer Foto-, Film- oder Video-Kamera arbeitet, er wird herrliche, kreativ anspruchsvolle Ergebnisse erzielen. Es ist nie zu früh, einem kleinen Fisch seine erste Kamera zu schenken. Er hat auch eine natürliche Begabung für Design – und überhaupt scheinen Fische fast immer einen guten Blick für Schönheit zu besitzen und sollten angeregt werden, diesem Talent auf die eine oder andere Weise Ausdruck zu verleihen. Was sie auch tun – ob es das Arrangieren von getrockneten Blumen oder das Design herrlicher Stoffe ist –: es wird gefallen.

Wir dürfen nicht vergessen, daß der Fisch auch körperliche Aktivität braucht. Hobbys, die seine Energie verbrennen, sind ein subtiler Weg zur Entspannung. Außer den bereits genannten Aktivitäten (Tanz, Eis- oder Rollschuhlaufen, Schwimmen etc.) könnte er als Erwachsener auch einen Yoga-Kurs besuchen oder eine Meditationstechnik erlernen; diese tragen oft zur Trainierung des Körpers bei und beruhigen das Gemüt. Es gibt einige Tanz-Techniken, die die gleiche Wirkung erzielen.

Ich hatte schon immer den Eindruck, daß die Fische-Frau fabelhaft in einem Designer-Kleid oder in einem hübschen Tuch aussieht, das sie einfach um sich gewunden und mit Sicherheitsnadeln zusammengeheftet hat. Ihre Einstellung zur Mode ist individuell sehr unterschiedlich. Manche Tierkreiszeichen können in Fragen der modischen Kleidung auf verheerende Ideen kommen, doch Fische scheinen – gleichgültig, wieviel Geld sie dafür ausgeben – in allem blendend auszusehen. Die Beschaffenheit eines Stoffes spielt bei ihnen eine Rolle, und sie bevorzugen weiche, schimmernde Gewebe oder die faszinierenden Qualitäten schwarzen Samts. Die Schuhe werden vermutlich immer ein Problem sein, und viele Fische gehen am liebsten barfuß; wenn Sie meinen Rat ernst genommen haben (siehe *Gesundheit und Ernährung*), wird Ihr Fisch auf diesem Gebiet zweifellos weniger Probleme haben als andere.

Wenn er sich einem Verein oder einer Gesellschaft anschließt, wird er vermutlich das Gefühl haben, mehr beitragen zu können, wenn er hinter den Kulissen wirken darf. Das ist bis zu einem gewissen Punkt in Ordnung; bittet man ihn aber, einen Vorstandsposten anzunehmen, sollte er versuchen, diese Einladung anzunehmen, denn vermutlich hat er mehr zu geben, als ihm bewußt ist. Er darf sich jedoch nicht erlauben, der Lakai für alle zu werden, während die anderen nicht viel zur Unterstützung der gemeinsamen Sache beitragen. Der Fisch fühlt sich vermutlich in seinem Element, wenn seine Arbeit einem karitativen Zweck dient; so kann er sein ausgeprägtes Mitgefühl und seine angeborene Begeisterung zum Ausdruck bringen, um Benachteiligten zu helfen. Wenn er gedrängt wird, ein hohes Amt anzunehmen, sollte er lernen, seine Meinung auszusprechen und zu sagen, was er denkt; er sollte auch nicht zögern, die anderen Vorstandsmitglieder an ihren Anteil der Arbeit zu erinnern. Eine gute Sekretärin wird er brauchen, da er als Organisator nicht ideal ist.

Fische sind einfallsreiche Köche, haben eine glänzende Begabung, Rezepte den eigenen Bedürfnissen anzupassen, und erlangen damit gewöhnlich beste Erfolge – selbst wenn die Ursache ihrer kreativen Improvisation darin bestand, daß sie vergessen hatten, alle notwendigen Zutaten einzukaufen. Jedes Gewürz, das sie stellvertretend verwendeten, wird eine interessante und durchaus annehmbare Geschmacksnote fördern. Wenn der Fisch zu einem Essen einlädt, sollte er darauf achten, bei aller Arbeit nicht durcheinander zu geraten und am Ende keine Zeit zu haben, die eigene Einladung ebenso zu genießen wie die geladenen Gäste!

Fische bevorzugen als Haustiere wohl Katzen statt Hunde; ein Fisch aus meinem Bekanntenkreis hatte ein liebenswertes Kaninchen (das sich offenbar für eine Katze hielt). Fische oder Schildkröten sind ebenfalls beliebt.

Ideale Berufswege

Obwohl sich der Fisch praktisch jedem Arbeitsklima anpassen kann, ist er wohl am glücklichsten, wenn er in einer friedlichen und entspannten Umgebung arbeiten kann – ich möchte sagen, in einer »ruhigen« Umgebung, aber das ist in unserer modernen Welt wohl zuviel verlangt.

Weil sie meist nicht besonders materialistisch sind, finden sie sich kaum mit einem langweiligen Job ab, nur weil sie das Geld brauchen. Es ist außerordentlich wichtig, daß sie eine Arbeit finden, die ihnen ganz entspricht und es ihnen ermöglicht, am Ende des Arbeitstages zufrieden zu sein.

Wie ihre Geschwister im Tierkreis, die Jungfrauen, haben sie das innere Bedürfnis zu dienen, und alle Pflegeberufe werden ihnen besonders liegen. Sie bewähren sich als ausgezeichnete Krankenschwestern, spezialisieren sich manchmal auf die Bereiche Geriatrie und Psychiatrie. Andere erweisen sich als glänzende Sozialarbeiter.

Seit Jahrhunderten gibt es sehr starke Verbindungen zwischen dem Zeichen Fische und der Religion, und die Berufung zu Priester oder Nonne entspricht grundsätzlich dem Charakter des Zeichens. Sollte ein Fische-Geborener das Verlangen äußern, einen solchen Lebensweg einzuschlagen, sei es im Rahmen der christlichen, der buddhistischen oder einer anderen Religion, ist es angebracht, diese Sache ernst zu nehmen und ihn zu ermutigen, eine Zeitlang praktische Erfahrungen zu sammeln, um zu erkennen, wie dieses Leben sich anfühlt – es mag sein, daß er oder sie wirklich berufen ist.

Ganz anders, aber nicht weniger attraktiv für Fische, ist der Dienst im Gefängnis. Da Fische ein Wasser-Zeichen ist, lohnen auch alle Berufe, die mit dem Wasser zu tun haben – sei es Schiffsbau, Marine oder Handelsmarine, die Arbeit als Steward auf einem Kreuzfahrschiff, oder gar die Fischfang-Industrie.

Weil Fische zu den kreativen Zeichen gehört, sind die schönen Künste stark vertreten bei den Berufen, die für Angehörige dieses Zeichens gut sind – auch Kino, Fernsehen und Fotografie. So mancher junge Amateurfotograf wird zum Profi, und viele Fische, die sich seit jungen Jahren hingebungsvoll im Ballettunterricht abgemüht haben, werden zu Berufstänzern. Gleiches gilt auch für jene, die sich dem Sport verschrieben haben. Der Kunststudent wird vielleicht erfolgreicher sein, wenn er sich auf Illustration oder Graphik spezialisiert, als wenn er zum Beispiel anfängt, Skulpturen zu produzieren – obwohl dies sich natürlich von Fall zu Fall unterscheidet. Ich habe im Laufe der Zeit mehrere kreative junge Fische kennengelernt, die den Wunsch haben, als Schuh-Designer tätig zu werden!

Fische mit wissenschaftlicher Ader fühlen sich von der medizinischen Forschung angezogen, besonders wenn es dabei um Arbeiten geht, die das Ziel haben, zur Heilbarkeit schlimmer Krankheiten beizutragen; daß das Wissen, das ihrer Arbeit zu verdanken ist, Tausenden von Menschen zur entscheidenden Hilfe werden könnte, inspiriert sie, selbst die langweiligsten, sich hundertfach wiederholenden Arbeiten durchzuführen, wenn ein Experiment nach dem anderen nötig ist, bevor man zu sicheren Ergebnissen gelangt.

Wir sollten daran denken, daß viele Fische echte mediale Begabung besitzen. Jeder junge Mensch, der meint, so veranlagt zu sein, sollte äußerst vorsichtig sein, bevor er daran geht, von seinen Kräften Gebrauch zu machen; er sollte auch jeder Versuchung widerstehen, sie für zweifelhafte Zwecke einzusetzen. Außer dem Schaden, den er anderen zufügen kann, könnte er die eigene Psyche ernstlich schädigen, wenn er mit manchen, leider gängigen, Kulten oder okkulten Praktiken in Berührung kommt. Er sollte erkennen, daß es möglich ist, sich vernünftig ausbilden zu lassen, damit seine besondere Begabung positiven Ausdruck findet, und sollte die entsprechenden Autoritäten ausfindig machen, die seine Beschäftigung überwachen können. Manche dieser Fische sind zum Heilen geboren, andere zum Hellsehen. Sie sollten Verbindung aufnehmen mit jenen, die ihnen beibringen können, die richtigen Techniken zu lernen und zu beherrschen. Es ist auch zu empfehlen, daß sie Beratungstechniken erlernen. Der gleiche Rat sei auch ausgesprochen, wenn sie sich für Astrologie oder die Handlesekunst interessieren.

Reisen

Natürlich, es drängt sich auf – ein Fischzug! Aber obwohl Fische ein Wasser-Zeichen ist, stimmt es nicht unbedingt, daß jedes Fische-Kind gerne den ganzen Tag mit einem Stück Faden und einem Haken am Ende der Stegs sitzt.

Wahrscheinlich aber wird Ihr Kind einen Urlaub genießen, bei dem es Zugang zum Wasser oder Wassersport hat. Das Meer bietet sich an – oder ein See, oder ein Urlaub am Kanal oder Fluß. Eine Kreuzfahrt auf Rhein, Nil oder Mississippi ist gewiß ein voller Erfolg.

Die jungen Fische haben Glück, daß es die alten, streng reglementierten Ferienlager nicht mehr gibt, denn sie können sich für Ferien, in denen jeder Tag halbstundenweise vom Lagerkommandanten verplant ist, nicht erwärmen! Lieber wandern sie ziellos umher, sammeln Eindrücke, machen Skizzen und entspannen sich einfach, wie jedermann es gerne tun würde, wenn er so talentiert wäre wie ein Fisch! Sie haben sehr viel Phantasie, die angeregt wird durch neue Landschaften, die etwas romantisch anmuten – eine Burg in der Ferne, oder ein geheimnisvolles Tal, ein ferner Fels, der gerade von einem Adler angeflogen wird. Sie fotografieren gerne, zeichnen oder malen Bilder von der Umgebung, und ein kleiner Wasserfarbkasten samt Malblock sind ein sehr geeignetes Ferienpräsent. Achten Sie übrigens darauf, daß Ihr Sprößling für jede vorstellbare Ferienaktivität – vom Strandlauf bis hin zum Felsenklettern – bequeme Schuhe trägt!

Das Talent, sich über die Landschaft zu freuen und sie gründlich zu erkunden, kann natürlich gefährlich werden, denn der Fisch wird so in seine Forschungen vertieft sein und sich dabei die herrlichsten, romantischen Geschichten ausdenken, daß er Zeit und Raum ganz und gar vergißt – und es gibt kaum Fische-Kinder, die nicht hin und wieder verloren gehen, oder einfach zwei Stunden zu spät nach Hause zurückkehren und jedermann zur Hysterie bringen (besonders, weil ihre Serbisch-Kenntnisse vielleicht noch ein wenig lükkenhaft sind). Es ist eine gute Idee, sie etwas zu beobachten, bis sie mindestens Teenager sind, und selbst dann darauf zu achten, daß sie, wenn sie loswandern, zumindest ein Stück Papier bei sich tragen, auf dem Name und Telefonnummer ihres Hotels stehen.

Ein Ferienland auszuwählen, sollte unproblematisch sein, denn Fische leiden im allgemeinen nicht unter klimatischen Extremen. Wenn andere Kinder sich in Tränen auflösen, weil es unentwegt regnet, wird der Fisch den Witterungswechsel als recht interessante Abwechslung gegenüber dem strahlenden Sonnenschein betrachten – und gespannt untersuchen, wie die Landschaft nun verändert scheint. Auch mit der Ernährung sollte es keine Schwierigkeiten geben; wenn der Fisch sich mal den Magen verdirbt, liegt es nicht so sehr an einem Zuviel der lokalen Delikatessen, als an seiner Erregung; nehmen Sie die üblichen Mittel aus Ihrer Hausapotheke mit.

Fische als Geschwister

Die Augen des jungen Fischs, die immer kurz vor Freuden- oder Kummer-Tränen zu stehen scheinen, werden gewiß übergehen, wenn Sie ihm mitteilen, daß er ein Brüderchen oder Schwesterchen bekommen wird.

Damit er die Situation möglichst unproblematisch akzeptieren kann, sollten Sie an sein von Natur aus freundliches und liebes Wesen und seine Hilfsbereitschaft appellieren. Wenn Sie nicht sehr vorsichtig sind, erfindet er leicht alle möglichen phantastischen Geschichten über das Woher der Babys; wie jung er auch ist, sollten Sie ihm die Angelegenheit so einfach und ehrlich wie möglich erklären. Er wird fasziniert sein, den Herzschlag des Babys schon vor der Geburt zu vernehmen, und gerne helfen, sich »um Papa zu kümmern«, wenn die Entbindung nicht zu Hause stattfindet.

Ich denke nicht, daß Sie viele Eifersuchts- oder Wutausbrüche erleben werden, aber Sie stellen vielleicht fest, daß der junge Fisch von Zeit zu Zeit ein wenig introvertiert und still wird – vermutlich, weil er auf seine eigene, kindliche Art tief und ernsthaft über seine Beziehung zu dem kleinen Geschwisterchen nachdenkt: ob dessen Ankunft eine gute oder schlechte Sache war, und wieviel er sich um das Kleine kümmern will. Sollte er zu dem Schluß kommen, mit der ganzen Sache nicht allzu viel zu tun haben zu wollen, wird er recht launenhaft und schmollt – oder entwickelt ein unfreundliches, recht hinterlistiges Verhaltensmuster. Je mehr Sie ihn ermutigen können, zu Hause mitzuhelfen, desto mehr werden seine Gefühle dabei reifen können. Tun Sie, was Sie können, um ihm zu zeigen, daß Sie ihm vertrauen und seine Bemühungen zu schätzen wissen. Dann übernimmt er leichter die Rolle des »großen« Geschwisterchens.

Ein Problem könnte aufkommen, weil Fische sehr romantisch sind. Nachdem Ihr Fisch von der bevorstehenden Ankunft des Geschwisterchens gehört hat, malt er sich nun Visionen des schönsten und liebsten Babys aller Zeiten aus, das makellos sauber schweigend in seiner Wiege liegt und lächelt wie ein Engel. Die Realität, die sich – samt Geschrei und Gerüchen – nicht umgehen läßt, wird seiner Idealvorstellung nicht entsprechen. Ein solches Erlebnis kann zu einiger Verstimmung und Eifersucht führen (»Wie kann einem Menschen *so etwas* lieber sein als *ich?«)*. Wenn er dann plötzlich anfängt, ins Bett zu nässen, wird das ein Zeichen sein, daß etwas nicht in Ordnung ist. Sie werden mit ihm eingehend sprechen und die Situation unter sich bereinigen müssen – oder um professionelle Hilfe bitten.

Wenn Ihr Fisch sein Geschwisterchen wirklich ins Herz geschlossen hat, wird er zu vielen Opfern bereit sein – vielleicht so weit, daß er sich von allem Spielzeug trennen will. Geben Sie acht, wenn dies geschieht; es könnte sein, daß der Fisch sich unterlegen oder minderwertig fühlt, und der Tendenz nachgibt, im Schatten des kleinen Kindes zu leben. Dies kann zum ernsten Problem werden, und es ist wichtig, daran zu denken, daß Fische-Kinder nicht sehr selbstbewußt sind, um es vorsichtig auszudrücken.

Wenn der Fisch das kleinere Kind ist, wird er zu seinem älteren Geschwisterchen mit viel Liebe und Achtung aufblicken. Aber er ist der Imitator im Tierkreis, und jede schlechte Gewohnheit des Älteren wird er auf der Stelle nachahmen. Sie müssen dies natürlich korrigieren und Ihrem kleinen Fisch erklären, daß er nicht das Spiegelbild seines Bruders oder der Schwester werden sollte, sondern ganz er selbst.

Wenn alle Ihre Kinder die gleiche Schule besuchen, sollten die anderen darauf achten, daß der Fisch nicht unfair behandelt oder schikaniert wird; es könnte sein, daß er selbst nicht zugeben mag, daß es passiert. Inzwischen kann er seinen Teil beitragen, in dem er auf subtilere und sensitivere Weise lieb und schützend wirkt, selbst wenn die Geschwister älter sind. Es wird gut sein, ihn zu ermutigen, zum Beispiel dafür zu sorgen, daß Bruder oder Schwester daran denken, alle nötigen Utensilien in die Schule mitzunehmen – es wird dem Fisch helfen, selbst einiges seiner Vergeßlichkeit abzubauen, und ihn anregen, praktischer und ordentlicher zu werden. Sie werden wissen, wann es an der Zeit ist, ihm das kleinere Geschwisterchen für den Schulweg anzuvertrauen. Denken Sie daran, daß die vermehrte Verantwortung sein Selbstvertrauen steigert und ihm so letztlich ermöglicht, mit eventuellen kleineren Problemen selbst umzugehen.

Es ist nicht sehr einfach, das Zimmer mit einem Fisch zu teilen; selbst wenn er noch sehr jung ist, kann es zu Problemen kommen, teils weil er zur Unordentlichkeit neigt, teils weil er vielleicht sehr individuelle Interessen und Hobbys hat, die völlig anders sind als die seiner Geschwister; das führt zu Komplikationen. Doch wenn es unvermeidlich ist, daß die Kinder ein Zimmer miteinander teilen, versuchen Sie, einen Kompromiß zu finden; arbeiten Sie notfalls eine Art Stundenplan aus, nach dem jedes Kind das Zimmer eine gewisse Zeit für sich haben kann. Der Fisch darf eine halbe Stunde Flöte üben, dann dürfen Bruder oder Schwester bis zum Schlafengehen mit der Eisenbahn spielen. Zum Glück können Sie im allgemeinen mit Erfolg an die Anpassungsfähigkeit des Fischs appellieren.

Fische als Eltern

Sie sind also Eltern geworden! Dann wissen Sie wohl, daß Sie leicht herumzukriegen sind, und Ihre Kinder werden Sie um den kleinen Finger wickeln!

Aber genau so wollen Sie es vermutlich haben, denn Sie lieben sie so sehr – und verlangen dafür nur, auch von ihnen geliebt zu werden. Aber denken Sie daran, daß es auch sein kann, daß sie Ihre Freundlichkeit und Liebe ausnützen. Es gibt zahlreiche Töchter und Söhne von Fische-Eltern, die glücklich und zufrieden bis Mitte Dreißig unter deren Dach wohnen, sich das Bett machen, das Zimmer putzen, die Knöpfe annähen und womöglich noch die Zähne von ihnen putzen lassen!

Das Motto des Fischs lautet: »Was sein wird, wird sein«, und es bestimmt vermutlich auch Ihre Einstellung zur Familienplanung – mit dem Resultat, daß Sie gleichermaßen überrascht sind, ob Sie ein Kind bekommen oder nicht! Wenn sich ein Kind ankündigt, werden Sie all Ihre Anpassungsfähigkeit üben dürfen, weil Sie höchstwahrscheinlich nicht damit gerechnet hatten. Doch Sie werden Ihren Kindern eine herrliche Quelle der Inspiration sein, und auf für sie bestmögliche Weise. Sie ermutigen sie, nach ihrer eigenen Pfeife zu tanzen – statt nach Ihrer –, und werden gar nicht erst versuchen, ihnen Ihre Meinung zu oktroyieren. Ich kann Ihnen versichern: Sie werden Ihnen ewig dankbar sein, daß Sie diese Haltung vertraten. Verlassen Sie sich darauf: Sie haben Ihre Elternrolle gut und aufrichtig gespielt. Denken Sie aber auch daran, daß Ihre Kinder aufgrund eben dieser, Ihrer Einstellung, vielleicht nicht genau wissen, woran sie mit Ihnen sind, und vielleicht müssen sie sich an Ihren Partner wenden, um es zu erfahren; aber das soll Sie nicht betrüben. Wenn Ihre Familie eine schwierige Phase erlebt, sollten Sie dafür sorgen, daß die Kinder genau verstehen, was nicht in Ordnung ist; versuchen Sie nicht, einen Fische-Schleier über das ganze Problem zu werfen in der Hoffnung, es werde sich in Wohlgefallen auflösen, bevor Sie sich's versehen. Wenn Sie dies tun, stiften Sie auf allen Seiten viel Verwirrung, und wenn die anderen die Ursache herausfinden – und das werden sie zwangsläufig –, denken sie, von Ihnen bewußt getäuscht worden zu sein; das kann so wehtun wie das ursprüngliche Problem.

Wenn einer Fische-Mutter an ihrem Beruf nicht sonderlich viel gelegen ist, wird sie nicht zögern, ihn aufzugeben und sich um die Kinder kümmern. Sie sollte jedoch auch ein wenig an sich selbst – und an ihren Partner – denken, denn wenn sie buchstäblich all ihre Zeit mit einem Kleinkind verbringt, wird ihr Denken verkümmern, und sie selbst eine recht fade Gesellschafterin. Sowohl Väter als auch Mütter dieses Tierkreiszeichens werden die mit ihren Kindern verbrachte Zeit bewußt genießen, und sie zu allen möglichen interessanten Ereignissen und Orten mitnehmen, um mit ihnen Spaß zu haben und ihre Phantasie anzuregen. Selbst wenn das Familienbudget sehr karg ist, unternehmen sie alles, um den Kindern eine glückliche, zufriedene und erinnerungswürdige Kindheit zu ermöglichen.

Vielleicht, wenn die Kinder älter sind, werden Sie recht überrascht sein über die Ansichten und Meinungen Ihrer Teenager, aber – welch Glück! – Sie sind deswegen nicht spießig oder weisen sie gar zurecht. Der Detektiv in Ihnen wird Ihnen vorschlagen, kleine Nachforschungen durchzuführen um herauszufinden, warum sie so anders als Sie denken. Diese Gründe könnten interessanter und unterhaltsamer sein, als Sie vermuteten, und sie helfen Ihnen auch, die Jugend besser zu verstehen. Wer weiß, am Ende ändern Sie vielleicht selbst Ihre Meinung?

Wenn Ihre Kinder in die Schule gehen, wird man Sie vermutlich um Ihre

Hilfe bei Lehrer-Eltern-Aktivitäten bitten. Es wird am besten sein, wenn Sie sich auf irgendeine Weise kreativ beteiligen – vielleicht nähen Sie Kostüme für eine Theateraufführung oder helfen bei ungewöhnlichen Spendenaktionen mit. Wie alle Fische, die sich einem Verein oder einer Gesellschaft anschließen, sollten Sie daran denken, daß die Tendenz besteht, daß andere Ihnen ihre Arbeit aufbürden. Selbst wenn Ihnen Ihr Tun wirklich Freude bereitet, sollten Sie versuchen, sich nicht ausbeuten zu lassen. Denken Sie daran, daß auch solche Gruppen wie die Lehrer-Eltern-Organisation finanzielle Belastungen bedeuten können. Sie sind manchmal zu großzügig, und es könnte notwendig sein, daß Sie ihre Freigebigkeit zügeln, um sich nicht zu verausgaben.

Falls es der Zufall will, daß Ihr Sohn oder Tochter in Ihre Fußstapfen tritt und Ihren Enthusiasmus teilt oder etwas studiert, das Sie selbst früher liebend gerne gelernt hätten, das Ihnen aber aus irgendeinem Grunde versagt blieb, sind Sie besonders froh. Ich glaube nicht, daß Sie eine Entscheidung erzwingen werden, aber wenn Ihr Kind infolge dieses Interesses in einen riskanten oder unsicheren Beruf geht, versuchen Sie, praktisch zu sein und es zu ermutigen, denn alle Menschen müssen sich der Realität stellen und dürfen sich nicht vormachen, daß die Welt ihnen den Lebensunterhalt schuldig sei.

Fallbeispiel

Ralph – Sonne in Fische, Merkur in Wassermann, Venus in Widder; Merkur-Gruppe 1, Venus-Gruppe 4

Aus dem Gutachten: Ralph wird im Laufe der Jahre ein enormes Pflichtbewußtsein entfalten. Er ist sehr befähigt, Verantwortung zu tragen, und wird das nicht nur genießen, sondern auch mit Entschlossenheit und Ausdauer bewältigen. Das sind natürlich erstklassige Qualitäten, und wer in der Zukunft Verantwortung tragen will, könnte nicht besser talentiert sein. Bei der Erfüllung seiner Verpflichtungen könnte er jedoch etwas distanziert werden – vermutlich, weil er seine Verantwortung so ernst nimmt, daß er dazu neigt, sich von anderen wichtigen Lebensbereichen abzuschneiden oder sie zu vernachlässigen.

Ralph ist äußerst intuitiv. Mag sein, daß er das nicht so schnell bemerkt. Wenn er sich dessen aber bewußt ist, mag er seiner Intuition nicht trauen. Ehrlich gesagt: Ich glaube nicht, daß Sie ihn dazu überreden können, selbst wenn Sie es versuchen; er wird vermutlich von allem keine Notiz nehmen, das Sie über diese Facette seiner Persönlichkeit sagen. Allmählich könnte er erkennen, daß er, wenn er etwas in bezug auf eine Situation »fühlt«, oder wenn er »denkt«, jemand werde auf bestimmte Weise reagieren, in 99% der Fälle recht hat. Dann wird er diese Begabung nicht mehr völlig ignorieren können.

Er wird unbedingt von seinem mächtigen, humanitären Aspekt Gebrauch machen wollen, und sein eigentliches Arbeitsfeld im Leben könnte bedeuten, darauf hinzuwirken, das Leiden im weitesten Sinne des Wortes auszuschalten: Das könnte Arbeit für die Vereinten Nationen oder eine beratende Tätigkeit für eine andere Körperschaft sein. Jene Neigung in diese Richtung sollte unterstützt werden, denn ich meine wirklich, daß er die Fähigkeit besitzt, Berge zu versetzen; und wenn diese Berge die Gipfel von Schmerz und Leid sind – könnte man mehr verlangen?

Kommentar: Ralphs Gutachten wurde 1974 für seine Eltern geschrieben, er war damals fünf Jahre alt. Inzwischen ist er über zwanzig und zeigt, daß das Sonnenzeichen Fische seine Persönlichkeit weniger stark prägt als sein Steinbock-Aszendent. Sein Vater berichtet, daß er ein sehr starkes Pflichtgefühl zeige, und weil er eines Tages großen Landbesitz erben werde, würde ihm diese Eigenschaft gewiß wohl zustatten kommen. Doch wir dürfen nicht vergessen, daß Fische ein kreatives Tierkreiszeichen ist. Als ich das Gutachten schrieb, hatte ich das Gefühl, daß Ralph vielleicht eine starke musikalische Begabung zeigen könnte, und er ist tatsächlich in der Ausbildung zum Graphik-Designer fürs Fernsehen. Er hat Intuition, scheint sie aber eher zu verstecken. Er ist sehr freundlich und nächstenliebend (Mond und Merkur in Wassermann), aber diese Qualitäten werden nicht im universellen Sinne gelebt, sondern im kleineren Rahmen gegenüber den Menschen auf dem väterlichen Besitz.

Das Sonnenzeichen regiert:

Staaten und Länder: Portugal, viele kleine Mittelmeer-Inseln, Sahara, Samoa, Skandinavien

Städte: Alexandria, Bournemouth, Compostela, Sevilla, Worms

Bäume: die am Wasser wachsen, besonders Weiden

Blumen und Heilpflanzen: alle aus den Zeichen Krebs und Schütze, die in Fische-Farben blühen: Akanthus, Ampfer, Balsam, Borretsch, Disteln, Heidelbeere, Lilien, Löwenzahn, Moose, Salbei, Seerose, Steinbrech, weiße Rose, weißer Mohn, Winde, Zimt

Nahrungsmittel: Obst und Gemüse mit hohem Wassergehalt: Gurke, Melone, Kürbis; Pilze, Kohl, Rübe, Kopfsalat

Biochemische Salze: Ferrum phosphoricum, Kalium sulfuricum

Tiere: alle Fische; wasserliebende Säugetiere

Stein: Mondstein

Metall: Platin, Zinn und Titan

Farbe: sanftes Meergrün